思想与文化 第三十辑

Thought & Culture No.30

杨国荣　主编

观念史与汉语之思

GUANNIANSHI YU HANYUZHISI

华东师范大学中国现代思想文化研究所　主办

华东师范大学出版社
·上海·

图书在版编目(CIP)数据

思想与文化.第三十辑,观念史与汉语之思/杨国荣主编.—上海:华东师范大学出版社,2022
ISBN 978 - 7 - 5760 - 3574 - 2

Ⅰ.①思… Ⅱ.①杨… Ⅲ.①社会科学-文集
Ⅳ.①C53

中国国家版本馆 CIP 数据核字(2023)第 016469 号

观念史与汉语之思
思想与文化(第三十辑)

主　　编　杨国荣
执行主编　郁振华
责任编辑　吕振宇
特约审读　王莲华
责任校对　王丽平　时东明
装帧设计　刘怡霖

出版发行　华东师范大学出版社
社　　址　上海市中山北路 3663 号　邮编 200062
网　　址　www.ecnupress.com.cn
电　　话　021 - 60821666　行政传真 021 - 62572105
客服电话　021 - 62865537　门市(邮购)电话 021 - 62869887
地　　址　上海市中山北路 3663 号华东师范大学校内先锋路口
网　　店　http://hdsdcbs.tmall.com

印 刷 者　上海昌鑫龙印务有限公司
开　　本　787 毫米×1092 毫米　1/16
印　　张　24.75
字　　数　361 千字
版　　次　2022 年 6 月第 1 版
印　　次　2022 年 6 月第 1 次
书　　号　ISBN 978 - 7 - 5760 - 3574 - 2
定　　价　88.00 元

出 版 人　王　焰

华东师范大学中国现代思想文化研究所　主办

目录

Contents

1

目录

观念与语言

释"观念"[*]

高瑞泉[**]

[摘　要]　通常认为观念史研究的"观念"一词"来自西洋、路过日本",但是将"观念"视为西文 idea 之译词,本身蕴含了源自英国经验论和柏拉图主义的歧义,由此导致中国哲学家在语用中产生了分歧。进一步的探究发现,以"观念"来迻译 idea,并非日本译者的发明,当初乃佛经翻译之产品;佛学"观念"作为一个译词,"观"和"念"各有其梵文之本,该术语意指观察思念真理及佛体,由此遥契智慧之域。且先人选择汉字"观"迻译梵文 Vipaśyanā(毘婆舍那),是因为先秦哲学经典中,"观"已有超出观看外物而感知之意,指示了通达理性之知乃至形上智慧的方式。"观念"一词经过"梵—汉"和"汉—西"两层迻译,发生了意义的位移,观念史研究也因而有不同的层次和向度。

[关键词]　观念;二字词;迻译

＊　基金项目:本文系中央高校基本科研业务费华东师范大学精品力作培育项目(项目编号:2020ECNU—JP003)之阶段性成果。

＊＊　高瑞泉(1948—　),男,江苏无锡人,哲学博士,华东师范大学哲学系暨中国现代思想文化研究所教授,主要研究领域为中国哲学、中国现代思想文化史。

我们把解释的或批判的观念史与一般哲学史的最主要区别归结为,后者关注体系哲学演变的历史和逻辑,前者的焦点则集中在作为"固定化的思想'产品'"的观念及其历史开展;这一点也使"观念史"与一般思想史得以区别。因为就"思想"作为动态的"被设想为积极的思维过程"而言,思想史研究的对象意义显然更宽。[①] 换言之,观念史得以将自身与相邻学科区别的最重要特征,就是其研究对象集中于以关键词或核心术语现身的"观念"。更何况,如果我们将解释的或批判的观念史视为哲学史书写的一部分,被其集中关注的"观念"本身便应该是一个哲学词汇(术语)。如此说来,就需要回答一个无法绕开的问题:什么是"观念"? 是否如某些概念史研究者所认为的那样:思想达到清晰的结果时形成的是"概念",含糊不清时的就称作"观念"? 我们先前把"观念"界定为"固定化的思想'产品'",那是为了区别观念史与一般哲学史或"知性思想史"(intellectual history)[②],但这样的界定毕竟是简约的,需要对它作进一步的分析,尤其是现代汉语中"观念"一词之生成,包含了"古今中西"的交融历程。下面的讨论将表明,通过追溯这一术语的生成史,发掘其在历史中沉淀的涵义,来尽可能厘清"观念"的复杂构成,不但有助于观念史研究的学术自觉,而且可以借由恢复其历史语境,激发其蕴藏着的哲学意涵,进而影响到中国观念史研究的深度和宽度。

一

通常认为,"观念"作为现代汉语的一个常用词汇或术语,与近代日本学者用汉字翻译西文 idea 有关。根据冯天瑜《新语探源》提示的线索,前辈学者如王力先生等将其归类为"来自西洋,路过日本"的新语[③],指"观念"属于那类先由

---

① 本杰明·史华慈:《古代中国的思想世界》,程钢译,南京:江苏人民出版社,2004年,第14、3页。

② 关于观念史如何在哲学史、思想史和概念史之间获得学科定位,请参见拙文《中国观念史的学科自觉》(《哲学分析》,2021年第6期)。

③ 冯天瑜的《新语探源》(北京:中华书局,2004年)并没有详细谈及作为现代汉语外来词的"观念"(idea)一词被引入汉语的具体过程。据查,该书有三处提及"观念"(idea)一词:一、在第444页,引王力《汉语史稿》(北京:中华书局,1980年)。此书将"观念"(idea)归入"来自西洋,路过日本"的新语。二、在第452页和第454页,引余又荪《日译学术名词沿革》(《文化与教育旬刊》,1935年第69、70期)。此文分为甲(学科名目)、乙(学术名词)、丙(论理学名词)三部。其中,乙部将 Idea/Idee 译为"观念";丙部将 idea 译 (转下页)

日本人以汉字意译(部分音译)西语词汇,随后中国人将其引进改造而成现代汉语的外来词。上述过程最简捷的路径是:"观念"源自日语的 kannen,后者又译自英语的 idea。近年来研究汉语近代演化的语文学家则将其归类于"现代汉语二字词中的日语影响词"。①这些断语画出了"观念"一词生成的初步轨迹,但是并没有使"观念"之所指展示出更具体的规定。因此,从事汉语观念史研究的人们,多半要对自己的研究对象有所界定。譬如金观涛、刘青峰说:

> 所谓观念史就是去研究一个个观念的出现以及其意义演变过程。但是观念(idea)又是甚么呢?"观念"一词最早源于希腊的"观看"和"理解",在西方十五世纪就用该词表达事物和价值的理想类型(ideal type),也指人对事物形态外观之认识;十七世纪后涉及构思过程。其实,只要驱除西方柏拉图主义(Platonism)和德国观念论(German Idealism)给它蒙上的神秘外衣,"观念"并不难定义。简单说来,观念是指人用某一个(或几个)关键词所表达的思想。细一点讲,观念可以用关键词或含关键词的句子来表达。人们通过它们来表达某种意义,进行思考、会话和写作文本,并与他人沟通,使其社会化,形成公认的普遍意义,并建立复杂的言说和思

(接上页)作"想念"。三、在第 482 页,引高名凯、刘正埮《现代汉语外来词研究》(北京:文字改革出版社,1958 年)。此书将入华日语新词分为三类,其中第三类指的是先由日本人以汉字的配合去意译或部分音译欧美语词,随后中国人将其引进改造而成现代汉语的外来词。"观念"属第三类外来词,源自日语的 kannen,后者又译自英语的 idea。

① 沈国威:《汉语近代二字词研究:语言接触与汉语的近代演化》,上海:华东师范大学出版社,2019 年,第 261—265 页。不过,作者将"观念"一词具体归类为现代汉语二字词中的日语影响词三种之一的"日语借形词",却是有问题的。所谓"日语借形词"就是词形借自日语的词。主要通过词源调查确定,汉语的书证晚于日语书证的词,都可能是日语借形词",它是通过对日中同形词的调查得出的结论,其调查途径是对《辞源》、《汉语大辞典》等中日语文工具书中是否发现古典里的书证,又调查前期和后期汉译西书、中国人著述、英华辞典、《申报》等是否有书证,如若两者均无,则既非日语借义词,亦非日语激活词。本文第三、四部分会说明,观念作为一个在佛经翻译中创造的汉语词汇,早已存在了几近十几个世纪,在日本学者翻译 idea 的时候,多半属于"日语借义词",因为终究是指称意识现象,不过在中文文献中似乎长期沉睡在佛教典籍中而已,导致"观念"的古今意涵有明显的断裂。

想体系。①

这是把汉语"观念"视为西文 idea 等价的译词,并基于威廉斯(Raymond Williams)在《关键词:文化与社会的词汇》一书中给出的定义加以发挥。他们认为,由于"观念"用固定的关键词表达,故比"思想更确定,可以有更明确的价值方向",因而与社会行动的关系比"思想"更直接。

上述界定大致是基于对"观念"的语用现象的一般观察,如果我们进一步考察就会发现,作为现代汉语重要的学术术语之一,"观念"的来历以及由此给汉语学术界带来的释义的多样性,实际上要复杂得多。即使仅仅认定它是来自西文的翻译,也曾经至少有过另外两种以上不同的译名:金岳霖先生基于英国经验论的传统,把 idea 翻译成"意念";研究希腊哲学的专家,将来自柏拉图的 *Idea* 翻译为"理念"、"理型"乃至"相"。② 除了在专门研究柏拉图的著述中,后面几种翻译各有沿用者外,只有"观念"一词不但被哲学界普遍采用,而且在日常生活中也最为流行。这种似乎是约定俗成的选择,却可能蕴含着某些微妙的事理可以探讨。

当代中国学者一边享用着前辈学人艰辛的翻译成果,一边也不断有所责疑。"观念"作为一个术语,亦未能例外。与现今有些学者因为现代汉语的学术术语多半出于日人的传译而颇有微词不同,王国维对于日本学者先我而定之新术语的成就总体上是肯定的,并认为中国学者沿用之并非出于不智。不过对于用"观念"来翻译 idea,王国维以为它还不够精确:

① 金观涛、刘青峰:《观念史研究:中国现代重要术语的形成》,香港:香港中文大学出版社,2008 年,第 3 页。雷蒙·威廉斯对"观念"(idea)的讨论要比金观涛所复述的更复杂些,他是从观念论(Idealism)的角度追溯 idea 的哲学意涵的,而观念论"这种哲学强调:观念(ideas)是用来强化或形塑所有的实体或实在(reality)"。其"重要意涵可以追溯到希腊思想,尤其是柏拉图的思想;英文词 idea 从 15 世纪中叶起便具有这方面的意涵(虽然在 16 世纪末期之前,比较普遍的词一直是 *idee*)。可追溯的最早词源为希腊文 *idea*,这个希腊文源自动词 to see(观看、理解),其意涵涵盖范围从 appearance(表象)、form(形式)到 type(类型)、model(模型)。Idea 包含三层意涵:(一)ideal type(理想类型)——15 世纪起便很普遍;(二)figure(形态、外观)——16 世纪起;(三)thought or belief(思想或信仰)——17 世纪起"。(雷蒙·威廉斯:《关键词:文化与社会的词汇》,刘建基译,北京:生活·读书·新知三联书店,2005 年,第 214—215 页)

② 汪子嵩、范明生、陈村富、姚介厚:《希腊哲学史》第二卷,北京:人民出版社,1993 年,第 653—661 页。

试以吾心之现象言之，如 Idea 为观念，Intuition 之为直观，其一例也。夫 Intuition 者，谓吾心直觉五官之感觉，故听嗅尝触，苟于五官之作用外，加以心之作用，皆谓之 Intuition，不独目之所观而已。观念亦然。观念者，谓直观之事物。其物既去，而其象留于心者，则但谓之观，亦有未妥。然在原语，亦有此病，不独译语而已。Intuition 之语，源出于拉丁之 In 及 tuitus 二语。tuitus 者，观之意味也。盖观之作用，于五官中为最要。故悉取由他官之知觉，而以其最要之名名之也。Idea 之语源出于希腊语之 idea 及 idein，亦观之意也。以其源来自五官，故谓之观。以其所观之物既去，而象尚存，故谓之念。或有谓之想念者，然考张湛《列子注序》所谓"想念以著物自表"者，则想念二字，乃伦理学上之语而非心理学上之语。其劣于观念也，审矣。至 Conception 之为概念，苟用中国古语，则谓之共名亦可（《荀子·正名篇》）。然一为名学上之语，一为文法上之语。苟混此二者，此灭名学与文法之区别也。[①]

从经验论的角度，王国维判定"观念"表示我们心灵中保留了感觉经验的印象，但对其中的视觉中心主义有所批评。这不但与他把"念"等同于"象"（印象）有关（这与通常的解释有一定的距离，按照《说文解字》，"念，常思也，从心今声。"[②]"念"因而是更广义的思维活动）；而且与他把"观"界定为"看"或"视"这一常识性的意义也是有关系的。后者在《说文解字》中可以寻找到基本的根据："观，谛视也，从见雚声。"[③]又见《小雅》："观，多也。此亦引申之义，物多而后可观，故曰观多也，犹灌木之为聚木也。"古代文字学家认为"观"的基本义就是"看/见"，这与我们现在的日常用语大致相同。

王国维对"观念"的界定在心理学上可以说是对"象"之"观"或由"观"而得之"象"。但是从希腊哲学中柏拉图一系而来的"观念"，却是对"理"的"观"，或由"观"而得之纯粹的"理"或形式。它面对的不是"可见世界"，而是"可知世界"中抽象的形而上之道，无关乎经验之知。牟宗三关于"观念"（idea）的西语来源

① 王国维：《静安文集》，《王国维遗书》第三册，上海：上海书店出版社，1986 年，第 532 页。

② 许慎：《说文解字》，北京：中华书局，1963 年，第 216 页。

③ 许慎：《说文解字》，第 177 页。

的讨论,使得这方面的意义得到部分澄清。他说:

> 英文之 idea 有许多意义。idea 有心理学的意义,如对一件事有何想法、意见,此时就谓之观念。但贝克莱使用 idea 不是这个意思,而是指一个客观而具体的存在。此具有现实的(actural)、具体的(concrete)、特殊的(particular)三种性质。……故贝克莱之 subjective idealism,严格讲应译为"主观觉象论",觉象即知觉现象,相当于罗素所说的 precepts。贝克莱用 idea 一词是根据希腊文原来的意思,希腊文之原意是可看见的相,可呈现的相状。海德格尔抨击柏拉图使用 idea 乃违反当时希腊文的原意,因 idea 本来是可以看见的相,但柏拉图把它倒转过来变成超离的实在,故此非希腊文之原意。……但其实柏拉图也可反辩说他并未违反一般使用该字的原义,因一般使用 idea 意谓可见之相,但他也可以意谓它是可见之相,只是他用心眼来看的。……故柏拉图所用之 Idea,依一般译为理型较好。柏拉图理型也是可见之相,是个 form,而且可见得很准,不过非以肉眼来看,乃是以心眼来看,即由清净之灵魂就可看见 Idea,而且看得很清楚。而且希腊文 Idea 一词的含义本来就很笼统广泛,不一定只限于感性的,也可用于超感性的,故其实柏拉图也未必错。[①]

牟宗三为柏拉图的辩护,意味着不但"念"并非"象"而是"相",这比较符合传统的文字学释义;而且"观"也并非局限于感官之一的视觉,因为人们既可以"眼观",也可以"心观"。这样,就为"观念"的释义在经验论之外增加了实在论的意义。这与接受了新实在论的冯友兰发生了共鸣:

> "观"之一字,我们得之于邵康节,邵康节有《观物篇》。他说:"夫所以谓之观物者,非以目观物也。非观之以目,而观之以心也;非观之以心,而观之以理也。"以目观物,即以感官观物,其所得为感。以心观物,即以心思物。然实际底物,非心所能思。心所能思者,是实际底物

_____

---

① 牟宗三:《中西哲学之会通十四讲》,上海:上海古籍出版社,1997 年,第 45—46 页。

之性，或其所依照之理。①

所以，在冯友兰看来，所谓"观"，其路径乃"心观"，其态度乃"静观"；则其"观"所得，并非"象"而是"理"。"理"即共相，共相是实在的。所以他虽然也说"观念"是哲学研究的对象之一，但是他的"观念"本身并不带有经验内容，哲学观念与命题、推论一样，只是纯形式的和逻辑工具，并不增进我们实际的知识。

上述三位哲学家对汉语术语"观念"的解释，大致上形成三种路径：王国维、金岳霖是经验论的，冯友兰是唯理论的，而牟宗三兼容了二者。换言之，前辈哲学家基于他们各自的西学路径，揭示了"观念"由西语 idea 翻译为汉语所形成的释义的多样性。

作为对学术界所用哲学术语的综括，冯契先生主编的《哲学大辞典》在"观念"一条下，除了给出我们日常理解的"看法"、"思想"和"表象"的意义外，也特意指出，译自 idea 的"观念"在西方各派哲学中有不同的意义：

> （1）在客观唯心主义哲学中，常译作"理念"、"相"或"客观理念"，亦有译为"理式"的。柏拉图用以指永恒不变而为现实世界之根源的独立存在的、非物质的实体。在康德、黑格尔等人的哲学中，指从知性产生而超越经验可能性的概念，如"上帝"、"自由"、"灵魂不朽"等。黑格尔认为观念是"自在而自为的真理——概念和客观性的绝对统一"。（2）在主观唯心主义哲学中，通常被归结为主体的感觉与印象或产生世界的创造本原，它是事物的"涵义"或"本质"。（3）在英国经验派的哲学中，指人类意识或思维的对象，即感觉与知觉。唯物主义的经验论者洛克认为观念来自对外界事物或内心活动的观察；唯心主义的经验论者贝克莱认为外界事物是"观念的集合"或"感觉的组合"。（4）在休谟哲学中，指回忆起来的印象或想象到的印象。②

尼古拉斯·布宁和余纪元编著的《西方哲学英汉对照辞典》(*Dictionary of*

---

① 冯友兰：《新理学》，《贞元六书》，上海：华东师范大学出版社，1996 年，第 14—15 页。
② 冯契主编：《哲学大辞典》，上海：上海辞书出版社，1988 年，第 712 页。

Western Philosophy：*English-Chinese*)在"*Idea*"一条下的释义大致也是如此，唯对柏拉图的 idea 的解释中，给牟宗三和冯友兰的"心/观"的观点，提供了进一步的理据："柏拉图不加区分地使用形相（*idea*）和形式（*eidos*）来表示那超感性的、不变的、永恒的、普遍的、绝对的实在。这些真正的实在是知识的源泉，是可感事物得出其存在性的模型。他认为，这些在上的实在是事物的本质或内在的结构。将'形相'一词从'外部相貌或形状'转变成'内在结构'是通过一个隐喻。如果你用眼睛看，你看到的是外在的形状；但如果你用灵魂的眼睛'看'（即，想），你所得到的是本质或共同的特征。"[1]

由此看来，"来自西洋，路过日本"，"观念"作为一个由 idea 迻译而来的汉语术语，"路过"日本所带的痕迹并不甚深，带入的主要还是西方源语言中的要素，它们使汉语"观念"一词成为复杂的概念，在其最宽泛的界定"固定化的思想'产品'"里面，包容了多个向度的意蕴。换言之，现代中国哲学家在使用"观念"一词时，采用了过河拆桥的方式；"观念"本身亦并非一个单薄的概念，它的意义可能随使用者的哲学成见而层次不一、方向各异。故汉语观念史所处理的"观念"可以有丰厚的哲学意义。认识到这一点，也使我们对下列情形获得新的理解：近现代中国哲学史家在论述中国哲学时，何以常常间杂地用"概念"和"观念"（这种情况是普遍的，其中以张岱年、劳思光等人的著作最为突出）。

二

我们前面描述"观念"这一术语，经由西文 idea—日文 kannen—汉语"观念"而来的轨迹，可能给人一种印象，似乎现今习用的"观念"完全是利用汉字新造的一个现代汉语词汇。在 20 世纪初，这类新词确实曾经大量涌现，其方式主要是利用单个汉字造成二字词，现代汉语的大量新词汇包括绝大部分哲学术语，都是通过这个方式流行起来的。但是，进一步的考索表明，汉语"观念"一词，其实古已有之，而非日本学人新造。换言之，它之所以变成一个流行的词汇，尽管形式上是通过翻译而来的，然而其本身却并不是完全独创的新词，而是袭用了

---

① 尼古拉斯·布宁，余纪元编著：《西方哲学英汉对照辞典》，北京：人民出版社，2001 年，第 459—460 页。

古代汉语中既有的语词原形,因而可以说是一种二度"迻译"。在近现代中国的语言变化中,这种情形并不罕见,有些词语尽管可能早就存在,但在古代不占有"关键词"的地位,甚至一度处于消隐状态,到了近现代才被重新发现。这种借古喻新的词汇当然也有不同的情形:有些是古文中出现频率并不太低的;有些则可能只出现在比较专门的论域,以至于容易被现代学人忽略。"观念"大致属于后者。因而我们需要对汉语"观念"一词本身进行一场"知识考古"。

我们尚不清楚"观念"一词最早出现的确定时间,但是至少在东汉时期高僧安世高翻译之《四缔经》中已经出现,它和安世高所属部派在宗教修行方面特别重视"禅观"相关。[①]"观念"在魏晋时期译出的《阿含经》出现得更多。如:

> 念相善相应时生不善念,观念恶患时亦生不善念。……若比丘相善相应时不生恶念,观念恶念时亦不生恶念,不念念时亦不生恶念,若以思行渐减时亦不生恶念,以心修心,受持降服时亦不生恶念者,便得自在。[②]

检索"中华电子佛典协会"(CBETA)电子佛典数据库,得"观念"之数多可逾千。这与先前其他汉语文献大不相同。因此我们得以知道,从一开始"观念"就是一个佛学术语,同时因为佛教对中国文化的深刻影响,后来也间或出现在文人的诗文中。[③]民国时期著名佛学家丁福保编著的《佛学大辞典》(初版于

---

① 任继愈说:"关于安世高的译经,道安说'其所敷宣,专务禅观'(《祐录》卷六、《阴持入经序》)。"而所谓"禅观","是说通过禅定静虑,领悟佛教的人生观和世界观,以期达到神秘的涅槃精神境界。"(任继愈主编:《中国佛教史》第一卷,北京:中国社会科学出版社,1981 年,第 143 页)

② 瞿昙僧伽提婆译:《中阿含经》,"中华电子佛典协会"(CBETA)电子佛典数据库版(0589a03)。

③ 晁福林提出汉语"观念"一词出现于佛教传入之后,不过他没有注意佛经翻译的早期历史,以至于推迟了"观念"的出现时间,认为"唐朝时人始用以说明对于佛教理论的观察思考"。他列举的主要是唐以后诗文中"观念"的资料。譬如:唐庆州刺史魏靖称赞无相禅师"物物斯安,观念相续,心心靡同"(《永嘉集·序》,民国《永嘉诗人祠堂丛刻》本)。宋之问《游法华寺》:"观念幸相续,庶几最后明。"(《全唐诗》卷五十一)唐天成年间来唐的日僧圆仁述其所见大花岩寺众佛壁画云:"或举手悲哭之形,或闭目观念之貌。"(圆仁著,顾承甫、何泉达点校:《入唐求法巡礼行记》卷二,上海:上海古籍出版社,1986 年,第 108 页)元代诗人戴良《游大慈山》谓:"谒祠慨乡相,寻僧叩禅宗,契理已无像,观念岂有穷。"(《元诗选》二集)明代人仍循旧说来使用"观念"一词,如高濂《遵生八笺》引朱陶父说谓:"经乘妙理,依宿德以参求;观念净因,访高人而精进。"(《遵生八笺·清修妙论笺》下册,北京:人民卫生出版社,2007 年,第 73 页),等等。见晁福林:《观念史研究的一个标本——清华简〈保训〉补释》,《文史哲》,2015 年第 3 期。

1922 年)列出了"观念"及其相关的词条有三:

> 【观念】(术语)观察思念真理及佛体也。
>
> 【观念法门】(书名)一卷,唐善导著。卷首之题为观经阿弥陀佛和
> 海三味功德法门一卷,卷末之题为观念阿弥陀佛相海三味功德法门经
> 一卷,明观佛三味念佛三味之法门者。五部九卷之一。
>
> 【观念念佛】(术语)对于口称念佛而言。观察忆念阿弥陀佛也。[①]

以此对勘现代哲学术语"观念",我们会发现有些值得深入研究的地方。

以观念史研究的对象而论"观念",如果以借汉语现成的词汇翻译西文 idea
的概念视之,"观念"是一个复合词,"观"与"念"之间是并列的组合,即使要把它
视为偏正结构,重点也似乎在"念","观"则表示以"念"所得之方式观看,故所谓
"观念"乃侧重在由"观"而得之"念"。而在佛学中,"观"和"念"都可以表示独立
的心理活动及其成果,由此联合起来成为一个动词"观念"。它可以表示一种佛
教的修持实践活动(其更大众化的方式是与"念佛"联系在一起,形成"观念念
佛"),目标则是佛教解脱的真理和成佛。另一方面,"观"和"念"又可以表示思
维活动之内容以及其所得之成果。此外,我们还可以把"观/念"视为动宾结构
的短语,则其重点在对"念"之"观"。"观"并非一般意义上的观看,而是以正智
为出发点的思维。表现在比较综合或集中的程度时我们可以说某知观,佛教的
禅定讲究"观法",如"不净观"、"四谛观"等禅观,甚至直接表示智慧;"念"则在
佛学中有复杂的分类:善念、恶念、正念、妄念,等等;"观"是直观和总括性的;
"念"在佛教心理学中则同时可以是意识之流。这样两个词性非常灵活的单字
组合成的"观念",后来又转变为"观心"。"观心"自然是以心观心,此词既为佛
学所用,后来则也为宋明理学家所分享,它关涉到古代的意识哲学,尤其意指涵
养乃至追求成圣之实践。[②]

----

① 丁福保编著:《佛学大辞典》,上海:上海书店,1991 年,第 2983—2984 页。

② 2021 年秋,我将本文初稿发给清华大学圣凯教授求正,不久圣凯教授发来他的新作《佛教观念史的方法
论传统与建构意义》,中间对"观念"一词的佛学起源在构词方式上解释道:"'观'和'念'在佛经翻译中
有两种组合:其一,'念'是心的历时性运动,'观'是对心念的反思性'审视''谛视',如《中阿含经》卷二
五说:'念相善相应时,生不善念,观念恶思时,复生不善念,彼比丘不应念此念,令生恶思不善念(转下页)

事实上,在早期佛教典籍中,"观念"就是一种通达智慧的修持实践。《中阿含经》和《杂阿含经》等佛教典籍中多处出现的"观念"大多指示人如何修持,如:"若比丘身身观念处,心缘身正念住调服、止息、寂静,一心增进。"①通过以"正智"控制的观念活动,以思行渐减时时复生的不善念。后来的众多佛教经论在论述作为修持活动的"观念"的具体操作方式时,也有"观念众生为彼重任"、"当观念诸有情身"、"先观念身本从何来"、"观念我身",乃至"观念地狱一切众生,彼地狱众生皆得解脱,由此观行皆得生极乐世界"②,等等。但是主流的和中心的意识内容是佛,即"观念本尊"、"以心观念本尊"、"观念诸佛常见目前"、"观念诸佛求胜境界"、"以敬仰心观念诸尊如对目前",其中当然包含了某种形象乃至想象;但是对具体形象之意识,只是过渡或中介,最终的目标是:"如上观念当入一切如来三摩地门甚深方广不思议地,是正念处,是正真如,是正解脱。"③换言之,进达佛教的真理而获得解脱。这表示"观念"一词,在古今之间,发生了观念的位移,两者之间的意义是有断裂的:"观念"与 idea,不是直接或对接,而是经过了"嫁(借、假)接"的结果。

但是,如果进一步深究,尽管我们尚无法确切地描述出最初翻译者在利用古文"观念"来翻译西文 idea 时思考的细节,还是应该更仔细地探寻这一"嫁(借、假)接"(翻译)的微妙之处:它是否以及如何让"观念"在古文中的某些重要意蕴得以保留,并可以与西文 idea 的意义互相交融。

古人视"六书"为造字之本,其中包括"转注"和"假借"两目。前者指文字(词汇)随社会生活的复杂化而"孳乳渐多"的繁衍;"这样产生的新词,必定是由某个语源派生的,也就必定沿袭其音读,因此,在语言上有同一语根派生若干新词的现象。"后者指文字虽然日日增生又不能无限繁衍,必须加以节制,于是可利用(借)旧词赋以新意。"新的词产生了,但是义有引申,音相切合,可以利用

(接上页)故。'观'是对心念善恶的道德审视与反思,修道者在此基础上对心念进行控制。其二,'观'与'念'分别指反思和意念集中,如《无量寿经义疏》卷一说:'谛谓审谛,深思谛观,念佛法海,故能得正证。''观'是一种冷静的远离对象的反思,'念'则是对佛法义理的集中思维。"见《清华大学学报(哲学社会科学版)》,2021 年第 6 期,第 159 页。

① 求那跋陀罗译:《杂阿含经》,"中华电子佛典协会"(CBETA)电子佛典数据库版(0139b18)。

② 不空译:《大宝广博楼阁善住秘密陀罗尼经》,"中华电子佛典协会"(CBETA)电子佛典数据库版(0631a12)。

③ 金刚智述:《念诵结护法普通诸部》,"中华电子佛典协会"(CBETA)电子佛典数据库版(0905c09)。

旧有的词和字而赋予新的词义,不再制造新字。这样做,虽然没造新词、新字,也同样可以适应词汇发展的需要。从造字来讲,这就是'假借'的法则。章炳麟先生说:'转注者,繁而不杀,恣文字之孳乳者也。假借者,志而如晦,节文字之孳乳者也。二者消息相殊,正负相待,造字者以为繁省大例。'(《国故论衡·转注假借说》)"[①]近代以来汉语新词大量增加,与反映现代社会巨变、翻译西方著述以引介新知有密切的关联。虽然现代汉语大量出现的二字词,不能简单等同于古人之造字,但是通过同一语根派生若干新词和利用旧词赋予新意,这两种互相消息的法则依然是有效的。如此看来,在利用古文中的"观念"来翻译西文 idea,可以说既有"转注"的成分,又有"假借"的成分。因为现代汉语的"观念"和古文在字形上毫无二致,因而可以说是"借"。但是前面说过,古今的"观念"的结构却不同。古文"观念"并非像在现代汉语中用作名词,而是一个动宾结构的短语,可以写成"观-念",或者"观/念";它表示一种宗教修持的活动和状态。既是由语根相同的"观"与"念"联合而成的新词,又是古文"观-念"的词义引申,因此它是一种"转注"。由此就存在着这样的可能性,古文"观"、"念"和"观/念"的复杂意涵与西文 idea 的多方向释义互相交织,为以"观念'为对象的观念史研究敞开了多种可能方向。换言之,我们应该从多层面上考察"观念"在以"观/念"为存在形态时,其来自语根"观"和"念"的诸多因素,和在其内部沉淀下来的复杂意蕴。

三

为此,我们需要对"观"和"念"的意义分别作一点讨论,然后看其组合而成的"观念"在不同的语境下的意义之差异。

汉语历史词汇学告诉我们,在表示"观看"的语义场中,现代汉语的常用词要大大少于古代汉语;"与此相应,'视'是古代汉语中表示'观看'的语义场中使用频率最高、构词能力最强的一个词,而在现代汉语中,它把这种地位让给了'看',在通常情况下,'视'很少单独使用了。'观'和'视'一样,在现代汉语中虽

---

① 陆宗达:《说文解字通论》,北京:中华书局,2015 年,第 52 页。

然还存在,但一般不单独使用了。"①这在一定程度上证明了许慎将"观"解释为"谛视"的合理性,在此意义上,或者说在通俗的流行意义上,无论是在古代汉语还是现代汉语中,"观"主要只是以视觉为中心的感知意义,它的指向是外在的。但是,据丁福保编著的《佛学大辞典》,古代佛学所云"观"本是一个来自梵文的译名:

> 【观】(术语)观察妄惑之谓,又达观真理也。即智之别名。梵文Vipaśyanā(毗婆舍那)又Vidarśanā也。观净境影疏曰:"观者,系念思察,说以为观。"大乘义章二曰:"粗思名觉,细思名观。"净名经三观玄义上曰:"观以观穿为义,亦是观达为能。观穿者即是观穿见思恒沙无明之惑。故名观穿也。达者,达三谛之理。"游心法界记曰:"言观者观智,是法离诸情计故名为观也。"止观五曰:"法界洞朗,咸皆大明,名之为观。"②

所以,在汉传佛教的语境中,"观"已经逸出了《说文》的界定,不限于笼统地指称视觉(即使包括了仔细的查看、审视),其对象也非外在的客体。佛教所云"观"主要指向佛教的玄理,其要点从对外物的观看,转为向内的"观心"(以及"观法"、"观自在"、"观自身"、"观不思议"、"观因缘"等等)而获得解脱。因此,佛学中的"观",在比较浅的层次上暗喻对某方面理论的综合③,终极的目标则指向形上智慧。譬如:"隋唐时代天台宗提倡'止观双修',也称'定慧双修',作为佛教的修习方法,'止',是止息妄念,专心一境,不分散注意力,也就是禅定的

---

① 蒋绍愚:《古汉语词汇纲要》,北京:商务印书馆,2015年,第275页。

② 丁福保编著:《佛学大辞典》,上海:上海书店,1991年,第2979页。高振农另有一个解释:"'观',梵文Vipa-śyaṇa的意译,音译'毗钵舍那'、'毗婆舍那'等。也是智慧的另一称谓。泛指一切思维观察活动,特指在佛教'正智'指导下对特定对象或义理的观察思维活动。"见真谛译,高振农校释:《大乘起信论》,北京:中华书局,1992年,第168页。

③ 这一点在现代汉语中也延续下来了,所以我们有最常见的"世界观"、"人生观"、"宇宙观"、"价值观"等等组词方式,表示的是对"世界"、"人生"、"宇宙"的统一的整体性的综合见解,是和哲学在同一个层面的学问。至于"民族观"或"国家观"等可以是"民族观念"和"国家观念"的缩写,但是也可以表示对相关问题的理论和"观点"。

意思;'观'是观照,即智慧的意思。'止观'就是禅定和智慧的并称。"①更早的空宗慧远大师虽然也讲"观法",宗旨却在"观性空",或者直接就是"观空":

> 沤和般若者,大慧之称也。见法实相,谓之般若,能不形证,沤和功也。适化众生,谓之沤和,不染尘累,般若力也。然则般若之门观空,沤和之门涉有。涉有未始迷虚,故常处有而不染。不厌有而观空,故观空而不证。是谓一念之力,权慧俱矣,好思历然可解。②

无论是"观法"还是"观空",在僧肇那里都是达到缘起性空的佛教真理的途径,"观"的指向是形上智慧。

再从《大乘起信论》到继承其基本学理的禅宗慧能一系的诸多文献看,"观"同样有其特殊的乃至超越意味。《大乘起信论》有道:"云何修行止观门?所言止者,谓止一切境界相,随顺奢摩他观义故。所言观者,谓分别因缘生灭相,随顺毗钵舍那观义故。"③

与此相应,佛学中"念"的意涵既有我们一般思念、想念、记忆等的意思,也有与现代汉语的通常用法有所不同的地方。"念"在梵文中为 smarati,意思近似于汉字"念""忆"等。大乘瑜伽行派把"念"和"失念"都归结为五十一"心所法"——随心王(心法)所起的心理现象——之一:其中"念"是五种"别境"(包括欲、胜解、念、定、慧)之一,即记忆;"失念"则是二十"随烦恼"之一,包括对于所修善法不能明记在心。④ 但是,对于心理现象的"念"在质性上的认定,使得佛教之所谓"念"除了记忆之外,有另一层意义。佛教讲"诸行无常",包括"一期无常"和"念念无常"。"念念无常,'念'是梵文'刹那'的意译。'念念'就是刹那刹那。一切事物不仅有一期无常,而且在某一期间内又有刹那刹那生、住、异、灭的无常。也就是说,在没有坏灭之前,刹那刹那,念念之间,迁流不息,不得停住。……无常迅速,念念迁移,石火风灯逝波残照,露华电影,都不足以喻万物

---

① 方立天:《佛教哲学》,北京:中国人民大学出版社,1986年,第96页。

② 僧肇著,张春波校释:《肇论校释》,北京:中华书局,2010年,第6页。

③ 真谛译,高振农校释:《大乘起信论》,北京:中华书局,1992年,第167页。

④ 方立天:《佛教哲学》,北京:中国人民大学出版社,1986年,第118—124页。

的念念无常。"①

　　简言之，佛教对"念"的多种用法：包含了一般思维活动的意思，故可以有"正念"、"真念"、"妄念"、"杂念"诸种，认为人心是"念念不住"，人类的意识永远处于流动之中，思维活动就是迁流不息的意识之流。与现代知识论把知觉、印象视为静态的结构不同，佛教将"念"视为刹那、刹那生灭的过程。"观念"就是依靠正智修持、观照自心，求得妄念俱灭，达到"无念"（无著）——即是正念获得解脱。因此，佛学论域中的"观念"具有一项明显特征，即它的反思性；佛学所谓"观念"包含了在反思性的修行实践中追求智慧的意蕴。

四

　　当我们把"观念"视为一个哲学术语的时候，从词汇的历史看，"观念"的出现始于佛教经典的翻译；那么，佛学的"观念"是否完全是佛经翻译者的创造？即使是译经者的一种创造，使用汉字"观"迻译梵文 Vipaśyanā（毘婆舍那），是否能离开中国哲学的语境？ 具体地说，佛经翻译过程中把"观"和"念"合成一个术语时，它们的语义是完全不同于此前的汉语的字义，还是袭取了某些意蕴而成？

　　在解释古文"观"字的时候，我们通常把许慎《说文》中的界定——"观，谛视也。从见雚声"，"古文观从囧"②——作为其基本的含义。"谛视"，表示它是一种严肃认真的视觉行为，其中蕴含的视觉内容主要是形象，而在义理上的肯定并不明显，因而是一个价值中性的动词。不过，许慎作《说文》，大致循的是古文经学的路径，其收取的字体首先就是古文："许慎所谓'古文'，就是汉代所发掘出的古文经典中的字体。"尤其是孔子所书《六经》以及《左传》，尽管也引了秦以前的其他古籍如《老子》、《孟子》等③，但是对于"观"的解释，似乎局限于日常生活的语言而过于简略。换言之，《说文》所界定的尚不足以表达古典文献中"观"之复杂的尤其是带有哲学性的意蕴。

　　近年来，先秦以来的古代文献中的"观"，因其可能具有的哲学意蕴，已经引

---

① 方立天：《佛教哲学》，北京：中国人民大学出版社，1986 年，第 100—101 页。

② 许慎：《说文解字》，北京：中华书局，1963 年，第 177 页。

③ 陆宗达：《说文解字通论》，北京：中华书局，2015 年，第 21—23 页。

起了研究者的兴趣。① 大略言之,至少在《周易》经传中,"观"已经指一种哲学思维方式,有非常丰富的意蕴。简要说来,从《周易》中"观"的用法而言,至少在三个方面明示了它的特殊性。

第一是《周易》来自圣人"观物取象",自然有对外部事物的观察,但是同时包括了对自身的反思:

> 古者包羲氏之王天下也,仰则观象于天,俯则观法于地,观鸟兽之文与地之宜。近取诸身,远取诸物。于是始作八卦,以通神明之德,以类万物之情。(《周易·系辞传》)

这里的"观",既是"远取诸物",又要"近取诸身",所以认识世界和认识自己是统一的。而且"观物取象","观"仅仅是其第一步,此后还要通过"观"使世界符号化,即从现象世界上升到观念世界。

第二,《周易》在"临卦"以后继之以"观卦"。"观卦"的卦辞,"观,盥而不荐,有孚顺若"。"是说九五的君主主持大祭,从洗手开始就非常庄重严肃精诚专一,显示出不轻易自用的威仪,不待奉献祭品就使在下仰望的群臣(喻四阴)信服他是有道的明君,无不被其所感化。此所谓行不言之教,有不言而信之妙。"②易学家解卦义并不局限于字义,按照《象传》的解说,"观卦"卦义为:上观示于下,下观视于上,上下相观而决定进退。故"观"既有呈现义,又有关注义。无论是呈现抑或关注,都意味着在神圣性的活动中,贯穿着诚意专一之精神。

---

① 这方面的研究,成中英有《论"观"的哲学涵义——论作为方法论和本体论的本体诠释学的统一》(成中英主编:《本体诠释学》第二辑,北京:北京大学出版社,2002 年)。该文借对《周易》"观"的解释来服务于其"本体诠释学"的建构。成中英甚至说:"'观'是一个无穷丰富的概念,不能把它等同于单一的观察活动,因为这种观察是在许多层次上对许多维度的观察。""可以把'观'公正地称之为'沉思的观察'。""也可以把'观'比作海德格尔的'沉思',在海德格尔的这个概念中,它暗含了'存在'的一种普遍观点……为了清楚地说明'观'的全部意义,我们可以得出结论说,'观'是一种普遍的、沉思的、创造性的观察"。成中英把对"观"的解读,与其本体诠释学联结起来,这固然是个人的旨趣所向,其解释方案的有效性可以继续讨论。张丰乾有《"观"的哲学》(《中国社会科学院研究生院学报》,2016 年第 1 期),该文较为宽广地收录了古代文献中可从哲学视角研究之"观"的文本。陈少明也讨论了"观"的哲学含义,认为与其他表示视觉的语词有所区别,"观"不仅指对有形事物的看(观物),而且延伸出更抽象的含义,突出观看的成果,进而观心、观道。"因此,'观'是需要修养出来的能力。"见陈少明著《梦觉之间》,北京:三联书店,2021 年,第 1—6 页。

② 徐志锐:《周易大传新注》,济南:齐鲁书社,1987 年,第 134 页。

第三，此处的"观"要"以通神明之德，以类万物之情"。"观"之所得不是局部的经验的知识，具有相当程度的普遍性，因而是"通观"或者"观通"：

> 圣人有以见天下之赜，而拟诸其形容，象其物宜，是故谓之象。圣人有以见天下之动，而观其会通，以行其典礼，系辞焉以断其吉凶，是故谓之爻。（《周易·系辞传》）

此"观"从大的论域说是必欲达到"会通"的境界，其成果是具有一定普遍性的"固定化的思想'产品'"。同时要能深入到事物最精微的层面（"天下之赜"），故其对象不仅是粗放的形而下之器，而且应该是形而上之道。后一层义理当然大大超出了《说文》所规定的意义域。

具有哲学意蕴的"观"不仅仅在《周易》一书中存有，在比《易传》更早的《老子》一书中，"观"之语义，亦有类似的特点。在观看的意义上，《老子》中有"观"有"视"，但是两者的作用是不同的：

> 道可道，非常道。名可名，非常名。无名，天地之始；有名，万物之母。常无，欲以观其妙；常有，欲以观其徼。此两者同出而异名，同谓之玄。玄之又玄，众妙之门。（《道德经》第一章）
>
> 致虚极，守静笃。万物并作，吾以观复。夫物芸芸，各复归其根。归根曰静，是曰复命。复命曰常，知常曰明。不知常，妄作，凶。知常容，容乃公，公乃王，王乃天，天乃道，道乃久，没身不殆。（《道德经》第十六章）

"观"指在保持高度静心的状态下，可以透过万物并起之象，回复到世界的本根——道。在这层意义上区别了"观"与"视"：认识"道"的正确方式只有"观"，而非"视"——一般意义的"眼看"：

> 视之不见，名曰夷，听之不闻，名曰希，搏之不得，名曰微，此三者，不可致诘，故混为一。（《道德经》第十四章）
>
> 执大象，天下往。往而不害，安平泰。乐而饵，过客止。道之出

口,淡乎其无味,视之不足见,听之不足闻,用之不足既。(《道德经》第三十五章)

这与老子哲学拒斥感性认识乃至拒斥知性的价值,是贯通的:我们的感官不能通达玄妙的大道。所以老子主张人闭目塞听,对于普通的感性知识持遮拨的态度,认为只有借助正确的"观",方能透过幽明之际抵达微妙的真理之域,在这个意义上,老子是非视觉中心主义的。当然我们也可以说老子主张的"观"其实属于神秘的直觉,拥有了它我们方可以通达大道。

同属道家的庄子,则同样在认识义理(价值)的层面上使用"观":

自我观之,仁义之端,是非之涂,樊然殽乱,吾恶能知其辩!(《齐物论》)

以道观之,物无贵贱;以物观之,自贵而相贱;以俗观之,贵贱不在己。(《秋水》)

无论是"是非"还是"贵贱",都是最基本的价值区分,对此类问题的认识庄子用"观"。而"以道观之"即前述冯友兰所谓"观之以理(道)"。"以物观之"和"以俗观之",则是以不同的出发点或标准"观物",并达到区分贵贱的结果。所以都不是有形的感知,而是超越形象的认识;对于不同的价值意味的评价,也需要通过"观"来获得。庄子还借孔子的口说道:

故君子远使之而观其忠,近使之而观其敬,烦使之而观其能,卒然问之而观其知,急与之期而观其信,委之以财而观其仁,告之以危而观其节,醉之以酒而观其侧,杂之以处而观其色。九征至,不肖人得矣。(《庄子·列御寇》)

凡"忠"、"敬"、"能"、"知(智)"、"信"、"仁"、"节"等等,均为具体的德性,对此的考察也需要通过"观"。所有这些与人们对具体事物的"观看"只是普通的以眼睛看,还是不同,故依旧是依靠"心观"(思考)而后得。

上述不尽全面的概述只是说明,虽然古文中的"观"既可以一般意义的"观看"来理解,又在其对象和内容上有特殊性。根据蒋绍愚的研究,在同为表示"观看"的语义场中,古汉语的常用词除了视以外,还有晞、望、目、窥、觇、观、觌、看、觑、睥、睨、眄、睐、瞰、睇、矍、瞻、觎、省、眙、盼、览、瞭、瞥、相等二十多个。[1]为何佛经翻译的先驱独独选择汉字"观"迻译梵文 Vipaśyanā(毘婆舍那)? 我们不妨推测,这很大程度上因为佛教传入中国以前,中国哲学已经有其辉煌的成就,翻译佛经不可能脱离中国哲学的语境。说得更明确一些,在《老》《庄》《周易》等经典中,"观"已超出了观看外物获得感知的方式,而通达于价值之知乃至形上智慧。前面我们曾经论述过,近代日人在利用古汉语中的"观念"来翻译西文 idea 时,既有"转注"的成分,又有"假借"的成分;现在可以说,佛经翻译中的"观念"一词与更早的汉语语词之间也既有"假借"又有"转注":他们"转注"了"观","假借"了"念",并把它们创造性地组合成二字词"观念"。

综上所述,梵—汉、英—汉两次迻译所发生的观念位移,有不同的跨文化语境:第一次是佛教传入中国,借中国玄学的话语方式表达佛学之信念,"观念"虽然生成而未进入主流话语,经过漫长的路程以后,才以改变了形态的"观心"与主流的哲学话语——宋明理学——共享;第二次是近代以降西学大规模进入中国,而此时之西学主要指经过认识论转向后的西方哲学,中国学人受到自然科学和实证主义的洗礼,"观念"的主要内涵则侧重于认识论的论域,佛学"观念"的智慧和修持实践活动意蕴很大程度上被遮蔽了。换言之,现代哲学术语的"观念"局限于基于"观物"而得到的经验知识,与古代"观念"一词之间存有某种语义的断裂。

由此观之,现代汉语哲学词"观念"经过了"双重借用",同时也表示它有足够的柔软性来适应不同的语境,容纳丰富的内容。今日我们回望"观念"两次迻译的过程,从长时段中揭示了它的语境变迁,同时就开启了观念史研究的新视域,使其可能在不同的层次和向度上向我们敞开。从"观物"到"观念","观"的词义作了引申、扩大,因此古文"观念"的词义不同于"观-念"的简单叠加;但是如今我们从事汉语观念史的研究,不妨在"观念"的释义中将此二者兼收并蓄:从反映论的基础层面说,它包含了某种认知成果;从主体性的角度说,它是反思性的活动,尤其指向了价值之域。由此不但解释了"观念"何以在日常语用中几

---

[1] 蒋绍愚:《古汉语词汇纲要》,北京:商务印书馆,2015 年,第 274 页。

乎天然与"价值"相连,表示观念史研究的重点不是个体观念——在逻辑学上表现为"私名"的"小一";而是那些具有价值意味的观念,那类观念一定要超越个体("小一")而具有普遍性,而普遍性之证成必有待于系统哲学的创造,所以观念史并不自外于哲学史,其研究在价值观念领域中大有可为;观念史研究同样通向智慧的追求,因为最高的价值——自由——与智慧相连。"智慧由元学观念(那用玄名来表达的意念)组成。""元学观念生于一种混成的认识,这认识与其成果,都可称为智慧。"①

Interpretation of "观念" ("Guan Nian")

Gao Ruiquan

Abstract:In the study of the history of ideas, the word "观念" ("guan nian") is generally believed to have "originated from the West and spread to China through Japan". However, simply taking "观念" (guan nian) as a translation of the English word "idea" evokes the ambiguity in British Empiricism and Platonism, hence resulting in differing ways of usage of the word by Chinese philosophers. A further study shows translating "idea" into "观念" (guan nian) was not the invention of Japanese translators, but the initial result of the translation of Buddhist scriptures; In Buddhism, "观念" (guan nian) is a translated word and both "观" (guan) and "念" (nian) have their separate Sanskrit characters. The academic jargon of "guan nian" means "observe and ponder about truth and the Buddha, therefore referring to the field of wisdom. Moreover, Chinese ancestors chose guan to translate Vipaśyanā, because in early-Qin philosophical classics, the character "观" (guan) encompassed the meaning of perception beyond observation indicating that rational cognition is the way to attain metaphysical wisdom. Through two degrees of translation, first from Sanskrit to Chinese, then from Chinese to English, the meaning of "观念" (guan nian) has shifted. As a result, there are different approaches to the study of the history of ideas.

Keywords:"观念" (guan nian), two-character word, translation

---

① 冯契:《智慧》,《冯契文集(增订本)》第九卷,上海:华东师范大学出版社,2016 年,第 21—24 页。

概念实践观发微[*]

黄远帆^{**}

[摘　要]　哲学的讨论对象是纷繁复杂的各类概念,但哲学家也应关心"概念"本身为何与何为的问题,这是二阶的问题。在哲学实践转向的思潮中,概念实践观是重要一支。本文主张的概念实践观包括三层内涵:(1)概念的"默会维度"。(2)概念的"表达维度"。(3)概念的"动态维度"。第一个维度聚焦把握概念的非命题特征,以及概念使用所嵌入的人类生活实践。第二个维度揭示概念内容在理由空间中扮演的角色。前两个维度看似暌违不合,实则一气贯通。第三个维度强调概念流变不居的特质,因此我们可以改造概念。第三维度立足于前两个维度。这三个维度分别对应"理性的存在者"、"逻辑的存在者"、"改造的存在者"。通过糅合这三项内涵,我们可以形成一个丰满厚实的概念实践观。

[关键词]　概念;实践;概念工程;维特根斯坦;布兰顿

* 基金项目:上海市浦江人才计划"当代分析哲学方法论'概念工程'研究"(2019PJC064);上海市哲学社会科学规划青年课题"当代哲学方法论'概念工程'研究"(2019EZX004)。

** 黄远帆(1987—　),男,上海人,哲学博士,上海交通大学人文学院哲学系副教授,主要研究领域为元哲学、认识论、语言哲学、实用主义。

哲学家会处理各类概念:真、知识、智慧、权力、亲知、团结、道德运气、自由意志、意识、随附性、摹状词、女性、此在、向来我属,等等。哲学的主要工作就是和概念打交道,或通过概念来达成一些目的。借用巴迪欧(Alain Badiou)的表述,哲学家是"概念的探险者"。然而,哲学也会思考"概念"本身为何以及何为。维特根斯坦说过:"'概念'本身就是一个模糊的概念。"①如何理解"概念"是一个"元"(meta)问题。传统的概念观认为概念是普遍的、理论的,它的周边语义群包括:理念、理智、命题、定义、涵义、表征、形式等。本文尝试刻画一种"概念实践观"。据此,概念是具体的、实践的,是融入我们具体的活动的,因此是充满蓬勃之生气的。人类的实践结晶于概念,概念又可引导实践。概念既可以事关理论发明,也可以事关民生康乐。概念实践观(Conceptual Pragmatism)的周边语义群包括:实践、能力、智力、使用、用法、理由、目的、功能、改造等。众所周知,马克思《费尔巴哈提纲》第十一条:"哲学家只是在用不同的方式解释世界,而关键在于改变世界。"如果采纳概念实践观,那么解释世界和改变世界的鸿沟便可弥合。

本文第一节将刻画概念实践观的"默会维度",这一维度强调的是理解概念内容应该起始于概念的使用,并且这种使用嵌在我们的生活实践中。第二节聚焦概念实践观的"表达维度",从而揭示概念实践是给出和索要理由的实践。第三节展现了概念实践观的"动态维度",并进一步指出我们可以积极改造概念。这三个维度构成了一个厚实的概念实践观。第四节尝试消解概念实践观和概念容器观的张力。最后,本文主张这三个维度是彼此系连、紧密相扣的。

一、概念实践观的"默会维度"

当代哲学正酝酿着一股实践转向的思潮。伯恩斯坦(Richard Bernstein)在《实践的世纪》一文中主张:"哲学层面上,20 世纪是一个实践的世纪。"②

---

① L. Wittgenstein, G. H. von Wright, R. Rhees, G. E. M. Anscombe, *Remarks on the Foundations of Mathematics*. Cambridge: MIT press, 1956, p. 433.

② R. Bernstein, "The Pragmatic Century," *The Pragmatic Century: Conversations with Richard J. Bernstein*, Albany: State University of New York Press, S. G. Davaney & W. G. Frisina (eds.), 2006, p. 13.

"实践"导向的哲学在当代极其隆盛,弥漫哲学的各个领域。"实践"成为沟通先天反思与经验探究、东方哲学与西方哲学、分析哲学与欧陆哲学的桥梁。郁振华提出,在实践认识论的框架内,有三个互相交织纠缠的系统:感知系统、行动系统、概念—语言系统。[①] 本文阐发的概念实践观隶属概念—语言系统。

1.1 狭义的默会实践

当前的主要文献并未细致区分不同层面的概念实践观。本文尝试分梳概念实践观的三个维度,并主张一个丰赡的概念实践观应涵盖这三个维度。我们可以通过三组对立的概念来考察概念实践观的三维度:(1)"默会"与"命题";(2)"表达"与"表征";(3)"动态"与"静止"。概念实践观强调的是概念的"默会"、"表达"、"动态"维度。出于行文便捷,本文将这三个维度分别标记为:"概念实践观₁"、"概念实践观₂"、"概念实践观₃"。[②] "概念实践观₁"针对概念把握的"默会维度";"概念实践观₂"强调概念内容的"表达维度";"概念实践观₃"揭示概念意义的"动态维度"。

"概念实践观₁"倡导的"默会维度"最典型的论述形式是:概念"能力之知"(knowing how)对于"命题之知"(knowing that)具有优先地位。这种对立也被刻画为"概念柏拉图主义"和"概念实践主义"的张力。柏拉图主义主张我们只能通过命题来把握概念;概念实践主义则认为谈论概念应从关于概念使用的实践开始:"它试图通过*能力之知*或能力来解释命题知识(或命题性信念、话语)。它从使用表达式、获得信念和支配信念等实践中所隐含的东西出发,来处理概念明述化命题和原则的内容。"[③]

福多(Jerry Fodor)将这个对立表达为"概念笛卡尔主义"和"概念实践主义"的区分。据他总结,实践主义预设"能力之知"是认知状态的典范,并且能力之知在意向解释次序上优先于命题之知。[④] 笛卡尔主义认为思想优先于知觉,实践主义反之;笛卡尔主义认为概念优先于感知,实践主义反之;笛卡尔主义认

---

① 郁振华:《当代英美认识论的困境及出路——基于默会知识维度》,《中国社会科学》,2018 年第 7 期。

② 这里指的是概念实践观的三个维度,而非三种概念实践观。

③ R. Brandom, *Articulating Reasons*: *An Introduction to Inferentialism*, Cambridge: Harvard University Press, 2001, p. 4.

④ J. Fodor, *LOT 2*: *The Language of Thought Revisited*, Oxford: Clarendon Press, 2008, p. 10.

为思想优先于行动,实践主义反之;笛卡尔主义认为在解释次序上,概念单例化(individuation)优先于概念持有(possession),实践主义反之;笛卡尔主义认为行动是思想的外化,实践主义则认为思想内化于行动。①

针对福多的论述,怀尔(Jean-Michel Roy)将基于"能力之知"的概念实践观解读为一种狭义的概念实践观。他提出一种对概念实践观的广义解读:任何通过"知识"来理解概念持有的理论都是概念实践论,而这种知识既可以是**能力**的,也可以是**命题**的。② 笔者认为这种广义解读抹杀了概念笛卡尔主义和概念实践主义应有的理论张力,并且导致"实践"概念在认知层面过于宽泛,甚至微末(trivial)——宽松到连概念表征计算也可以视为一种实践知识,而这种太过宽松的解读会消解概念实践观原有的理论目的。

鉴于此,本文尝试从另一个视角区分狭义和广义的"概念实践观₁"。狭义而言,概念实践观实际是一种语言实践观,这种实践观可用塞拉斯原则概括:"掌握一个概念即对语词使用的把握。"在这个意义上,概念的默会能力基本等同于概念使用能力——运用概念分类或推论的能力。③ 持有"正义"概念意味着可以在各种语境中恰当地使用"正义"。

1.2 广义的默会实践

一种广义的"概念实践观₁"主张升进拓展对于"实践"的理解。北欧斯堪的纳维亚维特根斯坦学派对此有独到界说。郁振华指出,北欧维特根斯坦学派所持的实践的概念观和实践意义观、实践知识观都是一脉通连的。④ 约翰内森(K. S. Johannessen)的思想是其中的典范。根据这种实践观,对概念的掌握不可全盘还原为命题性的知识。约翰内森区分了三个阶段的维特根斯坦(Ludwig Wittgenstein):(1)《逻辑哲学论》的维氏:"逻辑必须关照它自身。"⑤

---

① 福多认为,广义上来讲概念实践主义的脉络包括:杜威、维特根斯坦、蒯因、赖尔、塞拉斯、普特南、罗蒂、达米特、布兰顿、麦克道尔、德雷福斯、海德格尔等。

② 怀尔:《认知实用主义问题》,黄远帆、胡扬译,《哲学分析》,2016 年第 3 期,第 131—134 页。

③ 因此,这种能力主要围绕语言实践,或是与之直接相关的实践,比如,我对某红色物体 x 的亲知导致我的观察报告"x 是红色的",或者我判断"交通灯变红了"导致我踩刹车的行为。

④ 郁振华:《人类知识的默会维度》,北京:北京大学出版社,2012 年,第 38—40 页。

⑤ L. Wittgenstein, *Tractatus Logico-Philosophicus*, D. F. Pears and B. F. McGuinness (trans.), New York: Humanities Press, 1961, p. 57.

(2)《哲学语法》的维氏:"语言必须为自己言说。"①(3)《论确定性》的维氏:"实践务必为自己表达。"②他注意到诸多学者将维氏的"实践"与"语言游戏"等量齐观——类似于狭义的"概念实践观₁"。对此,约翰内森强调,仅仅通过语言使用来界定"实践"过于贫瘠,不够丰沃。维氏的实践和"遵循规则"紧密相关,他讨论了维氏的如下段落:

> 但对一个还不具备这些概念的人,我会通过例子或通过练习来教他使用这些词。——这时我教给他的东西并不比我自己知道的少。③

他认为这个段落传达的一个信息是:人类生活实践无法用语词充分表达,而往往需要通过行动(deeds)来表达。维特根斯坦明确表达过:"实践赋予语词意义。"④此外,约翰内森试图从"不可表达性"(inexpressible)来理解"实践":"从这个维度出发,对一个实践的掌握,实际是一种理解或预知(Vor-Wissen)的默会表达,这种表达通过正确地执行构成该实践的言说和行动来显现。"⑤总之,概念是不能通盘借助命题语言来表达的。约翰内森指出,后期维特根斯坦采纳的是一种广义的语言观,这种语言观不仅包括一般的言语行为,还包括手势、表情、面部特征、姿态、具体的气氛,也包括具体情境中的行动:向熟人点头致意,因不满而抽身离去,与挚友深情挥别,对服务员使眼色,在拍卖行举手示意,等等。因此,概念的把握也包含对上述行为的掌握。⑥

换一个角度来说,人类的生活实践是超越语言的。我们语言层面的概念使用嵌在我们生活实践中,因此构成我们语言实践背景的生活世界是超越语言

---

① L. Wittgenstein, *Philosophical Grammar*, R. Rhees (ed.), A. Kenny (trans.), Oxford: Blackwell, 1974, p. 40.

② L. Wittgenstein, *On Certainty*, G. E. M. Anscombe and G. H. von Wright (eds.), G. E. M. Anscombe and D. Paul (trans.), Oxford: Blackwell, 1969, p. 139.

③ 维特根斯坦:《哲学研究》,陈嘉映译,上海:上海人民出版社,2005年,第208页。

④ L. Wittgenstein, *Remarks on Colour*, G. E. M. Anscombe (ed.), L. McAlister and M. Schaettle (trans.), Oxford: Blackwell, 1977, p. 317.

⑤ K. S. Johannessen, "The Concept of Practice in Wittgenstein's Later Philosophy," *Inquiry*, Vol. 31 No. 3 (1988), p. 368.

⑥ K. S. Johannessen, "Rule Following and Tacit Knowledge," *AI & Society*, Vol. 2 No. 4(1988), p. 293.

的。马耶夏克(Stefan Majetschak)主张通过"生活样态"来界定"生活形式":

> 在维特根斯坦那里,"生活形式"的概念指的就是"生活样态"——做事及说话的各种面貌所蕴含着的不断出现且可辨识的秩序,语言的使用者将它当作其生活内部的构造性规律进而用一个词将它表达出来。①

马耶夏克指出,在维特根斯坦那里,我们对概念的使用是嵌入于人类生活这个背景中的。这个背景就是复杂的生活样态,而生活样态既包含了语言特征,也包含了非语言特征。至此,我们强调的是概念使用脱胎于我们的实践,而这种实践不限于语言实践。另外,这种作为背景的生活形式是直接给予(the given)我们的,我们身陷其中,不得不接受。

综上,"概念实践观₁"是关于概念把握(持有)和概念意义根基的实践观,根据这种观点,对概念内容的理解应该立足于我们运用概念的默会能力,而这一默会能力嵌在我们的生活背景中,这个背景中的实践既有语言实践也有非语言实践。

二、概念实践观的"表达维度"

"概念实践观₁"表明了我们理解概念的起点应该是我们的生活世界,而非客观世界。"概念实践观₂"则试图揭示概念的使用是坐落在"给出和索要理由"的实践中的。要进行理由空间(space of reasons)内的实践,我们需要将我们概念使用所蕴藏的推论以理由的方式表达出来。布兰顿(Robert Brandom)对此有详细的论述。

"概念实践观₂"与"概念实践观₁"紧密扣联。布兰顿认为他和大多实用主义者都秉持一种"基础实践主义"(fundamental pragmatism):"通过技艺性的实践能力之知来理解推论的、统觉的命题之知。"②他指出:"基础实践主义应处理

① S. 马耶夏克:《生活形式与样态——重估后期维特根斯坦的一个基本概念》,季文娜译,《世界哲学》,2016年第5期,第90页。

② R. Brandom, "Some Strands of Wittgenstein's Normative Pragmatism, and Some Strains of his Semantic Nihilism," *Disputatio: Philosophical Research Bulletin*, Vol. 8 No. 9(2019), p. 5.

如下两者的关系：我们介入或表现推论意向构成的行为与我们介入或表现实践意向构成的行为。"①布兰顿认为前者立足于后者。换言之，"概念实践观₂"立足于"概念实践观₁"。

虽然"概念实践观₂"主张理解概念应从概念把握能力出发，但是布兰顿认为以此为起点，我们还应在理由空间内继续推进语言实践。如果要在理由空间继续推进拓展概念实践观，那么我们不应采纳概念"表征主义"（representationalism），而应该采用概念"表达主义"（expressivism）和"推论主义"（inferentialism）。概念表达主义的"表达"强调将蕴蓄之物明晰表达出来。换言之，将实行转化为断言："将某种能力之知编码为命题之知。"②

根据这种概念实践观，区分语言推论实践和非概念化生灵行为的正是"推论性表达"。换言之，概念的内容即它在推论中发挥的作用。这种表达推论观需要通过"给出和索要理由"的实践来理解——它不仅将意义等同于使用，还进一步要求概念内容在语言实践中发挥具体作用。因此，它是对"概念实践观₁"的推进扩展。③ 具体而言，这种实践观要求将概念默会使用中隐含的内容清晰表达为命题形式——使之得以明述。值得注意的是，"明述"不等于"还原"或"充分表达"。由此，实践观框架内，"默会"和"表达"的张力只是表层的。摆上台面的命题既能成为推论实践中的理由，它自身也可能需要其他理由的辩护——命题可以成为推论的前提和结论。

如布兰顿所述，在明述其义的层面把握概念实际是掌握它的推论使用："知道（实践意义上的甄别能力，因此是一种能力之知）某人运用概念时做出了何种承诺，什么让他有资格这么做，什么能够取消这种资格。"④此外，为了清晰表达，我们需要掌握一套广义的逻辑语汇来帮助我们做明晰表达的工作。这套逻辑语汇包括：条件句表达式、否定表达式、从言（de dicto）与从物（de re）表达式、承诺与资格、理应（ought），等等。因此，布兰顿的概念观实际上有三个层

① R. Brandom，"Some Strands of Wittgenstein's Normative Pragmatism，and Some Strains of his Semantic Nihilism，" *Disputatio：Philosophical Research Bulletin*，Vol. 8 No. 9(2019)，p. 7.

② R. Brandom，*Articulating Reasons：An Introduction to Inferentialism*，Cambridge：Harvard University Press，2000，p. 8.

③ 布兰顿也认为自己在这个意义上不同于杜威、海德格尔、维特根斯坦、达米特和蒯因。

④ R. Brandom，*Articulating Reasons：An Introduction to Inferentialism*，Cambridge：Harvard University Press，2000，p. 11.

次——从社会实践的理由空间到语言实践的推论空间,再通过逻辑表达式将推论空间的内容明晰表达出来。

综上,"概念实践观$_2$"要求我们利用特定逻辑表达概念,将藏伏于行动中的义理榨取出来、爬梳出来、明述出来,努力阐明藏伏在我们实践中的内容。布兰顿进一步指出,清晰表达是为了更好地为"批判"服务——批判应立足于清晰表达。泰勒(Charles Taylor)表达过类似观点:

> 在一种意义上,我们可以说社会理论的提出是我们清晰地明述我们行为的尝试,这种尝试包括描述在实践中处于核心地位的活动,表达对于实践至关重要的规范……但事实上,理论的建构很少仅仅停留于将某些持续的实践明晰化。制造理论和采纳理论背后有着更强的动机:我们的隐含理解在某种层面是有严重缺憾的,甚至是存有纰漏的。理论不仅将我们建构性的自我理解明晰表达出来,并且对这种理解进行拓展、批评,甚至挑战。[①]

泰勒提到我们的解释起点是人类的实践活动,这大略可对应"概念实践观$_1$"。但是,我们还会有将隐含内容明晰表达出来的冲动,这便可对应"概念实践观$_2$"。然而,在这种表达冲动之外,我们还应有批判、改造的态度。这可大致对应下文论述的"概念实践观$_3$"。

三、概念实践观的"动态维度"

"概念实践观$_3$"揭示的是概念的动态特质。我们的概念/语词是活泼泼的,而非一潭死水;是流变不居的,而非安固如磐石。换言之,我们可以改造概念。根据这种概念实践观,概念服务于特定的目的,如果目的无法达成,我们应对概念进行改良(订正、分解、合并、抛弃、发明,等等)。

我们可以借用《论语》中的"玉喻"来做类比。子贡曰:"有美玉于斯,韫椟而

[①] C. Taylor, Interpretation and the Sciences of Man. *Philosophy and the Human Sciences: Philosophical Papers 2*, Cambridge: Cambridge University Press, 1971, pp. 93 - 94.

藏诸？求善贾而沽诸？"子曰："沽之哉,沽之哉！我待贾者也。"(9.13)如果将美玉藏在柜子里,那么就无法实现它的价值。类似地,概念的价值也体现于它的工具性、实用性。詹姆士说过："可以说,任何一个观念,只要我们能够驾驭它,任何一个观念,只要它可以使我们顺利地从一部分经验到另一部分经验互相发生联系,把各种事物满意地联系起来,可靠地起作用,又简便省力,那就是真的观念;所谓真,只是在于这一点,也仅仅限于这一点,所谓真,就是作为**有效的工具。**"①斯坦勒(Friedrich Steinle)指出,"概念不具有真假值是一个真理……概念的一个根本特征在于它们指向具体的目的……它们是工具……"②卡尔纳普曾经分别将他的"精释"(explication)方法与斯特劳森的"日常语言考察"类比为"切片机"和"小折刀"。他认为斯特劳森执着于弄清楚小折刀(日常概念)的功能,而他更关切如何使用诸如"切片机"这样的新工具(改良后的概念),以便更好地执行新任务。③

当代元哲学议题"概念工程"(Conceptual Engineering)可以视为对"概念实践观₃"的具体发挥。④有学者指出,对于传统概念分析(conceptual analysis)而言,概念的价值落脚点在于"真",而对于概念工程而言,概念的价值在于"效用"(efficacy)。概念工程师将概念视为一种工具,如果工具存有缺陷,那么哲学家(或其他专家)有职责来维护和修缮这些概念工具。对于概念工具的缺陷,我们可以区分语义缺陷与非语义缺陷。"说谎者悖论"导致"真"的不融贯,这就是语义缺陷。非语义缺陷往往是实践层面的缺陷。实践缺陷又可分为:(1)道德、政治或社会的不良影响。(2)消极的认知影响。(3)对理论研究的负面作用。概念工程主张哲学家有义务去修缮有缺陷的概念。当然,即便没有缺陷,哲学家也可以提供比当前更称手的概念工具。有时,如果缺乏能用的概念工具,我们可以设计新的概念。有时,如果概念工具毫无作用,我们甚至可以淘汰它。我们可以如此刻画"概念工程"的工作:

---

① 詹姆士:《实用主义》,李步楼译,北京:商务印书馆,2012年,第34—35页。

② F. Steinle, "Goals and Fates of Concepts: The Case of Magnetic Poles," *Scientific Concepts and Investigative Practice*, U. Feest & F. Steinle (eds.), 2012, p. 105.

③ R. Carnap, "Replies and Systematic Expositions," *The Philosophy of Rudolf Carnap*, P. Schilpp (ed.), Lasalle: Open Court, 1963, pp. 859–1013.

④ Cf. H. Cappelen, *Fixing Language: An Essay on Conceptual Engineering*, Oxford: Oxford University Press, 2018.

概念评估：我们对现成在手的概念进行评估，目前的概念的内容或使用模式能否真正执行我们期待它完成的实践或理论目标。

概念重建：我们提出比现成在手概念更好的替代概念，并给出理由。根据不同的需求，给出不同的概念修正或改良方案。然后评估方案的可行性。确定方案后，积极实行改良或修正计划。

诸多概念工程学者都认同将概念视为一种可以得到改良的工具，因此他们认为和其他工具一样，概念是拥有功能的。但他们就如何理解概念的"功能"持不同见解。一种显见的看法是，概念的功能是"认知功能"（epistemic function），即帮助我们准确地描述和覆盖经验现象。换言之，概念的首要任务是表征世界——切中自然之肌理（carving nature at its joints）。这种概念认知功能观可能会遭到质疑。诸多概念的功能可能不仅仅是认知层面的。比如，"利他"、"德性"、"女性"等概念的主要功能就是非认知的。

概念的功能未必就是局限于精准切割世界和划分对象。但我们仍旧可以说每个概念都拥有自身的"专属功能"（proper function）。某物的专属功能即该物被设计的独有功能。这里的"设计"既可指人为有意识的设计，也可以是非意识的设计（进化产物）。比如，心脏的专属功能是供血，指南针的专属功能是指明方向，等等。概念也有专属功能。但要觅得概念的专属功能却非易事，我们要追问概念 x 被设计的用途，概念 x 应当满足何种目的和关切。如果能找到概念 x 的专属功能，那么我们便可提供各种概念改良方案，其中能最好地服务于功能 x 者为最佳选项。

但仍有概念工程师认为上述提法过于保守。上述观点意味着概念和其功能之间有着内在的关系。有一批学者提出，不仅概念的语义是可以更改的，而且概念的功能也是可以改进的。我们称他们为"激进功能主义"（radical functionalism）。这类功能主义认为概念和功能的关系不是内在的，而是可转换的。伊德（Don Ihde）提到过，印度教徒的祈祷轮原本的功能是一种宗教器具，后来荷兰人改变了其功能，将之用作抽水机器。[①] 这种功能的转换也适用于概念，概念 x 既可以被用来实现功能 A，也可以被用来实现功能 B。布里甘

---

① 唐·伊德：《技术与生活世界》，韩连庆译，北京：北京大学出版社，2012 年，第 75 页。

特(Ingo Brigandt)将理论概念的功能称作"认知目标"(epistemic goal)。比如，经典式"基因"的认知目标是为了解释遗传模式，而分子式"基因"的认知目标转变为理解基因的分子、细胞以及发展机制。他们甚至认为概念可以是多功能的。

如果我们将概念视为拥有各种功能的工具，那么我们就可以积极地去改良我们的概念工具。这也就是本文想要提倡的概念实践观的第三个维度，即概念的动态维度。立足概念的动态维度，我们通过积极改造概念，从而改造世界。概念实践观的动态维度不是"概念工程"的原创，我们可以在尼采的"谱系学"、福柯(Michel Foucault)的"知识型"、德勒兹(Gilles Deleuze)的"概念发明"、库恩(Thomas Kuhn)的"范式"、R·罗蒂(Richard Rorty)的"重新描述"那里找到相关的理论资源，在此不能详陈。

总而言之，"概念实践观₃"强调在历史进程中，概念的边缘是松弛的，我们可以根据特定需求来积极改造概念。

四、"容器"或"用具"

一般认为，与概念"用具观"(实践观)对立的是概念"容器观"(vessel)。金蒂(Vasso Kindi)细致考察了这种对立。他认为"容器观"是当代哲学的主流观点。根据"容器观"，概念的轮廓是被围栏圈定的，它们被严丝合缝地界定和勾勒，它们是某种容器形式的存在物(entity)，也因此需要被注入具体内容。[①] "容器观"主要有两个版本：心理存在物(mental entities)和抽象客体(abstract objects)。他认为第一种观点于 20 世纪初盛行一时，这种观点有着浓厚的心理主义和主观主义的底色。抽象客体观的典型是弗雷格。弗雷格认为，概念的界限必须是清晰的，否则便意义阙如。一个边界模糊的概念类似于一个没有清晰边界线的区域，这个区域时而属于这个周边国家，时而属于那个周边国家，它甚至无法构成一个真正的区域。同理，缺乏清晰边界的概念也无法构成真正的概念。

① V. Kindi，"Concept as Vessel and Concept as Use，" *Scientific Concepts and Investigative Practice*，U. Feest & F. Steinle (eds.)，2012，p. 28.

金蒂认为，"容器观"的对立面是"用具观"。维特根斯坦是这个脉络的典范："一个概念是一种使用语词的技术。"[①]此外，金蒂将哈金(Ian Hacking)的工作放置在这个脉络里讨论。哈金主张，概念由历史塑型，作为历史存在物，概念的形式和能力由它的过往决定。在这个意义上，概念的意义随时间的推排销蚀而发生变化。哲学家探讨概念时需要关照其历史敏感性。概念的发展和转化能够有助于我们更好地理解哲学困惑，解决或化解哲学问题。金蒂论述的"概念用具观"和本文主张的"概念实践观"是合若符契的。

"容器"与"用具"是否真的如金蒂刻画的这般不相调和？首先我们必须承认从表层看容器观的闭合性与用具观的开放性是冲突的。但这种表层冲突是否蕴含实质冲突？金蒂的"用具观"主要包含了"概念实践观$_1$"与"概念实践观$_3$"两个维度，并未明述"概念实践观$_2$"。即便如此，如果金蒂的论述成立，那么"概念实践观"与"概念容器观"也是不相容的。

当代学界主流观点认为有三种概念本体论(the ontology of concepts)理论：心理表征论、抽象客体论、概念使用论。这一范畴分类方式被广为接受。比如《斯坦福哲学百科》的"概念"词条就是照此分类的。[②] 再如，彭孟尧的教材著作《知识论》中说道："'概念'是什么？这个问题问的是存有论的问题。大致上有三种立场：有主张概念是能力的，有主张概念是心理表征，也有主张概念是抽象的事物。"[③]

概念心理主义观认为概念是心理表征。它们是诸如信念和欲望这样命题态度的构成要素。这一观点也称作概念表征论。根据这个论说，概念是一种符号表征，而我们的思想活动即符号表征的计算运作。如果我们的信念或命题态度是心灵表征，那么概念就是这些表征的最基本单位。概念表征论在认知科学领域极为流行。概念抽象客体观认为概念是非物非心的第三类客体——是弗雷格命题的构成对象。概念使用论的观点往往会追溯至维特根斯坦。简言之，这种观点将概念等同于概念的使用能力——与狭义"概念实践观$_1$"基本一致。

① L. Wittgenstein, *Wittgenstein's Lectures on Philosophical Psychology 1946–47*. Chicago：University of Chicago Press，1988，p. 50.

② Cf. E. Margolis & S. Laurence, "Concepts," *The Stanford Encyclopedia of Philosophy*，E. N. Zalta (ed.).

③ 彭孟尧：《知识论》，台北：三民书局，2009 年，第 70 页。

例如,概念"鹧鸪"可通过区分鹧鸪和非鹧鸪的能力来界定。

这三种概念本体观的支持者互相论难攻击,十分激烈。马格里斯和劳伦斯(E. Margolis and S. Laurence)论断心理表征论和抽象客体论之间并无实质张力。倘若他们的论证成立,"容器观"的内部张力便可化解,那么剩下的便是金蒂所强调的"容器观"和"用具观"(或实践观)的张力。本文试图论证"容器观"与"用具观"并无实质对立。笔者认为,"容器观"和"用具观"的关系可以通过"体用"(实体和作用)关系来理解。① 比如,心脏的本体是心肌细胞,而它的功能是保障人体的血液循环。朱熹论述过:"譬如此扇子,有骨,有柄,用纸糊,此则体也;人摇之,则用也。如尺与秤相似,上有分寸星铢,则体也;将去称量事物,则用也。"(《朱子语类》卷六)同样,当我们谈论概念为何时,谈论的是概念的体——它的本体为何。一方面,如同一个椅子的本体层面是物质的,一个概念的本体可以是心理表征或抽象客体。另一方面,如同一个椅子的功能是供人入座,一个概念也具备它的用途或功能。因此,概念本体论的理论范畴只是概念的构成本体——心理域的表征、第三域的涵义或其他。但它无权决定概念是否可以被改造。理论上,任何概念本体观与概念实践观₃都不冲突。假设概念 x 的本体是表征,我提议将其改造为 x',而 x' 的本体仍旧是表征。

R·罗蒂将认知科学进路和维特根斯坦主义进路的关系类比为硬件和软件的关系——软件只是一种使用硬件的方式。同理,文化实践只是使用神经设备的一种方式。那么理解硬件的机制与理解硬件的使用方式是两套不同的理解。这一思路可比照前文的"体用"论证。② 一句话,罗蒂告诉我们,概念理解的起点是我们的实践活动。鉴于此,我们无需去"透视"概念的本质属性,而应聚焦于人类的实践活动。借用维特根斯坦的表达,我们应去"综观"(ubersicht)我们的实践。

概念使用论实际是一种概念持有理论,而非概念本体论。它试图界定在何种意义上我们有资格声称拥有或掌握概念 x。根据使用论,只有我把握了"红"的用法,才能够说我拥有概念"红"。具体而言,掌握"红"的用法可以包括:能够区分红和蓝;能够从"某物是猩红"的推论出"某物是红"的;能够从"某物是红"

---

① 中国哲学中的体用关系内涵极其丰富,本文并不试图介入中国哲学讨论的语境,仅是借用其表述。

② 与体用论证不同的是,硬件和软件还涉及到人格(personal)与亚人格(subpersonal)的区分。硬件也可以包括"用",但仅限于亚人格的程序性使用。

的推论出"某物是彩色"的,等等。但是,我们仍旧会面临一种反驳:即便概念使用论是一种关于概念持有的理论,这一理论仍与心理表征论不相容。福多指出,在解释次序上,概念的单例化优先于概念持有——只有将概念视为我们心智中的表征符号,才能谈论对概念的拥有。因此,概念的命题表征优先于概念的把握能力。但是,福多是在一种亚人格的机制层面解释人的认知机制——仍旧是硬件的运作,而概念实践观的关切在于人类作为活泼灵动的意识主体的具体实践。因此,福多的诘难仍旧是错位的。

照此分析,"容器观"针对的是概念的本体,其本体是一种容器式存在物——表征或涵义。而"实践观/用具观"针对的是概念的用途——我们如何用概念来做事。鉴于此,笔者认为"概念使用论"不属于概念本体的探讨范畴。一句话,"概念实践观"关心的并非"体",而是聚焦于"用"。

五、概念实践观三维度辨析

概念实践观的三个维度之间是何关系? 本文试图论证三个维度是彼此系连的,而非割裂隔绝的。

R·罗蒂指明,维特根斯坦主义者与认知科学家的出发点不同。罗蒂将维特根斯坦、塞拉斯、戴维森和布兰顿等的观点称作对语言与心智的社会实践论说。他强调,维特根斯坦主义者不关切我们能够在实验室里对大脑解剖到何种程度,这是神经生理学的工作。换言之,心智不完全等同于大脑。对于维特根斯坦主义者而言,理解心智和语言,是对我们卷入其中的社会实践文化的理解,这种实践是在不断进化的。因此,我们对概念理解的起点不是字典里的定义或实验室里的大脑神经,而是人类的实践活动。只有充分理解了人类的实践活动,我们才能在理由空间去表达、说理、论辩、批判。本文采纳的是广义的"概念实践观₁"。在这个意义上,"概念实践观₂"与"概念实践观₃"都发轫于"概念实践观₁"。

A·罗蒂(Amelie Rorty)在讨论"智慧"时指出,一个明智者(phronimos)可以在具体的情境中把握人类的目的——明智者的知识通过恰当的行动得以表达。一方面,明智者通过实践或行动表达了知识。另一方面,她不必然拥有明晰表达其知识的能力。她可能无法表明她的知识在整个理性图景中的具体位置,她可能不知道她自己的德性为何是一种德性,她也未必能够厘清她的德性和构成她良好生活实践的概念关系。A·罗蒂认为,"哲学家可以阐明和分析明智者所行中隐含的知识。"[①]这也从另一个角度论证了"概念实践观₂"脱胎于"概念实践观₁"。

然而,"概念实践观₁"与"概念实践观₂"的连续性会面临两种挑战:一种来自理智主义,另一种来自实践观内部的反科学化态度。

我们首先来看理智主义的挑战。福多认为,关于概念内容的推论表达主义面临着循环定义的困境。假定我们以用法来定义概念,那么逻辑概念"and"(合取)的定义应该是它的"引入规则"与"取消规则"。但是如此,"and"既是"待定义项",又是"定义项",便会产生循环定义的困境。概念作用推论主义是针对概念内容的理论。福多指出,为了克服循环定义,概念推论主义只能诉诸实践主义概念持有的理论。[②] 换言之,"概念实践观₂"必须寻求"概念实践观₁"的帮助——能力优先于命题,通过能力来解释对命题的把握。福多继而判断,这种联姻注定失败。他认为概念实践论对遵循规则的解释诉诸"倾向"(disposition)。假设概念 x 由规则 R 界定。如果张三有按照规则 R 行动的倾向,那么就可以认定张三掌握了规则 R,即掌握了概念 x。但是仅通过行动后果来理解规则会不够严谨。理论上,我们可以通过遵循另一条规则 R^*,得出与遵循规则 R 相同的行动效果。如果概念实践论试图避免界定过于宽松,他们只能提供进一步的说明——命题知识。但这又回到了"概念实践观"所反对的理智主义传统。并且,他认定概念推论主义(概念实践观₂)是一种概念"单例化"理论,本质上是一种理智主义观点,因此无法和"概念实践观₁"结合。

笔者对此有两点回应。首先,福多对概念实践观的"遵循规则"刻画是有失偏颇的。以赖尔为例,在论述"倾向"时,赖尔强调"倾向"实现的"多轨道"特征。举例而言,当判断一个射击运动员是否为神射手时,我们并不仅仅观察他的行动是否成功,而"应当考虑到他此后的射击、他过去的记录、他的解释或辩解、他给予同伴的劝告,以及大量其他的各种各样的线索"[③]。其次,在赖尔的论述

---

① A. O. Rorty, "The Place of Contemplation in Aristotle's Nicomachean Ethics," *Mind*, Vol. 87 No. 3 (1978), pp. 349 – 350.

② Cf. J. Fodor, *LOT 2: The Language of Thought Revisited*, New York: Oxford University Press, 2008.

③ 赖尔:《心的概念》,徐大健译,北京:商务印书馆,1992年,第48页。

中,我们也看到了诉诸理由空间的线索。但诉诸理由空间就是返回理智主义的阵地吗？显然不是。理由空间的辩护并不等同于认为能力可以彻底还原为命题。因此,福多的驳斥并不成立。

另一种不连贯张力来自概念实践观的内部——维特根斯坦的"反理论态度"。布兰顿认为,维特根斯坦的实践主义与古典实用主义都与他的语言实践论有冲突。换言之,维特根斯坦强调人与其他生灵共有的**实践意向性**,而布兰顿强调人类独有的**语言意向性**。维特根斯坦和布兰顿的起点虽然都是人类实践,但维特根斯坦最终导向一种语义虚无主义,而布兰顿却提出了语义推论主义的理论。众所周知,维特根斯坦反对将哲学科学化、理论化。这种主张被称为"理论寂静主义"(Quietism)。因此,维特根斯坦断不会提出一种语义学理论。布兰顿自己化解了这种张力,他认为维特根斯坦的反科学主义并不能证成语义虚无主义。因为布兰顿提供的语义学理论是从哲学角度出发来解释我们的规范话语实践。换言之,这套语义理论是规范的,而非科学解释。

如果上述论证成立,那么"概念实践观₁"与"概念实践观₂"的结合便是合法的。类似地,"概念实践观₃"亦托根于"概念实践观₁"。概念工程旨在改造概念,但这不等同于哲学家在玩玄虚的概念游戏。概念不是凌空蹈虚的,而是切切实实与生活之地面摩擦的。人类概念是牢牢攫住人类实践的,而非不染缁尘的。因此,改造概念立足对实践的观察。此外,改造概念也应反作用于实践活动。概念工程虽然通过概念作为改良中介,但它的终极目的是影响我们的具体实践。换言之,改良语词只是手段,最终目标是改造实在。以"女性"概念为例。当代诸多女性主义学者试图改良"女性"的涵义,这也许会造成语义和实在的临时错位,但她们最终旨趣是推动语义和实在的接榫。因此,一个好的概念工程应该是能最终改变现实的——对实践产生反作用。

"概念实践观₃"也依赖"概念实践观₂"。布兰顿自己就非常强调语言实践的动态和自我改造特质,他认为实践者对既定的实践做出升进拓展取决于实践者的具身、生活、环境以及偶然和特殊的历史。笔者认为,具体来说可以从两方面刻画"概念实践观₂"和"概念实践观₃"的关联。

首先,两者都源于"概念实践观₁",即从概念的实践出发。"概念实践观₂"试图将具体的用法清晰表达为社会实践中的"理由"。这些"理由"在推论实践中发挥作用。而"概念实践观₃"也依赖于人类的概念实践,即概念改造立足于对实践的精微朗畅的理解。R·罗蒂认为,我们应该致力于讲述一个关于概念进化的故事。概念在历史语境中是如何的,是如何历经种种使用层面的变迁,导致了现在的各种不同的描述方式。①

其次,"概念实践观₂"强调的是理由空间的实践,即给予和索要理由的实践。而"概念实践观₃"也应放置在理由空间的背景下理解。当概念工程师提议改良概念时,他需要给出充分的理由,诸如原先的概念具有何种缺陷,或现有的概念无法解释新的现象,或改良后的概念解释力更强,等等。另外,不同的概念工程师对概念 x 可能给出不同的改良方案,评价孰优孰劣的工作也是在理由空间中展开的。

综上,本文认为只有结合概念实践观的默会、表达、动态维度,才能形成一个厚实的"概念实践观"。概念实践观实际上蕴含了三种概念能力之知。"概念实践观₁"对应的是基本的概念运用能力。狭义上这仅指具体的语言层面的概念使用能力,广义上这种能力背后渗透的是人类的普遍实践能力。我们不妨将具备这种能力者称为"理性的存在者"(rational being)。"概念实践观₂"对应的是能够使用逻辑表达语汇参与理由空间实践的能力。我们不妨将具备这种能力者称为"逻辑的存在者②"(logical being)。"概念实践观₃"对应的是概念修正或改良能力,我们不妨将具备这种能力者称为"改造的存在者"(transforming being)。这三种能力并非彼此隔离,而是分环勾连、同条共贯的。

对于"概念实践观"而言,一切都从人类实践出发,概念与实践互相缠绕,互相作用。就如冯契所言:"每个现在的概念都包含有对过去的总结和对未来的预测,它本身是对立中统一的,是生动的、灵活的。"③

On Conceptual Pragmatism

Huang Yuanfan

Abstract:The objects of philosophical research are concepts. However, philosophers

---

① R. Rorty, *Philosophy as Poetry*. Charlottesville:University of Virginia Press,2016, p. 41.

② 这里的"逻辑"并非指涉狭义的形式逻辑能力,而是指能够用广义的逻辑表述来陈述推论、阐明理由的能力。

③ 冯契:《认识世界和认识自己》,上海:上海人民出版社,2011 年,第 166 页。

also care about the nature of concept itself. Contemporary philosophy is undergoing a pragmatic turn, while Conceptual Pragmatism is taken to be one of the contributors. This article aims to define the Conceptual Pragmatism via three aspects: 1) the tacit dimension. 2) the expressive dimension. 3) the dynamic dimension. The tacit dimension focus on the non-propositional feature of conceptual grasping. The expressive dimension explains the role of concept within the space of reasons. Though with the prima facie conflict between the first and the second aspect, this article argues that there is no substantial tension between them. According to the third dimension, the meanings of concepts are not fixed, which means that our concepts can be improved. By combining these three dimensions, we can have a thick understanding of Conceptual Pragmatism.

Keywords: concepts; practice; conceptual engineering; Wittgenstein; Brandom

观念史与汉语之思

作为一种非句子哲学的汉语言哲学[*]

陈 海^{**}

[摘 要] 金岳霖先生在《知识论》中,讨论了汉字和哲学的关系,他认为汉字可以通过语法构成句子,从而介入到哲学讨论。而在语言学界,一种名为字本位的理论认为汉字就是汉语的最基本单位。因此,以汉字作为基本单位构建一种汉语言哲学是可能的。并且,斯坦顿也已经证明非句子的断言是存在的,这就意味着以字本位构建的汉语言哲学也是合理的。虽然构建非句子的汉语言哲学的尝试也已有研究者展开,但相较而言,以汉字作为切入点构建的汉语言哲学框架具有对中西哲学传统异同更强的解释力。

[关键词] 金岳霖;字本位;非句子断言;汉语言哲学

* 基金项目:2020 年上海市哲学社会科学规划青年课题"汉语言道德哲学研究"(2020EZX006)。本文曾在华东师范大学召开的纪念金岳霖先生诞辰 125 周年学术研讨会分组讨论中宣读,感谢刘静芳教授、刘松青博士在分组讨论中提出的批评建议。
* * 陈海(1986—),男,浙江新昌人,哲学博士,上海大学文学院博士后、讲师,从事道德哲学和社会心理学研究。

引言

金岳霖先生是我国近代著名的哲学家和逻辑学家,毫无疑问,他的许多思想为当代中国的哲学研究提供了理论源泉。金岳霖一直致力于将西方的哲学和中国的思想进行融合,并构建了相当完整的并且带有自己鲜明风格的哲学体系。在金岳霖的哲学体系中,几乎所有的纯粹哲学议题都被谈及或纳入,但更为难得的是他对这些议题的讨论具有很强的生命力。比如,他对汉字与哲学的讨论就让后人很受启发。近几十年,加拿大哲学家罗伯特·J. 斯坦顿(Robert J. Stainton)等人对非句子哲学(Non-Sentential Philosophy)展开了一系列讨论,试图挑战达米特(Michael Dummett)"所有的断言都是句子"的论断。金岳霖的相关讨论,就能够为这样的争论提供一种参照。并且,我们通过对非句子哲学的讨论,可以描摹出中国的哲学思想在哪些地方是类似于或不同于西方的哲学思想的。

一、金岳霖论汉字与哲学

1983 年,金岳霖的鸿篇巨著《知识论》终于出版,离他完成这部巨著已经过去了 40 多年。《知识论》的学术抱负无疑是宏大的,书中对于"知识"、"自然"、"时空"、"因果"等问题的讨论都呈现了金岳霖在哲学思考上的励精图治。书中对于"语言"的讨论,尤其是关于"汉字和哲学"的关系的讨论,对于我个人的启发最大。金岳霖在《知识论》的第四章"收容与应付底工具"中,已经有提到"语言",但详细的展开还是在第十五章"语言"中。在第十五章中,他将论题分为了"字"、"字的蕴藏"、"语言文字文法"、"翻译"、"思想和语言"五个部分。[①] 从这五部分的划分来看,金岳霖对汉语语言的理解大约也是从汉字入手,以思想收尾。我将主要攫取金岳霖对汉字相关的内容进行讨论。

在"字"这一节,金岳霖首先将汉字理解为一种"官觉呈现",认为"字不能独立于官觉,字本身是官觉呈现,并且它非是客观的所与不行"[②]。并且,他认为

---

① 金岳霖:《金岳霖全集》(第 3 卷下),北京:人民出版社,2013 年,第 861—911 页。

② 金岳霖:《金岳霖全集》(第 3 卷下),第 863 页。

汉字是"凭借(token)与样型(type)交相为用","无此亦无彼,有此才有彼"①。但是,"字底意义不是字,虽然在字典中我们没有法子表示字底意义,只得用字来表示字底意义。……字底意义不是自然的……是约定俗成的。……(未定字底用法之前)对于用字法,我们有自由权,我们可以从俗也可以离俗,……既定之后,我们没有自由,我们只能跟着意念②底意义走。"③由此,他给出了"字底三个必要条件",即字必须是客观所与的官觉呈现,且必然是样型和凭借,还要有意念上的意义④(在后文,金岳霖还提到了第四个必要条件,即"字是语言文字中的分子"⑤)。

紧接着,在"字的蕴藏"一节中,金岳霖指出"字非有意义不可"⑥。并且,他还认为,给一个字一个意义是最理想的办法,但这实际上是无法实现的。此外,在本节,金岳霖还有一处十分符合当下语境主义论调的观点,即认为"(对于字而言)时间地点(不同),所给的意味也就不同"⑦。在这一节中,金岳霖谈及的字的"蕴藏",除了通常指的字词的意义外,还包括另一层的"意义",即"情感上的寄托",并且花了占本节四分之三的篇幅予以阐发。值得注意的是,他在后文表示:"就表示命题说,字或句子底情感上的寄托不相干,……也许句子底情感上的寄托更富。"⑧

在"语言文字文法"一节,金岳霖主要讨论了字与字如何通过"配合"成为句

① 金岳霖:《金岳霖全集》(第3卷下),第865—866页。

② "意念"这个词的使用,在金岳霖的文本中其实颇为模糊,许多研究"意念"概念的文著也没有给出一个较为明确的解释。因此,我暂时以 notion 来理解"意念",以确保"意念"区别于"概念"、"意义"、"理念"等其他哲学概念。

③ 金岳霖:《金岳霖全集》(第3卷下),第867页。

④ 金岳霖:《金岳霖全集》(第3卷下),第868页。

⑤ 金岳霖:《金岳霖全集》(第3卷下),第880页。

⑥ 金岳霖:《金岳霖全集》(第3卷下),第870页。

　　不过在第882页,金岳霖又指出"字当然有意义,可是……意思不是字所能表达的,要表达它非句子不行"。细究文本,我们可以发现,他对"意义"和"意思"的理解是不一样的,他认为"意思是意念底关联而不至于一意念",并且他还认为"句子虽有时不能表示命题,然而大致说来,它总可以表示意思"。也就是说,在金岳霖这里,从"意义"到"意思"再到"命题"是一个递进上升的过程。但这些区分与当下汉语中的使用习惯,还是有较大出入的。

⑦ 金岳霖:《金岳霖全集》(第3卷下),第872页。

⑧ 金岳霖:《金岳霖全集》(第3卷下),第878页。

　　对于这个观点,我个人持保留意见。我认为,从某种意义上讲,字可能包含比句子更丰富的内容。这是我对"非句子哲学"和"句子哲学"有别的一个重要依据,将在下文中继续展开。

子,而通过句子我们就可以建立起字与命题的关系。在"翻译"一节,他提到了"译意底根据是同一的意念或概念意思或命题"①。在这两节中,金岳霖关于汉语语言的理解已经非常接近当代语言哲学家的一些观点了,一方面他提到了语言的使用要依赖于语法,另一方面他也提到了不同语言间的翻译依赖于"意义"(这里的"意义"既可以理解为金岳霖所谓的"意义",也可以理解为一般语言哲学上所说的"意义/meaning")。

在"思想和语言"一节,金岳霖着重讨论了思想能不能独立于语言文字这个问题。在这一节,金岳霖提到"没碰见过以语言文字为思想底充分条件的人"②,但他本人对该问题的态度还是较为暧昧,比如,他认为"文法结构影响到意思或命题的表达"③,但也认同"思议的内容,就图案或结构说,不受语言文字底支配"④。在本节的最后,金岳霖还指出:"我们得承认两结果:一是没有表示不出来的命题,二是不说出来的命题不是没有表示的命题。"⑤

概言之,金岳霖在《知识论》中对汉字和哲学的讨论,主要是将汉字按照一定的规则进行组合,组成一个句子,而句子就可能成为一个命题,(通常我们都认为)命题则是展开哲学讨论的基础,由此得到,通过汉字作为哲学讨论的切入点在逻辑上是可行的。金岳霖对于汉字和哲学的探讨,虽篇幅不多,却给我们提供了一条新的研究路向,即我们可能通过对汉语言或者汉字的研究来实现对思想的理解。

二、汉字是汉语言的基本单位吗?

晚近,有许多研究者都提出"汉语言哲学"这一观念,并做了许多相应的工作⑥。在"汉语言哲学"的研究论域内,又有一些研究者将"汉语言哲学"进一步

---

① 金岳霖:《金岳霖全集》(第3卷下),第889页。

② 金岳霖:《金岳霖全集》(第3卷下),第898页。

③ 金岳霖:《金岳霖全集》(第3卷下),第906页。

④ 金岳霖:《金岳霖全集》(第3卷下),第907页。

⑤ 金岳霖:《金岳霖全集》(第3卷下),第910页。

⑥ 可参见:陈汉生:《中国古代的语言和逻辑》,北京:社会科学文献出版社,1998年;樊志辉:《全球化语境下汉语言哲学的话语困境及其出路》,《求是学刊》,2001年第1期,第29—33页;韩振华:《"语言学转向"之后的汉语哲学建构——欧美汉学界对于先秦中国思想的不同解读》,《华文文学》,2014年第2期,第22—(转下页)

发展为"汉字哲学"①。这种从"汉语言哲学"到"汉字哲学"的收敛,其背后的主要支持理论,来自于对汉语语言的"本位"思考。有一种对于汉语基本结构单位的理论认为,"字"或者"汉字"是构成汉语言的最基本单位,这一类的本位理论都被称为"字本位"理论。

关于汉语本位的讨论其实非常多,观点也不少,除了"字本位"还包括"句本位"、"词组本位"、"语素本位"、"小句本位"、"移动本位"、"复本位"、"无本位"等。② 但从较宏观的角度来看,字本位理论可能是与其他所有的本位理论不同的,潘文国认为"(字本位)最大的特点在于转换了研究者的眼光或者说看问题的角度,变从印欧语出发为从汉语出发"③。从更微观的角度来看,各种本位理论的竞争其实只是字本位和词本位之间的竞争,因为其他几乎所有的本位理论(除语素本位),无论是侧重词类、短语,还是侧重小句、句子,其语言分析的"基本粒子"最终还是要落实到词/单词(word)上来,也就是说,它们都"只是词本位的各种翻版"④。

通常,把词/单词视为英语的本位是鲜有争议的,如约翰·莱昂斯(John Lyons)所说,"在传统语法理论中,词是顶级重要的单位"⑤。那么为何词作为

作为一种非句子哲学的汉语言哲学

(接上页)39 页;刘梁剑:《汉语言哲学发凡》,北京:高等教育出版社,2015 年;韩水法:《汉语哲学:方法论的意义》,《学术月刊》,2018 年第 7 期,第 5—24 页;程乐松:《自觉的两种进路——中国哲学与汉语哲学的论域》,《学术月刊》,2018 年第 7 期,第 32—38 页;孙周兴:《存在与超越:海德格尔与汉语哲学》,北京:商务印书馆,2019 年;徐英瑾:《索萨的德性知识论与儒家"正名"论的对话——兼论论汉语哲学与分析哲学结合的可能性》,《学术月刊》,2019 年第 12 期,第 13—23 页;江怡:《从汉语哲学的视角看中国哲学研究 70 年》,《同济大学学报(社会科学版)》,2020 年第 1 期,第 83—91 页;王俊:《从作为普遍哲学的现象学到汉语现象学》,《中国社会科学》,2020 年第 7 期,第 42—60 页;黄前程:《自己讲自己——汉语哲学的登场、进路与前景》,《现代哲学》,2020 年第 4 期,第 145—150 页;等。

① 可参见:李敏生:《汉字哲学初探》,北京:社会科学文献出版社,2000 年;戴汝潜:《学习汉语汉字的哲学》,《中国文字研究》,2007 年第 1 期,第 185—189 页;顾明栋:《走出语音中心主义——对汉民族文字性质的哲学思考》,《复旦学报(社会科学版)》,2015 年第 3 期,第 80—89 页;尚杰:《一种新文字的可能性——关于汉字哲学的一个文学维度》,《世界哲学》,2018 年第 1 期,第 104—113 页;朱文瑞:《汉字哲学本性再探》,《天津大学学报(社会科学版)》,2019 年第 3 期,第 250—255 页;等。

② 关于不同本位理论的介绍可参见:潘文国:《字本位与汉语研究》,上海:华东师范大学出版社,2002 年,第 51—71 页。

③ 潘文国:《字本位与汉语研究》,第 69 页。

④ 潘文国:《字本位与汉语研究》,第 72 页。

⑤ 潘文国:《字本位与汉语研究》,第 97 页。

英语的本位鲜有争议呢？潘文国认为，首先，词是英语的天然单位，普通人一眼就能看出，而不像语素(也可称为"词素"，如我们学习英语时说的"词根")析出那样需要经过训练；同时，词也是英语民族认识世界的基本单位；并且，词是语言各个平面研究的交汇点；最后，词还是词法和句法的交接点，在语法上起到承上启下的枢纽作用。① 虽然潘文国认为字本位和词本位是两种竞争性的理论，但是他在论证"字为何是汉语的本位"这个问题时，采用的是类比之法，他认为汉字之于汉语和词之于英语是一样的，也符合以上四点特征。②

赵元任的论证则基于"字"与"词/word"的差异。徐通锵经过考证得到，赵元任早在 1940 年便提出"汉语中没有表示'word'的词，最贴近的是'字'，翻译过来是'word'"，到了 1975 年，赵元任明确指出汉语句法的基本结构是"字"，而不是"词"，因为"印欧系语言中 word 这一级单位在汉语里没有明确的对应物"③。

对此，我个人也倾向于将汉字视为汉语的基本单位。一方面，从汉语发展的角度看(或从古往今看)，汉字在被使用初期都非常强调其独立性。先不论仓颉造字的传说，现在我们可以确定的一点是，甲骨文已经是相当成熟的文字了。刘梁剑指出："商代以前已经有图画文字，其造字法当以象形、指事和会意为主。象形以写实的手法直接描摹对象，指事则以象征的手法表现对象，两者所造皆为独体字。"④正如金岳霖所说"字非有意义不可"，单独的汉字都有其意义。这里要指出一点，我同意"字非有意义不可"，但并非每一个汉字都有明确或唯一的意义，也就是说，汉字的独立性并不等同于其意义的单一性。

另一方面，从事实经验来看(或从今往古看)，曾经的"去汉字化"的努力没有取得成功。20 世纪，曾经有一股很大的"去汉字化"浪潮(其中最为激进的论调被称为"废除汉字论")，鼓吹用罗马字母代替汉字，包括钱玄同、瞿秋白、鲁迅、吴玉章、林伯渠等知名人士在当时都支持此观点。⑤ 当时主张"去汉字化"的学者主要的理由有如下两条：一、汉字是落后思想的载体；二、汉字难学，不易

① 潘文国：《字本位与汉语研究》，第98—104页。

② 潘文国：《字本位与汉语研究》，第104—113页。

③ 徐通锵：《汉语字本位语法导论》，济南：山东教育出版社，2008年，第13页。

④ 刘梁剑：《汉语言哲学发凡》，第51页。

⑤ 李敏生：《汉字哲学初探》，第295—319页。

普及。针对一,虽然我同意文字或语言是思想的载体,但载体与思想的价值取向间的关系并没有那么密切,简而言之,废除了汉字并不能消灭落后的思想。针对二,后来,我国采用了汉语拼音辅助汉字读音的方式,对汉字进行了拉丁化改造,并没有废除汉字,其普及效果依然十分突出,根据教育部公布的数据,到2000 年,我国的成人识字率已经达到了 90.9％[①],这已经说明了民众对于汉字的接受程度是极高的。由于汉字在我们的日常生活中极高的普及率,"去汉字化"已无必要,而且对汉字的使用已有庞大的群众基础,现在再谈"去汉字化"已经毫无意义。

三、非句子的断言存在吗?

那么,我们如果接受汉字是汉语的基本单位,汉语是否就和以命题作为基本单位的哲学讨论形同陌路了呢? 金岳霖的观点我在前面已经提到,是通过将"字""配合"成"句",以获得达到命题的可能。那么有没有可能由字直达命题呢? 很显然,以"字"作为基本单位的汉语言,是不同于以句子为基本单位的语言的。这就会将本文的思考进一步推向下一个问题,即如汉字这样的非句子语言单位,能否(直接)做出断言?

达米特明确指出:"为语词指派涵义,不管是名称还是任何其他逻辑类型的表达式,只有在联系到词语后来怎么样在句子中出现,才具有意义。"[②]斯坦顿将达米特的观点称为"句子优先原则",但斯坦顿认为,一些词或短语(即一些非句子的语言形式)也可以被"孤立地"(即没有特殊语境的情况下)使用。[③] 在认同存在这种语言现象的同时,支持达米特"句子优先原则"的人会提出一种所谓的"省略假设",即人们在用词或短语做出断言的时候,这些词或短语实际上是省略的句子。[④] 斯坦顿试图表明,任何用"省略假设"为"句子优先原则"进行辩

---

① 中华人民共和国教育部:"中国实施全民教育的概况",URL ＝〈http://www. moe. gn. cn/s78/A23/jkw_left/moe_866/tnull_13252. html〉,2020－9－14。

② 达米特:《弗雷格语言哲学》,北京:商务印书馆,2017 年,第 248 页。

③ Robert J. Stainton, "Non-Sentential Assertions and Semantic Ellipsis," *Linguistics and Philosophy*, 1995(18):282.

④ Robert J. Stainton, "Non-Sentential Assertions and Semantic Ellipsis":282.

护的企图都将失败,由此得出"非句子的断言是存在的"。

根据斯坦顿的分析,所谓"省略假设"也可以分为两种,即"句法省略假设"和"语义省略假设"。① 顾名思义,前者意指词或短语是句子在句法上的省略形式,后者意指词或短语是句子在语义上的省略表达。针对"句法省略假设"的反驳,斯坦顿认为学界已经达成共识,学者们通常都同意我们存在不用句法意义上的句子进行表达的情况。② 而针对"语义省略假设",则需要进一步的讨论。

斯坦顿举这样一个例子,当你在火边听到一声:

火

这显然是一个断言性表达③。④ 但支持"语义省略假设"的人会认为这不是一个词或短语,而是"一个词或短语的句子",因为他们会认为这一个词或短语的语义类型是命题式的,并且这一个词或短语还具有行事语力/言外之意/话语施事的力量(illocutionary force)⑤,所以这一声"火"就是个句子⑥。斯坦顿则认为,非句子的词和短语就不是句子,因为并非所有的词或短语都有行事语力,比如"红"、"小明的爸爸",等等。⑦

———————————

① Robert J. Stainton, "Non-Sentential Assertions and Semantic Ellipsis":285.

② Robert J. Stainton, "Non-Sentential Assertions and Semantic Ellipsis": 286.

③ Robert J. Stainton, "Non-Sentential Assertions and Semantic Ellipsis": 286.

④ 我想到的另一个自认为更好的例子来自《圣经》。《圣经·旧约·创世纪》的开篇第三句,和合本译为"神说:'要有光',就有了光",吕振中译为"上帝说:'要有光',就有了光",其他主要中译本也大约是类似的翻译,而在两个比较通行的英译版(即 1611 年的詹姆斯国王钦定版 KJV 和 1978 年的新编国际版 NIV)中,都翻译为了"And God said, Let there be light, and there was light"。只有冯象的中译文是"上帝说:光!就有了光"(参见:冯象:《创世纪:传说与译注》,南京:江苏人民出版社,2004 年,第 223 页)。根据我查阅的《圣经》希伯来文版资料,我发现,冯象的翻译更接近原文。如果我们不是在探讨"语义省略"的相关问题,我们可能不会去注意这些不同翻译版本中的区别。但通过考证,我们可以认为,在希伯来文的《圣经》的文本中,这一句描述上帝的言说时,使用的是一个词"光"而不是一个完整的句子"要有光"。

⑤ 也有人建议翻译为"言语行为意图"(参见:宋德富:《关于 Illocutionary Act/Force 的汉译问题》,《外国语》,1993 年第 5 期,第 24—29 页)。这个概念最早由 J. L. 奥斯汀(J. L. Austin)提出。所谓 illocutionary force 就是指促使说话人做出话语施事行为(illocutionary act,如做陈述,提疑问,下命令、发警告,做许诺,等等)的一种力量。具体的解释可参见:奥斯汀:《如何以言行事》,北京:商务印书馆,2012 年,第 81—143 页;杨玉成:《奥斯汀:语言现象学与哲学》,北京:商务印书馆,2002 年,第 81 页。

⑥ 书面文字表述为"火!"可能可以更明确地告知这是一个句子,因为出现了作为句子标志的感叹号"!",倘若仅仅是一声"火",那么这是否称得上是一个句子,答案可能就没有那么明显了。

⑦ Robert J. Stainton, "Non-Sentential Assertions and Semantic Ellipsis": 289.

那么,如果我们排除类似"红"、"小明的爸爸"这样的词或短语,将"语义省略假设"限制在"命题性"的词或短语,"省略假设"是否就成立了呢? 斯坦顿认为依然不成立,其理由有三条:第一,和一般的句子不同,"一个词或短语的句子"太容易出现歧义的情况了;第二,如果存在"一个词或短语的句子",那么实际上就意味着所有的词或短语都可以成为"一个词或短语的句子",这反过来证明了"一个词或短语的句子"的设想是冗余的;第三,将一个词或短语理解为"一个词或短语的句子"要加进更多的额外知识,这不符合"奥卡姆剃刀"的原则。① 因此,斯坦顿得出结论,词或短语不是句子的省略而是非句子,并且非句子的断言是存在的。

据上,达米特认为所有断言本质上都是句子,斯坦顿则不同意达米特,他认为有的断言是非句子的。蒂姆·肯扬(Tim Kenyon)梳理了两人的主要论证,认为斯坦顿的批评虽然有道理,但达米特的核心论点还是对的。② 肯扬将达米特关于意义、语言和思想关系的观点归纳为三个论题,即"依赖性论题"、"先天性论题"和"句子论题":依赖性论题认为词的意义依赖于句子,先天性论题认为语言先于思想,句子论题认为光有词你是无法行动的。③ 肯扬认为,斯坦顿的工作是对"句子论题"的批评,但实际上,"句子论题"在逻辑上和"依赖性论题"、"先天性论题"相互独立,也就是说达米特的观点大部分还是对的。④

根据金岳霖、达米特、斯坦顿和肯扬的观点,我们可以重新梳理出这样一个观点:**存在非句子的断言,但如要确定非句子断言的准确意义,有时需要进入语境。**我称之为一个类语境主义的非句子断言理论(Quasi-Contextualism Non-Sentential Assertion Theory)。类语境主义的非句子断言理论一方面承认了非句子断言的存在,另一方面也表明了非句子断言和一般的句子断言之间的区别。但需要注意的一点是,我之所以没有直接将非句子断言理论归为语境主义的一种形态,主要目的就在于,我的关注点不仅仅在于确定断言的准确涵义,更试图在非句子断言的不确定性中找到语义的多样性。

---

① Robert J. Stainton, "Non-Sentential Assertions and Semantic Ellipsis": 290 – 295.

② Tim Kenyon, "Non-Sentential Assertions and the Dependence Thesis of Word Meaning," *Mind and Language*, 1999(4):424.

③ Tim Kenyon, "Non-Sentential Assertions and the Dependence Thesis of Word Meaning": 425.

④ Tim Kenyon, "Non-Sentential Assertions and the Dependence Thesis of Word Meaning": 425.

四、直接从汉字出发的汉语言哲学

那么,既然存在非句子的断言,是不是意味着非句子的语言形式也可以成为"做哲学"的一种方式? 我的回答是肯定的。因此,在本小节中我将着重讨论非句子哲学是何以可能的,并且,通过比较,我们可以发现,以汉字为基本单位的汉语言"做"的哲学就是一种典型的非句子哲学。

将中国哲学理解为一种非句子哲学的尝试并非孤案,张东荪在 1947 年完成的《从中国语言构造上看中国哲学》一文,就有过类似的论断。在《从中国语言构造上看中国哲学》一文中,张东荪就明确指出了由于中国语言的某些特质直接导致了中国哲学某些不同于西方哲学的特质:第一点,中国语言中"主语不分明,遂致中国人没有'主体'观念";第二点,"主语不分明遂致谓语不成立";第三点,中国语言"没有语尾,遂致没有语格";第四点,由于以上原因"遂没有逻辑上的'辞句'"。[①] 而张东荪所谓的"辞句",我们现在通译为"命题"(proposition)。他认为,没有基本的辞句,全套名学(即逻辑学)的推演必发生困难。虽然张东荪没有明确表示中国的思想是"非句子的",但已经表明了中国的思想是"非命题的"。

再纵观晚近的研究,宗德生在 2010 年明确提出过以非句子哲学为核心的中西比较哲学研究框架。[②] 在《比较哲学研究新框架》("A New Framework for Comparative Study of Philosophy",以下简称《框架》)一文中,宗德生明确指出,中国哲学和西方哲学的一个重要差异在于,中国哲学的主流传统是非句子式的径路,而西方哲学的主流传统是句子式的路径。[③] 在《框架》一文中,宗德生首先构造了一个"句子式构成的实体"(Sententially Structured Entity,简称 SSE)概念,而 SSE 必须具有以下五个显著的特点:1. SSE 必然和语言尤其是句子有联系;2. SSE 必然是构成性实体,但 SSE 的构成部分和 SSE 不是 1 + 1 = 2 式的"部分—整体"关系;3. SSE 的个体化需要非常完善的标准;4. SSE 在本体论意

---

① 张东荪:《从中国语言构造上看中国哲学》,载于《知识与文化》,长沙:岳麓书社,2011 年,第 187 页。

② Zong Desheng, "A New Framework for Comparative Study of Philosophy," *Dao*, 2010(9):445 – 459.

③ Zong Desheng, "A New Framework for Comparative Study of Philosophy":445.

义上是不可还原的;5. SSE 概念之间具有相互依赖性。^① 而句式谓语(Sentential Predicates)涉及句子的性质和关系,这意味着当给 SSE 作谓语时,句式谓语的使用是恰当的。^② 然而,《框架》一文对 SSE 的构造,不是为了利用 SSE 做肯定性推导,而是利用 SSE 做否定性推导,即确实存在一些哲学理论是不以 SSE 作为变量、不包含句式谓语的,宗德生将这样的哲学理论称为"非句子哲学"^③。

《框架》一文中的"非句子哲学"又可以分为三类:第一类非句子哲学是指一种哲学理论,这种哲学理论既不包含 SSE 或 SSE 观念,也不包含句式谓语;第二类非句子哲学是指一系列同类型的哲学理论的集合^④,这一理论集合既不包含 SSE 或 SSE 观念,也不包含句式谓语;第三类非句子哲学是指一种哲学传统,这一传统既不包含 SSE 或 SSE 观念,也不包含句式谓语。^⑤ 宗德生指出,中国哲学(虽然并非所有中国哲学,但主流的中国哲学)是属于第三类的非句子哲学,他的证据在于中国哲学中常用的谓语(比如"静"、"虚"、"体"等)都是非句子的,并由此推断中国哲学常用的主语(比如"理"、"气"、"器"等)都不是 SSE。^⑥ 所以,他认为中国哲学传统是独一无二的。

《框架》一文从一个十分独特的视角,对中国哲学传统进行了梳理,但我想要尝试展开的一种非句子的汉语言哲学和《框架》一文的推导逻辑正好相反。《框架》一文试图从句子哲学出发,寻找中国哲学不同于句子哲学的地方,以此来为中国哲学传统的特质正名。而我所要采用的论证逻辑旨在追随金岳霖的视角,从汉语言自身出发,寻找中国哲学传统与西方哲学传统的异同。但我的工作也不是完全依照金岳霖的思路,我认为我们可以直接从"非句子"出发,并且跳过"将词组成句子"这一过程,直接抵达思想。而这种非句子哲学的汉语言哲学的深层理论支撑来自类语境主义的非句子断言理论。

如前文所提到过的那样,将汉字视为汉语言的最基本单位是合理的,而汉

---

① Zong Desheng, "A New Framework for Comparative Study of Philosophy":446 - 448.

② 《框架》一文举的例子包括:为真/为假、先天性/后天性、连贯性/不连贯性、蕴涵性、合理性等谓语。Zong Desheng, "A New Framework for Comparative Study of Philosophy": 449。

③ Ibid: 449.

④ 所谓一系列理论的集合,《框架》一文举的例子是"行为主义"和"联接主义"。

⑤ Zong Desheng, "A New Framework for Comparative Study of Philosophy": 449 - 450.

⑥ Zong Desheng, "A New Framework for Comparative Study of Philosophy": 457 - 458.

字作为一种典型的非句子形式,是可以做出断言的。由此我们可以得到一种建立在汉字基础上的汉语言哲学。并且,我认为以这种汉语言哲学的形态来理解中国哲学传统,是能够帮助我们更好地理解中国哲学的思想和西方哲学的思想(尤其是分析哲学传统)的异同的。

首先,我们常说西方哲学的传统是重逻辑,而中国哲学的传统是轻逻辑的,为何有这种差别?非句子的汉语言哲学似乎可以给出合理的解释。张东荪已经通过汉语言是"非命题的"来解释这种差别,但是为什么汉语言是非命题的呢?我个人认为究其根源,还是因为汉语言的基本单位是汉字。我认为中国人对于汉字的形式美很苛求[1],尤其在古代,很多文本中都有用单个汉字来表意的例子,根据认知语义学的相关理论,许多单个汉字在历史进程中都经历了一个意义扩充的过程。当我们使用某一个汉字时,倘若孤立无语境,那么必然在传达信息的时候容易产生偏差。亚里士多德逻辑学中最基本的 a = a(同一律)在我们用汉字进行交流的时候,是可能完全"不在场的"。尤其在中国古代的哲学思想当中,用单个汉字表意的现象更为普遍,因此导致了思想在流传过程中发生偏离。一方面,我们可以说汉字的意义扩充过程让汉字本身变得更加丰富,但从另一方面来看,也导致了中国的思想出现了轻逻辑的特质。

其次,西方哲学传统下的哲学研究,尤其是英语语言条件下的哲学研究,针对问题的讨论往往是越来越收敛,并试图能形成一些针对该问题的共识,而中国哲学传统下的哲学研究,讨论往往会越来越发散,各种不同的想法源源不断地涌现。为何有这种差别?非句子的汉语言哲学似乎也可以给出合理的解释。同样的,由于汉字在演进过程中的意义扩充,我们讨论中国的思想的时候,可以生发出或联想到更多的内容,也就是我在前文不同意金岳霖说的"句子底情感上的寄托更富"的原因。对此,我同意肯扬对达米特观点的支持,认为"依赖性论题"即"词的意义依赖于句子"是合理的。正是因为存在这种依赖性,而英语言哲学是句子的、汉语言哲学是非句子的,所以英语言哲学中词的意义更容易被确定,而且会越来越收敛,汉语言哲学中的字的意义则可能越来越不容易被确定,因而会越来越发散。

---

[1] 我所说的"形式美"大约是指,一个四四方方的汉字即可表达说话者的意思,无需多字组词,因为多个字表达某一个意思会破坏一个汉字的周正,而汉字的周正带来的美感应该属于形式上的美感。

最后,既然西方哲学的传统和中国哲学的传统如此不一样,那两者有没有可能弥合这道鸿沟呢?非句子的汉语言哲学似乎依然可以给出合理的方案。类语境主义的非句子断言理论认为,如果要确定非句子断言的准确意义,就需要语境介入。虽然中国哲学传统下的哲学研究具有发散性,但这并不意味着我们使用汉语言讨论哲学的时候就不可能实现讨论的收敛。通过不断地澄清语境,我们可以实现汉字意义的收敛,并且,通过这样的澄清,汉字都会以意义更为确定的命题的形式呈现,也就有了实现中西不同哲学传统背景下实现交流和沟通甚至融合的可能性。

五、结语

综上所述,本文在金岳霖关于汉字与哲学的思考的启发下,通过对汉语的基本单位的讨论,确定了汉语字本位的合理性,并通过对非句子断言的考察,确定了非句子断言是存在的,因此,我试图通过表明汉字可以做出断言来论证汉语言哲学就是一种非句子哲学的构想也可以达成。当然,在本文的讨论中,关于古代汉语和现代汉语并没有做出区分,希望将来可以继续就此展开讨论,更清晰地勾勒出古代汉语言哲学和现代汉语言哲学的图景,在汉语言哲学研究框架内部进一步发掘异和同。

Mandarin Philosophy as Non-Sentential Philosophy

Chen Hai

Abstract: In his *Theory of Knowledge*, Jin Yuelin discusses the relationship between Chinese characters and philosophy. He believes that Chinese characters can be formed to sentences by grammar, then intervening in philosophical discussion. In the field of linguistics, Sinogram-based theory holds that Chinese character is the most basic unit of Chinese. Therefore, it is possible to construct a philosophy of Mandarin with Chinese characters as the basic unit. Moreover, Stainton has also proved the existence of non-sentential assertions, which means that Mandarin philosophy based on Sinogram-based theory is also reasonable. Although the attempt to construct a non-sentential philosophy of Mandarin has been launched by other researchers, the Mandarin philosophy framework that constructed with Chinese characters as the start point has stronger explanatory power for the similarities and differences between Chinese and Western philosophical traditions.

Keywords: Jin Yuelin; Sinogram-based theory; Non-Sentential Assertion; Mandarin Philosophy

观念史与汉语之思

天地在言：中国哲学天人视域中的《说文》新论[*] 55

55

胡晓艺[**]

[摘　要]《说文》在继承先秦两汉"天人相与"的哲学思想背景中，以文字完成"文以合天"的建构。以《说文》木系文字为中心，在中国哲学"天""人"相与的整体视域中对《说文》进行新的考察，重新对《说文》学的三个重要论题——部首编排、文字训释体例与"六书"含义进行哲学视域的反思。"天命之文"，部首编排体现了民族存在世界的展开；"文以合天"，文字体例训释体现了天道相与；"文以说理"，哲学视域中的"六书"说新释反映了民族致思。《说文》启发以汉语哲学与生态哲学的双重契机，为民族"天-文-人"合一的根源性智慧与致思结构提供新的阐释，"天地不言"由于"文言在"而"天地在言"，以待"哲学再言"。

[关键词]《说文》；汉语哲学；生态哲学；天人合一

* 基金项目：国家社会科学基金重大项目"中国生态哲学思想史研究"（项目编号：14ZDB005）。

** 胡晓艺（1994—　），女，汉族，江苏徐州人，中央党校（国家行政学院）哲学部博士生，研究方向：中国哲学，生态哲学。

东汉许慎的《说文》是中国古代第一部系统而完整的字书①，第一次对商周以来的汉语文字字形、字音、字义进行了系统的整理，是一切"古典的工具或门径"。② 古代以"小学"的方法研究《说文》，"小学"是通达一切大学问的基础，形成专门的"说文学"。现代分科以来，文史哲畛域分明，对于《说文》的研究以文字学为主，以"哲学"的眼光审视《说文》的著作殊少，"哲学"的视域带给《说文》研究新的洞见；而"文字"则提示哲学研究新的材料领域开掘的可能。在中国哲学"天""人"相与的整体视域中考察"文"的意义，以《说文》木系文字为中心，重新对《说文》学的三个重要论题——部首编排、文字训释体例与"六书"含义进行哲学视域的反思，"天地不言"③由于"文言在"而"天地在言"，希冀为民族"天-文-人"合一的根源性智慧与致思结构提供新的阐释，以汉语哲学与生态哲学的双重契机，以待"哲学再言"。

一、"天人相与"：许慎《说文》的思想背景与文本建构

在人文理性开显的存在世界中，人彰显天道，归本天道，"天人相与"的思想是华夏文明的民族根源性智慧与致思方式。以"木"为例，《尚书·洪范》箕子"五行"最早所指还是五种物质及其性质和功能。战国齐人邹衍将阴阳五行和朝代更替结合起来，提出五德终始说，后阴阳五行和君主政治、人、自然等系统结合起来的线索大致经历了《管子》《吕氏春秋》《礼记》到《淮南子·时则》等。《管子·幼官》《四时》《五行》中把阴阳、五行和季节、政治等联系起来的做法可以概括为自然与社会的"五行化"思维方式，即人事与自然的同构与互动，如《五行》中"木"对应春季，春季君主如果不赏赐、斩伤树木，就会导致君危、太子危等后果。这种五行化思维在《吕氏春秋》中更为完备，四季各自分出三纪，将五行、季节、星象、音、律、数、味道、颜色、政事等 22 个条目相对应，以为天子确立规

---

① 全文《说文》版本为段玉裁：《说文解字注》，上海：上海古籍出版社，1981 年。

② 朱自清：《经典常谈 文艺常谈》，苏州：古吴轩出版社，2018 年，第 7 页。

③ 有关"天地不言"的经典论述：《论语·阳货》："子曰：'予欲无言。'子贡曰：'子如不言，则小子何述焉？'子曰：'天何言哉？四时行焉，百物生焉，天何言哉？'"《庄子·知北游》："天地有大美而不言，四时有明法而不议，万物有成理而不说。圣人者，原天地之美而达万物之理。是故至人无为，大圣不作，观于天地之谓也。"

范。医书《黄帝内经》将《吕氏春秋》中的五行化思维进一步落实到普遍的个人，而董仲舒《春秋繁露》则再把春秋战国以来的五行化思维进一步上升到完备的天人类通的体系。从《尚书·洪范》到董仲舒《春秋繁露》，中国的阴阳五行学说为理解木文化提供了一个本体论基础和框架，具有整体性、联系性、内在性、通气论、相互影响性。① 它的根本是中国人所理解的存在世界与人自身作为"在者"的"在"是"内在"的，人与存在世界是一种双向诠释关乎，五行是人的属性，也是自然的属性，也是天人之间存在世界万物的属性。

在以上"天人相与"的文明思想进程的整体视域中，从《管子》《吕氏春秋》《礼记》《淮南子》《黄帝内经》到《春秋繁露》，人意合于自然、政治合于天意，阴阳、五行、八卦等诸哲学范畴，配合身心、音乐、政治、社会等诸人事范畴，哲学思想基本完成在宇宙的自然运行节奏和人事社会运行节奏之间建构同轨性与同步性的努力。唯有"文"作为人类智慧开显的重要标志一直没有完成与天的相与互动。

天地"生生"之德是中国人的"在"之根源，包括人类的万物是"在者"，"在"不言，如天地；"在者"不必"言"其"在"，如鸟兽虫鱼；而人类则不仅"言"其"在"，而且以文字的形式作为"再言"的系统以记录其"言在"，并证明其"在"。自人类开始"言在"时即已敏感到言意之不符，而文字作为"再言"之创制便更有对根源之"在"的疏离。② 文字还会自成一个"在者"，使得人类"在者"之间隔膜不通。《淮南子·本经训》"仓颉造字，天雨粟，鬼夜哭"③，即敏感地意识到文字作为"再言"的人类"在者"如何存在的记录，对于天意之"在"的影响。《易经·贲卦》"观乎天文以察时变，观乎人文以化成天下"④，"文"如何下贯"天"与"人"，使得天道之微得到文明之显，"文"如何上达"人"与"天"，使得人文世界得以生生不息，不仅是关切"文"的汉语哲学的问题，也是关乎"天人"关系的中国哲学根源性的问题。《说文》通过"文"的建构使得伏羲的天文传统（文以合天）与周公的人文传

---

① 乔清举：《河流的文化生命》，郑州：黄河水利出版社，2007 年，第 84—107 页。

② 中国言意之辨的哲学思想从老子时起即有深刻的说明，魏晋时期言意之辨是一次总结与发展，经佛教"言语道尽，心行灭处"的融汇，使得"静默"成为中国人推崇的最高"境界"。分析式的"明言"成为近代中国追寻西方式的现代化必须补上的一课，"我们必须先说很多话，最后再保持沉默"。参见冯友兰：《中国哲学简史》，北京：北京大学出版社，1985 年，第 395 页。

③ 刘安等：《淮南子》，长沙：岳麓书社，2015 年，第 62 页。

④ 王弼注，韩康伯注，孔颖达等正义：《周易正义》卷三，阮元校刻：《十三经注疏》，第 37 页。

统(人文化成)获得一贯的安排,在"天-文-人"之际,许慎试图完成文字如何作为持续和永恒的过程,体现人心参与天地生生,为中国天人易道影响下的古典理性化提供了"文"的说明。文字的展开在许慎那里获得了"生"的安排,又随着时代丰富发展,记录汉民族根源性智慧和存在世界的拓展,诉说着"人-文-天"合一的"生生"智慧。

作为"经书"的"字书",《说文》不仅是对上古文字系统的总结,在汉代宇宙论与元气观念的影响下,更是将文字纳入天道系统,以文字的孳乳展开说明天道的生生流行,以"文以合天"的建构完成对"天人相与"的建构。就字书编纂而言,许慎的《说文》部首排列始"一"终"亥",中间间杂木、火、土、金、水五行系统,以天干地支系统作结,所有部首呈现树状分布,540个部首的选取和排列体现汉代宇宙观与自然元气论思想,展开次序反映人类世界的智慧比照天意的展开。由于天意具有阴阳变化、衍生万物、周而复始、包罗万象的功能,因而部首的展开即是孳乳繁多,有序展开而互相关联的过程。[①]

在这样的文明思想进程的整体视域中,重新审视许慎《说文》,看到的便不仅是一部字书,而是中国天-文-人思想的整体建构的首要而完整的建构。在中国哲学"天""人"相与的整体视域中考察"文"的意义,以下以《说文》木系文字为中心,重新对《说文》学的三个重要论题——部首编排、文字训释体例与"六书"含义进行哲学视域的反思,以窥见民族精神史程与致思结构。

二、"天命之文":作为存在世界展开的部首编排

十九世纪德国语言哲学家洪堡较早指出印欧语屈折语以语言为媒介,使外在世界成为人的思想世界之内的世界,语言成为转化外在不确定世界进入人的思想存在世界的确定性的符号,文字以表音形式又是语言达成此种功能的符号。汉语文字与此不同,他提出"图形文字"的概念以说明汉语文字的象形特征,"汉字的形体中,自有哲学功夫在其中"。继洪堡语言学的文字学转向后,学者对汉字后的哲学思维进行了诸多关注,恩德利希尔(S. Endicher)进一步指出

---

① 蔡维玉:《许慎的字义训诂与两汉的神秘文化》,博士论文,香港城市大学,2011年,偏重于从阴阳五行思想影响许慎的《说文》结构论说。对于《说文》的经学训诂学与文字研究较多,对于字形、字义、词汇、字典编纂等的整体性哲学诠释在哲学学界尚较缺乏。

汉字字符中同时具有表意与表音双重功能,史坦塔尔(H. Steinthal)将此概括为汉字思维,并较早关注到汉语文字部首作为类概念的范畴属性。史坦塔尔认为,汉语没有词语的语法分类,但依靠汉字以其类属的图形,即部首来"限定"语言所指的特定对象。这些经常被使用的类属区分,即是在中文辞典作为部首而使用的 214 个左右的主要图形。汉语的"类"概念表现于部首上,以部首为这个类属的区分作为表意的成分,而以汉字的图形记号表达出来。在语言使用中将此类属"说出",如"松"在语言中说为"松树",但在文字中则以"木"作为"松"之为"树"的类属表达。①

　　作为西方语言哲学家,史坦塔尔关注到汉语的部首作为表意的类属范畴,并指出现代汉语使用的 214 个左右的图形符号,殊为不易。史坦塔尔不知道的是,这些部首很多即是《说文》中的"文",而很多中国学者亦对《说文》有 540 部首之繁多进行批评,很多部首在现代的分类眼光中,应该合为一部,如"木""林",但为何许慎将其分开? 通过对作为部首的"木"的考察,可以看出许慎以天人存在世界中的性质分立部首,部首并非人思想世界的先验范畴,而是世界本身的性质展开。

(一)"木"的含义是"天人相与"之木性

　　《说文》释"木","木,冒也。冒地而生,东方之行。从屮,下象其根。凡木之属皆从木。"有关许慎的训释,后代注家多有争议,如"冒"是纯声训还是冒为木性,如木是纯象形字为何需要"从屮"。其实,一般认为,《说文》在释字方法上,采用义训、声训、形训方式,在文字学中,将义训分为"义界"和"互训","义界"即是许慎的定义方式,一个部首许慎先会给出他的定义方式,与此属性相关者即"皆从"此部首,部首是许慎哲学的"范畴",其背后反映的是东汉人的天人相与的存在世界和思维方式。以木为例,对于这个定义的理解,首先是"冒"字。从许慎定义分析,木就是"冒",或者冒是木最本质的属性,冒地而生,是配属东方的五行。如果只是声训,以《说文》体例,一般用"读若"表示,可见此处"也"是一种表示对于木的定义。冒即使认为是声训,但汉语文字学已经说明,所有形声字的声符都有同源意义的含义,即选择"冒"为木的读音,而不是其他的 mao字,还是与"冒"本身的属性相关。由此,可以先从"冒"字看出"木"的属性。《说

---

① 林远泽:《从洪堡特语言哲学传统论在汉语中的汉字思维》,《汉学研究》,2015 年第 2 期。

文》释"冒"为"冢而前也。从冃从目",段玉裁注为"冢者,覆也。引伸之有所干犯而不顾亦曰冒",可见,"冒"作为会意字,有蒙着眼睛勇敢前进之意,与草木初生在地下努力向地上生长之意比类,许慎多以《易》解字,冒之双重寓意与《易》乾坤二卦后草木"屯"生而努力"蒙"发两卦也相似,可见木性以"冒"解之巧妙。

第二,从定义可见由战国秦汉间逐渐发展完善的五行、方位相配合的思想已经成为一种普遍意识,否则不足以成为无需自明的基础释义。金木水火土的五行思想从《尚书·洪范》箕子五行还是事物具体的五种性质和功能,经《管子》《吕氏春秋》《礼记》《黄帝内经》到《淮南子·时则》,已成为涵盖自然、人与社会的"五行化"思维方式,,最后由董仲舒《春秋繁露》把春秋战国以来的五行化思维进一步上升到完备的天人类通的体系。① 所以许慎想表达的"木"就是五行中之木,此时的"木"更是一个抽象概念,木在五行中属于东方,冒地而生是它特有的性质,这种性质再具体是什么对于五行思想已经深入人心、已经上升为普遍意识的东汉人而言无需解释。

由此,为何"从屮"便不难理解,东方之木为生发之机,草木代表生发之机,四时循环,万物生长先从草开始带来阳长阴消的讯息。草的生生之机的意味甚至比木更浓,《说文》部首"始一终亥",而"亥""荄也",为草根,含有周而复始、生生不息之意。

(二) 符合木性之字收入木部

联系汉人的存在世界的一般情形,我们首先理解"木"的属性是什么,已经明确了许慎基于五行思想对于木的定义,就能够理解许慎选取哪些文字放入木部中。对于一个部首而言,"皆从……"即是定义一个部首的属性,与一个部首的属性相关者才能放入这个部首。所以木部字中全部是具体的与树木相关的专名(如何种树木)、木的构造(如树皮为朴、木实为果等)。《说文》是一本字书,它解释的是文字最初的构字,即文字的创制,而非后代的字典,罗列文字的衍生用法,所以许慎的收录中可以帮助我们窥见与木相关的文字的最初涵义,我们如果想要再探寻这些文字的用法,需要联系汉语发展史的知识,再探寻汉民族思维与存在世界的拓展情形,但这不是许慎《说文》的目的与能够提供给我们者。如"朱",许慎释为"赤心木,松柏属","朴"许慎释为"木皮也","本""末"许

---

① 乔清举:《河流的文化生命》,第 84—107 页。

慎释为"木下曰本""木上曰末",至于从专名之朱到事物属性的颜色的"朱",《老子》中之"朴"是否为"木皮"意,"本末"作为中国哲学的最重要的思维方式,则并不属于许慎记录的范围。许慎的《说文》书写的是文字的"创制",而非文字的"使用",但是反映的却是他的天人宇宙观。从事实上说,先有文字的创制才有许慎的"说文解字",但从逻辑上说,则先有许慎的"观",才能照见并理解到繁多文字的规律,如此,许慎给出的文字、部首与编排是他与他时代的哲学世界观的反映。

（三）关联木性，而有所分离者可为木系文字，木系文字说明木性的展开、相合相悖是天意的展开、相合相悖

但文字若有木"形",而无许慎理解的木"性",也一定与木有所关联,因而许慎将这些字放入其他部首,即它们并不属于"木部",但如果研究需要,我们可以称其为"木系"文字。木系文字分享了木性,但不具备"木"最根本的属性,冒,东方之行的生发之机。这些字不在"木部"421字,但大多离木不远。仔细考察,会发现,许慎对于文字的安排有更为深刻的文字合天的思想。以木系文字举例,木系文字说明木性的展开、相合相悖是天意的展开、相合相悖。如"桑"字,桑字另造木上之"桑"部(叒部),后只有桑一个字,后代很多文字学家以许慎部首繁多,桑字就是明显的例子,只有一字却造一部,而且桑字完全可以从"木部",其篆文字形上为扶桑树,下为木,并无特殊之处,为何要另取叒部。许慎释桑:"蚕所食叶木。从叒木。"段玉裁注:"蚕所食叶木。从叒木。榑桑者,桑之长也。故字从叒。桑不入木部而傅于叒者。所贵者也。"可见此字的关键在于蚕所食的叶木,而非与冒与五行之东方之木有关。再如"之""生",在解释时都与木相关,但不入木部,更不入草部,也可侧面说明许慎的分部首思想是基于他的哲学。"之"属于"之部",许慎说:"出也。象艸过中,枝茎益大,有所之。""生"则为"生部",许慎说:"进也。象艸木生出土上。凡生之属皆从生。""之"与"生"都是草木生长出于地上,恰恰说明"木"性之"冒"还是一种地上有盖的艰难初生,而"之"与"生"则已完全长出。这些在"勃"字(草木已茂盛),在"囷"(田中四木即为"囷")都可看出。这些字都可以看作木系文字,但并没有木部的木性。这些部首和文字都紧跟木部后,虽然并不能以此思想涵盖所有部首文字,也不能以此说明木部所有文字,因为不是所有文字都有"时间"的维度,总有不全备处,但大概可以看出《说文》的部首排序有宇宙展开、时序发展的思想,体现出许慎

在汉代宇宙论的思想存在世界的一般知识图景下对于文字的"文以合天"的建构,语言文字即是"同此一气"的存在世界的人类"在者"的"在言"形式。

三、"文以合天":木部文字说文体例考察

以性质分立部首,性质相关者入此部,以木部文字为例,许慎在"木"后将与木性相关者放诸木部文字下。在一个部首统领的文字下,"文以说理",文字世界收录遵循从自然世界到人文存在的顺序,体现着许慎对天地易道的逻辑思考,也体现民族的致思方式。具体而言,木部文字的展开有三个部分。

(一) 具体果木类字,基本为专名:从"橘"到"樧"

形声字的专名木类,一般说字可分为四部分:

"木也(或某种具体木类)为定义判断"+(解释性状或用途)+"从木"(或"从……木")为形符+"……声"为声符。

第一部分为归属定性,值得注意的是,如果某种木类可以细分,则还会有从某种具体木类的定义,即木属下的具体木科;第二部分解释性状或用途,不确定者缺省;第三部分"从木"即意义的形符;第四部分为声符。对于有异义者,标出"一曰",发音难读者,再标"读若"。这四部分顺序并不完全固定,但基本如此,如:

"枸","木也,可以为酱。出蜀。从木,句声。"

"楷","木也,孔子冢盖树上者。从木,皆声。"

"桂","江南木,百药之长。从木,圭声。"

"櫃","枋也。从木,畺声。一曰锄柄名。"

"樗","木也,以其皮裹松脂。从木,雩声,读若华。"

尤其值得注意的是,从许慎的收字、解释形状或用途可以看出以儒家古文经为主,兼采诸家,但《说文》并不是一部类书,并不集纂古代文献。在大多数不需特别说明的情况下,许慎并不引用。但有些字的训释,可以反映包括汉代易纬、阴阳五行思想影响下时代的思想倾向,如"桵",在解释其音时,许慎说"读若'三年导服'之导",如木系文字"相",取观卦易纬进行解释。许慎是古文经学家,师承贾逵,贾逵师承刘歆,刘歆独推古文。朱伯崑先生认为,在汉代易学传统有三系,一是官方今文经易学派孟京一系,宋人称为象数易学;儒家还有民间

费直古文经一系,取人道之义解经,后来发展为义理派;三是以道家黄老学解易。① 汉易发展的主要倾向是孟京易学,汉代传费氏易的,也都受到京氏易学及《易纬》的影响。如郑玄解经,虽属古文经学传统,但又精通今文经学,且以注解纬书著称。② 朱伯崑先生的分析帮助我们理解许慎说文的引用习惯。

（二）与一般性的树木生理构造、生长周期相关的字:从"树"到"杳"

以"树"为与以上具体树木专门区分的开始,许慎说"树","生植之总名。从木,尌声。"说明其有"总"的概念,总与上一部分的具体树木专门相比,已经从具体到抽象,下一部分为一般性的树木生理构造、与生长周期相关的字。

大多数形声构字,一般说文仍可分为四部分:

"与树木的生植相关的一般性名称(以"……也"结尾为定义判断)"+(解释性状或用途)+"从木"(或从……木)为形符+"……声"为声符。

如,"根","木株也。从木艮声。"

"株","木根也。从木朱声。"

依许慎,这两者在汉代应指一物,为互训。随着时代的发展,在使用时逐渐形成"根"与"株"的区分,如宋代徐锴在注释时说"入土曰根,在土上者曰株"。

与树木的生理构造相关的指事构字,一般说文方式为:

"何木或木上何物"+"木(指事词,如上下中)曰……"+"从木"为指事所依据的"事"+指事方式的说明。

比较重要的是"本""末""朱"三字。

"本","木下曰本。从木,一在其下。"

"末","木上曰末。从木,一在其上。"

"朱","赤心木,松柏属。从木,一在其中。"

本、末、朱解释的"一",徐锴注曰:"一,记其处也。本末朱皆同义",虽然"所指"为树木的具体部位,但所指超离具体性的木,而是普遍性的木,指事思维具有包含普遍性"能指"的抽象思维。

与树木之生植性状相关联的一些字后来引申为民族存在世界中的一般概念、重要的哲学范畴,这些字的原义都与木的生植构造与性状相关,在《说文》中

① 朱伯崑:《易学哲学史》上册,北京:北京大学出版社,1986 年,第 108—109 页。

② 朱伯崑:《易学哲学史》上册,第 188—189 页。

得以保留,如:

柔,"木曲直也。从木矛声。"

朴,"木皮也。从木卜声。"

格,"木长皃。从木各声。"

材,"木梃也。从木才声。"

(三)与树木用于生产生活的工具、构造相关的字:从"栁"到"棐"

所在木性的总类下,具体果木的专名后,是与木植性状相关的字,根据不同的木性做成生产生活世界的不同用器,正是朴散则为器。由日常生活之用度到出门远行之交通工具,到生老病死所需的棺木,此部分收录的顺序反映了许慎对于生产生活世界的认识,包含了一个人一生的衣食住行生老病死。具体顺序为:

1. 从"栁"作为"角械"开始到"枪"(剑匣)是与木房屋构造和家具相关的文字。

草木房屋到木结构建筑:"栽"(筑墙长版)、"构"(盖)、"栋"(极)、"极"(栋)、"柱"(楹)、"楹"(柱)从木结构房屋的具体部件向脱离木结构的一般生活抽象发展,"极""机"则被赋予哲学抽象意义。

2. 从"槈"(除草的农具)到"橹"(大盾)为农业生产生活的工具和兵器器械。

3. 从"乐"(五角八声之总名)到"棨"(木制的符信)为木制的乐器和书写工具。

古代乐(弦乐)、龠(管乐)根据不同的演奏乐器分开,乐为木制乐器,与缠绕其上的丝弦有关,"柷"(乐,木空,所以止音为节)。从以龟甲兽骨为书写材料向以竹木为书写材料演变,木系文字中能够用木刻的方式记录文字,如"椠"(木牍,未经书写的书版),广义上的木系文字与历史(歷)和书写(書)相关者众多。

4. 从"桼"(五束皮革装饰车辕)到"艭"(江中大船名)为车马舟楫交通工具类的文字。

包括"桥""梁"互训。

古代行车、行船多用木制交通工具,木在《周易·说卦》比类巽(风),凡与"巽"相关的卦中很多取木作为舟楫讲,如在《周易·系辞下》释"涣"中说:"刳木为舟。剡木为楫。舟楫之利。以济不通。致远以利天下。"

5. 从"校"(木囚,指木制枷械类刑具)到"棐"(辅,指一种辅正弓弩的工具)

为负面意义的刑具(如校"木囚")、伐木类(如采"捋取"、析"破木")、人的休止类(如休、棺、椁)文字。

在词义上,如械(桎梏也。从木戒声。一曰器之总名。一曰持也。一曰有盛为械,无盛为器。)词义有所减少,桎(足械)梏(手械)多合用为一词。从棺到椁为人的最后的生命形状相关的木制工具。最后的不孝之鸟(枭)和辅正之弓(棐)二字反映了许慎的经学立场,通过文字正人心、一风俗的用意。

如果进一步细究,木部字以人的休死类棺椁木械为结束后,接下来的部首就是"东"("动也,从日在木中")、"林"("平土有丛木曰林")、"才"("草木之初也,将生枝叶"),后代学者徐铉将许慎《说文》的十四卷分为上下,如果合起而言,六卷下之始正接续"才"之草木初生为已出("之")、为妄生("屮")、为溢滋("出")。

通过对木部文字的考察,可以看出,许慎《说文》并不仅仅是寻求字义,而是有逻辑地安排自然之木与人文之木,将与木性相关者放诸木部文字下。首先是对部首木部的定性,由于"木"是"五行"之一,对于木的说文体现了时代易学风气。具体果木的专名与木植性状相关的文字更多是自然之木,许慎对这类文字收录反映出上古时代的自然世界的一般情状,人们对这些果木和木植的认识是细腻的。由自然世界向人文世界,人们根据不同的木性做成生产生活世界的不同用器,正是朴散则为器,但人文世界中的木制器物亦有时间的维度,先指向生"活",从日常生活之用度到出门远行之交通工具,再指向生"死",从机械枷锁到生老病死所需的棺木。最后以不孝之鸟(枭)和辅正之弓(棐)二字结束木部文字,反映了许慎的经学立场,通过文字对正人心、一风俗的用意。"文以合天"后是许慎汉易天人系统的存在世界,文字的生成、繁衍,生命周期符合天地易道,通过字义的训释来说明文字的生生世界符合天道生生,由此人意合于天心,"天人相与"最后的关节"文天相与"得以完成。

四、"文以说理":哲学视域中的"六书"说新释

许慎《说文解字·叙》云:"周礼八岁入小学,保氏教国子,先以六书。一曰指事,指事者,视而可识,察而见义,上下是也;二曰象形,象形者,画成其物,随体诘诎,日月是也;三曰形声,形声者,以事为名,取譬相成,江河是也;四曰会

意,会意者,比类合谊,以见指㧑,武信是也;五曰转注,转注者,建类一首,同意相受,考老是也;六曰假借,假借者,本无其字,依声托事,令长是也。"刘歆已有六书的说法,许慎有所改动,后班固对许慎顺序有所调整,尤其是将象形字放在指事之前,后代一般取许慎的六书说法和班固所排列的六书顺序为汉字的六种构字形式。在以上梳理后,再以木部文字举例,在"文以合天"的思想建构背景下从哲学视角审视"六书"说,对于指事、象形、形声、会意字所反映的民族致思方式进行新的理解。

(一)指事是文字创制的逻辑前提,包含了对世界的整体认识,人意自然遵守天道的规定性

可以画物成象者不必为文字,图画符号如果可以表示意思,这个"图"谈何是文字,逻辑上一定先有象形之图所不能表示之人意,方有文字创立的必要。而人意所不能在图画上以象形的"所指"表示者,就是"能指",这种"能指",就是"上""下"。其实也不必有上下二文,而是上下之"意",如在随后的象形之"文"之"上"再添一笔,表示那文之"上"之物,如在象形之"文"之"下"再添一笔,表示那文之"下"之物,如"本""末"二字的创制之于"木"即是。许慎《说文》"木下曰本。从木,一在其下。""木上曰末。从木,一在其上。"我们知道本末分别指树根和树梢,何以本末是指事字,就在于"一在其上""一在其下"。指事与象形并不冲突,也并非人类在智识上先有抽象逻辑,感性的直观与理性的逻辑如同心意十玄门,本可以共同发展,互相涵摄,人们在进行象形图画之时,不知何以表达这个物事中的某一个局部或者某一个外部的相对方位,则有一横一点之"指事"。但是这上下的指事在逻辑上确是先民思维的重大进展。

首先,他在逻辑上有了"上下"的意识,而人类有上下的意识必然先有对世界的整体认识,方有上下的区分,如黑格尔所说,个别自然物事不是以零星的直接存在的面貌被认识,而是上升为观念,作为一种绝对普遍的存在的形式得到认识。

仰观俯察是圣王作八卦以通神明、类万物的动作,而这个"俯仰"本身已经包含了第一点所说的圣王对于天地的整体认识,在逻辑上,先有了对天的认识,有了"仰"的动作才意味着向"上"看,也意味着所看是"天",所以指事不仅在逻辑上是"能指",也由"能指"说明了先民对于"所指"的整体认识,而"视而可识,察而见义"对于"指事"的描述正说明文字的创制首先是为了一种表意的"通

约"，许慎引《尚书》"周礼八岁入小学，保氏教国子，先以六书"，六书以"指事"为第一，必然符合教育的一般规律，以上下之指事为先，让周代子弟了解的是事物的规定性，圣人既以仰观为上，以天在上，以俯察为下，以地在下，则此"通约"于万民则俱当遵守。《易·系辞下》"天地之道，贞观者也"，成中英先生分析，"观"即是本体诠释思维或即是本体诠释学，其实，并不仅仅是"观"后的整体认知，如黑格尔所言，而是"贞观"，观的同时即有价值判断（不一定关涉道德），否则不足以为"观"。

再进一步，由于圣人的仰观俯察，是通天地类万物之情状，则这种对于规定性的"遵守"，即是自然的"视而可识，察而见义"，万民对圣人之规制享有心同此理的喜悦。人意自然遵守圣人的规制，圣人遵循天地之道，因而，文字世界的创制的开始，便不再意味着人意的开显对天地自然的破坏，而是人心合于天心的一致。文字内在于人意，人意内在于天意，因而"文字合天"，许慎要做的是完成先秦两汉以来"天人相与"建构的最后对应——文字创制系统与天地的对应。

（二）象形反映了汉民族世界"观"的整体性、人与物共在的生存智慧与民族心灵的表征方式

据文字学家考证，象形字与图画文字相比，并不具备更好的达意功能，唐兰先生在《中国文字学》中曾引原始洞窟中人射鹿的图画，与古汉字里的"人射鹿"三个字作对比，由此可见人们最早造出的文字，是表示抽象意义的字，如数词、虚词、表示事物属性的字，如大小上下，这些概念难以用图画表示，象形字受此启发而发明。

许慎《说文》认为象形字是"依类象形，随体诘诎"，这种对自然界具象事物的描摹机制反映了民族思维的"象"思维特征，已经多被论述。值得补充的是，从哲学思维分析，由文字所反映的象思维。

从事实上说，文字是一个个造出，先有"物"再取"象"再成"文"，但就逻辑而言，人们是先获得对整个世界的理解从而运用于细部的认知，黑格尔曾经指出，像河海山岳星辰之类的个别自然事物，不是以零星的直接存在的面貌被认识，而是上升为观念，作为一种绝对普遍的存在的形式得到认识的，即在取象比类时已经有了对作为整体的世界（大物）的认知，并在诸多物中选取切身相关者勾勒其形。人们先有了对于天地的仰观俯察，才有了选择金木水火、草木虫鱼来依类象形，"象"思维反映了汉民族世界"观"的整体性。

整体观反映了民族心灵中人与物关系的本源亲近,即人天之间的相感相合与心物同源。① 从海德格尔的生存/基本本体论出发,人的存在是Dasein,是"在世之在"(Being-in-the-world),人必须通过和周围世界的互动来维持其存在。在这个过程中,事物才作为与人相联系的存在物向人显现。广松涉认为"物"不光是一种物质性的存在,更重要的是它的一个关系节点。关系的一端是物本身,另一端是人或者人的生存。这在汉语文字中,尤其表现在选取之"物"都是自然之物,但这个自然是与人类最为关切的事物。我们不难发现,在汉字世界中,越是和人的生存紧密相关的事物,其对应的象形字(独体字),如木水火土等自然生态部首,由自然之"物"的结合表达"在世"之"事",作为拟构其他汉字(合体字)的偏旁的使用频率就越高。这表现出汉民族"近取诸身,远取诸物"之物是"为我之物"(thing-for-us),非"物自体"(thing-itself)之物。② 文字并未脱离人的本真存在而成为一个工具,而是直接诉说存在,表达存在,直接联结人与存在世界,汉字可以直接体现出民族天人相与的生活方式与民族生存智慧的拓展。人与物共在的生存智慧影响了民族心灵的表征方式。木、水、火、土、山、石、日、月等描绘事物轮廓线条的独体象形,数量最多,也是汉字系统中用来构成合体字的基本字根,这些象形字选取之物的基本特征即是人的认知表征,如"木"字即以干、枝叶和根部表征木的基本机构,"日""月"中有一点一竖作为人类对于日和月的特征,而这些关联到人体自身,如木字体现出的树形与人形的关联、人们看日的黑点眩晕等特征,即可通过文字本身进行表达,象形字的拟构体现了"具身性"和"身体经验"两个原则。

(三) 形声字记录着民族本根的存在情形,隐喻着存在世界的拓展情状

传统文字学以形声字的出现为汉语言文字能够孳乳繁多而没有走向拼音化的重要原因。许慎《说文·序》"五帝三王之世"文字"改易殊体"的现象指"籀文",籀文体现出的文字字形之变是中国文字发展史上的重要分水岭,是商周文化之变的说明③,也是汉民族思维的一次重要"人文化成"的说明。会意象形的

① 刘梦溪主编,熊十力著:《中国现代学术经典:熊十力卷》,石家庄:河北教育出版社,1996年,第528—529页。

② 王渝:《汉语形声字形态和意义生成的认知阐释》,硕士论文,西南大学,2011年。

③ 王国维:《观林堂集》,北京:中华书局,1959年,第306页;李学勤:《从甲骨文看商周文化的关系》,《古代文明的起源——李学勤说先秦》,北京:生活·读书·新知三联书店,2019年,第217—226页。

文字的抽象化和声化是最重要的表现,如"囿",《说文》记录了从甲骨文的围栏中有草四株的会意字在籀文字形变为今日通常所写的"囿",在文字学中,为"声化"现象,它保留了形义的色彩,但是化繁为简,即置换部分意会成分为表音之声旁,这是周代文字形声字大量出现的一种表现,也是汉语言文字能够挛乳繁多而没有走向拼音化的一种重要说明。

"形声者,以事为名,取譬相成,江河是也",形是字的部首,表示意义,所有形声字在使用过程中的抽象性的拓展都可追溯最初的部首的本根性含义,这是"以事为名"。声有古今音变,"声成文,谓之音",音中有情,取何音到何字,已经蕴含"情意",也蕴含"义意",《周易》中以震雷为声响,以巽木为"观","益"卦风雷相益,日进无疆、与时偕行,这是"取譬相成"。如"江河",上古无 j 音,发为 g,雎鸠就念为"关关"的发音,到白居易"间关莺语花底滑",鸟音之"间"还即是"关"。韵母之口型闭合表示情感强度,因而 an 的"n"是闭口音,表示的是一种"哀而不伤,乐而不淫"的收束性情感。

存在世界的拓展必然诉诸文字。现代汉语文字学的研究已经说明,形声字的出现是中国文字没有走向拼音文字的关键,正是"形声"的思维对中华文明的绵延产生了重要影响。在木系文字中,我们可以取"梵"和"概"两字说明,形声字可以有效地发挥记录存在世界的拓展的功能,而且隐喻着存在世界的拓展情状。上文已经举过"梵"字在宋代版本的《说文》中被收录,而"概"字则在清代《康熙字典》中仍未出现①,隐喻着近代西方"认识论"进入中国后对汉语世界即存在世界的拓展情状。

形是本根之本,声是叶茂之末,一棵树可以不断生叶开花,体现了汉民族的本根性思维方式。二者结合所形成的就是一个翕辟开合、收放自如的存在世界。

(四)会意字的抽象意义是逻辑先在的蕴含,字形与字义均表达民族致思的活络

许慎说会意字"比类合谊,以见指伪",它包括了象形字的"所指"部件与指事字的"能指"意义两个部分,形成一个新的表达意义的文字。会意字指向的是文字创制对于人类精神的表达与沟通意义,即人们借助文字表达的价值世界之

---

① 张玉书等编:《康熙字典》,上海:上海书店出版社,1985 年。

间的沟通。人们通过文字领会彼此之意,在天人相与的存在世界中,人意合于天意,所表达者必然能够彼此领会,文字只是这种表达超越时空局限的一种记录。但是在之后的使用过程中,文字自身产生了新的"文意",不只是存在世界工具性的记录者,而上升为存在世界本身的边界,言意之辨伴随着文字的创生,也松动着人类存在的边界。

既然是比类合谊,则必有二者相合,在《说文》体例中,许慎会用"从……从……"进行表示。如木部的"采"字。《说文》"捋取也。从木从爪。"原义为用手采草木植物。采字中两个象形部件是下部的"木"与上部的"手",为采择草木,如《诗经》"将采其刘"。一般认为,采从与木相关的摘取动作,到一般抽象意义上的采取,是一种抽象思维的提升,但从创制文字的历程看,人们先有的是采取动作的意识与记录此动作的需要,方造此字,本身已经逻辑蕴含了对"采取"的抽象理解。因而会意字已经是人们抽象思维的一种记录,只是随着生产生活世界的扩大,采的对象从具象拓展到一般对象,如采文之所取,则成"文采"。

这也是中国文字中会意类词汇的一般特点。会意字表达了汉民族思维世界的拓展并非像英语世界一样,从动词变为动名词的"概念抽象",而是文字的创制本身即包含了"动作抽象",这种动作抽象从指向具体的物事到指向天地万物,是"动作的活络",而非"概念的拓展"。由动作的活络引申出的是形容词的描述世界,如"采采"表示草木茂盛,"采采卷耳"是也。

另外,在汉语会意字中,有诸多与自然现象相关的同体会意字,如木-林-森、火-炎-焱、屮(草)-卉-茻、隻(鸟)-雙(双)等。这些同体会意字,从民族致思的结构上看,有三点值得关注。首先,虽然从表面上看,同体会意字显示的只是一种自然基本元素的增多,但却通过直观反映自然现象在数量上的变化,体现由量到质的飞跃,林就不再是木,森亦不同于林,但是由于它们拥有基本元素木,可以反映积累渐变的过程,体现民族思维的矛盾发展观;其次,与以上相关的是,由于同体会意字是基于象形文字,象形文字本身具有由象表意的功能,能够反映先民对于自然现象的知性理解程度,比如木-林-森就是"木"先横向增长成"林",再纵向加多成"森",这符合树木的生长情形,而火-炎-焱则是"火"先纵向上升为"炎",再在下部增多为"焱",它反映了火势的趋向向上的自然特性,《尚书·洪范》讲"火曰炎上",正体现出这点,所以"林"的横向性与"炎"的纵向性象形特征,并非任意排列,而是体现出先民对自然界仰观俯察的深刻洞见,并见诸文字保留这份洞见。另外,以文字结合文义,我们还可以从同体会意字中发现蕴藏的感情色彩与理性判断,如"林"的疏朗与"森"的严密,这不仅可以从字形中看出,随着语义使用的拓展,它们在文字的发展中,诉说着独特的文化密码,并活络着文明互鉴的边界。如佛教进入中国后,随着万物同体大悲思想与"无情有性"说的佛性理论的发展①,对于植物世界所体现的生命关怀转进为一种对于宇宙生命实相的原初洞悟,"梵"字在宋代《说文》版本中新收,"森严"义被华严宗吸收,海德格尔的"林中路"所开显的"澄明"之境也专门关注到"林"的疏朗色彩。海德格尔认为存在如同密林中能够透射阳光的空隙,是"在存在者整体中间有一个敞开的处所,一种澄明(Lichtung)"②,而这种比喻的启发又与中国汉字的"無"有关,据莱茵哈德·梅依说,莱昂·威耶格有本《中国汉字》的书,指出"無"是树林被砍伐后留下的一片开阔地③,海德格尔的"无"不是黑格尔的没有任何规定性的抽象的无,而是一种具体的、绝对的无,澄明就是最后所归结的空间的敞开。树林被砍伐后留下的一片开阔地的"無"与疏朗的"林中路"也显示了东西方智慧对话的敞开与思想的活络。

五、"天地在言":由《说文》引发的汉语生态哲学思考

以上考察证明,作为共同思想背景的汉代宇宙论自然影响了许慎的文字观,但更重要的是,许慎的文字观参与到汉代宇宙论中,并通过"文以合天"的建构,最终完成"天人相与"的思想史程。在"天-文-人"之际,试图完成文字如何作为持续和永恒的过程,体现人心参与天地生生。它反映了民族存在世界的根源与致思方式的精深,也启发我们对于汉语生态哲学的思考。

---

① 中国佛教"无情有性"的探讨始自竺道生,在天台湛然得到发挥,在禅宗中以"青青翠竹,郁郁黄花"何以为般若法身而被各家论说,主要有真如遍在的佛性本体、万法心造的心性本体的两条脉络。植物为"指月"之"月"的佛性和心性体现,又为"指月"之"指"的方便论说,最终为圆满自在的生命实相,亦反映了中国佛教的发展史。参见方立天:《寻觅性灵 从文化到禅宗》,北京:北京师范大学出版社,2007年,第390页;陈坚:《"无情有性"与"无情说法":中国佛教山林化的佛学依据》,《文史哲》,2009年第6期,第49—56页。
② 马丁·海德格尔(Martin Heidegger):《艺术作品的本源》,《林中路》(修订本),孙周兴译,上海:上海译文出版社,2008年,第34页。
③ 海德格尔:《哲学的终结》,见莱茵哈德·梅依(Reinhard May):《海德格尔与东亚思想》,张志强译,北京:中国社会科学出版社,2003年,第62—63页,转引自乔清举:《河流的文化生命》,第278页。

语言即存在。通过语言分析可以切入使用这一语言的民族的存在方式及其所认知的本体世界。汉语和汉字都是"认识"世界的方式。在世的民族与在世的人都有它的"认识",它与世界在本体意义上已经是一体化的,存在本身就已经具有认识的维度,我们不能脱离一个人的语言说一个人存在。[①] 语言文字本身即是人类自觉进入世界的通道,如果哲学作为人类一般的认识能够成立的话,那么语言,尤其是文字就是"反思"一个民族之"思"、"进入"一个民族生存世界的最好方式。这其中的双重契机就是生态哲学的视域与哲学诠释的方法。生态哲学虽然兴起于工业革命后,伴随着对人类生存样态的反思,它以去人类中心主义的立场而关怀人类,以"新启蒙运动"即生态启蒙的方式重新定义人类与世界的关系。中国传统哲学有着丰富的生态智慧,"天人合一""以天地万物为一体""天地与我并生"等主张已经受到了学者的广泛关注,在儒家生态哲学领域已经有了较为详实完整的哲学体系建构[②],道禅哲学的山水自然思想也受到了海内外学者重视。[③]

与"木"一样,汉语语言中有大量诸如水、火、草、木、土、金、鸟、兽、虫、鱼等一系列生态系部的词汇,这些生态词汇作为一种语言,是中国人的在世存在于生态方面的具体表达,从语言"作为认识"的角度上说,反映的是中国人进入世界的发展过程。作为象形构字的这些生态部首,具有抽象性、简化性、分化性、指示性、会合性的特点[④],又可以成为一个"范畴"考察民族思维的情状,乔清举在水系文字的考察中给出了水系文字从具体到一般哲学抽象的五层结构。[⑤]木系文字亦然,文字对存在世界的描述与规范,也是对存在世界的开拓。两个世界具有动态发展关系:文字的"木"反映文化的"木",文化的"木"基于自然的"木"。文字的木亦开拓文化的"木"的理解,而拓展自然的"木"的感受。"天人合一"是中国文化最重要的价值理念,也是中华民族最根深的思维方式,是中华民族生态性的存在的表达,汉语与哲学都对它进行探讨,而汉语与哲学的结合,

---

① 乔清举:《文字之作为认识论:中国人进入世界的方式》,《福建论坛(人文社会科学版)》,2009 年第 4 期。

② 乔清举:《儒家生态哲学的元理论体系建构及其意义》,《中共中央党校学报》,2018 年第 2 期。

③ 陈霞:《他者之镜——西方道家与生态研究简介》,刘固盛主编:《道家道教与生态文明》,武汉:华中师范大学出版社,2015 年,第 167 页。

④ 陈梦家:《中国文字学》(修订本),北京:中华书局,2020 年,第 22—23 页。

⑤ 乔清举:《从汉语水系词汇的哲学分析看汉民族的存在世界》,《现代哲学》,2009 年第 1 期。

即汉语生态哲学的开展,可进一步从天人相与的生态维度挖掘汉民族的存在根源与致思方式,也"道出"中国哲学面临的困境与突围的可能:汉语进入哲学,基于汉语独有的天人相与的生态特征可以形成研究中国哲学新的方法论,而哲学再言汉语,将天人相与之际的"文"进行新的阐发。

生态本就在汉语之中,汉语诉说汉民族生态的存在,以生态的视域认识文字,背后的回归首先就是哲学研究者对自己存在的根源的重新认识,将汉语的生态哲学意蕴进行阐发;但汉语"道"生态,又需要哲学学者去"道"哲学,汉语由汉民族生态的存在而呈现它的形态,无论是字形、字义、词义、词汇的情感还是字典的编纂都不仅仅是文字学或汉语史的工作,而是需要予以哲学的诠释,本篇以《说文》木系文字为中心考察"天地不言",由于"文言在"而"天地在言",希冀为民族"天-文-人"合一的根源性智慧与致思结构提供新的阐释,突破学科的畛域,探索中国新时代人文学科话语的建构,以待"哲学再言"。

天地在言:中国哲学天人视域中的《说文》新论

The Great Beauty of Heaven and Earth is Saying: New view on the Book of *Origin of Chinese Characters* from the perspective of the unity of nature and man in Chinese philosophy

Hu Xiaoyi

Abstract: The Book of *Origin of Chinese Characters* (*Shuowen*) inherited the philosophical background of "the harmony between nature and man" in the pre-Qin and Han dynasties, and completed the construction with Chinese characters. Focusing on the wooden characters of *Shuowen*, a new investigation from the overall perspective of the relationship between "man" and "nature" in Chinese philosophy, this paper revisits the three important topics of *Shuowen*, namely the arrangement of radicals, the exegesis style of text interpretation and the meaning of "the Six Categories" of Chinese Characters in the philosophical perspective. "Chinese Characters being from the mandate of Heaven", the radical arrangement reflects the unfolding of Chinese nation's existence in the world; "Chinese Characters being in harmony with nature", the exegesis style of text interpretation reflects the harmony between the human and the Tao; "Chinese Characters implying reasoning", the meaning of "the Six Categories" in the philosophical perspective reflects national thoughts. *Shuowen* inspires the dual opportunities of philosophy in Chinese and ecological philosophy to provide a new interpretation of the root wisdom and thought structure of the unity of "nature-characters-man" of the nation. "Heaven and Earth do not speak" but can express man's "Being" because of "Chinese Characters", waiting for "philosophy to re-express again".

Keywords: *Origin of Chinese Characters* (*Shuowen*); Philosophy in Chinese; Ecological Philosophy; the Harmony between Nature and Man

观念史与汉语之思

龙行天下:《康熙字典》"龙"之汉字文化观照[*]

龙行天下:《康熙字典》"龙"之汉字文化观照*

黄交军 李国英^{**}

[摘 要] 龙起源甚早、流布颇广、影响最巨,形成中国古代极具民族特色与世界声誉的文化现象,汉字乃忠实记录中华文明、承载厚重人类记忆、体现民族文化认同的表意体系、语料史料,故以古代权威辞书《康熙字典》龙部字为分析文本进行文化解读后发现:龙部字词构建了一体大思精的龙族谱系,受万物有灵宗教熏陶逐渐嬗变为人类认识世界、解释世界、规约世界、建构世界的通灵神兽、部落圣物乃至民族图腾,并因其雄健有力、无与伦比被封建皇权所垄断,跃升至古代中国的政治符号、权力话语、世界秩序,且辐射东亚以及全球的丝绸之路、汉字文化圈,最终演进为中华民族集体认同的身份

* 基金项目:2018 年国家社科基金西部项目"西南地区少数民族媒体语言生活调查研究"(项目编号:18CYY020);2020 年贵州省哲学社会科学规划课题"语言类型学视阈下贵阳方言声调的实验研究"(项目编号:20GZZD42);2016 年贵州省教育厅高校人文社会科学研究项目"文化人类学视野下的身份困惑与民族秘史——话说贵州穿青族的前世今生"(项目编号:2016ZC011);贵阳学院院级项目立项资助课题"《说文解字》与中国先民生态文化研究"(项目编号:10976200903)。

* * 黄交军(1980—),男,讲师,博士,主要研究方向为文字训诂与汉字文化学。李国英(1985—),女,教师,硕士,主要研究方向为功能语言学。

标志与国族象征,是文化自信、软实力提升的祥瑞动物和叙事对象,对破译中国民俗史、政治史、思想史以及文化史意义重大。

[**关键词**] 《康熙字典》;龙;动物谱系;民族图腾;世界秩序

一、引言

"正道弛兮离常流,蛟龙骋兮放远游"(汉武帝《瓠子歌二首》其一)[①],亘古以来龙曾纵横驰骋于神州大地各个角落,它躯体壮硕,力量强大,民俗信仰观念中它可统率天地万兽万物,属于古代中国及东亚地区"最具代表性、典型性、民族性、地域性的语言符号、概念范畴与文化因子"[②],然因生物界匮乏活体成体与后裔子遗,不少学人拘泥"眼见为实"的僵化成见,纷纷臆测龙是先民凭空想象的虚拟动物、拼凑怪兽,且慨叹"世间万类皆可睹,茫昧独有鬼与龙"(明·刘基《题群龙图》)[③],学界亦多主张其原型或为蟒蛇、蜥蜴、鳄鱼、鲸鱼、河马、大鲵、星辰、彩虹、雷电、龙卷风、树根等[④],成为文化史上千百年来一桩见仁见智、尚未定谳的经典谜题,堪称哥德巴赫猜想,始终刺激着国人的宇宙追问、源流索隐、民族哲思。汉字作为表达人类信息、传承中华文明的书写符号、意识媒介和文化基石,被誉称具有"古化石、真史料、活语料等信史实录的突出功用"[⑤],以致国际学界都承认"自从欧洲人知晓汉字的存在以来,常常把它当作这种完美文字的典范"[⑥]以此来经受语言学的检验,并能进行跨文化的有效互动与科学解释。龙乃"鳞虫之长。能幽能明,能细能巨,能短能长;春分而登

---

① 萧涤非、姚奠中、胡国瑞等:《汉魏晋南北朝隋诗鉴赏词典》,太原:山西人民出版社,1989 年,第 17 页。

② 黄交军:《认知语言学视野下龙的汉字文化解读》,《广州广播电视大学学报》,2013 年第 6 期。

③ 刘基:《刘基集》,林家骊点校,杭州:浙江古籍出版社,1999 年,第 409 页。

④ 黄交军:《从〈周易〉到〈说文解字〉——论"龙"在中国先民文化中的形象流变》,《贵阳学院学报(社会科学版)》,2013 年第 1 期。

⑤ 黄交军、李国英:《与鼠同行:〈说文解字〉鼠部字文化意蕴发微》,《漯河职业技术学院学报》,2020 年第 3 期。

⑥ 苏源熙(Haun Saussy):《话语的长城:文化中国探险记》,盛珂译,南京:江苏人民出版社,2018 年,第 44 页。

天,秋分而潜渊"(《说文·龙部》)①,说明晚至东汉时期它已渐趋虚化、异化、神化、陌生化。求之于古,甲骨文乃现代汉字的"直系祖先",镌刻印证着中华先民的洪荒足迹,殷墟卜辞"龙"作"𩰊合 4657"、"𩇯合 9552",金文书为"𩇯龙鼎"、"𩇯昶仲鬲",楚系简帛写成"𩇯帛丙 4.3"、"𩇯望山楚简 2.2"、"𩇯九店楚简.56.108",秦系简牍记作"𩇯睡.日乙 32"②,龙优先成为引领龙族字词汇聚的意义集合、组字构件、类属部首,然系统考察古代中国龙文化意蕴理想文本非《康熙字典》莫属,"莫不旁罗博证,使有依据。然后古今形体之辨,方言声气之殊,部分班列,开卷了然,无一义之不详,一音之不备矣。凡五阅岁而其书始成,命曰《字典》,于以昭同文之治,俾承学稽古者得以备知文字之源流,而官府吏民亦有所遵守焉"(爱新觉罗·玄烨《康熙字典·序》)③,该大型辞书成稿于 1716 年,共收字 49 174 个汉字④,比风靡西方世界的塞缪尔·约翰逊(Samuel Johnson)1755 年编纂的权威工具书《英语词典》(又名《约翰逊字典》)早 39 年,博学鸿儒普遍盛赞"(义例精密,考证赅洽)自《说文》、《玉篇》以下,历代字书,此其总汇矣"⑤,可谓一部周密认知古代中国民俗典制、社会生活、思想观念的鸿篇巨制、百科全书。通览《康熙字典》龙部字词,主要涉及龙之命名分类、万物有灵和封建皇权,是学界抉隐解读中国龙文化意识精粹的绝佳样本与知识窗口,意义不可小觑。

二、命名分类,龙腾四海:《康熙字典》龙部字观"龙"之动物谱系

"爰有扰龙裔,为造英灵春。"(北宋·苏轼《饮酒四首》其四)⑥与视龙为想象动物之虚无主义观点迥异的是,龙实乃曩时中华大地曾繁衍昌盛的一种大型爬行类动物,"庭有仪凤,郊有游龙"(西晋·石崇《大雅吟》)⑦,故西晋著名文学家

① 许慎:《说文解字》,徐铉校定,北京:中华书局,1963 年,第 245 页。《说文解字》简称《说文》,下同。
② 李圃主编、古文字诂林编纂委员会编纂:《古文字诂林》,上海:上海教育出版社,2003 年,第 7366 页。
③ 汉语大词典编纂处编:《康熙字典(标点整理本)》,上海:上海辞书出版社,2007 年,第 1 页。
④ 刘轼:《〈康熙字典〉收字之谜》,《大清王朝未解之谜》,北京:大众文艺出版社,2008 年,第 309 页。
⑤ 永瑢等:《四库全书简明目录》,上海:上海科学技术文献出版社,2016 年,第 118 页。
⑥ 苏轼:《苏东坡全集》(上册),第一卷,邓立勋编校,合肥:黄山书社,1997 年,第 531 页。
⑦ 郭茂倩编撰:《乐府诗集》卷二十九,聂世美、仓阳卿校点,上海:上海古籍出版社,1998 年,第 344 页。

石崇即精彩描述游龙蜿蜒状。观龙之甲金文等古文字形体，其巨口、长身、有尾、戴角形貌历历可辨。"惟余渥洼水，苍龙角牙露"（南宋·楼钥《宿佛日山》）①，时人以现今动物家族无相似动物对应为由故断定龙字系虚构而成，龙实即虬（虯）之形象描述、写真刻画，见《康熙字典·虫部》："虯同虬。"②虬本义即上古神话传说中之有角龙，《康熙字典·虫部》："虬，《说文》：'龙子有角者。'《楚辞·天问》：'焉有虬龙，负熊以游。'"③近代中国考古史料层见叠出，国学大师王国维更是强调运用"纸上之材料外，更得地下之新材料。由此种材料，吾辈固得据以补正纸上之材料，亦得证明古书之某部分全为实录，即百家不雅驯之言，亦不无表示一面之事实"④二重证据法来探索、还原华夏古史，而贵州黔南州龙里县意为"龙之故里"，安顺市关岭县号称"龙的故乡"，目前共发现有黄氏新中国龙、美丽瓦窑龙和朱氏瓦窑龙等古生物三个种类，1996年新铺乡出土"新中国龙"化石（见图1，安顺市兴伟古生物奇石博物馆藏）有力地证实"龙角"、有角龙的生物存在与史前遗迹，"新中国龙化石非常完整，其中头部长76厘米，颈长54厘米，身长270厘米，尾长370厘米，身宽约68厘米。头部呈三角形，对称地长有一对略带弧度的柱状长角。左角完全露出，长约27厘米，右角被头部一些骨骼叠压，露出部分略显稍短。这对龙角在龙首上翘出，格外醒目"⑤，"新中国龙"化石头上长着两只"龙角"，为我国首次发现，给古代中国传说长角之神龙形象贡献了实物佐证，替中华民族龙的原型范畴这一历史谜题提供了新思路，极具至关重要的科学、历史研究价值。先哲观察事物、体悟世界严格遵守"上穷天纪，下极地理，远取诸物，近取诸身，更相问难，垂法以福万世"⑥的认知原理与取象规则，龙委实源于动物实体绝非空穴来风，相关例证不胜枚举，如1987年河南省濮阳西水坡一墓室亦发现用蚌壳精心摆塑的龙虎图案

① 张豫章等：《御选四朝诗·选存宋诗》卷二十二，清康熙四十八年（1709）内府刻本，第5页。

② 汉语大词典编纂处编：《康熙字典（标点整理本）》，第1049页。

③ 汉语大词典编纂处编：《康熙字典（标点整理本）》，第1049页。

④ 王国维：《古史新证·第一章总论》，黄鹤煊主编：《王国维国学境界》，北京：当代世界出版社，2017年，第115页。

⑤ 光明日报：《贵州关岭"新中国龙"揭示龙"原形"》，2007年6月14日，https://www.gmw.cn/01gmrb/2007-06/14/content_622879.htm.

⑥ 林亿等：《黄帝内经素问·序》，张灿玾编著：《黄帝内经素问语释》，济南：山东科学技术出版社，2017年，第942页。

(见图2,中国历史博物馆藏),距今已逾6 400年,被考古界公认为"中华第一龙",更有甚者辽宁省阜新查海新石器早期人类遗址新发现一条约8 000年前借助红褐色砾岩人工设计的巨型堆塑龙(见图3)①让人叹为观止,诸如此类龙的大量考古出土资料向世界昭示四海之内信而有征地见证着中华龙之民族秘史,龙的确真实存在过且脉络分明、秩序井然,彰显出中华文明源广流长,是我们赖以传承的远古图腾、文化符号。

图1　贵州关岭新中国龙（角）化石　　图2　濮阳西水坡蚌壳龙　　图3　辽宁阜新查海遗址石堆塑龙

　　"龙,鳞虫之长,能幽能明,能细能巨,能短能长。春分而登天,秋分而潜渊。八十一鳞,九九之数。有鳞曰蛟龙,有翼曰应龙,有角曰虬龙"(三国魏·管辂《管氏地理指蒙·五行象德第六十四》)②,古圣先哲谨奉"方以类聚,物以群分"(《易·系辞上》)③的事物区分方法,命名分类意识发达,龙作为一种重要动物,除体貌特征外《易经》析龙为潜龙、见龙、跃龙、飞龙、亢龙、群龙④等六类,亦有依功能神通进行划分,如《渊鉴类函》卷四三八引《须弥藏经》云:"龙有五种:象龙、马龙、鱼龙、虾蟆龙,此四种旁类;蛇龙,五龙之长,是正类。"⑤细品《渊鉴类函》诸龙想象成分居多,查无实据究非原貌。遍检《康熙字典》龙部字,龙族字词命名分类主要集中龙、龗、龗、龗、龗、龗、龗、龗等龙状体貌语汇。

---

① 新华网:《辽宁查海遗址出土近20米长的石块堆塑龙(图)》,2016年1月19日,http://ln.sina.com.cn/news/b/2016-01-19/detail-ifxnrahr8534947.shtm。

② 管辂:《管氏地理指蒙》,《四库存目青囊汇刊》(五),一苇校点,济南:齐鲁书社,2015年,第160页。

③ 中华文化讲堂注译:《周易》,北京:团结出版社,2017年,第283页。

④ 中华文化讲堂注译:《周易》,第2—4页。

⑤ 张英、王士桢等:《渊鉴类函》第18册,北京:中国书店,1985年,第257页。

（一）龙之种属

"多识于鸟兽草木之名"（《论语·阳货》）[1]，博物洽闻、拓展知识乃昔贤时修格物致知、顺天应时的认知手段及毕生追求。龙作为鳞虫之长、万兽之王，对其熟悉程度与分类体系直接映射着古代名物的认知水平，其主旨亦契合"诗人六义，多识于鸟兽草本之名，而律历四时，亦记其荣枯语默之候，所以绘事之妙，多寓兴于此，与诗人相表里焉"（《宣和画谱·花鸟叙论》）[2]认知规律，通览《康熙字典》龙部字系统再现出龙族成员的划分标准与分布状况。

1. 通名总称

① 龙（lóng）《康熙字典·龙部》："龙，（古文）竜、𠆤、龓、龕、㒜、𠪚、龑、龗，《广雅》：'有鳞曰蛟龙，有翼曰应龙，有角曰虬龙，无角曰螭龙，未升天曰蟠龙。'《本草注》：'龙耳亏聪，故谓之龙。'《易·乾卦》：'时乘六龙以御天。'"[3]龙属典型的象形造字，系龙族动物之总名，其义项繁多（见表1），昭示出龙在古代文化中的丰富程度、演变源流，为学界破译龙文化提供了认知基础。

② 龖（lóng）《康熙字典·龙部》："龖，《字汇补》：'古文龙字。'《前汉·南粤王传》：'汉封摎乐子广德为龖侯。'"[4]龖乃龙之异体字。观龖之字形，含"隆重祭祀崇拜龙神"之意。"天临翔凤转，恩向跃龙开"（唐·沈佺期《奉和圣制幸礼部尚书窦希玠宅》）[5]，因龙具有显赫尊贵之义，故历代朝廷常用龙对皇室勋贵进行封侯赐爵以示恩宠，政治意味浓厚，见《汉书·西南夷两粤朝鲜传》："摎乐首愿属汉，封其子广德为龖侯。"（西晋）晋灼曰："龖，古龙字。"

2. 雨龙雷龙

③ 靇（líng）《康熙字典·龙部》："靇，《说文》'龙也。'又《玉篇》'或作龗。又作靈（灵）。神也，善也。'"[6]靇属龙类，靇古通"灵"，取"神灵"义，《说文系传·龙部》："靇，龙也。从龙，霝声。古文灵字。"霝本义乃"雨零也。从雨，𠱠象霝（落）

① 林定川编撰：《孔子语录》，杭州：浙江工商大学出版社，2015 年，第 131 页。

② 岳仁译注：《宣和画谱》，长沙：湖南美术出版社，2010 年，第 310 页。

③ 汉语大词典编纂处编：《康熙字典（标点整理本）》，第 1540 页。

④ 汉语大词典编纂处编：《康熙字典（标点整理本）》，第 1540 页。

⑤ 彭定求等编：《全唐诗》（二），延吉：延边人民出版社，2004 年，第 570 页。

⑥ 汉语大词典编纂处编：《康熙字典（标点整理本）》，第 1540 页。

形。《诗》曰：'霝雨其濛。'"（《说文·雨部》）①霝、霊即(雨水等)降落，亦同灵，《篆隶万象名义·龙部》："霊，山神。"②军谨按：霊同霊，当为鸣雷施雨之雨龙、雷神，龙民间有"雨神"、"雨师(司雨之神)"、"青龙爷"等雅号别称，见(东晋)葛洪《抱朴子·登涉》："辰日称雨师者，龙也。"③

④ 龗(líng)《康熙字典·龙部》："龗，《集韵》：'霊，古作龗。'"④龗通霊，音义皆同，又名龙神、龙灵，《正字通·龙部》："龗同霊，音令，灵神也，龙也，善也。"⑤龙或称雨师、雨工，(清)王晫《龙经》曰："龙，神兽，亦曰雨工，亦曰雨师，鳞虫之长也。"⑥民间传奇多盛行该类说法，《太平广记》卷四一九"柳毅"条引《异闻集》亦云："唐柳毅过泾川，见有妇人牧羊于道左。问之，对曰：'此非羊也，雨工也。''何谓雨工？'曰：'雷霆之类也。'"⑦可知"雨工""雷霆"即布雨之龙。

⑤ 龗(lóng)《康熙字典·雨部》："龗，《玉篇》：'同霊。'又《集韵》：'龗龗，雷声。'"⑧龗属形声兼会意字，古同"隆"，《类篇·雨部》："龗龗，雷声。"龗表"龙伴雷兴云雨"意，典籍用例常与灵、神、福等同义连用，《篆隶万象名义·龙部》："龗，靈(灵)、神、善、福。"⑨

3. 飞龙怒龙

⑥ 龘(tà)《康熙字典·龙部》："龘，《说文》：'飞龙也。'又《六书·精蕴》：'震怖也。二龙丛飞，威灵盛赫，见者气夺，故聾从此省。'《元包经》：'震龘之赫霆之君。'传曰：'二龙怒也。'又《集韵》：'飞龙也。'"⑩龘(龙)为二龙会意，指飞龙，也可形容龙飞腾貌，彰显出龙善于腾飞之雄姿，如南宋方岳《避暑冷泉》诗云："薜桥于三闸，龙怒飞出林。"⑪

① 许慎：《说文解字》，第241页。

② 释空海：《篆隶万象名义(附解题、索引)》，台北：台联国风出版社，1975年，第1208页。

③ 葛洪：《抱朴子》卷十七，陈志坚主编：《诸子集成》第5册，北京：燕山出版社，2008年，第472页。

④ 汉语大词典编纂处编：《康熙字典(标点整理本)》，第1540页。

⑤ 张自烈编、廖文英补：《正字通》，北京：国际文化出版公司，1996年，第2898页。

⑥ 王晫：《龙经》，陈国勇编：《蚕经》，广州：广州出版社，2003年，第105页。

⑦ 李剑平主编：《中国神话人物辞典》，西安：陕西人民出版社，1998年，第390页。

⑧ 汉语大词典编纂处编：《康熙字典(标点整理本)》，第1370页。

⑨ 释空海：《篆隶万象名义(附解题、索引)》，第1208页。

⑩ 汉语大词典编纂处编：《康熙字典(标点整理本)》，第1540页。

⑪ 方岳：《秋崖诗词校注》卷二十九，秦效成校注，合肥：黄山书社，1998年，第500页。

4. 野兽猛虫

⑦ 龗(líng)《康熙字典·龙部》："龗,《集韵》:'兽名。'"①龗指兽名,龙表声,声中有义,当为大型野兽猛虫,《正字通·龙部》:"龗,厖字之讹,旧注音龙,泛云兽名。"②龗同厖,含"体大;力健"义,如《后汉书·张衡传》:"汤蠲体以祷祈兮,蒙厖禠以拯人。"(唐)李贤注:"《尔雅》曰:'厖,大也;禠,福也。'言蒙天大福以拯救人。"③

(二) 龙之性状

"雏虎如凭怒,鳌龙性漫驯。"(唐·李商隐《送从翁东川弘农尚书幕》)④,龙属猛兽凶虫,其性格桀骜难驯,非凡夫俗子所能驾驭,上古时相传"批逆鳞(倒生的鳞片)"犯龙怒之说,《韩非子·说难》载:"夫龙之为虫也,柔可狎而骑也;然其喉下有逆鳞径尺,若人有婴(同"撄")之者,则必杀人。人主亦有逆鳞,说者能无婴人主之逆鳞,则几矣。"⑤故后世常以"触逆鳞"、"批逆鳞"、"忤鳞"、"撄鳞"隐喻弱者激怒强者或臣下触犯君主,往往谓忠臣直言犯上,劝谏人主纠正过失,《晋书·慕容皝载记》:"王宪、刘明,忠臣也,愿宥忤鳞之愆,收其药石之效。"⑥纵览《康熙字典》古人造字主要着眼于它长脊坚鬣、破穴出洞貌。

1. 龙脊背状

⑧ 鱻(jiān)《康熙字典·龙部》:"鱻,《说文》:'龙者脊上鱻鱻。'又《集韵》:'龙背坚骨。'又《广韵》:'龙鬣也。'"⑦鱻同鱻、鱻、鱻、鱻,指龙脊背上的耆(同鳍,鱼类等由薄膜和硬刺组成的运动器官),段《注》:"鱻,龙者脊上鱻鱻也。《士丧礼》:'载鱼左首进鬐。'注曰:'鬐,脊也。'古文鬐为耆。耆者,老也。老则脊隆,故凡脊曰耆。或作鬐。因马鬣为此字也。龙鱼之脊上出者,如马鬣然。《上林

---

① 汉语大词典编纂处编:《康熙字典(标点整理本)》,第 1540 页。

② 张自烈编、廖文英补:《正字通》,第 2898 页。

③ 范晔:《后汉书》卷五十九,方铭点校,北京:北京时代华文书局,2014 年,第 1269 页。

④ 李商隐著、朱鹤龄笺注:《李商隐诗集》,田松青点校,上海:上海古籍出版社,2015 年,第 354 页。

⑤ 韩非:《韩非子》,长沙:岳麓书社,2015 年,第 31 页。

⑥ 丁守和、陈有进、张跃铭、姜世栋主编:《中国历代奏议大典第 2 册:魏晋南北朝卷》,哈尔滨:哈尔滨出版社,1994 年,第 258 页。

⑦ 汉语大词典编纂处编:《康熙字典(标点整理本)》,第 1540 页。

赋》曰:'捷鳍掉尾。'郭云:'鳍,背上鬣也。'鳍亦耆之今字。龘龘,龙耆皃。"①龙龘可以帮助水族动物迅速调整方向与平衡水流速度。

⑨ 鸁(jiān)《康熙字典·龙部》:"鸁,《正字通》:'同龘。'"②鸁同龘,为龙脊坚鬣状,便于龙虫快速游动。南宋陈著《题儿泌所藏彩笺》诗云:"松矫矫龙其脊兮,飒张髯而自全。"

⑩ 鸁(jiān)《康熙字典·龙部》:"鸁,《正字通》:'同龘。'"③鸁通龘,指龙背脊硬鬣形。唐代诗人刘禹锡《竞渡曲》吟咏曰:"蛟龙得雨鬐鬣动,蝴蛛饮河形影联。"④

⑪ 龤(jiān)《康熙字典备考·龙部》:"龤,《篇海类编》:'同鸁。'"⑤龤、鸁、龘音义皆同,亦属龙脊貌,如明人袁宗《铁箫歌》颂云:"须臾雨霁波浪恬,江墦脱却苍龙脊。"

⑫ 龖(jiān)《康熙字典·龙部》:"龖,《正字通》:'俗鸁字。'"⑥龖乃鸁之俗字,是描绘龙脊坚鬣貌状。北宋梅尧臣《避为师依韵答李献甫》诗曰:"蛟龙养鬐鬣,当在浩浩浔。"⑦

2. 龙出洞貌

⑬ 龕(kān)《康熙字典·龙部》:"龕,《说文》:'龙貌。'又《尔雅·释言》:'龕龕也。'又《玉篇》:'受也,盛也。'"⑧龕同龕、龕、龕、龕、龕、龕,指龙之貌状,合为声符,甲文作"合 3297"、"合 31888"⑨,上象盖子,下如容器,含聚合意,声中有义,故龕表"龙惊醒破穴"貌,《正字通·龙部》:"《说文》:'龕,龙貌。'因从龙立训。《备考》:'龙窟也。蛰而坏户意。'因从合立训。"⑩龙属穴居动物,从穴从龙

① 许慎撰、段玉裁注:《说文解字注》,上海:上海古籍出版社,1988 年,第 582 页。段玉裁《说文解字注》简称"段《注》",下同。

② 汉语大词典编纂处编:《康熙字典(标点整理本)》,第 1540 页。

③ 汉语大词典编纂处编:《康熙字典(标点整理本)》,第 1540 页。

④ 朱福生编著:《中华传统节日诗词故事:清明·端午》,上海:上海远东出版社,2017 年,第 88 页。

⑤ 汉语大词典编纂处编:《康熙字典(标点整理本)》,第 1541 页。

⑥ 汉语大词典编纂处编:《康熙字典(标点整理本)》,第 1540 页。

⑦ 梅尧臣:《梅尧臣集编年校注》,朱东润校注,上海:上海古籍出版社,2006 年,第 748 页。

⑧ 汉语大词典编纂处编:《康熙字典(标点整理本)》,第 1540 页。

⑨ 李圃主编、古文字诂林编纂委员会编纂:《古文字诂林》,第 3502 页。

⑩ 张自烈编、廖文英补:《正字通》,第 2898 页。

之"窟"意为"孔窟；龙穴"，表明龙的生物习性及行为特征，杜甫《瞿塘两崖》诗即曰："猱玃须臾古，蛟龙窟宅尊。"①

⑭ 龕(kān)《康熙字典·龙部》："龕，《正字通》：'俗龛字。'"②龕通龛，音义皆同，属龙破穴出行貌。《易·系辞下》"龙蛇之蛰，以存身也"(三国吴)虞翻注："蛰，潜藏也。"③据上古时令物候原始观念，龙等动物存在冬眠习性，蛰伏到春雷隆隆时就会自然苏醒，并游出洞穴来舒展筋骨、遨游太虚，从而成为国民体悟世界、观法取象的目标动物，见《礼记·月令》："日夜分，雷乃发声，始电，蛰虫咸动，启户始出。"(唐)孔颖达疏："户，谓穴也。"④

(三) 龙之动作

"步裔裔兮曜殿堂，忽兮改容，婉若游龙乘云翔。"(战国楚·宋玉《神女赋》)⑤在上古先民的心目中，龙已被赋予了神性灵性，"神龙本一物，气类感则鸣"(北宋·欧阳修《宝剑》)⑥，且神通广大，能上天入地、无所不至，尤其可翱翔于宇宙，成为神人坐骑、登天助手，战国时期屈原创作的楚辞中亦屡现乘龙驭龙之语，如"石濑兮浅浅，飞龙兮翩翩"(《九歌·湘君》)⑦、"驾飞龙兮北征，邅吾道兮洞庭"(《九歌·湘君》)⑧、"乘龙兮辚辚"(《九歌·大司命》)⑨、"为余驾飞龙兮"(《离骚》)⑩、"驾八龙之婉婉兮"(《远游》)⑪、"驰六龙于三危兮"(《远游》)⑫，说明楚俗巫风盛行崇拜腾云驾雾、遨游天际的飞龙神龙，《山海经·海外南经》亦载："南方祝融，兽身人面，乘两龙。"⑬祝融属远古帝喾时期的火官，后被尊为火神，是南方之神、南海之神，乃楚人先祖，可证西南地域御龙引龙、好龙尊龙传

---

① 叶渠梁选编：《杜甫诗集典故探义》，武汉：华中科技大学出版社，2018 年，第 704 页。

② 汉语大词典编纂处编：《康熙字典(标点整理本)》，第 1540 页。

③ 中华文化讲堂注译：《周易》，第 314 页。

④ 戴圣编纂、郑玄注、孔颖达疏：《礼记正义》，阮元校刻，北京：中华书局，1980 年，第 253 页。

⑤ 贾太宏编译：《楚辞汉赋》，天津：天津人民出版社，2017 年，第 335 页。

⑥ 欧阳修：《欧阳修集编年笺注》(一)，卷三，李之亮笺注，成都：巴蜀书社，2007 年，第 124 页。

⑦ 刘向辑、王逸注、洪兴祖补注：《楚辞》，孙雪霄校点，上海：上海古籍出版社，2015 年，第 76 页。

⑧ 刘向辑、王逸注、洪兴祖补注：《楚辞》，第 76 页。

⑨ 刘向辑、王逸注、洪兴祖补注：《楚辞》，第 84 页。

⑩ 刘向辑、王逸注、洪兴祖补注：《楚辞》，第 7 页。

⑪ 刘向辑、王逸注、洪兴祖补注：《楚辞》，第 205 页。

⑫ 刘向辑、王逸注、洪兴祖补注：《楚辞》，第 205 页。

⑬ 刘向、刘歆编：《山海经》，崇贤书院注释，北京：北京联合出版公司，2017 年，第 238 页。

说历史久远,与上古楚地江河湖泊、水族虫鱼等物产富饶有着密切关联,是古代中国龙文化的重要渊薮之一。

⑮ 龘(dá)《康熙字典·龙部》:"龘,《玉篇》:'龙行龘龘也。'"①龘乃三龙叠合会意,古同龘,描述龙腾飞之貌,《龙龛手鉴·龙部》亦曰:"龘、龘,龙飞之皃也。二同。"李白《元丹丘歌》诗云:"长周旋,蹑星虹,身骑飞龙耳生风,横河跨海与天通,我知尔游心无穷。"

⑯ 龖(mǎng)《康熙字典备考·龙部》:"龖,《字汇补》:'音佬。'"②龖为龙、飞会意而成,当取"龙飞腾翱翔"义,与翻(龙振翼飞翔)、飁(龙乘风而起)、翼(飞龙在天)造字原理相同。元代唐珙《题王逸老书饮中八仙歌》诗云:"昭回云翰飞龙章,斡旋天机挥斗柄。"

"凤历轩辕纪,龙飞四十春。"(唐·杜甫《上韦左相二十韵(见素)》)③对万事万物进行分门别类是人类认识自然、解释世界的早期活动、必由之路,折射出华夏先民"物象天地,比类百则"(《国语·周语》)④、"凡同类者,举相似也"(《孟子·告子上》)⑤构建范畴、累积经验的名物分类意识与科学思想特色,以至于法国著名社会学大师爱弥尔·涂尔干惊叹称颂曰:"区域、季节、事物和物种的分类支配了中国人的全部生活。"⑥龙在古代并非孤立物种,"鱼满三百六十,则蛟龙为之长"(旧题春秋陶朱公《陶朱公养鱼经》)⑦,而是体系谨严、有条不紊的龙种家族与代表动物,"记载种用动物亲缘关系情况的文字资料是动物谱系"⑧,通览《康熙字典》忠实保存载录着龙族群体的珍贵档案,如例①龙乃龙的总名,例②龖为龙之异文;例③龗、④龕、⑤龗属携雷兴云施雨之龙;例⑥龘系怒龙飞龙;例⑦龖泛指似龙的猛兽凶虫,与虬(有角龙)、螭(无角龙)、蜼(龙子有角)、蛟(鳞龙)、蚧、蚗(蛟龙)、蟠(盘龙)、夔(一足龙)、蠪蛭(龙属)、虰蛵(龙属)

---

① 汉语大词典编纂处编:《康熙字典(标点整理本)》,第1540页。

② 汉语大词典编纂处编:《康熙字典(标点整理本)》,第1541页。

③ 杜甫:《中国古代名家诗文集:杜甫集》,哈尔滨:黑龙江人民出版社,2005年,第165页。

④ 左丘明:《国语》,上海:上海古籍出版社,2015年,第67页。

⑤ 孟轲:《孟子》卷十一,北京:煤炭工业出版社,2017年,第148页。

⑥ 爱弥尔·涂尔干(Emile Durkheim)、马塞尔·莫斯(Marcel Mauss):《原始分类》,汲喆译,北京:商务印书馆,2012年,第148页。

⑦ 王祯:《农书》,张宏儒、罗素主编:《中华考工十大奇书第7部》,北京:团结出版社,1999年,第24页。

⑧ 师守堃主编:《动物育种学总论》,北京:北京农业大学出版社,1993年,第151页。

等构建出一个体大思精、生意盎然的庞大序列，可证龙曾活跃于中华大地。"龙如可豢龙亦物，马果龙种岂受羁"（南宋·何麟瑞《天马歌》），曩时亦有豢龙饲龙专业人士称"豢龙氏"，见《康熙字典·豕部》："豢，官名，《左传·昭二十九年》：'董父扰畜龙，以服事帝舜，帝赐之姓曰董，氏曰豢龙。'注：豢龙，官名，以官为氏。"①相传夏朝刘累曾跟豢龙氏学习养龙之术，因技艺精湛，被赐姓"御龙氏"，如《康熙字典·彳部》："御龙，复姓，《史记·夏本纪》：'刘累学扰龙，以事孔甲，孔甲赐之姓，曰御龙氏。'"②正因龙乃上古常见大型动物，可供民众喂养，故国人谙熟它的体态习性，如例⑧䶬、⑨䶫、⑩䶪、⑪䶙、⑫䶒均指龙脊坚骨硬鬣状；例⑬㲎、⑭龕形容龙感知春暖出穴貌（古人主张龙乃穴居动物）；例⑮龘、⑯襄描述飞龙翱翔英姿，结合全国各地出土的化石文物系列确凿证据，表明龙在古代中国动物学史、文化史上意义重大，以龙为鳞虫代表的动物谱系映耀出先贤曩哲体认万物、确立范畴、构建秩序的认知模式，意义非凡。

三、大地恩情，有龙则灵：《康熙字典》龙部字观"龙"之民族图腾

"须臾水府收温刺，始信神龙果有灵。"（南宋·唐仲温《三井潭报雨》）③龙非凡品，属上古灵畜异兽，"四灵之长惟虬龙，虬龙变化固难同"（北宋·宋真宗《观龙歌》）④，且位列四灵（指龙、凤、龟、麟）之首。典籍群书中常谓"云从龙"，二者如影随形，唐代大文豪韩愈在《杂说一·龙说》一文中辩证云："龙嘘气成云，云固弗灵于龙也；然龙乘是气，茫洋穷乎玄间，薄日月，伏光景，感震电，神变化，水下土，汩陵谷：云亦灵怪矣哉！云，龙之所能使为灵也，若龙之灵，则非云之所能使为灵也。然龙弗得云，无以神其灵矣：失其所凭依，信不可欤？异哉！其所凭依，乃其所自为也。《易》曰：'云从龙。'既曰龙，云从之矣。"⑤龙很早就被圣贤先

---

① 汉语大词典编纂处编：《康熙字典（标点整理本）》，第 1172 页。

② 汉语大词典编纂处编：《康熙字典（标点整理本）》，第 314 页。

③ 唐士文：《中国唐氏人文荟要》卷二，北京：北京燕山出版社，2017 年，第 99 页。

④ 刘大彬、编，江永年增补：《茅山志录金石·宋碑》，《茅山志》（下册），王岗点校，上海：上海古籍出版社，2016 年，第 365 页。

⑤ 陆学艺、王处辉主编：《中国社会思想史资料选辑：秦汉魏晋南北朝隋唐卷》，南宁：广西人民出版社，2006 年，第 337 页。

哲视作具有萨满灵性、变幻自如的天地神兽，并被全员集体公认为中华民族的共同图腾。《汉书·百官公卿表上》："宓羲龙师名官。"（唐）颜师古注："应劭曰：'师者长也。以龙纪其官长。'张晏曰：'庖羲将兴，神龙负图而至，因以名师与官也。'"①汉语汉字语义语境中龙及相关事物多被奉作祥瑞吉兆、福寿表征，据说上古伏羲时即有龙马于黄河负图而出，为圣君贤臣受命之符、天人之应，尤尊青龙为上瑞，见《宋书·符瑞志上》："（武王没，成王少，周公旦摄政七年）乃与成王观于河、洛，沉璧。礼毕，王退俟，至于日昳，荣光并出幕河，青云浮至，青龙临坛，衔玄甲之图，坐之而去。礼于洛，亦如之。玄龟青龙苍光止于坛，背甲刻书，赤文成字。"②流风所及，至于闾巷，"闻公博学广记，笔底龙蛇，真才子也"（《金瓶梅词话》第三十一回）③，甚至连书法艺术亦持续获得龙之灵感启示，艺术家们研制出"龙书"文字，（元）郑杓《衍极》卷一《至朴篇》云："太皞之时，龙马负图出于荣河，帝则之画八卦，以龙纪官，乃命飞龙朱襄氏造六书，于是始有龙书。左氏曰：'太皞氏以龙纪，故为龙师而龙名'，是也。"④且源源不断地衍生出"龙穗书"、"龙篆"、"龙爪篆"、"龙隶"、"龙草书"、"龙虎书"、"龙虎篆"、"龙虎隶"、"龙鳞书"、"蛟脚书"、"蛇龙文"系列字体，蔚为大观，加拿大文物专家福开森先生（John Calvin Farguson，1866—1945）即高度评价曰："中国的一切艺术，是中国书法的延长。"⑤"右军书法妙如何，龙跳天门虎卧坡"，梁武帝萧衍高度评价"书圣"王羲之的书法有龙跳虎卧、飘逸出尘的灵动龙姿，《晋书·王羲之传》载："（羲之）尤善隶书，为古今之冠，论者称其笔势，以为飘若浮云，矫若惊龙。"⑥龙属于一个意义鲜明、情感浓烈、能产性高的表意构件与归类部首，对相关龙族字词浸染成强大向心力的褒义正面色彩意境，然意境是"中国文化史上最中心也最具有世界贡献的一方面"⑦，观《康熙字典》龙部字，字字处处凸显出龙引领所辖字词涵义指向与造字意图之独特价值，强烈预示着历史上亿兆百姓褒龙扬龙、尚龙崇龙等醇郁文化理念。

---

① 萧纲：《梁简文帝集校注》（四），卷十三，肖占鹏、董志广校注，天津：南开大学出版社，2015年，第965页。

② 沈约：《宋书》卷二十七，长春：吉林人民出版社，1995年，第452页。

③ 兰陵笑笑生：《金瓶梅词话》第三十一回，北京：人民文学出版社，2000年，第246页。

④ 边平恕、金菊爱评注：《中国历代书法理论评注·元代卷》，杭州：杭州出版社，2016年，第109页。

⑤ 傅抱石：《中国绘画之精神》，素颐编：《民国美术思潮论集》，上海：上海书画出版社，2014年，第578页。

⑥ 房玄龄等：《晋书》卷八十，北京：中华书局，1974年，第1064页。

⑦ 宗白华：《中国艺术意境之诞生》，《美学散步》，上海：上海人民出版社，1981年，第58页。

（一）神灵奇异

⑰ 竉(lóng)《康熙字典·龙部》："竉，《五音集韵》：'音龙。'《广雅》：'巫也。'又江晖《宣爱集》：'召竉咸而聘之。'按此则竟读作巫矣。"[1]竉属形声兼会意字，同巫，指神灵。《康熙字典》"龙"的异体字含"龖"字，可见龙与鬼亦有渊源，龙之指涉范围无所不包。"万生都阳明，幽暗鬼所寰。嗟龙独何智，出入人鬼间"（唐·韩愈《题炭谷湫祠堂》）[2]，龙能升天可遁地，甚至阴间鬼界都用龙来制字称呼，如"龖(龖)生"旧说乃丙戌日鬼名，(唐)段成式《酉阳杂俎·诺皋记上》载："《太真科经》说有鬼仙：丙戌日鬼名龖生。"[3]

⑱ 瓏(lóng)《康熙字典·龙部》："瓏，《说文》：'祷旱玉龙。或从玉。'《玉篇》：'圭为龙文。'"[4]瓏同珑、珑、瓏，指古人在大旱祈祷求雨时所用的玉石，上面刻有龙形花纹。古有龙王施云布雨之旧俗，"（龙之为灵，昭昭也）释氏有《龙王经》，大都为祷雨而设。"[5]祭祀仪式由巫师供奉龙形灵玉，并默念口诀以冀求龙王龙君现身显灵，施云布雨济民解困。1971年内蒙古自治区翁牛特旗三星他拉遗址出土了红山文化玉龙（见图4，中国国家博物馆藏），该龙形玉器由墨绿色的岫岩玉雕琢而成，周身光洁，躯体卷曲若钩，呈"C"字形。经专家考证，确定为红山文化遗物，距今逾5 000年以上，这是迄今所知年代最早的玉龙，属新石器时代用于祭天祷雨的祭器礼器，被誉为"三星他拉红山文化玉龙"、"中华第一龙"[6]。这件出土的玉龙已被考古界视为传世红山文化玉龙的标准器，意义重大，不仅为龙的起源与玉龙的年代确定提供了考古学证据，而且因为龙乃中华民族传统文化的重要载体，由此引发了学术界关于中国文明起源问题的广泛讨论，不断指引国人寻找我们赖以生存的精神家园，而竉、瓏等字词为学界提供了史料语料有力佐证。

---

① 汉语大词典编纂处编：《康熙字典（标点整理本）》，第1540页。

② 韩愈：《昌黎先生集》卷五，载逯凡点校《唐宋八大家全集》第1卷，广州：新世纪出版社，1997年，第65页。

③ 段成式：《酉阳杂俎》卷十四，杜聪校点，济南：齐鲁书社，2007年，第89页。

④ 汉语大词典编纂处编：《康熙字典（标点整理本）》，第1540页。

⑤ 王晖：《龙经》，第104页。

⑥ 《为什么将红山文化出土的玉龙称为"中华第一龙"？》，张明星主编：《二十一世纪新编十万个为什么·文化艺术卷》，长春：吉林摄影出版社，1999年，第289页。

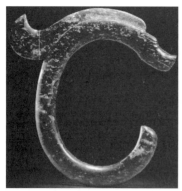

图4　内蒙古三星他拉遗址红　　图5　贵州龙场驿阳明洞（阳明先生"龙场悟
　　　山文化玉龙　　　　　　　　　　道"处）

（二）恭敬虔诚

⑲ 龚(gōng)《康熙字典·龙部》："龚，《说文》：'给也。'《玉篇》：'奉也。亦作供。'又愨也。与恭同。梁元帝《告四方檄》：'中权后劲，龚行天罚。'"①龚本义指供给，龙表音兼表意，金文作"𱊃颂簋盖"，睡虎地秦简为"𱊄"②，观龚之古文字形，凸显龙眼龙身，反映上古"先民确曾存在豢龙养龙之史实"③，故龚引申出"恭谨；谦恭；虔诚"等意，后尊为姓氏，姓氏有助于国人寻根问祖、宗祠族谱、身份认同，《万姓统谱》载："龚氏之先共氏，避难加龙为龚，望出武陵。……黄帝臣共工司水土，子句龙继其职，其后为龚氏。"④

⑳ 龏(gōng)《康熙字典·龙部》："龏，《说文》：'愨也。'又《字汇》：'升也。'又《集韵》：'音供，义同。'"⑤龏同愨(诚实，谨慎)、恭，亦表"恭敬；恭谨；虔敬；尊重"义。北宋赵子潇《隆庆初早朝十绝(其一)》诗云："门门阊阖早春初，恭构龙飞御太虚。"⑥

（三）高大充实

㉑ 庞(páng)《康熙字典·龙部》："庞，《说文》：'高屋也。'又姓。周毕公高

① 汉语大词典编纂处编：《康熙字典(标点整理本)》，第1540页。

② 李圃主编、古文字诂林编纂委员会编纂：《古文字诂林》，第1719页。

③ 黄交军：《从〈说文解字〉看中国先民的龙文化意识》，《贵阳学院学报(社会科学版)》，2013年第3期。

④ 穆柳森编著：《百家姓辞典》，深圳：海天出版社，1988年，第242页。

⑤ 汉语大词典编纂处编：《康熙字典(标点整理本)》，第1540页。

⑥ 张国源主编：《五桂流韵·宋朝》，余姚：梁弄诗社，2014年，第37页。

后,封于庞,因氏焉。又《集韵》:'充实也。'《诗·小雅》:'四牡庞庞。'《前汉·司马相如传》:'湛恩庞洪。'"①庞同厐,本义指高屋,泛指高大庞硕之物,段《注》:"庞谓屋之高者也。故字从广,引伸之为凡高大之称。"②《三戒·黔之驴》亦曰:"形之庞也类有德,声之宏也类有能。"③

㉒ 𪑶(lóng)《康熙字典·龙部》:"𪑶,《篇海》:'蒙龙也。'"④𪑶同蘢(茏)、笼,属形声字,龙为声符,兼表"形体粗壮伟岸",𪑶本义指草木等形体高大、青翠茂盛,如《康熙字典·艹部》:"茏,蒙茏。《尔雅注》:'弥离犹蒙茏耳。'《前汉·晁错传》:'草木蒙茏。'师古注:'蒙茏,覆蔽之貌也。'"⑤𪑶亦可指称草木茂密幽深处,(唐)李华《寄赵七侍御》诗云:"玄猿啼深茏,白鸟戏葱蒙。"《全唐诗》注:"楚、越谓竹树深者为茏,茏一作㔖。"⑥

(四)兼有包容

㉓ 龓(lóng)《康熙字典·龙部》:"龓,《说文》:'兼有也。'《正字通》:'《汉书》:"龓货物。"今本作笼。'又《玉篇》:'马龓头。'《字汇》:'马鞁也。'"⑦龓同犆、鞶,属形声兼会意字,"龙"作声符,亦表义,卜辞作"𤡚前 6.46.2"⑧,观甲骨文字形"龓"象以人手牵龙头状(有驯服龙的史料可证之),故从"兼有;兼包"引申出"牢笼"意,段《注》:"龓,兼有也。今牢笼字当作此。笼行而龓废矣。《吴都赋》曰:'沈虎潜鹿,羁龓僒束。'按羁龓者,縶而笼其头也。《玉篇》曰'马龓头。'《说文》鞥下云龓头绕者,亦取兼包之意。"⑨

㉔ 巃(lóng)《康熙字典·龙部》:"巃,《正字通》:'俗笼。'"⑩巃同笼指笼罩、笼络,可见"巃"蕴含"兼有包容"之义。

① 汉语大词典编纂处编:《康熙字典(标点整理本)》,第 1540 页。

② 许慎撰、段玉裁注:《说文解字注》,第 445 页。

③ 柳宗元:《柳宗元文集》,彭嘉敏注,北京:北京联合出版公司,2018 年,第 78 页。

④ 汉语大词典编纂处编:《康熙字典(标点整理本)》,第 1540 页。

⑤ 汉语大词典编纂处编:《康熙字典(标点整理本)》,第 1040 页。

⑥ 王启兴主编:《校编全唐诗》,武汉:湖北人民出版社,2001 年,第 721 页。

⑦ 汉语大词典编纂处编:《康熙字典(标点整理本)》,第 1540 页。

⑧ 李圃主编、古文字诂林编纂委员会编纂:《古文字诂林》,第 4636 页。

⑨ 许慎撰、段玉裁注:《说文解字注》,第 314 页。

⑩ 汉语大词典编纂处编:《康熙字典(标点整理本)》,第 1540 页。

（五）色泽鲜艳

㉕ 朧（lóng）《康熙字典・龙部》："朧，《字汇补》：'赤色。'"[1]朧指红色，取"赤红（龙）"义，古有赤龙之辞，"道士随黄犊，仙人驾赤龙"（明・傅汝舟《游玉笥山》），传说为神仙圣人所乘，（西汉）桓宽《盐铁论・散不足》："尧秀眉高彩，享国百载。"马非百注："《淮南子・修务篇》：'尧眉八彩，九窍通洞，而公正无私。'（东汉）高诱注：'尧母庆都，盖天帝之女，寄伊长孺家，年二十无夫。出观于河，有赤龙负图而至……与庆都合而生尧，视如图，故眉有八彩之色。'"[2]"赤龙"古时亦可指大地的符瑞，《宋书・符瑞志中》："赤龙、《河图》者，地之符也。"[3]汉朝官方即宣称刘邦是"龙之子"、"赤帝子"，故后世赞誉刘邦为"赤龙子"。

（六）致病为患

㉖ 癃（lóng）《康熙字典・龙部》："癃，《广韵》：'与穜同。禾病也。'"[4]癃指禾苗病虫害，《正字通・龙部》："癃，禾病，本作穜，《集韵》作癃。"[5]龙不仅灵异，处理不当亦能致病生乱，如"怪之为蛟龙"（明・方孝孺《蚊对》）[6]，早期中国旧俗有"虫孽"、"龙孽"、"龙蛇之孽"、"蛇孽"、"龙斗"、"龙见井中"等谶纬说法，如"（龙，水物也）但非其所处，实为妖灾。夫龙以飞翔显见为瑞，今则潜伏幽处，非休祥也"（《晋书・五行志》）[7]。审读"龙孽"原意，当指龙类动物出现非时所造成的灾殃及反常现象。古代占象者将宇宙万物的生息变化与"天人感应"等谶纬神学理论紧密糅合起来，用以郑重劝诫上层统治者要明天理、惜四时、重民生、反诸己，发展演绎为早期中国极具民族特色、行之有效的一种政治哲学理论，对汉字文化圈及丝绸之路沿线国家影响深远。该理论内涵认为龙等本为祥瑞，但若出现非时，其行不常，则为妖孽，君国之祸兆。若人君昏昧，不能立事，则为臣下所蒙蔽，致阳气衰，阴气盛，使蛰伏之龙蛇起而生变怪，见《后汉书・桓帝纪》：

---

① 汉语大词典编纂处编：《康熙字典（标点整理本）》，第 1540 页。

② 桓宽：《盐铁论简注》，马非百注释，北京：中华书局，1984 年，第 111 页。

③ 沈约：《宋书》卷二十八，长春：吉林人民出版社，1995 年，第 471 页。

④ 汉语大词典编纂处编：《康熙字典（标点整理本）》，第 1540 页。

⑤ 张自烈编・廖文英补：《正字通》，第 2898 页。

⑥ 方孝孺《蚊对》，严昌选编：《历代文化名人笔下的鸟兽虫鱼》，海口：南方出版社，1999 年，第 116 页。

⑦ 房玄龄等：《晋书》卷二十九，第 702 页。

"巴郡言黄龙见。"李贤注引《续汉志》曰:"时人欲就沱浴,见沱水浊,因戏相恐:'此中有黄龙。'语遂行人闻,郡欲以为美,故上言之,时史以书帝纪。桓帝政化衰缺,而多言瑞应,皆此类也。先儒言瑞兴非时,则为妖孽,而人言生龙,皆龙孽也。"①遍索典籍群书,关于"龙孽"较早的文献记载首推《汉书·五行志》:"《(洪范五行)传》曰:'皇之不极,是谓不建,厥咎眊,厥罚恒阴,厥极弱。时则有射妖,时则有龙蛇之孽,时则有马祸,时则有下人伐上之痾,时则有日月乱行,星辰逆行。'②西汉经学大师伏生利用"皇极"一语来积极构建秦汉时期宇宙观的重要支柱——天界,上天能对人类统治者的言行举止、内在道德、施政措施进行判断、控制、惩罚,并以神意谕示、寄寓万物(如龙)等多种形式予以表征呈现、惩恶扬善(从而使得统治者能善待万物、勤政爱民)。在伏生眼中,"皇极"是"五事"的延伸,故用传论"五事"的形式来畅谈"皇极",从而对至高无上的封建皇权进行法理制约与舆论监督,而美国加州大学伯克利分校戴梅可(Michael Nylan)教授强调"皇极"是《洪范》的核心,它原意是表述君王必须采用的主术,以便最大限度地发挥统治的权力,并求得社会的协同③。早期中国这一特征得到了国际汉学家们的普遍关注与高度认同,如香港中文大学王爱和教授认为:"汉理论家们把皇帝视为人类独一代理(寡人),负责在天地万物中实现天道——'王者自下承天理物'。'五事'的失误导致不同灾异征兆以示不同程度的'惩罚',而'皇之不极'则意味着最终失去天命。当君王不能承天理物履行皇极的责任,则'天气乱,故其罚常阴也……阴气动,故有龙蛇之孽'。最终的惩罚是被天意罢除,不是遭新的明君诛杀,就是遭篡国者弑杀。"④

"龙以水为神,举一滴可包陵谷。"(唐·李朝威《柳毅传》)⑤龙属水族水兽水虫,如"龙,水物也,水官弃矣,故龙不生得"(《左传·昭公二十九年》)⑥,龙与水相辅相成,不可分割,亦为水虫之神,《管子·形势解》载:"蛟龙,水虫之神者也。

① 范晔著、李贤等注:《后汉书》卷七,长春:吉林人民出版社,2006年,第471页。
② 班固:《汉书》卷二七下之上,长春:吉林人民出版社,2005年,第1082页。
③ 转引自王爱和:《中国古代宇宙观与政治文化》,金蕾、徐峰译,上海:上海古籍出版社,2018年,第192页。
④ 王爱和:《中国古代宇宙观与政治文化》,第192—193页。
⑤ 李朝威:《柳毅传》,鲁迅校录、曹光甫校点:《唐宋传奇集全译》卷二,上海:上海古籍出版社,2019年,第60页。
⑥ 孔子、左丘明:《春秋左传通释》,贾太宏译注,北京:西苑出版社,2016年,第1011页。

乘于水则神立,失于水则神废。人主,天下之有威者也。得民则威立,失民则威废。蛟龙待得水而后立其神,人主待得民而后成其威,故曰:'蛟龙得水而神可立也。'"①据典籍观之,先民充分认识到人类世界与龙之动物世界存在密切关联,故用蛟龙与水的不可分割本质来形象譬喻人主与百姓之相辅相成真谛,从而晓谕劝谏统治者畏天爱民、顺天应时,以龙喻世效果奇佳,从龙属龙含龙之字词多蕴褒扬意义可见一斑,如例⑰䶬、⑱㦫表"(龙)神力非凡,可呼风唤雨";例⑲龔、⑳龔形容"(黔首对龙)恭敬虔诚"状;例㉑庞、㉒䶹指"(龙身龙体)高大充实"貌;例㉓龖、㉔䶪描述"(龙)兼容并蓄"义;例㉕龑意为"(赤龙)颜色丹红"。必须申明的是,古人看待事物非常强调辩证统一、不可偏废,从而始终保持着客观、清醒的认知态度与评判标尺,尽管"水不在深,有龙则灵"(唐·刘禹锡《陋室铭》)②,然龙作为人类认识自然、解释奥秘、寄寓情怀的通灵神兽、部落圣物乃至民族图腾,是中华先民认识世界、解释世界、规约世界的重要明镜,然也映照出恶龙螯龙、孽龙业龙等为祸降祟之阴暗面,如"吾有毒龙五百,当遣一龙揭片石,常山之人,皆鱼鳖也"(《新五代史·唐庄宗闵敬皇后刘氏传》)③、"怀古对崖有道观曰伏龙,相传李太守锁孽龙于离堆之下"(南宋·范成大《吴船录》卷上)④,龙能致人畜及禾木患病,如例㉖䶓表述"(妖龙使)禾苗出现病虫害",据史观之,甚至龙本身亦能染疾需求助兽医疗治,见(西汉)刘向《列仙传卷上·马师皇》:"马师皇者,黄帝时马医也。知马形生死之诊,治之辄愈。后有龙下,向之垂耳张口,皇曰:'此龙有病,知我能治。'乃针(同"针")其唇下口中,以甘草汤饮之而愈。后数数有病龙出其波,告而求治之。一旦,龙负皇而去。"⑤可见先哲们观察细致,辩证充分,(清)王晫《龙经》亦云:"不得自在曰薄福龙,灾害数作曰恶龙,愤怒杀人曰毒龙,苦行雨曰乖龙,未升天曰蟠龙。"⑥勾勒出一幅古代龙孽图谱。统计龙部字词,情感褒贬对比为9:1,可知古人对龙具有顺美匡恶、涤瑕荡秽之鲜明扬弃态度,从而使得龙在历史长河中处处洋溢着正能量、好声音,受

① 房玄龄注、刘绩补注:《管子》,刘晓艺校点,上海:上海古籍出版社,2015 年,第 392 页。

② 郭顶衡主编:《中国历代散文精品》,长春:时代文艺出版社,1995 年,第 108 页。

③ 欧阳修撰、徐无党注:《新五代史》卷十四,马小红等标点,长春:吉林人民出版社,1995 年,第 75 页。

④ 范成大:《宋人长江游记:范成大〈吴船录〉今译》,陈新译注,沈阳:春风文艺出版社,1987 年,第 192 页。

⑤ 滕修展、王奇、张淑琴等编著:《列仙传神仙传注译》,天津:百花文艺出版社,1996 年,第 7 页。

⑥ 王晫:《龙经》,第 105 页。

到全国各地民众的热烈欢迎，并渗透融入到日常生活及山川地理，是中华民族赖以传承的文化纽带。

　　"昔是潜龙地，今为上理辰"（唐·李隆基《登蒲州逍遥楼》)[①]，地名乃人类根据地形地貌、历史事件或人文典故赋予某一特定空间位置、地理实体以意义名称，"是人类社会特有的一种文化现象，是对地理实体进行认知化、指称化、符号化的语言结果，深刻隐喻着地与人、事及物的各种关系，是国内外各民族研判地方认同、民族归属、精神寄寓的重要依据与文化观念，对回答'我是谁，我从哪里来，将到哪里去'（古希腊·柏拉图语）古老哲学命题具有认知溯源的导向功能"[②]。历史上西南边陲绝非"天高皇帝远"、蛮荒之地和化外之邦，而是久染文明、联系密切、融为一体。贵州为多民族省份，龙信仰深入人心，加速了各民族的交往与影响，可以说"龙是贵州所有民族共有的一种文化形象，或者说，贵州文化的诸多因素中，龙及龙的文化是被各地区、各民族共同接受的文化事项，表现了贵州各民族在民族根源和文化意识上的融通"[③]。作为体现文化认同、丕显大一统的活化石，云贵川诸省以龙作地名者俯拾皆是，"夜郎沙软多龙迹，盘瓠山回似犬牙"（明·张羽《送胡宗禹之播州驿丞》)[④]，以贵州贵阳市为例，如贵阳花溪区有桥梁叫龙南桥、龙泉桥、龙田大桥、大龙滩桥、新哨龙井桥，街区支路名龙江巷、蟠龙路、青龙北巷、青龙南巷，有市场地片称龙治、蟠龙市场，有农村居民点坐落位置山峰山坡田井等地势地貌谓龙腰、龙洞、龙潭、龙田、龙田大坡、龙眼睛(坡)、龙云、龙头(坡)、龙家坡、龙家山(坡)、龙家湾(坡)、龙阿坡、龙坡、大龙坡、龙虹坡、龙杆坡、龙岗坡、龙扛坡、龙汪坡、龙角坡、龙耕田(坡)、龙洞坡、龙滩坡、打龙坡、凯龙寨(坡)、蒙龙山(坡)、大龙阵(坡)、龙井对门(坡)、龙颈大山(坡)、龙井坡、龙井坝、龙井沟、懒龙塘、龙泉塘、龙滩、龙滩口(洞)、上龙滩、大龙滩、鸡龙滩、龙滩边、龙打岩、龙头上、龙尾巴，有山峰谓龙井后山、二龙抢宝、九龙山、真龙山、龙洞山、大龙头，有关隘谓骑龙关口，有泉水名九龙泉，有井水

---

① 《中国皇帝全书》编委会：《中国皇帝全书·唐》，北京：大众文艺出版社，2010年，第1783页。

② 黄交军、李国英：《鼠行天下：认知语言学理论视阈下"鼠"之文化诠辩》，《河南科技学院学报》，2021年第1期。

③ 谢彬如：《龙与贵州文化》，重庆·中国铜梁龙灯艺术节组委会编：《中国龙文化与龙舞艺术研讨会论文集》，重庆：重庆出版社，2000年，第292页。

④ 罗克彬纂辑：《杨氏史籍编年》卷五，贵阳：贵州人民出版社，2014年，第194页。

叫龙井山,有河流呼龙滩河,有亭台称龙井寨亭、九龙亭,有寺庙唤作龙泉寺、回龙寺、青龙寺、云龙阁,有祠堂叫龙永秀家祠,有村子呼作骑龙村、摆龙村、羊龙村、石龙村、龙王村、龙云村、龙井村、龙山村、龙五寨村、龙泉寨村。贵阳云岩区有桥题做化龙桥,有火车隧道称龙宝冲隧道,有碑唤九龙浴佛,有寺庙谓回龙禅寺,有山峰叫象天龙,有山坡名母猪龙、青龙山,有水潭称大龙滩、小龙潭、半边龙潭,有龙井(水井上建有龙王庙及亭,为贵阳三大名井之首),有堤坝名石龙拦河坝,有道路叫龙井路、双龙路,街区支路亦有龙井巷、龙坝巷、龙潭巷、龙泉巷,南明区有片区称龙洞堡。有农村居民点叫龙眼岩、龙家寨、龙井湾。有农区名龙洞堡农区。有快速路叫贵龙大道,有主干路名龙洞堡大道。有次干路称龙腾路、龙水路、龙岭路、龙家寨道路、回龙路、见龙洞路、见龙巷。有桥梁唤作龙洞桥、见龙桥、老见龙桥、龙洞堡农场辅线桥、龙洞堡大道高架桥、贵龙大道高架桥、贵龙大道关堰大桥。有隧道称龙洞堡机场隧道、青龙山隧道、新青龙山隧道。有山坡叫龙角坡、龙眼岩长坡上、龙眼岩对门坡。有山峰谓青龙山。有河流名龙头河。有泉水名龙潭。有洞穴叫见龙洞、白龙洞。有寺庙唤回龙寺、白龙禅寺。有风景区称龙门书院、贵州永乐龙湖水利风景区。有公园谓龙山公园。机场名为贵阳龙洞堡国际机场;白云区有主干路名白龙路、白龙大道、龙腾路。次干路有龙井路。有支路称九龙湾街。有桥梁名九龙桥。有村庄称石龙村。有农村居民点谓龙潭坡、龙洞湾、龙滩坝、龙井寨、断颈龙、万龙滩、金龙滩、小龙滩、干龙坑。有洞穴名龙洞。有山坡叫龙崩土、龙拱坡、龙滩口、龙滩大坡、龙王庙、龙井冲、洞龙冲、小龙坡、大龙井坡、后龙坡、九龙坡、马山龙、万龙滩。有山谷叫金龙滩。有山峰称后龙山、青龙山。有碑称圣龙世纪苑石碑。有事件纪念地名马龙洞营盘。有洞穴叫马龙洞。有排水沟名龙井排洪沟。有拦河坝叫九龙塘拦河堰。有水库谓龙洞水库、龙滩口水库;乌当区有街区干路名龙广路、北龙路,有桥梁叫群龙桥,有农村居民点唤龙昌坝、可龙(角龙)、龙盘水、龙滩、龙洞、龙塘寨、龙井坝、龙井田、龙泉寺、龙脑壳、龙家寨、石龙、龙家院、小谷龙、大龙滩、龙井大冲、龙井瓦窑上、小龙洞、鱼龙坝、石龙过江、龙井田坝头、龙井大麻窝、新堡龙井寨、可龙平山,有泉水名龙潭、大龙滩,有关隘唤龙井关、龙家寨大关口,有风景区称龙角林,有公园谓大龙滩湿地公园、乌当盘龙山省级森林公园,有寺庙叫龙山寺、回龙寺、青龙寺、青龙观音寺、白龙寺灯堂、可龙大庙遗址,有小学名小谷龙小学;观山湖区有村名为小龙村。有村庄谓龙井村、董龙村,有山峰名石龙山、龙洞(山)、龙撑坡(山)、龙升坡(山)、龙起身(山)、龙上关(山)、龙抬头(山)、龙井大山、龙井后山、龙滩脑壳(山)、相天龙(山)、白龙会(山)、龙井营盘坡(山)、龙井小团坡(山)、龙井背后山、龙井大坡上(山)、龙井马崇岭、白花龙坡(山)、盘龙山、可龙大山、可龙后龙山、可龙高坡(山)、可龙尖坡(山)、可龙老鹰岩、青龙嘴坡(山)、小谷龙大坡(山)、谷定青龙坡(山)、洛坝龙井坡(山)、云锦青龙坡(山)、岩山青龙山、龙母山、王坝后龙山、腊鲊后龙山、谷金后龙山、谷庚后龙山、黄连后龙山、王岗后龙山、大土寨后龙山;开阳县南江乡有龙广小学,有寺庙名五龙寺,有村庄叫南龙村;息烽县有村庄名龙塘湾,有乡镇叫养龙司镇;清镇红枫湖景区有村庄谓龙家院,有道路叫龙凤大道(根据建文帝朱允炆诗词与老马河形状酷似巨龙与凤头得名);修文县有道路叫白龙路、龙场驿南路,加气站称龙场加气站,有村庄名龙场坝、九龙村、龙山村、新龙村、龙桂村,有镇称龙场镇。该镇古名龙场驿,驿所附近龙岗山有一岩洞名"阳明洞"(见第89页图5),洞口书有"奇境"二字,洞壁刻有明代贵州宣慰使安贵荣所题"阳明先生遗爱处"等字,王阳明(世号"阳明先生")于正德三年被贬谪龙场驿,并在此冥思悟道,提出"知行合一"经典学说,完成并践行了古代中国认识论、实践论的心学顿悟与哲学飞跃。"丹成天师去,龙虎名万古"(南宋·汤汉《宿孔野云丹房》),通检最新贵阳行政地图册穷尽全部含"龙"的地名,并借助百度地图、高德地图、360地图等大数据进行比对溯源①,贵阳大量蕴"龙"地名无声诉说着千百年来这片土地上百姓尊龙敬龙、尚龙慕龙的酽纯绵长古俗余绪,是西南边疆少数民族融入中华民族共同体、文化大一统的历史见证,借此我们也能合理解释王阳明由落魄逐臣在龙场驿摇身一变为心学大师、文化巨子并开宗立派、扬名寰宇的内驱动因,正是基于贵州地区以龙为代表之传统文化高度认同,而王阳明的到来使得二者偶烛施明,贵州进而从世人眼中"夜郎自大"的文化荒漠逐渐崛起为黔中王学乃至国学的昌盛之都,如1895年康有为发起旨在救亡图存、变法维新的"公车上书"活动,应者云集,遍及河北、云南等十八个行省,而僻远贵州竟"有(高达)95名举人参加,他们大都成为维新思想在贵州的传播者"②,正

---

① 贵阳辖属各县镇个别存疑地名本人亲赴所在地进行田野调查,并一一问询当地居民详实确认其历史源流。

② 陈隆德:《贵州辛亥革命述略》,中国人民政治协商会议全国委员会文史资料委员会编:《辛亥革命在各地:纪念辛亥革命八十周年》,北京:中国文史出版社,1991年,第125页。

是王学龙魂长年熏陶下的累累硕果使然。据表1可知:龙字在古代汉语中义项素杂、指涉广泛,然经过缜密拾掇华夏先民对龙之崇拜内核却始终一以贯之、痴情不悔,"从某种程度上说,理清名物词发展演变的历史层次,也是我们对古籍词语进行去伪存真、忠实还原的'古史辨'过程,意义重大"①,足证汉字对考证古史、寻根家园的史料语料价值,堪称"治一字即一部文化史"(陈寅恪语)②的语言史观、文化史观。

表1 《康熙字典》"龙"之词义演变认知关系一览表

四、超凡入圣,龙喻皇权:《康熙字典》龙部字观"龙"之世界秩序

"真人龙飞万物睹,天命自至谁能当"(北宋·张耒《和陈器之四诗·朝应天》)③,龙因其器宇不凡、神通广大、兼容并蓄诸多卓异特征,常被用来隐喻德才兼备的俊才清称或英雄豪杰,比作"人中之龙"、"人中龙凤"等,如春秋时晋文公即譬喻为龙,见《史记·晋世家》:"龙欲上天,五蛇为辅。"司马贞索隐:"龙喻

---

① 黄交军:《〈山海经〉西王母"戴胜"正解》,《广东技术师范学院学报(社会科学版)》,2014年第6期。

② 桑兵:《陈寅恪与中国近代史研究(节选)》,黄树森主编:《广州九章:岭南经·中国梦·世界观》,广州:花城出版社,2009年,第219页。

③ 《四库提要著录丛书》编纂委员会编:《四库提要著录丛书·集部12》,北京:北京出版社,2010年,第289页。

重耳，五蛇即五臣：狐偃、赵衰、魏武子、司空季子及子推也。"①而远古传说中的五个部落首领即号称"五龙"，《文选·王延寿〈鲁灵光殿赋〉》："五龙比翼，人皇九头。"李善注引《春秋命历序》："皇伯、皇仲、皇叔、皇季、皇少，五姓同期，俱驾龙，号曰五龙。"②甚至龙之各个部位都可用于比拟形容高才绝学，如《三国志·魏志·华歆传》："歆为吏，休沐出府，则归家阖门。议论持平，终不毁伤人。"（南朝宋）裴松之注引三国魏鱼豢《魏略》："歆与北海邴原、管宁俱游学，三人相善，时人号三人为'一龙'，歆为龙头，原为龙腹，宁为龙尾。"③前贤不仅喜欢用龙来指称名人雅士，亦常以龙自比自况，如"伤哉龙受困，不能越深渊。上不飞天汉，下不见于田。蟠居于井底，鰍鳝舞其前。藏牙伏爪甲，嗟我亦同然！"（三国魏·曹髦《潜龙诗》）④曹髦以龙自喻，道出"龙游浅水遭虾戏"之苦闷不甘。"孔明卧龙者，潜伏躬耕耨，忽遭玄德云，遂起麟角斗"（唐·陆龟蒙《读〈襄阳耆旧传〉，因作诗五百言寄皮袭美》）⑤，以龙自喻最有名者首推自号"卧龙"之诸葛亮，因他胸怀经天纬地之才，却隐居隆中茅庐，未逢其主，聊以自勉，《三国志·蜀志·诸葛亮传》载："（徐庶）谓先主曰：'诸葛孔明者，卧龙也，将军岂愿见之乎？'"⑥龙遂成为后世品藻人物、谈论风骨的常用术语与经典评价。"自是祖龙先下世，不关无路到蓬莱"（唐·胡曾《咏史诗·东海》）⑦，更有甚者，龙因其出类拔萃被封建皇权相中，成为帝王权贵之至尊象征，据说历史上第一个被称为龙的皇帝乃秦始皇，雅号"祖龙"，见《史记·秦始皇本纪》："秋，使者从关东夜过华阴平舒道，有人持璧遮使者曰：'为吾遗滈池君。'因言曰：'今年祖龙死。'"（南朝宋）裴骃集解引（三国魏）苏林曰："祖，始也；龙，人君象。谓始皇也。"⑧龙从自然万物生灵之首跨入人类世界的等级结构、政治逻辑，用于比拟帝王至尊，并凝固成型，跃升为古代中国朝野上下积极构建世界秩序的取法对象、政治隐喻、皇权

观念史与汉语之思

---

① 司马迁撰、裴骃集解、司马贞索隐、张守节正义：《史记》，上海：上海古籍出版社，2016 年，第 1185 页。

② 王友怀、魏全瑞主编：《昭明文选注析》，西安：三秦出版社，2000 年，第 80 页。

③ 陈寿撰、裴松之注：《三国志》卷十三，上海：上海古籍出版社，2016 年，第 353—354 页。

④ 杨吉成主编：《中国生肖诗歌大典》第三辑，成都：巴蜀书社，2013 年，第 102 页。

⑤ 黄钧、龙华、张铁燕等校：《全唐诗》卷六百十七，长沙：岳麓书社，1998 年，第 808 页。

⑥ 陈寿：《三国志》卷三十五，夏华等编译，沈阳：万卷出版公司，2016 年，第 210 页。

⑦ 李群玉等撰：《唐代湘人诗文集·胡曾咏史诗卷第一》，黄仁生、陈圣争校点，长沙：岳麓书社，2013 年，第 188 页。

⑧ 司马迁撰、裴骃集解、司马贞索隐、张守节正义：《史记》，第 1397 页。

符号,声势显赫无两。

　　"王孙乃龙种,世有笊云麟"(北宋·苏轼《和赵德麟送陈传道》)①,中国古代的世界秩序理念源于"天下观"(又称"天下体系"、"天下主义"或"天下秩序"等)的世界认知、政治哲学、经典表述,李扬帆曾精辟指出:"如果非得用一个概念系统表达传统中国历史上存在过的一种'世界秩序'(事实上是东亚秩序,但存在一种超越东亚的世界性的想象),传统中国的世界秩序确实可以被称为'天下秩序'。"②值得注意的是古人观念中龙属万物之王者,而皇帝乃世界的主宰,龙与帝王二者对应可谓珠联璧合、相得益彰,"'天下'表达了中国皇帝统治天下万物的思想。因此'天下'是支撑中华帝国组织系统的最高政治价值的表达,是每位皇帝君临全部世界——'中国'就被看作是全部世界之绝对权力的象征"③,其追求目标与最高理想乃世界大同、人间乐土、于斯为盛,"中华帝国出现伊始,历代帝王最根本的任务是实现国家政治、意识形态和文化上的统一。统一的最终目标是建立一个统一的、专制主义的中央集权国家"④,是华夏多民族国家迈向大一统的活水源泉与文化基因。存在主义哲学家卡尔·雅斯贝斯从人与人的差异性出发,用怀疑的口吻强调"在世界统一中——无论是世界秩序还是世界帝国——将不会有长期延续的安宁,它就像在至今为止的国家形式中一样少有"⑤进而否定有长期稳定世界秩序的存在可能性,哈佛大学燕京讲座教授杨联陞亦曾声明"对整个中国历史加以观察,即可发现这个多面的中国中心之世界秩序,是在不同的时间,从许多程度不一,甚至有时几近于零的事实上,建立起来的一个神话"⑥,杨氏所论无疑有失偏颇。说明学者们"走出疑古时代"(李学勤语)的必要性,不能抱有历史虚无主义糟粕,究其源"中国人对古代的认识问题,是一个牵扯到他对于整个人生、世界的看法的最根本的问题。对于古代

---

① 张春林编:《苏轼全集》,北京:中国文史出版社,1999 年,第 297 页。

② 李扬帆:《"中华帝国"的概念及其世界秩序:被误读的天下秩序》,《国际政治研究》,2015 年第 5 期。

③ Violetta Ravagnoli:《中国的世界秩序观:"天下"概念与西方的世界观》,陈尚胜主编:《儒家文明与中国传统对外关系》,王巨新译,济南:山东大学出版社,2008 年,第 225 页。

④ 毕梅雪(Michele Pirazzoli):《汉代艺术中的皇室格调及他者形象》,穆启乐、闵道安主编:《构想帝国:古代中国与古罗马比较研究》,李荣庆等译,上海:复旦大学出版社,2013 年,第 281 页。

⑤ 卡尔·雅斯贝斯(Karl Theodor Jaspers):《历史的起源与目标》,李夏菲译,桂林:漓江出版社,2019 年,第 290 页。

⑥ 杨联陞:《从历史看中国的世界秩序》,《国史探微》,北京:新星出版社,2005 年,第 1 页。

的研究,对传统文化来说,并不是一个简单的对过去事实的背诵的问题。过去的事可以不知道,但对全体中国人来说,对古代的认识实际上是一个与中国人的人生观、世界观密切相关的问题,它是关系到中国人对于自身价值标准的基本准则的认同的大问题"①,客观理性地评判中华文明在世界古史上的独特地位与优异表现尤显关键。事实上古代中国作为文明古国(且为四大文明古国目前硕果仅存的国家),技术先进,实力超群,自力更生,自给自足,长期遥遥领先于世界,故"两千年来,中国一直将自己视为世界的中心和主宰"②,正如美国著名国际政治学家卡尔·多伊奇所说:"只有世界上幅员最辽阔和实力最强大的国家,才有可能形成通过其努力所塑造出的某种至少似乎有理的世界形象,才有可能改变这一世界形象,或者全部地或在很大程度上根据它们自己的愿望维持这一世界形象。"③这一精彩表述无疑再次验证了为何腾云驾雾、威力无比之(神)龙会淘汰万千竞争对手,最终被剔选为皇权王权至高象征的终极秘诀,而"大一统乃古代中国自西周以来立国兴邦的基本观念、核心思想、政治主流"④使得中华不仅国富民强,为诸国所艳羡,且在悠久历史中逐渐摸索出了一套缜密思考和有效处理外部世界关系的思维方式与行为法则,打造了一个与宇宙天道秩序相联相关的原理、惯例和规范等构成的稳定体系("朝贡体制"仅为它的一个侧面或部分),在亚洲周边、丝路沿线等区域形成了具有强大向心力、吸引力的磁核或同心圆模型结构,国际政治主流学界也普遍承认"中国的世界(天下)从未丧失其一统的意义和文化的完整"⑤,并敏锐洞察到"(中国世界内的精英统治者及中国境外的藩属统治者均相信)天子全智全能的榜样和德行所具有的神秘影响,不仅及于中国本土,而且可以超越中国疆界,普及全人类,给予他

① 李学勤:《中国古代研究一百年》,杨庆中、廖娟编:《疑古、出土文献与古史重建》,桂林:漓江出版社,2012年,第72页。

② 霍华德·斯波德(Howard Spodek):《世界通史:公元前10000年至公元2009年(第4版)》,吴金平、潮龙起、何立群等译,济南:山东画报出版社,2013年,第781页。

③ 卡尔·多伊奇(Karl Wolfgone Deutsch):《国际关系分析》,周启朋等译,北京:世界知识出版社,1992年,第126页。

④ 黄交军、李国英:《从日常炊具到至尊神器——论鼎在中国古代文化中的形象流变》,《寻根》,2021年第4期。

⑤ 费正清(John King Fairbank):《中国的世界秩序:一种初步的构想》,陶文钊编选:《费正清集》,林海、符致兴等译,天津:天津人民出版社,1992年,第8页。

们和平与秩序"①。与欧洲小国林立、烽火绵延迥异的是,古代中国通过兼容并包、海纳百川、开拓进取发展成让世界为之惊叹着迷的文明古国、超稳定结构,中国古代社会的长期稳定甚至影响到自身看待历史的时间单位与认知心态,法国政治活动家菲利普·巴莱充分肯定云:"可以确定的是,在世界历史上,没有任何文明比中华文明存在的时间更长;没有任何现存的文明比中华文明在时间的长河中扎的根基更长了。……中国人习惯了漫长的时间跨度。在中国,以百年为单位设立一个奋斗目标并不夸张。"②正是亘古以来建立的文化自信使得中华民族创造了辉煌灿烂的物质文明与精神文明,"中国的最突出之处在于,几千年前形成的文明经久不衰,延续至今,这与尼罗河流域、美索不达米亚地区和印度河流域创造的文明截然不同。这种贯穿人类历史的传承,成为中国曾经持有、而且仍然持有的中心论思想的基础"③,究其内因本质在于 56 个民族有着不约而同的图腾信仰、民族共识与普世价值,均承认自身乃同文同种、同宗同源、属龙子龙孙、龙胄龙裔,故能突破"华夷有别"藩篱桎梏,达到"王者无外"、"天下一家"政治目的,始终强调各族人民同心同德、同行同向,这种卓异强烈"中国的独特性"让美国前国务卿亨利·基辛格述及时满怀敬意,着重强调"一个社会或国家常认为自己将亘古永存,并对自己起源的传说倍加珍视。中华文明的一个特点是,它似乎没有起点。中华文明不是作为一个传统意义上的民族国家,而是作为一种永恒的自然现象在历史上出现"④,基于深厚的文化沉淀与经验积累"在历史意识中,中国是一个只需复原,而无须创新的既有国家"⑤使得中华文明的光芒璀璨而夺目,并高度肯定"中国的光荣孤立在人类历史上是独一无二的,酝酿了中国一种独特的自我意识,中国举世无双,不仅是世界诸文明中的'一个伟大的文明',更是文明的化身"⑥。龙不仅乃汉人心目中的神灵圣兽,各少数民族亦为龙之忠实拥趸、铁杆粉丝,龙成为"上古先民'筚路蓝缕,以启山

---

① 费正清(John King Fairbank):《中国的世界秩序:一种初步的构想》,第 11 页。

② 菲利普·巴莱(Philippe Barret):《不要害怕中国》,马小棋、许予朋译,北京:中国友谊出版公司,2019 年,第 99 页。

③ 马豪恩(Jorge Eduardo Malena):《中国:大国的构建》,林华译,北京:五洲传播出版社,2017 年,第 28 页。

④ 亨利·基辛格(Henry Alfred Kissinger):《论中国》,胡利平、林华、杨韵琴、朱敬文译,北京:中信出版社,2015 年,第 19 页。

⑤ 亨利·基辛格(Henry Alfred Kissinger):《论中国》,第 19 页。

⑥ 亨利·基辛格(Henry Alfred Kissinger):《论中国》,第 23 页。

林'(《左传·宣公十二年》)的见证者、同盟者、书写者"①,历史上北方匈奴族即盛行崇龙祭龙古俗,《史记·匈奴列传》:"五月大会茏城(即龙城),祭其先、天地、鬼神。"司马贞索隐:"崔浩云:'西方胡皆事龙神,故名大会处为龙城。'《后汉书》云:'匈奴俗,岁有三龙祠,祭天神。'"②表明匈奴人全体高度认同中华龙。与牛、马、虎、熊、鸟等动物相比,龙乃"东方之兽"(《论衡·符验》)③、"水之怪曰龙"(《国语·鲁语下》)④,无疑更凸显兼容并包、复合多元的超强代表性、典型性,在中国最具有民俗特色与对外影响的十二生肖文化中,龙强势入选,且荣登第五位。"龙,君也"(《广雅·释诂一》)⑤,在帝王皇室眼中,它更是力量强健、伸缩自如、威严神圣,故对其青睐有加、推崇备至,故西汉贾谊《新书·容经》曰:"龙也者,人主之辟也。"⑥检《康熙字典》相关字词亦有明证。

㉗ 頹(zhuō)《康熙字典·页部》:"頹,《五音集韵》:'面秀骨。'《博雅》:'颧頯頹也。'《玉篇》:'汉高祖隆頹龙颜。'按《史记》、《汉书》作龙准,注音拙。"⑦頹指(高)颧骨眉骨圆起,与常人异,据说刘邦有此异相,《史记·高祖本纪》:"高祖为人,隆准而龙颜,美须髯,左股有七十二黑子。"⑧字典辞书作为古代中国官方倍加重视的传播媒介与文化载体,饱蘸着浓郁醒豁的思想意识与政治态度,《说文·页部》:"頹,头頯頹也。从页,出声。"⑨段《注》:"若高祖隆准。服虔:准音拙。应劭曰:颊权准也。师古曰:頹权頹字岂当借准为之。"⑩以马克斯·韦伯社会学理论视之,刘邦的奇异相貌、非凡特质及神奇魅力属于不折不扣的"卡里斯

① 黄交军,李国英:《牛行华夏:〈说文解字〉牛部字涵括上古牛文化意识辣诂》,《漯河职业技术学院学报》,2021 年第 3 期。

② 司马迁撰、裴骃集解、司马贞索引、张守节正义:《史记》,第 2197 页。

③ 王充:《论衡》卷十九,长沙:岳麓书社,2015 年,第 247 页。

④ 左丘明:《国语》,长沙:岳麓书社,2006 年,第 43 页。

⑤ 郝懿行、王念孙、钱绎、王先谦等:《尔雅·广雅·方言·释名清疏四种合刊(附索引)》,上海:上海古籍出版社,1989 年,第 342 页。

⑥ 贾谊:《贾谊集》,上海:上海人民出版社,1976 年,第 109 页。

⑦ 汉语大词典编纂处编:《康熙字典(标点整理本)》,第 1395 页。

⑧ 司马迁:《史记》卷八,长沙:岳麓书社,2016 年,第 83 页。

⑨ 许慎:《说文解字》,第 183 页。

⑩ 许慎撰、段玉裁注:《说文解字注》,第 420 页。

玛"领袖支配类型,即"确信其英雄气概,以及非凡的禀赋"①建立的道德规范或社会秩序被信徒大众自发追随、服从、效忠、献身,平民百姓通过世俗眼光对皇帝肉身附龙的身体想象完成了对王者功成名就的心理认同与认知解释,"在对皇帝身体的想象中,皇帝的功业和德行都可以被置换成一种特定的身体符号和特征来加以印证和审视"②,正是在这种极具"卡里斯玛"支配类型的强大号召下,处于弱势的刘邦不断赢得各方势力的广泛支持,他使得社会各界人士笃信:刘邦是众望所归、普度众生、结束纷乱、能带来和平繁荣的真正的"龙之子"、"赤龙之子"、"天选之子",从而最终以弱胜强,击败"力拔山兮气盖世"的西楚霸王项羽,建立起赫赫有名的西汉王朝。"文经武纬包三古,日角龙颜遏四夷"(唐·贯休《寿春节进大蜀皇帝五首》)③颡骨(龙准龙颜),古亦称日角,指额骨中央部分隆起,形状如日。相术家认为,人具日角骨相,主大贵。多拟况帝王,《后汉书·光武帝纪上》:"身长七尺三寸,美须眉,大口,隆准,日角。"李贤注引郑玄《尚书中候》注:"日角,谓庭中骨起,状如日。"④

㉘ 准(zhǔn)《康熙字典·冫部》:"准,《史记·高祖本纪》:'隆准而龙颜。'注:'服虔曰:准,颊权也。文颖曰:准,鼻也。'"⑤准(古作凖)字形容高鼻丰隆,亦称隆鼻、龙鼻(《麻衣神相》)。"忆遇高皇识隆准,岂意孤臣空白首"(南宋·陆游《悲歌行》)⑥,古代相师将其附会为帝王瑞兆,意指相貌独特非富即贵,后世尊称汉高祖刘邦为"隆准公",并注入龙子、赤帝子、刘媪梦龙而孕、头绕龙气祥云等政治神话与谶纬理念,将平民出身的刘邦粉饰为龙气弥漫的高贵瑞相,并由此开启了古代中国后世帝王贵胄标准相的滥觞与范式,孙奕《履斋示儿编·杂记·事同》:"汉高祖龙颜,晋元帝、嵇康亦龙颜。光武日角,唐高祖亦日角。"⑦颇有意味的是:古代相术家称额骨隆起入左边发际为"日角",入右边发际为"月

---

① 马克斯·韦伯(Max Weber):《经济与历史 支配的类型》,康乐等译,桂林:广西师范大学出版社,2010年,第298页。

② 雷戈:《秦汉之际的政治思想与皇权主义》,上海:上海古籍出版社,2006年,第139页。

③ 陈贻焮主编、孟庆文分册主编:《增订注释全唐诗》第5册,北京:文化艺术出版社,2001年,第618页。

④ 范晔著、李贤等注:《后汉书》卷一上,第1页。

⑤ 汉语大词典编纂处:《康熙字典(标点整理本)》,第59页。

⑥ 刘扬忠注评:《陆游诗词选评》,西安:三秦出版社,2008年,第155页。

⑦ 孙奕:《履斋示儿编》卷十七,上海师范大学古籍整理研究所编:《全宋笔记第七编三》,郑州:大象出版社,2016年,第190页。

角",均视作大富大贵之瑞相祥征,《文选·刘孝标〈辩命论〉》:"龙犀日角,帝王之表。"李善注引三国魏朱建平《相书》:"额有龙犀入发,左角日,右角月,王天下也。"①

㉙ 龑(yǎn)《康熙字典·龙部》:"龑,《篇海》:'高明之貌。'又《南唐书》:'南汉刘岩改名龚,复改名龑。'古无龑,岩取飞龙在天之义创此名。"②龑同龚、奱、龑,五代时南汉皇帝刘岩(原名陟)为自己新造的名字,取《周易》"飞龙在天"之义,事实上古代帝王造字改字颇有讲究,源于汉字崇拜(属于灵物崇拜),汉字丰富了人类认知自然、社会及自身的方式,是人类告别愚昧、步入文明时代的主要标志,古人在创制、使用过程中对其油然而生敬意,源于文字本身及其携带的思想信息即伴随着人类对未知世界探寻过程中的神秘想象,"在对自然现象和自然力尚不理解的情况下,人们往往把语言文字同某些自然现象和自然力联系起来,甚至误认为语言文字是祸福的根源"③。以华夏先人原始思维论之,汉字乃充满着神奇与尊严的神秘符码与文化基石,文字的产生打破了神灵世界的垄断,将对未知世界的认知主动权牢牢掌控在自己手中,《淮南子·本经训》:"昔者仓颉作书,而天雨粟,鬼夜哭;伯益作井,而龙登玄云,神栖昆仑。"许慎注:"鬼恐为书文所劾,故夜哭也;伯益佐舜,初作井,凿地而求水,龙知将决川谷,漉陂池,恐见害,故登云而去,栖其神于昆仑之山也。"④先哲们将"仓颉作书"与"伯益作井"并提同列,其意当为突出文字奇特功效。古人深信文字隐含着宇宙的结构与规律,掌握文字就宰制了命运枢机、神鬼意志等一切,并最终由此形成特有的"符箓文化",代表性案例如武则天时期"武周新字","龑"亦属崇龙慕龙谶纬而成,《宋史·南汉刘龑传》:"(刘陟袭位)贞明三年。僭帝号,国称大汉,改元乾亨,行郊祀礼,改名岩,又改龚,终改'龑','龑'读为'俨',字书不载,盖其妄作也。"⑤

"鸾凤岂巢荆棘树,虬龙多蛰帝王都。"(唐·徐夤《塔院小屋四壁皆是卿相

① 刘峻:《刘孝标集校注》,上海:上海古籍出版社,1988年,第72页。

② 汉语大词典编纂处编:《康熙字典(标点整理本)》,第1540页。

③ 李明军:《文字中的玄机》,《天人合一与中国文化精神》,济南:山东人民出版社,2015年,第273页。

④ 刘安著、许慎注:《淮南子》卷八,陈广忠校点,上海:上海古籍出版社,2016年,第180—181页。

⑤ 脱脱等:《宋史》卷四百八十一,刘浦江等标点,长春:吉林人民出版社,1995年,第9574页。

题名因成四韵》)①龙为封建皇权所垄断专用,帝王常自诩"真龙天子",帝王相貌命名"龙颜"、"龙准",皇帝身体誉为"龙体"、"鳞身"(长有鳞甲状花纹的身体,意指龙体。古人以为是帝王之相),身体抱恙称"龙体欠安",帝王穿戴"龙袍"、"龙衮"、"龙衣",而"龙卷"亦指上绣龙纹的古代帝王朝服(用于祭祀),见《礼记·玉藻》:"龙卷以祭。"郑玄注:"龙卷,画龙于衣。字或作衮。"孔颖达疏:"卷谓卷曲,画此龙形卷曲于衣,以祭宗庙。"②饶有意味的是:林国恩教授利用"龙"之诸多古文字形体与明朝建文帝的相关资料试图对贵州地区最为神秘的人文景观——红崖天书(见图6、图7)作出系统解读,据他考证,认为图6的文字(即图7左上角第2字)是"天子衮冕的象征"③,即龙卷。并认为"天书"图文的这条龙只能是皇帝的象征,头上形似"宝盖"的图文就是夸张描绘的"皇冠"④。建文帝曾在贵州罗永庵中壁间题有"款段久忘飞凤辇,袈裟新换衮龙袍"(《金竺长官司罗永庵题壁》)⑤诗句,故林氏进而推测"建文帝仍念念不忘自己原本的皇帝身份,他把这表征皇帝身份的'龙袍'化入'天书'之中,也是理所当然的事情"⑥,从而为学界正确解密红崖天书奥秘提供了有益的线索。皇帝的御案名"龙案",御座叫"龙椅",帝王的床铺称"龙床"、"龙榻",皇帝所居之禁中尊为"龙禁",天子或太子的住宅叫"龙邸",皇帝乘坐之车辇名"龙鉴"、"龙辇"、"龙驾"、"龙服"、"龙轩"、"龙辀"、"龙辂"等,天子仪仗画有两龙蟠结的旗帜唤作"龙旂"、"龙旗"、"龙旗",王侯之棺饰叫"龙帷",皇帝的扈从称"龙扈",侍卫帝王之马军号"龙卫",唐玄宗时禁军叫"龙武军",天子之坐骑称"龙骑",天子的马舍为"龙厩",传达皇帝命令的牌子名"龙牌",帝王之诏旨、圣旨称"龙绋"、"龙纶",帝王的子孙誉为"龙孙"、"龙种"、"龙胄",皇帝之恩典尊为"龙恩",帝皇颁发的历法名"龙躔",皇位称"龙位"、"龙廷",帝王之气叫"龙气",皇帝即位称"龙飞",王者兴起赞曰"龙兴",群雄争夺天下称"龙斗",皇帝驾崩讳饰"龙升"、"龙御上宾"、"龙驭宾天"、"龙去鼎湖",帝王之丧车名"龙輀"、"龙辒",皇帝的棺椁称"龙輴"。随着

---

① 赵俊玢、郗政民等:《唐诗人咏长安》,西安:陕西人民出版社,1982年,第199页。

② 陈戌国导读、陈戌国校注:《礼记全本》,长沙:岳麓书社,2019年,第201页。

③ 林国恩:《破解"红崖天书"》,上海:上海文艺出版社,2014年,第180页。

④ 林国恩:《破解"红崖天书"》,第178页。

⑤ 朱允炆:《明惠帝诗文选·金竺长官司罗永庵题壁》,《中国皇帝全书》编委会主编:《中国皇帝全书·明》,北京:大众文艺出版社,2010年,第3293页。

⑥ 林国恩:《破解"红崖天书"》,第179页。

封建皇权的进一步强化，皇帝甚至直接将"龙"及其他相关名字予以垄断专用，如"周宣帝自称天元皇帝，不听人有天、高、上、大之称。官名有犯，皆改之不许。……政和中，禁中外不许以龙、天、君、玉、帝、上、圣、皇等为名字。……宣和七年七月，手诏以昨臣僚建请，士庶名字有犯天、玉、君、圣及主者悉禁"（南宋·洪迈《容斋随笔·禁天高之称》）①，更有甚者，"宋代形成的天子独裁体制，逐渐把象征天子的龙纹固定为天子的独占物"②，宋徽宗即位十年后，以律法来严禁民众制造、购买或使用龙形饰品，"政和元年十二月七日诏：'元符杂敕，诸服用以龙或销金为饰……及以纯锦遍绣为帐幕者，徒二年，工匠加二等，许人告捕。虽非自用，与人造作，同严行禁之。'"③从而使得龙与封建皇权无缝衔接、密不可分。"柳营平日麕轻敌，龙衮今年识至尊"（南宋·王灼《代公庆上郭帅》）④，有意思的是，龙作为一种特征鲜明、寓意祥瑞的健畜猛兽，也常常频繁被优选为帝王年号，年号乃古代中国一种特有的纪年法"不仅寓意'真龙天子'可以控制时间、顺天应人及君权神授，也翔实记载着古代上层宫廷结构的祥瑞福兆、天命观念、政治诉求及庙堂典制"⑤，考诸史书，历朝帝王择"龙"作年号数量高达14个，如"黄龙（前49）"为汉宣帝刘询在位时最后一个年号，三国吴大帝孙权也曾使用"黄龙（229—231）"年号，"（壬午，梓州刺史段子璋反）子璋自称梁王，改元黄龙，以绵州为龙安府"（《资治通鉴·唐纪三十八》）⑥，唐朝梓州刺史段子璋亦曾反唐封王，立过"黄龙（761）"年号；"龙兴（25—36）"东汉蜀郡太守公孙述于王莽之乱称帝时的年号，十六国时期后赵大黄帝侯子光（羯族）也使用"龙兴（337）"年号，唐时南诏国第九位君主劝龙晟亦改元"龙兴（810—816）"，大理正康帝段正兴第三个年号亦作"龙兴（1155—1161）"；魏明帝曹叡采用"青龙（233—236）"年号，十六国时期后赵哀帝石鉴（羯族）也曾立过"青龙（350）"年

① 洪迈：《容斋随笔·容斋续笔》卷四，刘莲英编译，沈阳：万卷出版公司，2019年，第97页。

② 宫崎市定：《中国的历史思想——宫崎市定论中国史》，张学锋、尤东进、马云超、童岭、杨洪俊、张紫毫译，上海：上海古籍出版社，2018年，第170页。

③ 徐松辑录：《宋会要辑稿四·舆服四·臣庶服》，刘琳、刁忠民、舒大刚等校点，上海：上海古籍出版社，2014年，第2232页。

④ 许吟雪、许孟青编著：《宋代蜀诗辑存·遂宁市》，成都：四川大学出版社，2000年，第250页。

⑤ 黄交军、李江义：《鼎立华夏：汉字文化学背景下〈说文解字〉"鼎"之文化审视》，《语文学刊》，2021年第3期。

⑥ 司马光编撰：《资治通鉴》卷二百二十二，邬国义校点，上海：上海古籍出版社，2017年，第2496页。

观念史与汉语之思

号,后燕昌黎王兰汗(鲜卑族)亦改元"青龙(398)";"龙飞(396—399)"为十六国时后凉太祖吕光(氐族)的年号;"龙升(407—412)"乃十六国时夏国世祖武烈帝赫连勃勃(匈奴族)的年号;"龙朔(661—663)"属于唐高宗李治的第三个年号;"神龙(705)"是武周王朝武则天的最后一个年号,唐中宗李显继位沿用"神龙(705—707)"年号;唐中宗李显后改元"景龙(707—710)",表明他嗜好龙字年号;"龙纪(889)"乃唐昭宗李晔的第一个年号;"见龙(780—783)"为唐时南诏国第六世王异牟寻的年号;"龙德(921—923)"为后梁末帝朱友贞的年号;"白龙(925—928)"乃五代十国时期南汉高祖刘龑使用的第二个年号;"龙启(933—934)"为闽惠帝王延钧的年号;"龙凤(1355—1367)"乃元末(国号宋)小明王韩林儿的年号,汉明皇帝田九成亦建元"龙凤(1397)",可见龙作为万民景仰的图腾神、精灵神、吉祥神、保护神,成为王侯将相的追捧圣灵,以龙为号着眼于龙神显灵,保驾护航,长治久安。阐析"龙"之汉字形音义其实也是一个字词考古、文化寻根的认知苦旅,从中能释读我们赖以生存的精神家园与民族秘史,从这个意义而言"汉字作为一个独立的表意系统,汉字的形体结构体现出了汉民族看待世界的样式与视角,因而具有独特的文化解读功能。汉字诸多符号形体忠实反映出先民'筚路蓝缕,以启山林'的原始历程,从中可以管窥中国文明史的嬗变遗迹,故汉字的解析从一开始就具有思想史和文化史的意义,而不仅仅是纯语言学的意义"①。

图6　瞿鸿锡红崖天书摹本　　　图7　贵州关岭红崖天书遗迹

　　"艺祖开基登九五,驾驭群雄走龙虎。"(南宋·王之望《王铃辖出示乃祖两令公画像求诗为赋七句》)②以龙为尊、取龙为年号构成古代中国世界秩序的核

① 黄交军、李国英:《认知语言学理论背景下〈说文解字〉"鬼"之文化探秘》,《地方文化研究》,2017年第5期。
② 张毅、于广杰编著:《宋元论书诗全编》上编,天津:南开大学出版社,2017年,第208页。

心理念与政治特色,基辛格精辟指出:"在亚洲所有关于世界秩序的观念中,中国所持的观念最为长久、最为清晰、离《威斯特伐利亚条约》的主张最远。中国的历史进程也最曲折复杂,从古老的文明到传统的帝国,到共产党革命,再到跃居现代大国的地位。中国走过的路将对人类产生深远的影响。"①古老的中华文明是一个以华夏为中心的"天下"体系与礼乐文明,为周边诸国、异域外邦"心向往之",亦步亦趋,诚如基辛格所言:"历史上,中国靠自己的成就和行为使外国心悦诚服。"②与惯于烧杀掳掠、殖民剥削发家的欧美列强斑斑劣迹迥异的是,中华帝国"朝贡制度的目的是培养他国对中国的恭敬,而不是获取经济利益或武力统治他国"③。作为古代中华文明标志性、代表性、典型性的龙,其声威流韵更是波及海内外,引发汉字文化圈及陆海丝绸沿线国家纷纷劘习效仿,历史上越南、朝鲜、日本等国家依中国惯例先后采用年号进行纪年纪时,如越南李朝李圣宗李日尊第一个年号为"龙瑞太平(1054—1058)"(或作"龙瑞天平")④,第三个年号改元"龙彰天嗣(1066—1068)"⑤,而"龙符元化(1101—1109)"(或作"龙符",见《大越史记全书》)⑥乃李朝李仁宗李乾德的年号,"治平应龙(1205—1210)"⑦为李朝高宗李龙翰的第四个年号,后黎朝第二十二代君主黎纯宗黎维祥亦择"龙德(1732—1735)"⑧作年号。需要特别指出的是:日本作为亚洲最先实现现代化的发达国家,至今仍在通行年号纪年,且年号均典出中国古籍史册,日本堪称是竭力学习模仿古代中国政治体制、典制习俗、文化思想最为勤奋最具成效的模范生、佼佼者,深谙古代中国优秀文化精髓。考"天皇"一语,本是汉籍史书中的远古帝名,为三皇之首,《史记·秦始皇本纪》:"古有天皇,有地皇,有泰皇。"⑨春秋时期越王勾践被人称为"天皇",东汉史学家袁康《越绝书·外

---

① 亨利·基辛格:《世界秩序》,胡利平译,北京:中信出版社,2015 年,第 276 页。

② 亨利·基辛格:《世界秩序》,第 279 页。

③ 亨利·基辛格:《世界秩序》,第 278 页。

④ 李兆洛:《历代纪元编》(一),王云五主编:《万有文库》第一集第 961 册,上海:商务印书馆,1930 年,第 65 页。

⑤ 李兆洛:《历代纪元编》(一),第 65 页。

⑥ 李兆洛:《历代纪元编》(一),第 65 页。

⑦ 李兆洛:《历代纪元编》(一),第 66 页。

⑧ 陈荆和编校:《大越史记全书》,东京:东京大学东洋文化研究所,1984 年,第 1079 页。

⑨ 转引自严耕望:《中国政治制度史纲》,上海:上海古籍出版社,2017 年,第 45 页。

观念史与汉语之思

传记吴王占梦》载："夫越王句践，虽东僻，亦得系于天皇之位。"①据史观之，明确自称"天皇"者为唐高宗，见《新唐书·高宗纪》："八月壬辰，皇帝称天皇，皇后称天后。"②日本对古代中国学习堪称全面深入，以年号为例，日本天皇甚至直接将唐朝著名皇帝的年号借用过来作为自己的年号，如日本清和天皇于859至876年照搬唐太宗的年号"贞观"③，而圆融天皇于976至977年也径直采择唐德宗的年号"贞元"④，日本的后醍醐天皇于1334至1338年期间使用了东汉开国皇帝——光武帝的"建武"年号⑤等等不胜枚举，是日本思想及语文深受中华文化强势熏染的底层表现，有力凸显出古代中国对汉字文化圈及丝绸之路沿线国家的巨大影响，有中国学者指出："儒学的吸收对以皇室为中心的日本提供了一个可资仿效的国家的型范。"⑥日本著名历史学家山中顺雅教授更是高屋建瓴、鞭辟入里，精辟论断云："日本的天皇氏族借用中国皇帝制度中的中华思想、礼和皇帝专用词，建立起日本的天皇制。"⑦并强调以汉字汉文汉籍为载体为代表的泱泱中华的思想文化、风俗信仰、学术流派、礼仪典制等对日本古代形成发展史居功至伟，并反复申明"如果没有这些中国皇帝专用词以及作为表记符号的汉字的话，也许日本列岛上就不会出现天皇制度"⑧，"可以说，如果没有中国的皇帝制度，就不会有日本的天皇制的问世。日本的天皇制完全是中国的皇帝制度的复制品"⑨，"如果没有中国的皇帝制度的话，可以说就不会有日本的天皇制。日本的天皇制的根在中国"⑩。诚如斯言，"要论中国人，必须不被搽在表面的自欺欺人的脂粉所诓骗，却看看他的筋骨和脊梁"（鲁迅《中国人失掉自信

---

① 袁康、吴平：《越绝书》卷十，徐儒宗点校，杭州：浙江古籍出版社，2013年，第67页。

② 欧阳修、宋祁：《新唐书》卷三，陈焕良、文华点校，长沙：岳麓书社，1997年，第39页。

③ 桑原骘藏：《唐宋元时代中西通商史》，冯攸译述，郑州：河南人民出版社，2018年，第102页。

④ 木官泰彦：《中日交通史》，陈捷译，上海：商务印书馆，1931年，第312页。

⑤ 山村耕造(Kozo Yamamura)主编：《剑桥日本史（第3卷）·中世日本·第四章室町幕府》，严忠志译，杭州：浙江大学出版社，2020年，第172页。

⑥ 武安隆：《文化的抉择与发展——日本吸收外来文化史说》，天津：天津人民出版社，1993年，第112页。

⑦ 山中顺雅：《法律家眼中的日本古代一千五百年史》，曹章祺译，北京：中国社会科学出版社，1994年，第262页。

⑧ 山中顺雅：《法律家眼中的日本古代一千五百年史》，第118页。

⑨ 山中顺雅：《法律家眼中的日本古代一千五百年史》，第262页。

⑩ 山中顺雅：《法律家眼中的日本古代一千五百年史》，第118页。

力了吗》）①,帝王帝制虽已烟消云散、沦为尘土,然龙于现代国民心中始终未曾缺席远去,究其原因龙乃古代中国的钢筋铁骨、超强基因,替华夏儿女血脉肌体注入了免疫抗毒、永葆青春的自信灵魂,大力挑起中华民族道路自信、理论自信、制度自信与文化自信之民族脊梁,是泱泱中华数千年辉煌文明史的一枚亮丽名片,屡经沧桑却历久弥坚。从这个意义而言,亿兆百姓对龙之热爱推崇使它发展成为中国传统文化的杰出代表、思想精华、合理内核与嬗变动力,给中华民族共同体、人类命运共同体提供了历史注脚、思想源泉、生动案例②,是西方世界传说中只会贪婪守财、张牙舞爪、喷火施虐之"dragon"自惭形秽、无法企及的。与欧美文化观念内"dragon"始终矗立于人类对立彼岸之根深蒂固"傲慢与偏见"迥异的是,"津无蛟龙患,日夕常安流"(唐·孟浩然《与黄侍御北津泛舟》)③,龙与华夏先民虽曾有过激烈交锋(如龙患龙祟、龙蛇之孽等),最终结果却是化干戈为玉帛、同舟共济,最终凝固为炎黄子孙自强自立、一往无前的高大英姿,充分反映出中华传统文化"和实生物"(《国语·郑语》)④、扬善弃恶的生态理念、生存智慧与"形器不存,方寸海纳"(东晋·袁宏《三国名臣序赞》)⑤的哲学特质、民族精神,是勤劳勇敢的中国人弘扬民族精气神、彰显文化软实力的明星动物、闪亮标签及经典案例,对铸牢中华民族共同体意识始终一以贯之,居功至伟。

五、结语

"英英白龙孙,眉目古人气"(南宋·姜夔《以"长歌意无极,好为老夫听"为韵,奉别沔鄂亲友》)⑥,龙文化作为古代中国的一种重要文化现象,字里行间、词义语辞充分流露出先民对龙的世界感知、哲理思索、社会应用、人类记忆,是

① 鲁迅:《朝花夕拾》,北京:中国言实出版社,2016 年,第 166 页。

② 黄交军、李国英:《与牛共舞:徽州牛文化探秘》,陈声柏主编《国学论衡》第十辑,北京:社会科学文献出版社,2021 年,第 141—168 页。

③ 孟浩然:《孟浩然集》卷一,长沙:岳麓书社,1990 年,第 19 页。

④ 左丘明:《国语》,第 89 页。

⑤ 萧统编:《文选》,海荣、秦克标校,上海:上海古籍出版社,1998 年,第 402 页。"海纳百川,有容乃大"语出《尚书·君陈》:"尔无忿疾于顽,无求备于一夫。必有忍,其乃有济。有容,德乃大。"和《三国名臣序赞》:"形器不存,方寸海纳。"李周翰注:"方寸之心,如海之纳百川也。言其包含广也。"

⑥ 姜夔:《姜白石诗集笺注》,孙玄常笺注,太原:山西人民出版社,1986 年,第 3 页。

管窥中华史前以来文明嬗变的关键突破口,"词典尤其是大型权威辞典的精确解释是我们参照考察语言文字及人类文化现象的重要依据,同时也是学界赖以作出事实判断与结论产生的关键支撑材料"①,故以古代最为权威的工具书《康熙字典》龙部字词为研究目标,从汉字文化学理论视阈深入观照剖阐后发现:龙从一大型爬行动物经过古圣先哲们连续不断的语义阐发、逻辑推理、政治建构,逐渐登堂入室、超凡入圣,衍生演进成萨满神兽、氏族圣物乃至部落图腾,并因其遨游宇宙、能量非凡、无与伦比,被封建皇权垄断作帝王权柄象征,成为古代中国上层政治有效构建世界秩序的祥瑞动物、叙事对象、特殊符号,"是中华民族文化认同、文化自觉、文化自信的喜庆动物、认知编码与文化基石,为中华民族共同体的形成增添了新的力证"②。审视《康熙字典》龙部字词可见龙族字词自成体系,且井然有序,有力地印证了汉字作为表意文字对社会生活、典制习俗、喜怒哀乐、民心向背等民族秘史具有直观映射的镜像功能③。尤为重要的是,由于龙被神州大地 56 个民族高度认同、集体膜拜,故它始终融汇为华夏多民族大一统历史进程中的核动力、原子能、向心磁。近代中国虽因统治者闭关锁国、蔽明塞聪导致欧美列强利用坚船利炮轰开国门造成"亢龙有悔"(《易·乾》)④、生灵涂炭,然亿兆国民在屡经神州陆沉、百年沧桑等空前浩劫情形下,激发起中华无数热血儿女、龙子龙孙的血性、韧性、灵性、悟性,唤醒国民灵魂深处积淀已久的龙文化超级基因与自强精神,大力助推炎黄子孙众志成城、群策群力、同仇敌忾、共御外侮,使得泱泱中华再次"飞龙在天"(《易·乾》)⑤,新中国以"东方巨龙"矫健英姿昂首屹立于世界的东方,向世人正式宣告民族崛起、文化复兴、王者归来,正如著名音乐人士侯德健《龙的传人》歌词所云:"古老的东方有一条龙,它的名字就叫中国;古老的东方有一群人,他们全都是龙的传人。巨龙脚底下我成长,成长以后是龙的传人;黑眼睛黑头发黄皮肤,永永远远是龙

① 黄交军、李国英:《释义元语言视阈下"鬼"之文化模式稽考——基于英语、日语、汉语的比较研究》,《湖南广播电视大学学报》,2020 年第 3 期。

② 黄交军、李国英:《中国早期鼠文化考索》,四川师范大学中华传统文化学院、四川省人民政府文史研究馆主办:《国学》第九集,成都:巴蜀书社,2021 年,第 373—411 页。

③ 黄交军:《〈说文〉鸟部字、隹部字研究》,桂林:广西师范大学硕士论文,2008 年,第 59 页。

④ 周易中华文化讲堂注译:《周易》,第 2 页。

⑤ 周易中华文化讲堂注译:《周易》,第 2 页。

的传人。"①大量龙类字词融聚成汉语词汇的历史洪流,被誉为完整保存炎黄子孙全部文化信息的"活化石"、"全息胚",折射出华夏各族自强自立、自尊自爱的集体共识和核心价值,正如历史语言学奠基者雅各布·格林强调"我们的语言就是我们的历史"②,并认为语言比骨骼、武器与墓穴更能证明民族的历史与民族身份的标记,乃民族历史文化的碑铭。从这个意义而言,以《康熙字典》为代表的字书辞典既是著者对清初及以前(龙等)天地万物、风俗典制等百科全书式的资料汇编与鸿篇巨著,也是朝野学子对古今社会动态与思想源流的一次全面而深刻的学术总结与人文反思,进而可理解历代圣贤先后编撰卷帙浩繁的大量字书、词典、类书绝不仅仅满足于著书立说的个人嗜好,而是肩负家国天下与历史传承的沉重使命,寄寓着先民继往开来的经验积累、世界感知、国民意识及价值观念,故能演化为古代中国士子同仁自觉自律的知识启蒙与行为指针,因此龙文化等不仅是前贤时修理解古代中国世界秩序的一种自我视角与认知方式,并且螺旋上升为国家意识形态的重要组成部分,亦为华夏民族遗世而独立、赖以生存、承前启后的思想之根、文化之源、国脉之鼎与心灵之家,受到自上而下全体国民的高度重视与集体谙习③,正如国际著名科学技术史专家李约瑟特别指出的:"中国思想中的关键词是'秩序'(order),尤其是'模式'(pattern)。象征的相互关系或对应都组成了一个巨大模式的一部分。……它们是有赖于整个世界有机体而存在的一部分。"④"凡骨变成仙骨了,此躯何患弗为龙"(南宋·苏通《大涤洞天留题》),龙从远古一大型爬行动物,经过昔圣时贤千万年来的演绎升华、推陈出新,已然蜕变为全体国民乃至海外华人的身份标志与国族象征,继续引领炎黄子孙实现民族伟大复兴中国梦。在当今风谲云诡、变化莫测的国际新形势下,挖掘汲取龙之正能量,颂扬继承龙之好声音,确立中国"龙"文化的话语权、解释权,积极捍卫优秀传统文化,仍然是中华民族奋发有为、薪火相传的主旋律、最强音,永不褪色,功在千秋。要之,一部《康熙字典》龙部字

① 侯德健:《龙的传人》,王立平主编:《百年乐府——中国近现代歌词编年选》(4),上海:上海音乐出版社,2018 年,第 26—27 页。

② 雅各布·格林(Jacob Grimm):《论语言的起源》,转引自 В. И. 阿巴耶夫:《语言史和民族史》,《民族问题译丛》,1957 年第 12 期,第 13 页。

③ 黄交军、李国英:《认知语言学理论背景下〈说文解字〉"鬼"之文化探秘》,《地方文化研究》,2017 年第 5 期。

④ 李约瑟(Joseph Needham):《中国科学技术史》第二卷,何兆武等译,北京:科学出版社;上海:上海古籍出版社,1990 年,第 305 页。

观念史与汉语之思

词的文字源流史、语言演变史堪称一段炎黄子孙认知世界、理解世界、观物立象、物我两忘的世界图景与心路历程,集中体现着中华民族发愤图强、海纳百川、赓续祖志的民族传统及奋斗精神,其深刻蕴含的文化精神和思想魅力对中华民族共同体的形成与凝聚之重要功能无论怎么形容都不过誉,始终是我们赖以生存的"民族魂"①、"我们的根"、"存在家园"②,对破译中国民俗史、政治史、思想史以及文化史意义重大。

The Long (龙) Exists all over the World: Cultural Explanation on the Chinese Character of the "Long (龙)" in *Kangxi Dictionary*

Huang Jiaojun　　**Li Guoying**

Abstract: The Long (龙) originated early, spread widely and had the greatest influence, forming a cultural phenomenon with great national characteristics and world reputation in ancient China. Chinese characters are the ideographic system and linguistic materials and historical materials that faithfully record Chinese civilization, carry heavy human memory and embody national cultural identity. Therefore, the analysis text is based on the Long (龙) radical character in the ancient authoritative *Kangxi Dictionary*, after thorough cultural scrutiny from the perspective of Chinese characters' cultural theory, it is found that the ancient Chinese people were familiar with the characteristics and attributes of the Long (龙). They clearly classified it and correctly named it, building a complete and methodical animal family genealogy. Under the influence of the primitive religious belief of Animism, the Long (龙) was deified as a spiritual animal, a tribal relic and even a national totem for people to understand the world, explain the world, regulate the world and construct the world. In particular, because the Long (龙) is powerful and unbeatable, it was later monopolized by the feudal imperial power and rose to the political symbols, power discourse and world order of ancient China. Its reputation radiated across the Silk Road and the Chinese character culture circle from

---

① 鲁迅:《学界的三魂》,《鲁迅全集》第 1 卷,北京:光明日报出版社,2015 年,第 224 页。

② 海德格尔:《海德格尔选集》上卷,孙周兴选编,上海:三联书店,1996 年,第 358 页。海德格尔断言:"语言是存在的家。人以语言之家为家。"意类于荷尔德林诗:"词语破碎处,无物可存在。"

East Asia to the globe, and eventually evolved into a Chinese identity and national symbol of descendants of the Chinese nation collective identity. The Long (龙) is the auspicious animal and narrative object of cultural confidence and soft power promotion, being of great significance to decipher the history of Chinese folklore, politics, ideology and culture.

Keywords: *Kangxi Dictionary*; Long （龙）; Animal lineage; National totem; World order

114

观念史与汉语之思

逻辑之维

辩证逻辑之辨：是逻辑还是哲学？[*]

郝旭东[**]

[摘　要]　"辩证逻辑"究竟是不是"逻辑"，一直都是一个极富争议的命题。为了回答该问题，首先应该界定清楚何为"逻辑"。在严格给出"逻辑"的广义与狭义定义之后，即可对繁复的辩证逻辑研究成果进行更为准确的分辨。根据"逻辑"的广义定义，辩证逻辑名下"作为逻辑的辩证法"不是逻辑；而辩证逻辑名下的进行"逻辑"研究的辩证逻辑是逻辑。然而，在这些属于广义逻辑的辩证逻辑中，如果按照狭义定义的标准去衡量，有些看上去是逻辑的辩证逻辑却不是逻辑。因此，基于严格定义基础上的细致分辨可见，在现阶段断言辩证逻辑"是哲学"、"是逻辑"皆因笼统作答而十分不当；只有对笼统断言做出进一步限制并明确给出其断言之依据，方可得到具有较高可接受性的答案。此外，作为逻辑的辩证逻辑在符号语言的制定、形式结构的刻画、核心理论的构建和基本构建原则等方面，也的确存在着可以进一步研究和发展的空间。

* 基金项目：国家社会科学基金重大招标项目"广义逻辑悖论的历史发展、理论前沿与跨学科应用研究"（项目编号：18ZDA031）。

**　郝旭东（1974—　），山东莘县人，华东师范大学哲学系副教授，研究领域为现代逻辑和逻辑哲学。

[关键词] 逻辑；辩证逻辑；辩证法；思维形式；逻辑哲学

　　"辩证逻辑"究竟是不是"逻辑"，是一个极富争议的论题。依照构词法的规律，语词"辩证逻辑"所表达的概念应为一种"逻辑"；但"辩证逻辑"确实又因与辩证法之间具有紧密的关联而被认为是哲学。显然，想要辨别清楚"辩证逻辑"到底是不是逻辑，其关键是首先要界定清楚何为"逻辑"。以学界两种典型的逻辑学界定观点为标准，通过具体辨析辩证逻辑典型成果的研究对象、方法及其研究目标，方可合理分辨"辩证逻辑"名下研究成果的学科归属哪些是逻辑，哪些属哲学。围绕主题，我们的探讨首先从辨明概念"逻辑"开始。

一、何为逻辑

　　辩证逻辑，其所指广泛而深刻地涉及到了哲学与逻辑两个学科。在逻辑与哲学之间，一个不得不承认的事实是，两者始终都存在着天然而难以割断的联系。并且，另一个毫无疑问的事实是，无论传统逻辑还是现代逻辑，都来自于那些爱智慧的哲学家们的贡献。更具意味的是，古希腊的"逻各斯"(λόγος)最初并无"逻辑"之义，它概指理性、原则与规律，这更接近于中文之"道"[①]；而欧洲中世纪的"dialectica"主要指的却是亚里士多德的逻辑学。然而，逻辑学毕竟不是哲学，哲学也终究不是逻辑学。那么，"逻辑"作为一门学科是如何界定的呢？不幸的是这仍然是一个极富争议的问题，这也对辩证逻辑究竟"是哲学还是逻辑"的论争起到了推波助澜的作用。那么显然，我们首先应该做的就是给何为"逻辑"这个标尺"定好刻度"。

　　根据《逻辑学大辞典》的解释，逻辑学是关于思维形式及其规律的科学。[②]就学科定义而言，在学界该界定也因为其更容易令人接受的特点而处于主流地位；其更确切的表述是：**逻辑学是关于思维的形式结构及其规律的科学。**[③] 在该界定下，只要是暂时撇开思维的具体内容，专注于研究思维的形式结构及其规律的理论，都属于逻辑学的范畴。由于多数宽容的逻辑学家都不排斥这种定

---

① 赵敦华：《西方哲学史》，北京：北京大学出版社，2001年，第14页。

② 彭漪涟、马钦荣：《逻辑学大辞典》，上海：上海辞书出版社，2004年，第1页。

③ 陈波：《逻辑哲学引论》，北京：人民出版社，1990年，第25页。

义,因而可将之称为**广义逻辑学**的定义。由于该定义的宽容性,就使得逻辑学作为一个学科群而更像一棵繁茂的大树,既有主干,比如两个演算与四论等;也有枝叶,比如各种非经典逻辑、非形式逻辑以及各种应用逻辑等。但"繁茂"可能会带来另外一个问题,即研究"思维的形式结构及其规律"的理论,并不一定就是逻辑学;比如,认知科学、方法论或计算机与人工智能等学科也有"研究思维形式结构及其规律"的理论。因此,逻辑学的范围界定到此就已经相当宽泛,已经将逻辑学的学科边界延展到了一个相当大的范围。以至于据此定义,本不应属于逻辑学的学科理论已经被囊括进来;尽管可以权宜地将之视作不同学科之间的交叉地带。由于该广义界定已有"定义过宽"之嫌,倘若再有所扩大(比如扩大到"正确思维的科学"),那就真的"过宽"了。如此,可将该广义界定划作"逻辑学"定义的下限(即,作为学科定义的最宽泛要求)。

随之,我们自然就要考虑定义的上限问题(更严格的要求)。由于广义定义有过宽之嫌;于是,在勘定定义上限时我们应考虑:使用怎样的标准,才能做到更准确地圈定其核心? 当某个对象可以被迥然不同的学科、从各自立场、应用各自的研究方法、进行不同目的研究时,这就说明仅仅依靠"研究对象"的因素,难以将这些学科的边界进行一个清晰的划定。于是,就需要进一步在对象细化、研究目的和方法方面做出说明,才能以限制的方式更为严格地厘清其学科界限。因而就应该考虑:倘若更严格意义上的逻辑学不研究"思维形式结构"的所有方面,那就应当进一步明确它研究的是什么方面,以及为了什么而展开了怎样的研究。由此产生出另一典型观念:**逻辑学是关于推理之"必然得出"的科学**。[1] 该观念在学界也颇具影响力,不少具有现代逻辑背景的学者都不反对;由于"推理之必然得出"也可以用术语"推理形式有效"来表达,因而该观念也会被描述为:**逻辑学是关于推理形式有效性的学问**。[2] 因该观念将逻辑学仅规定在"推理之必然得出或推理形式的有效性"的范围内,故可称之为**狭义逻辑学**的定义。而之所以称之为"狭义"的更多地源自于其被认为是"狭隘"的逻辑观;但显然,"狭隘"并不能算作学理上对之进行反驳的合理理由;相反,狭义定义至少准确地概括出了贯穿亚里士多德到现代逻辑的、毫无争议的基本精神。[3] 根据

---

① 王路:《逻辑的观念》,北京:商务印书馆,2000年,第251页。

② 李小五:《再论什么是逻辑》,《社会科学战线》,2009年第6期。

③ 王路:《逻辑的观念》,北京:商务印书馆,2000年,第19页。

狭义定义,不少冠以"逻辑"之名的理论,因其并不研究"推理之必然得出",不研究"推理形式的有效性",都将会被排斥在逻辑学范畴之外。

显然,如果一个理论符合逻辑学的狭义定义,那它毫无争议地一定是逻辑。而如果一个理论不符合逻辑学的广义界定,那它一定不是逻辑。但同时,符合逻辑学广义定义的理论,未必符合狭义定义的要求,因此,可能存在这样的情况,即,从广义逻辑角度来看是逻辑的理论,但未必不会有争议;因为从狭义逻辑的角度看来却可能因其并不研究"推理之必然得出",因而就不是逻辑。比如,非形式逻辑;由于它研究的不是思维的具体内容,仍以思维的形式结构及其规律为主,因而根据广义逻辑的观点就会认为它是逻辑;但由于它显然并非是关于推理之"必然得出"的理论,所以在狭义逻辑的观点之下,非形式逻辑就不是逻辑。站在学科发展和研究自由的角度,本文并不反对广义的逻辑定义,也完全不反对在"逻辑"名下所进行的各种探讨与研究。但站在学科性质划分的立场上,本文赞同狭义的逻辑定义;因为这是涉及到一个学科本质属性的问题,而只有"推理之必然得出"才可以将"逻辑"这门学科与其他学科严格地区分开来。聚焦于"逻辑"与"哲学"(而非"辩证逻辑"名下的具体研究路径[①]),本文将对"辩证逻辑"的典型研究成果进行进一步的具体辨析。

二、"作为逻辑的辩证法"是逻辑么?

传统逻辑发展到近代,许多哲学家都认为它已经十分完善,进而致力于探索新的逻辑。培根、穆勒给出了归纳逻辑,康德创立了先验逻辑;黑格尔则在《逻辑学》中,建立了许多辩证逻辑学者所认为的、最早的一种辩证逻辑理论体系,尽管黑格尔本人将之称作"逻辑学"。黑格尔借鉴康德先验逻辑的认识论,借助于辩证法理论来研究思想;主张不仅要研究思维形式的正确性,更要研究思想形式的真理性。黑格尔重点探讨了存在与本质、现象与现实;并且认为,逻辑(即许多辩证逻辑学者认为的辩证逻辑)是研究纯思想或纯思想规定性的,其研究对象是"从所有的感性具体性中解放出来的单纯本质的世界",[②]并且不涉

① 张建军:《论当代中国辩证逻辑研究的历史发展》,《河南社会科学》,2011年第6期。该文着眼于学科发展的总结与指导,概括了我国辩证逻辑研究的七种具体研究进路,本文则聚焦于逻辑与哲学的学科辨别。
② 宁莉娜:《西方逻辑思想史》,哈尔滨:黑龙江人民出版社,2004年,第163—165页。

及经验科学中的那些感性的具体内容。根据前述两个定义,逻辑学确实不研究具体内容;但反之,不研究思维与思想具体内容的理论,却不一定是逻辑学;逻辑学确实与"真理性"相关,"求(得)真(理)"也确为其主要目的,但哲学认识论也不是要寻求谬误。无怪乎德国逻辑史学家肖尔兹(H. Scholz)对黑格尔"逻辑"理论的评价是"太独特,太任性",与亚里士多德逻辑"天隔地远"。① 当然,表面看上去与亚里士多德逻辑相去甚远的理论也不一定就不能是逻辑学。但我们应该清楚的是,黑格尔的"逻辑"没有将其研究置于"思维的形式结构"之上确为事实,而其"真理性"研究也没有专注于"推理形式的有效性"。所以,根据前述勘定的两个"逻辑"标尺,黑格尔的"逻辑"不属于广义逻辑学,当然也不属于狭义逻辑学。因此,若把黑格尔的"逻辑"看作是一种辩证逻辑,那"这种"辩证逻辑不是逻辑。

    20 世纪 80 年代我国改革开放之前,具有广泛影响的译作比如罗森塔尔(Mapk M. Poэenтaль)的《辩证逻辑原理》、柯普宁(Павел B. Kопнин)的《作为逻辑的辩证法》等。其代表性观点如罗森塔尔所说:"辩证逻辑是运用辩证方法去研究思维和认识,是这一方法的一般原则在思维形式和思维规律领域中的具体化";"辩证逻辑的主要任务,是要指出如何才能在概念、范畴、判断、推理等的逻辑中表现客观存在的运动"。② 这也是当时我国辩证逻辑学者的主流观点。20 世纪 80 年代改革开放开始,我国辩证逻辑研究在"作为逻辑的辩证法道路"上继续前行,研究成果有张巨青和杜岫石的《辩证逻辑》、彭漪涟的《辩证逻辑述要》、梁庆寅的《辩证逻辑学》等;其中冯契先生的《逻辑思维的辩证法》具有典型的代表性。冯先生认为,研究辩证逻辑就要密切结合具体内容来考察思维形式③;因为,辩证逻辑的研究对象就是具体概念之间的逻辑联系,而具体概念当然就不能离开具体的科学理论。④ 对思维形式从不同角度、采取不同方式来研究,这当然无可厚非。所以,冯先生所主张之"辩证逻辑",当然可从唯物辩证法认识论之角度,遵循密切结合具体内容之原则来研究思维形式。肖前先生指

---

① 肖尔兹:《简明逻辑史》,张家龙译,北京:商务印书馆,1977 年,第 22 页。

② 罗森塔尔:《辩证逻辑原理》,马兵、马玉珂等译,北京:生活·读书·新知三联书店,1962 年,第 71 页。

③ 冯契:《冯契学述》,陈卫平等整理,杭州:浙江人民出版社,1999 年,第 167—168 页。

④ 冯契:《冯契学述》,陈卫平等整理,第 172 页。

出,当"唯物辩证法成为人们理论思维方式时,就是我们所说的辩证逻辑"①,应是对此类"辩证逻辑"研究特点简洁而恰当的评价。

然而,无论从研究对象,还是研究的目的与方法方面,从黑格尔的辩证逻辑,到后来发展起来的以唯物认识论为基础的辩证逻辑,它们都不符合逻辑学的两个定义。此类研究共同的基本目标指向是:思维形式和思维方法的辩证法,这些著作关于"辩证逻辑应该是什么"的思想核心,从本质上来说,正如同柯普宁的书名所言,都属于"作为逻辑的辩证法"。那么,**"作为逻辑的辩证法"是哲学还是逻辑**?若"作为逻辑的辩证法"不是哲学而是"逻辑",那就只能将此处的"逻辑"解释为"规律"、"客观规律"或"认识论的规律"等。由此,"作为逻辑的辩证法"的实际涵义则应该是"作为认识论一般规律的辩证法"或"某一特殊领域(比如,思维形式与思维方法)的辩证法"等。倘若如此解释,就不会有矛盾性问题;但若将其涵义理解为"作为**逻辑学**的辩证法"就会有问题:因为说"作为逻辑学的辩证法"就如同在说"作为逻辑学的哲学(因为辩证法是哲学)";而逻辑学当然不能是哲学,哲学也不能当作逻辑学;哲学和逻辑学两者谁也不是谁、谁也不能相互替代。由于不能将"作为逻辑的辩证法"中的"逻辑"理解为"逻辑学",更由于其研究的对象并非是某种特殊思维的形式结构及其规律,所以,按照逻辑的广义定义,此类"作为逻辑的辩证法"的"辩证逻辑"不是逻辑而是哲学(按照狭义的定义更非逻辑)。

三、作为"逻辑"的"辩证逻辑"是逻辑么?

20 世纪 50 年代,我国学者提出了辩证逻辑研究对象的新见解,认为**辩证逻辑是关于辩证思维的形式与规律的科学**;进而主张辩证思维形式,是其自身所独有的、不同于形式逻辑的辩证概念、辩证命题、辩证推理。② 90 年代开始,一些逻辑学家开始明确将"辩证逻辑"作为一种"逻辑"来研究,其研究成果主要有如下三类:第一类,非形式化的逻辑研究。比如,赵总宽等的《辩证逻辑原理》主要使用自然语言、并辅之以形式语言的方式对辩证判断和辩证推理的逻辑形

---

① 封毓昌:《辩证逻辑——认识史的总结》,北京:中国社会科学出版社,1990 年,第 1 页。

② 且大有:《辩证逻辑的典范》,《读书杂志》,1958 年第 16 期。

式给出了符号语言描述。① 此类的研究还有苗启明的《辩证思维方式论——狭义辩证逻辑原理》。② 第二类,半形式化的逻辑研究。比如,马佩的《辩证思维研究》借助中国传统(辩证)思维特有的符号语言(阴阳鱼),给出了各种辩证简单与复合命题的逻辑形式。③ 第三类,完全形式化的逻辑研究。比如,赵总宽的《数理辩证逻辑导论》、④周北海的《辩证命题逻辑 FDL 及其形式系统 FD》⑤、桂起权等在《次协调逻辑与人工智能》中构建的次协调辩证逻辑系统 DLA 和 DLB 等。⑥

　　第一类非形式化的逻辑研究,已经开始明确把辩证思维的形式结构作为了研究对象。尽管其语法语言仍然主要以自然语言为主,但较之从前已不再以辩证法或者唯物辩证法为对象,而是辩证判断及其推理的形式结构。而第二类半形式化的逻辑研究,不仅明确把辩证思维的形式结构作为了研究对象,而且还采用了典型传统形式逻辑的研究方法来描述辩证思维的形式结构,对各种简单辩证命题、复合辩证命题及其推理都进行了详细考察。第三类完全形式化的逻辑研究,则是完全采用了现代逻辑的公理化、系统化的研究方法,对体现辩证法特征的思维形式结构进行了"逻辑"刻画,尤其对基于辩证法原理的、有效的辩证推理进行了极富创新性和探索性的研究。这种作为"逻辑"的"辩证逻辑",较之第一种非形式化辩证"逻辑"的研究和第二种非公理化的辩证"逻辑"研究更容易被界定为"逻辑",尽管其发展暂时还未达到可以让大多数逻辑学家满意的程度。总体而言,这三种研究无论从研究对象、研究方法和研究目的而言都符合逻辑学的广义定义,所以由"这三种"研究成果而形成的"辩证逻辑"理论在广义定义下"应该属于"逻辑学的范畴。

　　之所以称这三种"辩证逻辑"都"'应该'属于"逻辑而不是"属于",那是因为如果按照狭义定义的"推理之必然得出",有的广义定义之下是逻辑的"辩证逻辑"将不再是逻辑。为何会如此? 因为,在狭义定义的观念之下,"研究思维的

① 赵总宽、苏越、王聘兴:《辩证逻辑原理》,北京:中国人民大学出版社,1986 年,第 203—321 页。

② 苗启明:《辩证思维方式论——狭义辩证逻辑原理》,北京:高等教育出版社,1990 年,第 36 页。

③ 马佩:《辩证思维研究》,开封:河南大学出版社,1999 年,第 135—252 页。

④ 赵总宽:《数理辩证逻辑导论》,北京:中国人民大学出版社,1995 年,第 85—264 页。

⑤ 周北海:《辩证命题逻辑 FDL 及其形式系统 FD》,载中国逻辑学会辩证逻辑研究会编:《辩证逻辑研究》,昆明:云南大学出版社,1998 年,第 92—106 页。

⑥ 桂起权、陈立直、朱福喜:《次协调逻辑与人工智能》,武汉:武汉大学出版社,2001 年,第 597—611 页。

形式结构"不是评价一个理论或研究是不是逻辑的标准。对于第一类和第二类的"辩证逻辑",因为尽管这些"辩证逻辑"已经开始将辩证法中所经常涉及到的思维形式结构作为了研究对象,并经常将之冠名以"辩证概念"、"辩证命题"、"辩证推理",但这实际上难以摆脱以逻辑的方式来研究和探讨辩证法的嫌疑;或者说,这些广义逻辑定义之下是逻辑的"辩证逻辑"实际上做的工作是以展示或呈现其形式结构的方式来展示辩证法。但无论其展示了什么,在狭义逻辑定义的观点之下,研究思维形式结构的理论未必都是逻辑理论;或言,逻辑理论的研究一定与思维的形式结构有关,但与思维形式结构有关的理论未必都是逻辑理论;只有在思维形式结构的范围之下,进一步研究和探讨"推理之必然得出"的理论,才可以划归为逻辑。

更进一步地说,在狭义定义的观念之下,即使以公理化的方式来研究思维的形式结构,也不是评价一个理论或研究是不是逻辑的标准。比如,第三类"辩证逻辑",借助了数理逻辑完全形式化、公理化的研究方法;但按照狭义逻辑的观点,仅仅使用现代逻辑的方法进行的研究不一定都是逻辑。或者说,它本来就是它,无论你用怎样的方法来研究它、分析它,它只能是它自己、它不能变成其他;一个对象不会因为研究它的方法发生了改变,就变化发展成为了其他的对象;而如果变成了其他的对象,那么它就已经不是原来的它了。研究方式和方法有所改变或进步,只是对它有了一个不同的或更好的展示角度。比如,借助数理逻辑完全形式化、公理化的方法去研究归纳逻辑,得到的结果仍然还是归纳逻辑;这可以使得我们从另一个角度更好地来认识归纳逻辑,但并不能因为在此过程中使用了现代逻辑的研究方法,归纳的就变成了演绎的。在此观念之下,如果"只是使用了现代逻辑的符号,并没有把握现代逻辑的基本精神"[1],没有研究"推理之必然得出",即使完全形式化、公理化的理论也未必就是逻辑。

比如,按照这样的观点,弗协调辩证逻辑是逻辑;因为如前所述,狭义逻辑定义对逻辑的评价标准不是"思维的形式结构",也不是"公理化、形式化"的研究方法,而是"推理之必然得出"。由于这种弗协调公理系统所研究和讨论的定理、引理和推论等都具有"必然得出"的特征,同时其所构建的公理系统又具有可靠性和完全性。因而,这些公理系统都是逻辑学范畴下的公理系统。同时,

---

① 王路:《逻辑的观念》,北京:商务印书馆,2000年,第187—188页。

这些公理系统的否定词具有"亦彼亦此"的典型辩证性质;尽管它们所刻画出的辩证推理的规律目前仍极其有限,但由于其研究的是"与辩证推理相关的必然得出",研究的是"具有辩证性质的推理有效性",因而按照狭义定义这种辩证逻辑是逻辑。

四、辩证"逻辑"何为

辩证逻辑从诞生之初,一直处在一个领域不断扩宽、深度持续延展的历程中;其间产生出了丰富的辩证逻辑研究成果;这些成果研究对象各异、研究方法有别,研究形态也各有不同。前文基于"逻辑"界定的分析,对这些繁复的辩证逻辑研究成果进行了"是逻辑还是哲学"的辨别。而为了给出"辩证逻辑是哲学还是逻辑"的答案仍要再做一个分辨,因为这个问题是一个有歧义的问题。这个问题可以理解为询问"辩证逻辑"名义之下某研究成果是不是逻辑;也可以有第二种理解,即,"辩证逻辑"本身如果作为一个学科是不是逻辑。而"辩证是逻辑"是不是逻辑的争论,很大程度上则是来源于"某'辩证逻辑'成果是不是逻辑"与"'辩证逻辑'这门学科是不是逻辑"这两个问题的纠缠和混淆。

如果该问题是第一种理解,即,某"辩证逻辑"的研究成果是不是逻辑? 基于前述分析可知:针对"辩证逻辑"名下的某研究成果,有的属于哲学、有的属于逻辑的事实情况,那么其是否是逻辑的问题,显然就不能一概而论地、笼统地去回答"是逻辑"或"是哲学",而应给出更为具体的答案。例如,应具体地回答,冯契先生的辩证逻辑,根据广义逻辑定义,不是逻辑;马佩先生的辩证逻辑,根据广义逻辑定义,是逻辑,根据狭义的逻辑界定,也是逻辑。① 只有在答案中加上包含具体研究者的限制并附带判定标准之后,答案才会因为准确、无异议,从而具有较高的可接受性。

----

① 断言"其辩证逻辑不是逻辑"并不合适;因为该辩证逻辑尽管没有明确给出保证其推理有效性的规则,但探讨到了会导致其推理无效的因素,比如,其对辩证联言命题推理和辩证三段论等各种探讨(见马佩:《辩证思维研究》,开封:河南大学出版社,1999 年,第 202—209 页,第 234—235 页)。因此,如果全然否定其没有探讨到辩证命题的"必然推出"必然太过牵强;故而,在狭义定义之下,断言"其辩证逻辑是逻辑"才是更为准确的答案(因为,尽管其对辩证推理有效性的研究可能并没有达到令一些现代逻辑学者满意的水平,但是有没有研究到有效性是性质问题,而研究到了什么水平是程度问题)。

如果该问题是第二种理解,即,"辩证逻辑"在学科归属上究竟是不是逻辑?笔者认为,学科属性虽然不是由研究者个人决定的,但是学科的研究都是人在做的。目前的辩证逻辑分支尚处于发展阶段,基于学术研究自由的原则,如果研究者专注于辩证思维的哲学方面,由于因此而得到的研究成果属于哲学的范畴,于是该研究者相应地就很可能会有"辩证逻辑在学科归属上是哲学"的观点。如果研究者以逻辑的方式(抽象掉思维的具体内容)而专注于研究辩证思维的形式结构及其规律,专注于研究推理之必然得出或推理形式有效性;由于因此而得到的研究成果属于广义或狭义定义的逻辑,于是对该研究者而言相应地就很可能会有"辩证逻辑在学科归属上是逻辑"的观点。

此外,无论在理论上或是实际的研究中,对同一对象进行不同学科角度的探究都并无不妥。而学科归属上辩证逻辑究竟"是哲学"或"是逻辑"的论争实际上并无必要。因为,作为哲学的辩证逻辑可以走哲学之路,而作为逻辑的辩证逻辑当然也可以走自己的逻辑之路。作为哲学的辩证逻辑不可能因为其持有了"是哲学"观念而阻止辩证逻辑的逻辑研究;反之,作为逻辑的辩证逻辑也不可能因为其持有了"是逻辑"的观念而停止辩证逻辑的哲学发展,或者不让其使用"辩证逻辑"来称呼自己研究领域。因此,在现阶段,辩证逻辑的哲学和逻辑学角度的研究没有任何一方处于主流或强优势的条件下,不同的研究者对辩证逻辑的学科属性持有不同观点是正常的、也是必然的。所以,对于第二种理解的问题,目前不会有答案。

由此,笔者认为二者之间相互建议,以求借鉴共进、相得益彰才最为重要。在此,笔者认为作为辩证逻辑重要研究方向之一的辩证"逻辑"研究(即,辩证逻辑完全形式化、公理化的研究)尽管成果斐然,但针对其理论发展而言,仍有如下几个值得深入探讨的切点。

首先,在符号语言的制定方面。无论半形式化还是形式化的研究,符号语言的简明性、直观性和统一性都有待于进一步探索。比如,在半形式化研究的典型著作《辩证思维研究》中给出了阴阳鱼符号来表达辩证命题,尽管中国的传统思想确实具有很强的辩证特征,但辩证思维的思维形式应该具有全人类性,而这种过于典型的民族化符号,我们很容易理解,但很可能会成为其作为思维普遍语言的不利因素;更重要的是,遍观数理逻辑所使用的联结词符号,辩证逻辑的符号明显不够简明。再如,在完全形式化研究的《数理辩证逻辑导论》中,其符号语言尽管已经可以刻画出一些很重要的辩证命题,但采用的符号在简明性与直观性上还有待进一步改进;若能探讨出更加简明和直观的辩证逻辑专属符号,辩证逻辑的研究就可以使用共同的形式语言,那就会给各种辩证逻辑理论的研究成果之间的交流比较与共同进步提供极大的便利,从而在总体上有利于辩证逻辑的"逻辑"研究进程。倘若没有或不能设计出更为合理的辩证逻辑的"普遍语言",恐怕就没有或远未达到莱布尼茨眼中之"逻辑"的基本要求。

其次,在形式结构的刻画方面。各种辩证逻辑理论对辩证命题和辩证推理,尤其对体现辩证法基本特征、基本原理的辩证命题和推理,在形式结构的描述上差异甚大。这种差异直接表现在择取不同的、差异甚大的符号语言上,尽管形式语言的不同择取并不会造成理论之间的本质的差别。熟悉现代逻辑的读者都清楚,不同的逻辑系统当然可以采用不同的符号语言,采用相同符号语言的系统也可以表达出不同的逻辑,而使用不同符号语言的逻辑系统却可以是等价的。因此,形式语言的不同,并不是一个十分根本的或关键的问题。但是,我们要清楚,有关辩证法基本特征、基本原理的辩证命题和推理,它们的形式结构从某个角度而言,比如,从命题逻辑或者一阶谓词逻辑的角度而言,应该是相同的,但实际上,目前的研究结果却具有很大的差别;导致这种差别的根本原因还是由于各种辩证逻辑理论对辩证命题和辩证推理的形式结构及其基本规律,在逻辑内涵上理解的不同造成的;然而这个理解,在逻辑的层面本应该是相同的。这也就意味着,辩证逻辑的逻辑之路才刚刚开始,对许多基本问题的研究尚未达成认知的一致。

第三,在核心理论的构建方面。作为逻辑的辩证逻辑,其"基本"理论本应具有逻辑本质上的共同性,就如同"命题演算"的系统有很多不同的系统,它们有着不同的形式语言,或者不同的公理择取,以及可能还会有不同的推理规则;但它们在逻辑上却都是等价的,推出的定理集在命题的层面上也应当是一样的。也就是说,既然同样都是要对命题层面的逻辑规律做系统化的研究和归结,那么这个研究的结果应当是一样的。不能因为采取了不同的形式语言、公理或推理规则,反映的规律就不一样了;毕竟,命题层面的规律(在同一种逻辑的前提下)一定是一样的才对。但基于上述的两个原因,导致各种辩证逻辑的逻辑理论尽管大体上尚能自圆其说,但在基本理论的共性方面却存在着极大的不同一。不能形成基本的、同一的辩证逻辑核心、逻辑理论的事实特征,表明了该研究方向实际上还处于相当不成熟的初始阶段。而且,如果对该问题不加重视并加以改进,显然也会对今后在深度和广度上的延伸与发展带来极大的不利。同时,如果各个理论之间长期处于各自为政的状态,那也会导致各种辩证逻辑理论成果之间难以相互沟通与借鉴,这也不利于辩证逻辑研究的长远发展。

第四,在基本构建原则方面。既然这种辩证逻辑要进行的是辩证逻辑的"逻辑"研究,那么在构建其基本理论的初始阶段,最好就按照"逻辑"这门学科的内在规律的要求来深入和展开。而这种内在规律的要求就是前文所讲的狭义定义所指,将研究的重心放在"推理之必然得出"或"推理形式的有效性"。也就是说,走在一定正确的道路上比走在可能正确的道路上更安全、更可靠。如此一来,无论进行的类传统形式逻辑的辩证逻辑研究,还是公理化的辩证逻辑研究,其最终的面貌才将会无论怎样衡量都无可争议地是"逻辑"。现代逻辑从莱布尼茨提出设想,到布尔的初步尝试,到弗雷格的成功创立,再到罗素、怀特海的彻底完成,如此简明的两个演算前后也经历了近二百年的时间。而辩证逻辑的"逻辑"研究目标明确提出也有三十余年,我们也期望在一定的时间内,辩证逻辑的逻辑研究会取得质的飞跃。然而,这就要求其研究对象也应该更加清晰与细化进而精确定位到"推理形式的有效性研究";由于辩证思维的形式结构以及辩证推理的复杂性,如果在基本构建原则上方向有误,那就很可能会有南辕北辙的风险。因而,应该引起辩证逻辑研究的高度重视。

Distinguishment of Dialectical Logic：Logic or Philosophy?

Hao Xudong

Abstract：Whether 'dialectical logic' is 'logic' or not has always been a highly controversial proposition. To clarify this problem, we should first define clearly what 'logic' is. After giving the broad and narrow definitions of 'logic' strictly, we can reasonably distinguish the numerous and rich research achievements of dialectical logic. According to the broad definition of logic, 'dialectics as logic' under the name of dialectical logic is not logic, but the dialectical logics under the name of dialectical logic carried on logical study are logic. In these dialectical logics which are logic, if measured by a narrow definition, some dialectical logics which clearly appear to be logic are not logic. Based on fine distinction, it can be found that it is improper to assert that dialectical logic is 'philosophy', or 'logic'; only when it is further restricted and specific criteria are given, can the answer with higher acceptability be obtained.

Keywords: Logic, dialectics, logic, form of thinking, philosophical logi

辩证逻辑之辨：是逻辑还是哲学？

休谟的归纳怀疑论是否犯了量词转换谬误？
——兼评"归纳的质料理论"*

孙玉涵 **

[摘　要]　休谟关于归纳合理性的怀疑论引发了很多解读和争论，其中一个焦点在于休谟对归纳方法的实际使用的描述是否正确。有学者认为休谟在对归纳法的描述中犯了量词转换谬误，以"存在—全称"量词引导的描述和以"全称—存在"量词引导的描述将会对归纳怀疑论产生不同的后果。本文赞同休谟确实犯了量词转换谬误，但通过分析表明休谟可以消除这个谬误，然而代价却很可能是让他自己承认归纳法，导致归纳怀疑论提不出来。

[关键词]　归纳问题；量词转换谬误；归纳的质料理论

休谟(David Hume)提出了著名的归纳问题，即我们难以为归纳法提供合理的辩护。在科学研究中归纳法帮助科学家取得了丰硕的成果，然而后世

*　基金项目：教育部人文社会科学研究青年基金项目"知识的延展性问题研究"（项目编号：19YJC720002）。

＊＊　孙玉涵(1990—　)，女，山东滨州人，哲学博士，山东大学马克思主义学院助理研究员，主要研究领域为科学哲学、心理学哲学、认知哲学。

哲学家为归纳法的合理性提供辩护的种种尝试都未能成功,以至于归纳法被称为"科学家的荣耀,哲学家的耻辱"。当代学者萨米尔·奥卡沙(Samir Okasha)总结了目前学界对休谟归纳怀疑论主流解读的三个观点:(a)休谟并不是简单地因为归纳推理是逻辑无效的而质疑归纳法,而是因为我们不能为归纳法的实际使用提供合理的认识论辩护;(b)休谟对我们实际使用归纳法的方式的描述是不准确的、过度简单化的,大量的归纳推理其实并不是简单地建立在"未来与过去相似"的假定之上;(c)不管休谟对归纳法实际使用方式的描述是否准确,他的归纳怀疑论仍然是成立的,难以反驳。但是这三个观点组合在一起,却并不能兼容。① 奥卡沙的诊断是,休谟对归纳法的描述与其怀疑论结论是相关的,而休谟在描述归纳法的论断中犯了量词转换谬误(quantifier-shift fallacy)②,这个谬误最早由埃利奥特·索伯(Elliott Sober)指出,并且后来约翰·诺顿(John Norton)提出的"归纳的质料理论"也支持了这个诊断。本文将介绍奥卡沙如何得出这个诊断以及索伯和诺顿的相应观点,并给出进一步的分析和评判。

一、归纳合理性的怀疑论及其解读

休谟阐述了关于归纳合理性的怀疑论。他认为,我们所有源自经验的归纳论证都是建立在假定"未来将与过去相似"或者说"自然齐一性"(nature's uniformity)的基础之上的。但是继续追问,如何可能为这个假定作出辩护? 首先,用观念间的关系来论证自然齐一性行不通,因为假定自然的进程是可变的并不会蕴涵什么概念上的矛盾;其次,用实际的事情来论证自然齐一性也行不通,因为关于实际事情的推论是建立在因果关系上的,而关于因果关系的推论又是源自经验的归纳论证,这就预设了自然齐一性,于是陷入了循环论证。由于通过观念间关系和实际事情来论证都行不通,我们又只有这两种论证,于是休谟得出结论:自然齐一性的假设并没有得到理性辩护。而归纳推理又是建立

---

① Samir Okasha,"What did Hume Really Show about Induction?", *The Philosophical Quarterly*, Vol. 51 No. 204(2001):307 – 327.

② Samir Okasha, "Does Hume's Argument against Induction Rest on a Quantifier-Shift Fallacy?", *Proceeding of the Aristotelian Society*, Vol. 105(2005):237 – 255.

在自然齐一性假设之上的,因此归纳推理缺乏理性辩护,这就是休谟对归纳合理性的怀疑论论证。①

围绕着如何理解该论证有一个争论,主要焦点在于休谟的论证是否隐含了对"演绎主义"的承诺,"演绎主义"主张唯一合理的、有说服力的论证就是演绎有效的论证。当休谟说源自经验的论证(归纳推理)是建立在自然齐一性假设基础之上时,他真正想表达的是什么? 一方认为休谟的意思是:"自然是齐一的"这个陈述,或者"未来将会与过去相似"的陈述,必须要加到源自经验的论证的前提下,这样才可以使得这个论证成为一个演绎有效的论证。② 另一方则反对这种看法,认为短语"建立在……假定基础上"需要在认识论上来理解,而不是在逻辑上来理解。休谟只是说如果有理由相信自然是齐一的,那么源自经验论证的前提就提供了相信结论的理由,但这并不等于说他认为所有理由都必须是演绎的形式。"自然齐一性"不是将归纳推理转化为演绎有效推理所需要附加的前提,它只是一种假设,没有这种假设,归纳推理的前提就不能使结论成为可能。③ 相比之下,目前更多学者支持非演绎主义的观点,认为休谟对演绎有效性没有表现出特殊的兴趣,他并不是质疑归纳推理这种形式本身不保真,而是主张我们在使用归纳推理时没有获得合理的支持,导致归纳的前提并不能给结论提供更大的可信性。

既然是关于人们使用归纳推理时的合理性,就会涉及对归纳推理的两种类型的探究:其一,说明日常的和科学的经验探究中实际使用的归纳推理原则,这本质上是个描述计划,旨在描述普通人和科学家实际上参与的归纳实践;其二,尝试给日常生活和科学研究中使用的归纳推理原则作出辩护,这是个规范的或辩护的计划,旨在表明为什么使用我们实际上的归纳方法是合理的。只参与描述的探究而不参与规范的探究是可能的,然而反之似乎不可能。我们如果想要为归纳方法作辩护,显然首先必须知道归纳方法是什么,它用到什么原则,大致的推理过程是什么样的。如果还不知道归纳方法是什么,却要尝试给它辩护,实在是无的放矢。不仅对于辩护者如此,对于怀疑论者也如此。怀疑论者要想

---

① David Hume, *An Enquiry Concerning Human Understanding*, Peter Millican (ed.), Oxford: Oxford University Press, 1777/2007, pp. 23 - 26.

② D. C. Stove, *Probability and Hume's Inductive Scepticism*, Oxford: Clarendon Press, 1973, pp. 46 - 52.

③ Barry Stroud, *Hume*, London and New York: Routledge, 1977, pp. 53 - 67.

对归纳方法提出怀疑,也总得首先明确他要怀疑的对象是什么。

　　休谟对归纳法的讨论不仅关心规范方面,即从已观察推导出未观察所使用的方法是否得到理性辩护;也关心描述方面,试图描述我们的归纳实践实际上是如何起作用的。他给出的是比较简单的描述:"所有来自经验的推断,作为它们的基础,都假设未来将与过去相似,并且相似的能力将与相似的可感的质相联合。"①"概然性是建立于假定我们已经验过的那些对象与我们没有经验过的那些对象相类似的基础上。"②然而休谟的描述是不充分的,首先,他仅仅关注从过去的规律性外推到未来这样一个非常简单类型的归纳推理,而忽略掉其他的归纳推理类型,很多哲学家认为完整的归纳方法必须包含假设—演绎法或最佳解释推理。另外更重要的是,休谟针对从过去外推到未来的归纳推理的描述本身也是不充分的。正如古德曼悖论(Goodman Paradox)所表明,我们可以在任何地方找到规律,但是对过去不同方面规律性的归纳投射到未来以后却可能导致矛盾,例如过去观察到的翡翠都是绿色的,也都是绿蓝的,但我们不能同时既归纳出所有翡翠都是绿色的,也归纳出所有翡翠都是绿蓝的。③　休谟并没有描述出我们是依据什么原则从过去的经验中挑选出哪些方面的规律性投射到未来。

　　尽管休谟对归纳方法的描述有缺陷,但是很多哲学家依然认为这与他的怀疑论论证毫无关系。例如威斯利·萨尔蒙(Wesley Salmon)就说:"休谟的论证并不是枚举归纳或者任何其他特殊种类的归纳推理所特有的;它们同等适用于那些即使前提为真而结论仍可能为假的任何推理。"④他认为休谟的怀疑论论证适用于每一个演绎无效的推理,而并不取决于休谟对归纳法实际使用的特定描述。

　　奥卡沙指出,所有演绎无效推理共同具有的唯一属性就是演绎无效性本身,所以适用于所有演绎无效推理的怀疑论只能是质疑这些推理是演绎无效

---

① David Hume, *An Enquiry Concerning Human Understanding*, p. 27.

② David Hume, *A Treatise of Human Nature*, David Fate Norton and Mary J. Norton(eds.), Oxford: Clarendon Press, 1739/2007, p. 63.

③ Nelson Goodman, *Fact, Fiction and Forecast*, Cambridge, MA: Harvard University Press, 1983, pp. 72-83.

④ Wesley C. Salmon, "The Justification of Inductive Rules of Inference," *The Problem of Inductive Logic*, Imre Lakatos(ed.), Amsterdam: North-Holland, 1968, p. 29.

的。但休谟并不是要质疑归纳法的演绎无效性,他质疑的是归纳法在使用中的合理性,那么他的论证就需要依赖于人们使用的归纳方法实际上是什么。而休谟对归纳方法的描述又是不充分的,这就会影响到他怀疑论论证的效力,使得他的论证只能适用于某些归纳方法,或者归纳方法中的某些部分。[①] 下面的讨论将表明,休谟不仅对归纳方法的描述是不充分的,而且在描述中还犯了量词转换谬误。

二、归纳法的"全称—存在"图景和"存在—全称"图景

(一) 休谟归纳怀疑论中的量词转换谬误

索伯强调现实生活中的归纳推理要比休谟意识到的更加复杂,更难描述。诚然,单独的观察不能为未来的任何预测作出辩护,还需要添加额外的因素才能为经验归纳的结论提供理由,在这一点上索伯同意休谟。但是,休谟认为所需要添加的额外因素就是自然齐一性假设,而索伯则认为需要添加的是具体的背景经验理论。

为什么从已观察到未观察的推理总是需要结合背景理论? 因为依据过去的一组观察,原则上可以作出任意数目的归纳概括来进行不同的预测,正如曲线拟合问题所表明的,我们把过去的观测点描画到坐标图上,将有无数多的曲线可以同时穿过这些观测点。已有的观察在无数多的方面满足齐一性,自然齐一性原则根本不能让人确定选择支持哪个归纳概括。[②] 为了证明我们的预测是正确的,就需要一些理由来支持为什么是这个预测成立而不是其他预测成立,这样的理由只能来源于关于世界是什么样的经验理论。观察经验从来不能直接支持一个普遍概括,它只有与背景假定相结合,才能确证或否证一个概括,或者与之不相关。在亨普尔(Carl G. Hempel)的渡鸦悖论中,如果背景假定是世界上渡鸦的数量远远少于非黑色的东西,那么观察到一只白色的鞋子是无关乎所有渡鸦都是黑色的;如果假定另外一个物种的鸟类与渡鸦具有生物演化和

---

① Samir Okasha, "Does Hume's Argument against Induction Rest on a Quantifier-Shift Fallacy?", pp. 244 - 245.

② Elliott Sober, *Reconstructing the Past: Parsimony, Evolution, and Inference*, Cambridge, MA: The MIT Press, 1988, pp. 45 - 46, 55 - 58.

形态上的正关联性,那么观察到一只白色的这种鸟类反而会否证所有渡鸦都是黑色的。同样是观察到"非黑色的东西不是渡鸦",它们与普遍概括"所有渡鸦都是黑色的"之间的逻辑关系是相同的,但由于所结合的背景假定不同,使得观察经验作为证据的意义和支持力度不同。这些背景假定不只是一组观察陈述,而是能够描述普遍假说如何与可能的观察经验相联系的理论,即在普遍假说成立的前提下有多大可能性出现特定观察经验,从而确定该观察在多大程度上支持某个普遍假说。① 与某个背景理论结合,特定观察可能导致我们作出某个预测;但是与另一个背景理论结合,该观察又会得出一个不同的预测,或者压根没有预测。正是这些背景理论而不是"自然齐一性"这么空泛的假设,调节着我们从已观察到未观察的推理。"当被问到为什么我们用过去的观察来支持太阳明天将会升起的信念时,我们的回答用到的是得到良好确证的天体运动理论,而不是休谟的自然齐一性原则。"②

在索伯看来,休谟先是认识到归纳推理的合理性需要结合额外假设,但后面却认定每个归纳推理所需要结合的额外假设都是共同的自然齐一性假设,这是犯了一个简单的逻辑错误:"休谟的错误是认为既然每一个归纳推理都要求添加观察之外的假设,那就必定存在一个任何归纳推理都要求添加的额外假设。"③在逻辑学中,这种错误被称为"量词顺序"的谬误,即把"全称—存在"量词混同、切换为"存在—全称"量词。例如,"每个人都有一个出生日期"并不等同于"有一个日期每个人都在这天出生"。前一个命题的逻辑形式是"$\forall x \exists y P(x, y)$",以"全称—存在"量词引导;后一个命题的逻辑形式是"$\exists y \forall x P(x, y)$",以"存在—全称"量词引导。前者并不等同于后者,从前者也不能推导出后者。

类似地,休谟原本留意到的是:"下面这两个命题是远非一样的,'我曾经发现如此这般的对象总有如此这般的结果相伴随'与'我预见到在表现上相似的其他对象也将有相似的结果相伴随'。……从一个命题可以恰当地推出另一个命题……但是这两个命题间的联系不是直觉的。这里需要一个媒介,才能使人

休谟的归纳怀疑论是否犯了量词转换谬误?

---

① Elliott Sober, *Reconstructing the Past*: *Parsimony*, *Evolution*, *and Inference*, pp. 58 - 65.

② Elliott Sober, *Reconstructing the Past*: *Parsimony*, *Evolution*, *and Inference*, pp. 65 - 66.

③ Elliott Sober, *Reconstructing the Past*: *Parsimony*, *Evolution*, *and Inference*, p. 68.

作出这样的推断,如果实际上它是借推理和论证来推出的。"①从中所能得出的结论应当是"每一个归纳推理都需要有观察之外的附加假设",是以"全称—存在"量词引导的命题。后面他却断言:"所有来自经验的论证都建立于我们在自然对象间所发现的相似性之上,并且通过这种相似性我们才被诱使期望将来的结果也和我们所发现的由如此这般对象而来的结果相似。……由似乎相似的原因,我们便期望相似的结果。这总结了我们所有的经验性结论。"②这主张的则是"有一个附加假设(即自然齐一性假设)由每一个归纳推理所需要",是以"存在—全称"量词引导的命题。尽管前一个推断是正确的,但它却不能推导出后面的结论,休谟犯了量词转换谬误。

然而,索伯认为自己并没有反驳到归纳怀疑论,虽然休谟在其怀疑论的论证中出现失误,但他的怀疑论结论仍然是正确的。由于不同的归纳推理依赖于不同的经验假设,所以就不会产生休谟所说的循环论证,但是却会产生辩护的无穷倒退,因为每个归纳推理所需要的额外假设本身也需要辩护。每当有人作出从已观察到未观察的推理,我们都可以通过别的额外假设来挑战它们。如何评判谁的额外假设是合理的呢? 于是又需要用其他的经验观察来为各自的额外假设提供支持,从而又要引入进一步的额外假设,如此下去,导致论证的无限后退。③"所以怀疑论的反对者从休谟实际论证的失误中获得不了任何安慰:我们只不过是用无穷倒退来和恶性循环做了一次交易而已。"④

(二)诺顿的"归纳的质料理论"

诺顿近年提出了"归纳的质料理论"(material theory of induction)⑤,以和传统的"归纳的形式理论"(formal theory of induction)相对。形式理论试图将所有的非演绎推理归结为一个或多个适用于所有主题的通用模式,认为"好的"归纳推理应当是符合某种抽象模式。诺顿则主张形式理论是有缺陷的,因为具有相同形式的归纳推理却可以具有不同的合理性。例如,从"有些金属铋的样

---

① David Hume, *An Enquiry Concerning Human Understanding*, p. 25.

② David Hume, *An Enquiry Concerning Human Understanding*, p. 26.

③ Elliott Sober, *Reconstructing the Past*: *Parsimony*, *Evolution*, *and Inference*, pp. 68 – 69.

④ Samir Okasha, "Does Hume's Argument against Induction Rest on a Quantifier-Shift Fallacy?", p. 248.

⑤ John D. Norton, "A material dissolution of the problem of induction," *Synthese*, Vol. 191 No. 4(2014): 671 – 690.

品熔点是 271℃"推出"所有金属铋的熔点都是 271℃"是合理的,从"有些蜡的样品熔点是 91℃"推出"所有蜡的熔点都是 91℃"却不那么合理,而从"在有些元旦匹兹堡的温度是 8℃"推出"在所有元旦匹兹堡的温度都是 8℃"则更不合理。这些归纳推理都具有相同的形式,合理性却不同,这表明它们的合理性不是源于推理所遵循的形式,而是源于推理所针对的主题,以及不同主题所相应的关于世界的经验事实。由于针对金属铋的归纳推理涉及的是纯净物有固定熔点的事实,针对蜡的归纳推理涉及的是混合物没有固定熔点的事实,而针对元旦匹兹堡温度的推理涉及的则是特定日期与温度之间没有对应关系的事实,有的事实可以支持相应的归纳推理,有些事实则不能支持,因此不同的事实为相应的归纳推理提供了不同的合理性。诺顿指出,所有归纳最终都是从与待归纳问题相关的事实中获得许可,他把这些事实叫做归纳的"质料假设"(material postulates)。那些不接受这些事实的人也将不会针对相应主题的事物采用归纳推理,这是合理的。①

严格来说,诺顿所说的"事实"并不是纯粹客观的事实,而是人们所接受的具体背景理论或背景假说。这些背景假说总是关于世界的某个特定方面或者关于某个局部领域的事情,因而诺顿的口号是"归纳总是局部的"。他反对休谟把归纳推理刻画成需要与关于世界全局的自然齐一性假设相结合,无论利用全局性假设的形式逻辑辩护是否能够给出,科学家并没有花费大量时间去寻求这种辩护,他们的归纳推理只会与局部领域的背景假设相结合。② 每个归纳推理都与特定的背景假设相结合,并不存在所有归纳推理均共享的普遍假设,在这点上诺顿的想法与索伯是一致的。

(三)两种量词图景中的归纳法与归纳怀疑论

休谟怀疑论论证中所描述的归纳法属于"存在—全称"图景,即认为存在一个普遍假设,所有的归纳推理都需要由这个假设提供合理性支持。但是由于休谟所说的这个普遍假设,即自然齐一性,只能通过经验归纳提供进一步支持,于是我们所有归纳推理的合理性都会陷入循环论证之中跳不出来。

---

① John D. Norton, "A Material Theory of Induction," *Philosophy of Science*, Vol. 70 No. 4(2003):649 – 651.

② John D. Norton, "There Are No Universal Rules for Induction," *Philosophy of Science*, Vol. 77 No. 5 (2010):765 – 777.

而索伯和诺顿所描述的归纳法则属于"全称—存在"图景,即认为对于每一个归纳推理,都需要由特定的额外假设提供合理性支持,而并没有承诺所有归纳推理都会共享同样的额外假设。这样就不会陷入休谟所质疑的循环论证,不过却可能出现索伯所说的无穷倒退。

奥卡沙认为,其实"全称—存在"图景没有索伯所说的那么糟糕,至少它使得归纳推理看起来问题不那么严重,经验探究不那么教条。在休谟那里,自然齐一性是所有经验探究的假定,不是某种本身会受到经验证实或者证伪的东西,因此归纳推理的整个实践似乎是建立在一个巨大的、不可检验的关于世界是什么样的前提之上的。当怀疑论者追问凭什么对世界作出如此假设而不能获得一个令人满意的答案时,就似乎对居于科学事业核心的经验探究造成严重的困难。但是科学的经验探究不应该作出关于整个世界的空泛假定并且付出所有代价坚守这个假定,而是应该做好准备随时修改背景信念。

而在"全称—存在"图景下,从可观察到不可观察的归纳推理总是需要更进一步的经验假设,这些经验假设本身也需要归纳辩护。但是由于不同的归纳推理需要不同的假设,整个科学事业不必寄托于一个关于世界是怎样构成的包罗万象的假设上面。经验探究不需要对世界的存在方式作出一种固定的承诺,而只需要一系列临时的、并不固定的经验假设,并且以往探究所获得的规律也可能被修改。任何给定的假设最后都可能会被抛弃,从而相应地获得许可的归纳推理最后也可能会被抛弃。所以无论辩护链条是否会终止,还是倒退至无穷,归纳怀疑论对科学事业的威胁都要比休谟的图景小得多。①

三、对不同量词图景的分析评判

本文同意,休谟确实犯了量词转换谬误,下面将通过更精细的分析表明谬在何处,以及如何可能补救。

从 A:"每一个归纳推理都需要有观察之外的附加假设",只是不能直接推导出 C:"有一个附加假设由每一个归纳推理所需要",但如果在 A 之外增加另

① Samir Okasha, "Does Hume's Argument against Induction Rest on a Quantifier-Shift Fallacy?", pp. 251 –
253.

外的前提条件,还是有可能推出 C 的。A 当中既有只依据理性就能获得支持的成分,也含有特定的经验内容。在归纳推理中,从观察得来的前提不能演绎有效地推出结论,在保真性上弱于演绎推理,因此为了在辩护上使得前提对结论的支持更合理可信,就需要引入额外的假设,使得结论显得更有可能为真,或者说具有更大的似然性。这是由归纳推理的形式所决定的,其相比于演绎推理所固有的逻辑缺陷要求我们增加额外假设来提高结论的可信性。至于对每一个归纳推理而言,具体需要引入额外的哪个假设或者哪些假设,则需要结合推理所涉及的具体内容来考察。所以 A 当中包含有一个只依据理性考量就能获得支持的部分,逻辑形式是"$\forall x \exists Y P(x, Y)$",其中 x 代表任何一个归纳推理,Y 代表经验观察之外的假设集合,$P(x, Y)$ 表示归纳推理与额外假设集合相结合能够为推理的结论提供更大的似然性。而 A 当中也包含了需要结合具体的归纳推理过程来考察的内容,逻辑形式是"$P(x_1, Y_1) \wedge P(x_2, Y_2) \wedge P(x_3, Y_3) \wedge \cdots\cdots$",其中 x_1,x_2,$x_3 \cdots$ 代表具体的每一个归纳推理,Y_1,Y_2,$Y_3 \cdots$ 代表相应的每一个额外假设集合。

于是,从 A 能否推出 C,关键要看每个归纳推理的额外假设集合 Y_1,Y_2,$Y_3 \cdots$ 是否有共同的交集(设为 Y_0),如果有这样的共同交集,就意味着"$\exists Y_0 \forall x P(x, Y_0)$",即 C 的逻辑形式。而休谟所找到的共同交集 Y_0 就是自然齐一性这一个假设。那么休谟如何可能断定所有的归纳推理都共享自然齐一性这一个相同的额外假设呢?

要么他是通过演绎推理从某个或某些自明的前提推出的。但是这很难,或许可以考虑反证法,假如一个归纳推理中不加入自然齐一性假设,其结论就不能得到合理支持,因此自然齐一性假设是必须要有的。然而古德曼悖论表明,其实加入了自然齐一性假设也并没有为归纳推理的结论增加多少合理性,毕竟"自然齐一性"这个概念太宽泛了,到底是自然的哪些方面具有齐一性? 过去的经验观察告诉我们,世界上的事物并没有在任何方面都相同或相似,所以自然即使具有齐一性也不会是在所有方面都齐一。那么我们如何判断某个归纳推理中所针对的性质恰好就属于自然具有齐一性的方面?

要么休谟是通过归纳推理得出结论,以往那些成功的、能够为结论提供更大似然性的归纳推理都需要加入自然齐一性假设,所以未来将要出现的所有好的归纳推理都需要加入自然齐一性假设。但这样一来休谟就不能进一步提出归纳合理性的怀疑论,因为他自己就依赖于归纳推理,会导致自我反驳。在休谟自己的观念理论框架中,自然齐一性原则倒是可以找到依据的。来源于感官经验的各种观念是相互联系的,而联系又遵循普遍的原则,休谟找到的普遍联系原则是相似关系、时空中的接近关系和因果关系,正是这些联系原则派生出普遍的自然齐一性原则。"但是要说列举的这些原则已经完全,并且除此而外没有其他联系原则,则可能难以向读者给出满意的证明……我们所能做的,在这种情形下,只是浏览若干例子,并且仔细地考察把不同的思想相互绑定起来的那种原则,直到我们尽可能普遍地展现出那种原则为止。我们考察的例子越多,用心越仔细,我们将越加确信,我们所列举的原则总数是完全无遗的。"[1]可见,休谟实际上也只好求助于归纳法。

所以休谟不能合理地断定所有的归纳推理都共享自然齐一性这一个额外假设,他从 A 推出 C 是错误的。

不过休谟也可能有办法补救,他可以放弃笼统的自然齐一性假设,主张每一个归纳推理都需要共享的是其他的额外假设。那么除了笼统的自然齐一性,共同交集 Y_0 还可能是什么呢? 或许可以考虑存在一个关于世界最基本规律的普遍假说,凡是能够从这个假说中推导出来的性质,针对它们进行归纳推理都是合理的。但现实中许许多多成功的归纳推理并不依赖于一个关于整个世界基本规律的普遍假说,在基础物理学取得成功以前,归纳推理已经被大量使用了;在基础物理学取得成功以后,许多归纳推理其实也仍然不需要与关于整个世界的普遍假说相联系。许多归纳推理只需要结合一个局部的假说,就已经可以为其结论提供更高的似然性。而且不同的归纳推理所结合的局部假说也可能不同,这就意味着不存在所有归纳推理都共享的额外假说,诺顿的质料归纳理论正是希望得出这样的结论。

休谟可能反驳说,"许多归纳推理只需要结合一个局部的假说"只是关于现实人们如何使用归纳法的描述,这些归纳推理虽然看似成功,但却未必合理。真正合理的归纳推理所需要结合的假说必须是关于整个世界的普遍假说,由于我们还没有得到这样的普遍假说,所以已有的归纳推理其实都是不合理的;即使未来我们得到了这样的普遍假说,这个假说也是来源于归纳法,用归纳法来

---

[1] David Hume, *An Enquiry Concerning Human Understanding*, p. 17.

支持归纳推理又陷入循环论证，还是不合理。于是休谟继续能够得出归纳合理性的怀疑论。

　　现在的争议点就变成，归纳推理是否必须结合一个关于整个世界的普遍假说才能增加结论的合理性？约翰·沃勒尔(John Worrall)指出，虽然现实中那些有说服力的归纳推理一般只依赖于局部的背景假设，但是要想对这些归纳推理的合理性提供辩护，最终不可避免还是要诉诸某种普遍性的假设。① 例如，我们会觉得从"已经观察过的金属铋的熔点是 271℃"到"所有金属铋的熔点都是 271℃"的归纳推理是有说服力的，从"已经观察过的动物遗骸年代都是 4 000年内的"到"所有动物遗骸年代都是 4 000 年内的"的归纳推理则是没有说服力的，因为前者结合了关于纯净物化学结构决定了物理性质的背景假设，是好的假设；而后者结合了神创论的背景假设，是差的假设。凭什么说结合了现代化学背景假设的归纳推理就比结合了神创论背景假设的归纳推理更好呢？这就要引入覆盖范围更大的背景假设，来评判哪个归纳推理所结合的背景假设更合理。但新引入的背景假设的优劣又需要引入范围更大的背景假设来评判合理性，这样不断引入覆盖面更大的背景假设，最终还是会用到关于整个世界的普遍假说。于是归纳推理的合理性并不能局部地获得辩护，这个结论对诺顿不利。

　　不过，诺顿的质料归纳理论还不会这么轻易就被驳倒，只是"归纳都是局部的"这个观点不成立而已。因为即使每个有说服力的归纳推理最终都需要追溯到与一个关于整个世界的普遍假说相结合，这样的普遍假说也不一定是唯一的，有可能针对不同类别事物的归纳推理所需要结合的终极普遍假说是不一样的。休谟似乎很难通过演绎推理的方式得出所有的归纳推理都需要结合相同的一个终极普遍假说才能获得合理性，他只能通过具体地考察每一个成功的归纳推理，追溯它们所需要附加结合的终极普遍假说，来判断它们的终极普遍假说是否相同。由于过去考察过的成功的归纳推理都需要与某一个终极普遍假说结合才获得合理性，所以所有成功的归纳推理都需要与这个终极普遍假说结合才获得合理性。但是这样就会用到归纳法，使得休谟的归纳怀疑论提不出来。

① John Worrall, "For Universal Rules, Against Induction," *Philosophy of Science*, Vol. 77 No. 5(2010): 740 - 753.

休谟还可以干脆否认存在这样的终极普遍假说，主张现实中的归纳推理不管看上去多么成功、多么有说服力，其实都没有与终极普遍假说结合，最终都没有合理性的根基。但是，这还是用到了归纳法：因为过去所考察过的归纳推理都没有合理性根基，所以未来将要出现的所有归纳推理也都没有合理性根基。于是，归纳怀疑论还是提不出来。

四、结语

以上的分析表明，休谟在提出归纳怀疑论的过程中确实犯了量词转换谬误，他可以消除这个谬误，但是最终需要诉诸归纳法，导致归纳怀疑论提不出来。除非他能够通过纯粹演绎的方法得出"所有的归纳推理都需要附加相同的假设才能获得合理性"，但这又很困难。而诺顿主张"所有的归纳都是局部的"，作为描述性的论断也许是成立的，但作为规范性的论断却恐怕不成立。不过他的"归纳的质料理论"，还是取得了一半的胜利，毕竟还没有足够强的理由断定"针对不同类别事物的归纳推理都需要结合相同的终极普遍假说才能获得合理性"。

Does Hume Commit a Quantifier-Shift Fallacy in His Inductive Sceptical Argument?

Sun Yuhan

Abstract: Hume's scepticism about rationality of induction has triggered lots of interpretations and debates, one of which is around the problem whether Hume's description of human inductive reasoning is adequate. Some philosophers such as Sober and Okasha argue that Hume committed a quantifier-shift fallacy, i. e. inferring a statement of existential-universal quantifier form from one of universal-existential quantifier form. I agree with this diagnosis but make a concession to Hume by dissolving his fallacy through a deeper analysis. However, the price for Hume is so high that he has to submit to the method of induction, blocking the way to the famous Humean scepticism about induction.

Keywords: the problem of induction, quantifier-shift fallacy, material theory of induction

《论题篇》在亚里士多德范畴理论中的逻辑起点地位

潘玥斐[*]

[摘　要]　"范畴"是亚里士多德逻辑学说的重要内容，同时作为传统逻辑的重要组成部分，亚里士多德的"范畴"概念及其相关理论一直受到不断的质问和挑战。亚里士多德《论题篇》对"范畴"的讨论在其范畴理论体系中具有重要地位，但一直未受到应有的重视。以弗雷德的相关论证为起点和指引，通过对《论题篇》中的κατηγορίαι这一概念加以分析可以发现，κατηγορίαι具有"谓词"内涵，而这十个谓词就是我们所熟知的亚里士多德的十个范畴。进而基于《形而上学》Δ7的相关讨论，可以确定κατηγορίαι的"诸范畴"这一内涵不仅指涉谓述类型，而且指涉存在类型，这就为《范畴篇》和《形而上学》对范畴和实体的讨论奠定了基础。因此，亚里士多德正是从《论题篇》出发开启了他的范畴理论体系，《论题篇》作为亚里士多德范畴理论体系的逻辑起点地位应当受到重视。

* 潘玥斐(1990—　)，女，山东潍坊人，中国人民大学哲学院在读博士研究生。

[关键词] 《论题篇》;Κατηγορίαι;范畴

一、从《范畴篇》入手研究亚里士多德范畴理论的困难

亚里士多德研究领域的传统观点认为,对亚里士多德范畴理论的研究主要依据《范畴篇》展开。但如果结合《范畴篇》所在的《工具论》著作集、其本身整体内容的一致性及其对"范畴"概念的表述等,可以发现实际情况是将《范畴篇》作为研究亚里士多德范畴概念的主要著作面临诸多困难。

《范畴篇》是亚里士多德《工具论》这部著作集当中的著作之一。《工具论》所包含的六部著作的顺序被安排为:《范畴篇》、《解释篇》、《前分析篇》、《后分析篇》、《论题篇》和《辩谬篇》。结合逻辑学中词项、命题到证明的研究顺序,排在首位的《范畴篇》自然被认为其所提供的范畴学说同时提供给我们一个词项理论,从而《范畴篇》的范畴学说也就成为了亚里士多德逻辑学研究的起点。这一思路看似合理,但实际却是有问题的。我们必须考虑到的实际情况是,亚里士多德《工具论》这一著作集中各个作品的顺序是到公元二世纪才确立的,所以不能断定将《范畴篇》作为《工具论》的首要部分是亚里士多德的本来意图,我们必须考虑到其他情况。而且,虽然在现今流行的亚里士多德著作集中,《范畴篇》是《工具论》这一逻辑著作集的第一部分,但是,我们不能简单地将其作为亚里士多德逻辑研究的起点——对于词项的研究,这样就会把对《范畴篇》的研究仅仅限制在了单纯逻辑的和语言学的层面上。

除却上述情况,《范畴篇》这部著作自身也面临诸多问题。弗雷德(Michael Frede)在"亚里士多德《范畴篇》的标题、统一性和真实性"一文中指出,"范畴篇"并不是亚里士多德本人给这部作品的题目,这一题目来源于《工具论》的编纂者,是为了服务于《工具论》这部著作集和后来漫步学派的逻辑思想。《范畴篇》只是亚里士多德这部作品在古代的诸多题目之一[①],因此,我们也就没有充分的理由认定这是亚里士多德给这部作品的题目,进而也就不能断定这部作品就是有关诸范畴的著作。

---

① Michael Frede, *Essays in Ancient Philosophy*, Minneapolis: University of Minnesota Press, 1987, p. 18.

不仅通过《范畴篇》在历史上流传的多个题目难以确定这是一部讨论"范畴"的专著,而且从其作品内容上也同样难以确定。《范畴篇》第1—8章涉及的是有关范畴的内容,但是在这八章中,仅仅在10b19以及10b21两处提到了"范畴"(κατηγορίαι),其他地方甚至都没有提及这个概念。至于第9—14章,这部分所涉及的内容学界普遍地称之为 Postpraedicamenta[①](即"后谓词"),它的存在使后八章与前八章形成一个清晰的裂痕,也使人们试图将《范畴篇》看作一部研究范畴理论的整体著作变得十分困难,同时,更是引起了后世学者对于《范畴篇》"后谓词"部分的真实性以及这部著作的统一性的怀疑。到了近代,不断涌现出怀疑并讨论《范畴篇》真实性的学者,尤其是对于《范畴篇》中"后谓词"部分的真实性的怀疑至今从未停止过。[②]

因此,基于上述问题,从《范畴篇》出发研究亚里士多德范畴理论这一传统思路所面临的困难也就可想而知。弗雷德基于对《范畴篇》的题目、统一性和真实性的研究,在其"亚里士多德的范畴概念"一文中首次提出将《论题篇》作为研究亚里士多德范畴理论的逻辑起点。

二、将《论题篇》作为亚里士多德范畴理论逻辑起点的尝试

通过《论题篇》而不是《范畴篇》来研究亚里士多德范畴学说的尝试已有先例。但是,如弗雷德指出的,这个想法尚未被充分发掘过。之所以将《论题篇》作为研究亚里士多德范畴理论的逻辑起点是因为:首先,《论题篇》在时间上、语言上和学说上都非常接近于《范畴篇》。弗雷德指出:"这两篇是全集中唯一提供给我们完整的传统上有关实在的十个类别的列表的论著"[③];其次,相对于《范畴篇》来说,《论题篇》以更为自然的方式论述了亚里士多德的范畴理论。在《论题篇》中,亚里士多德从更为专业的角度论述了他的"范畴"概念的含义、诸

---

① 聂敏里:《20世纪亚里士多德研究文选》,上海:华东师范大学出版社,2010年,第142页。

② 为了解决《范畴篇》的真实性和统一性问题,弗雷德在其"亚里士多德《范畴篇》的标题、统一性和真实性"一文中通过对比《范畴篇》的1—8章和9—14章得出结论:虽然两个部分之间存在一些思想上的跳跃,但是两部分的用词以及观点上的统一性说明了这是一部统一的著作而不是一部拼凑的著作;结合对《范畴篇》的行文风格以及具体主张的分析,可以肯定的是,《范畴篇》是亚里士多德本人的著作。

③ 聂敏里:《20世纪亚里士多德研究文选》,第143页。

范畴的划分及其应用。鉴于《论题篇》相较于《范畴篇》在范畴理论上的更为明晰的特征，我们可以尝试从《论题篇》入手研究亚里士多德的范畴理论。

《论题篇》在学界一直未受到充分重视，尤其是在亚里士多德范畴理论的研究中，其地位无法与《范畴篇》相比。亚里士多德的《论题篇》是一本关于"辩证讨论"的著作，透过这部著作我们可以研究亚里士多德的"逻辑"概念。通过阅读《论题篇》我们可以知道，在亚里士多德那里，逻辑是推理的学说，《论题篇》围绕着辩论双方应该采用的方法展开论述。全书共分八卷，第一卷是全书的概论，指出写作《论题篇》的目的以及辩论所依据的方法——四谓词(定义、特性、属和偶性)理论；第二卷和第三卷是关于偶性的讨论；第四卷是关于属的确立和反驳；第五卷是关于特性的确立和反驳；第六卷和第七卷是关于定义的讨论；第八卷是关于如何提问和反驳。[①] 通过对《论题篇》整体内容的把握，我们可以说这部作品就是围绕着四谓词展开的。那么，亚里士多德为什么要谈到四谓词？关于四谓词的讨论与其范畴理论之间有什么联系？

亚里士多德在《论题篇》开篇就提出这部作品的目的在于讨论如何获得辩论的方法。在分析和论述如何辩论的过程中，亚里士多德提出了四谓词，并将其用于对辩论实例的讨论中。哲学辩论要在辩论双方之间展开，这个过程包括争论和推理，这就需要对争论和推理进行分析。争论从"问题"开始，推理从"命题"开始，这就决定了一个人要想充分掌握哲学辩论这一技艺就必须要求争论的内容和推理的内容一样多，命题的数量与问题的数量一样多，针对每个命题都有一个问题。因此，对争论和推理的分析也就转化为对问题和命题的分析。关于命题和问题，在《论题篇》101b17－28 这里亚里士多德给出了进一步的说明：

> 每一个命题和每一个问题都表示一个属，或者一个特性，或者一个偶性——因为种差由于适用于类(或属)，应与属列在一起。然而，由于某物专门固有的东西部分表示它的本质，部分不表示本质，因此让我们把"专门固有的"划分为上面说的这两部分，并称表示本质的部

---

① 王路：《亚里士多德的逻辑学说》，北京：中国社会科学出版社，2008 年，第 6 页。

分为"定义",对于另一部分,让我们采用一般流行的说法,称它为"特性"。这样,我们说的东西根据我们刚才的划分就是显然的,元素变为四个,即定义或特性或属或偶性。不要以为我是说上述每一个元素本身都形成一个命题或问题。我的意思只不过是说,每一个命题和问题都是由它们形成的。①

上面的论述告诉我们,亚里士多德对四谓词的分析过程首先是一个经验分类的过程,因为他是从对人们日常的争论和推理开始分析,进而对命题和问题进行分析得到了四谓词。虽然亚里士多德不可能穷尽所有的命题和问题,但是,他肯定研究了大量的命题和问题才发现了四谓词。通过对命题和问题的分析可以得出定义、特性、属和偶性作为四谓词是命题和问题的四个组成要素。但需要注意的是,四谓词虽然是命题和问题的重要组成部分,但它们并不是命题或者问题的全部。

根据《论题篇》第一卷第五章的论述,我们可以对亚里士多德划分"四谓词"的依据做进一步的澄清,其依据主要是两个:一是命题中的主词与谓词是否可以换位;二是命题是否表达"是什么"。根据这两个条件的结合运用,我们可以进一步划分出四种情况:

主词与谓词是否可以换位	是否表达是什么	谓词种类
可以换位	表达是什么	定义
可以换位	不表达是什么	特性
不可以换位	表达是什么	属
不可以换位	不表达是什么	偶性

定义是表示"是其所是"的短语。②(101b39-40)

---

① 王路:《亚里士多德的逻辑学说》,第10页。

② 聂敏里:《"实体-主体"原则与本质个体》,《云南大学学报(社会科学版)》,2016年第4期,第30页。

例子:人是有理性的动物。

确定定义的标准在上面的表格中已经提到,即,如果某个表述的主词与谓词可以换位,并且表达"是什么"这个含义,那么这个表述就是定义。例如,在上面的例子中,主词"人"和谓词"有理性的动物"是可以换位的,也就是说上面这句话还可以表述为:"有理性的动物是人"。同时,这个表述也符合定义的第二个标准,因为"人是有理性的动物"这个表述揭示了人的本质,表达了"人是什么"这个内涵。因此,"人是有理性的动物"这个表述是符合定义的两个判断标准的,是一个标准的定义。

> 特性不表示一事物的本质,却是此事物专门具有的,并且此事物
> 可以和它(特性)互相换位谓述。[①](102a19)

例子:人是能思考的。

要判断"人是能思考的"这个表述是否是对特性的表述,就需要带入对特性的判断标准来检验。首先,我们看主词与谓词是否可以换位。主词"人"和谓词"能思考的"如果换位,那么,原来的表述就变成了"能思考的是人",这个表述是成立的。其次,我们看这个表述是否表达"是什么"。我们可以看出这个表述只是表明了"能思考的"是人的一种特有的、固有的属性,但是并没有表明人的本质"是什么"。

> 属是那就许多东西而且在种上不同的东西按照是什么进行谓述
> 的。[②](102a32-33)

例子:人是动物。

要判断一个陈述是否是有关于"属"的表述,首先,要确保主词与谓词不可以换位。例如,在上面的例子中,"人是动物"这个表述当中的主词"人"与谓词"动物"就是不可以换位的,因为我们不可以说"动物是人"。其次,我们再看这

---

① W. A. Pickard-Cambridge, *Topics*, NewJersey: Princeton University Press, 1991, p. 4.

② 聂敏里:《"实体-主体"原则与本质个体》,《云南大学学报(社会科学版)》,2016年第4期,第30页。

个表述是否表达是什么。在"人是动物"这个例子中，它表达了人"是什么"这个含义。所以，综上所述，"人是动物"这个表述符合属的标准，是有关"属"的表述。

> 偶性是某种东西，它尽管不是上述的，即不是定义、不是特性、不是属，却属于此事物；它可以或者属于或者不属于某一事物，或者属于或者不属于同一事物。[①]（102b4－7）

例子：人是白的。

要判断一个表述是否是偶性，还是要套用上面提到的两个标准。对于"人是白的"这个表述来说，首先，主词"人"和谓词"白的"是不可以换位的，因为我们不能说"白的是人"，白的还可以是粉笔或者羽毛等等。其次，这个表述也没有对"人是什么"做出界定，只是提供了人可能具有的一种性质。所以，综合上面的两条分析，我们可以判断"人是白的"这个表述就是一个关于偶性的表述。

四谓词理论的重要地位在于它是逻辑史上第一个完整的逻辑理论。四谓词都是相对于命题中的主词而言的，离开主词，就不存在这些四谓词作为谓词相对于主词的关系。所以，四谓词理论的存在确保了谓词能够在命题中正确地发挥作用。通过四谓词对主词与谓词之间关系的阐明，我们对于命题的说明对象就有了一个更为清晰的认识，也更进一步保证了论辩过程的明晰性。通过下文的论述我们将会看到，亚里士多德将四谓词理论与其范畴分类相联系，从而提出了他的范畴理论。

三、κατηγορίαι的提出——对《论题篇》第九章的讨论

亚里士多德《论题篇》第一卷第 1—8 章都是关于论辩和四谓词的讨论，但是到了第 9 章，他提出了一个新的概念——κατηγορίαι，并且将这个概念与之前

[①] 聂敏里：《存在与实体——亚里士多德〈形而上学〉Z 卷研究（Z1－9）》，上海：华东师范大学出版社，2011年，第 51 页。

讨论的四谓词理论相联系。关于κατηγορίαι，亚里士多德在《论题篇》中有这样的一段论述：

> 这样，在此之后，我们就应当区分τα γενη των κατηγορίων，上面提到的四个被发现就在其中。它们在数量上是十个：是什么、数量、性质、关系、处所、时候、姿态、具有、主动、被动。因为，偶性、属、特性和定义将总是在这些κατηγορίων其中之一中；因为，所有由它们而来的命题或者表示是什么，或者表示性质，或者表示数量，或者表示其他κατηγορίων的某一个。而由此显然，那表示"是什么"的人，有时表示实体，有时表示性质，有时表示其他某个κατηγορίων。因为，当一个人在面前时，他说面前的是人或动物，他谓述"是什么"并且表示实体；当白色在面前时，他说面前的是白色或一种颜色，他谓述"是什么"并且表示性质。同样，如果一肘长在面前，他说面前的是一肘长，他讲了"是什么"并且表示数量。其他κατηγορίων亦然；因为这些κατηγορίων的每一个，只要它谓述自身，或者只要属谓述它，这就表示"是什么"。而只要谓述别的，那么就不表示"是什么"，而是数量或性质或其他某个κατηγορίον。[1] （103b20 - 39）

上面所呈现的就是κατηγορίαι第一次出现的文本。在103b20亚里士多德说道："接下来，我们必须在τα γενη των κατηγορίων之间进行区分，上面提到的四个被发现就在其中。"[2]学界对这句话的翻译和理解存在着很多争论，与此同时，不同的学者对于其他几处κατηγορίαι的翻译也一直没有达成一致意见。因此，对于κατηγορίαι的理解就成为解读亚里士多德《论题篇》中的四谓词理论和范畴理论的关键。本节将尝试通过对《论题篇》相关文本的分析从而澄清κατηγορίαι一词的含义。

在当今学界，关于κατηγορίαι的确切词义基本存在以下几种观点：牛津修订

---

[1] 聂敏里：《存在与实体——亚里士多德〈形而上学〉Z卷研究(Z1 - 9)》，第51页。

[2] 聂敏里：《20世纪亚里士多德研究文选》，第144页。

观念史与汉语之思

版的《亚里士多德全集》将 b20 和 b24 两处的这个词翻译成"谓述",而其他的全部翻译成"谓词"。E. S. Forester 的洛布译文把这四处都译作"范畴"。厄文和芬恩把它们全都译作"谓述"。弗雷德根据κατηγορίαι词形的日常语用,同时结合对《论题篇》中所出现的κατηγορίαι的分析,倾向于将 b20 和 b24 两处翻译为"谓述"(predication),而认为 b29 不得不是"谓词",但是他认为这里的"谓词"这一翻译是"不幸的"。① 余纪元"在其自身的存在"一文中结合对《形而上学》第五卷第 7 章的分析得出的结论是:κατηγορίαι在 b20 和 b24 两处应当被翻译为"谓述",但是其他两处应当被译作"谓词"。因此,我们基本可以确定κατηγορίαι的可选词义有"谓述"和"谓词"。那么,现在我们面对的关键问题就是:通过何种途径可以确定κατηγορίαι的确切词义? κατηγορίαι的词义到底是"谓述"或是"谓词"或是两者兼有?

(一)κατηγορίαι的"谓述"含义

要确定κατηγορίαι在《论题篇》中的确切词义还是要回归《论题篇》原文。在《论题篇》第一卷第 8 章,亚里士多德在论述定义、特性、属和偶性时谈到这四者是根据它们相对于一个给定主词的谓述关系来区分的,为了描述这几种谓述关系,亚里士多德使用了希腊语的动词 κατηγορειν 和它的一个复合词。κατηγορειν 作为动词,其意思为"指控",那么对应于这种动词用法,κατηγορίαι在第一卷第 8 章就只能翻译为"谓述"②而不能翻译为"谓词"。

(二)κατηγορίαι作为"谓述的种类"

请允许我再一次呈现亚里士多德在《论题篇》103b20‒b27 中的这段论述:

> 这样,在此之后,我们就应当区分τα γενη των κατηγοριων,上面提到的四个被发现就在其中。它们在数量上是十个:是什么、数量、性质、关系、处所、时候、姿态、具有、主动、被动。因为,偶性、属、特性和定义将总是在这些κατηγοριων其中之一中;因为,所有由它们而来的命题或

---

① 聂敏里:《20 世纪亚里士多德研究文选》,第 466 页。

② 即对应于κατηγοριων译为"指控"的动词性质,κατηγορίαι也应该译为具有动词性质的"谓述"。

者表示是什么，或者表示性质，或者表示数量，或者表示其他κατηγορίων的某一个。（103b20－27）

通过分析这一部分文本我们可以得出如下的初步结论：（1）亚里士多德在接下来的论述中要在τα γενη των κατηγορίων之间进行区分，我们暂且将其翻译为"κατηγορίαι①的属类"②，即亚里士多德要对κατηγορίαι的不同属类进行区分；（2）在对κατηγορίαι的属类进行区分的过程中，我们会发现上面所提到的"定义、特性、属和偶性"这四者就体现在κατηγορίαι的属类当中；（3）通过区分我们知道κατηγορίαι的属类在数目上是十个——是什么、数量、性质、关系、处所、时候、姿态、具有、主动、被动；（4）借助亚里士多德的举例，我们知道，κατηγορίαι的这十个属类实际上是针对一个对象从十个不同的方面对它的谓述，例如，或者表示某物是什么，或者表示某物的性质、数量，等等。

由此，我们便可以确定κατηγορίαι在这里的所指，它到底是指谓词，还是指谓述。弗雷德认为要达到对于"κατηγορίαι的属类"的正确理解，首先要理解这句话当中的"上述的四个"所指的是上述的四个什么。根据弗雷德的论述，如果补全"在其中人们将发现上述的四个"这句话，应为"在其中人们将发现上述的四个κατηγορίαι"。弗雷德提供了关于"上述的四个κατηγορίαι"的两种可供选择的翻译："上述的四类谓词"③以及"上述的四类谓述"④，而相应地，κατηγορίαι的属类要么是指谓词的种类，要么是指谓述的种类。在这里，我们应该采用"谓述"这一翻译。通过上面对四谓词的论述我们知道，四谓词所表达的是谓词与主词之间的不同关系，也就是说四谓词所表示的是四种不同的谓述方式，所以，这里的"上述的四个κατηγορίαι"应该指的是"上述的四类谓述"；而且，如我们上面所分析的，十类κατηγορίαι实际上是从十个不同的方面对一个事物的谓述，它们涉及到的实际上是十种不同的谓述方式。从而，正是从这里，我们可以确定

---

① 需要注意，在希腊语中κατηγορίαι作为一个抽象名词，既可以表示"一个个别的κατηγορίαι"也可以表示"一类κατηγορίαι"。

② 聂敏里：《20世纪亚里士多德研究文选》，第143页。

③ Michael Frede，*Essays in Ancient Philosophy*，p. 32.

④ Michael Frede，*Essays in Ancient Philosophy*，p. 32.

"κατηγορίαι的属类"应该被准确地理解为"谓述的属类",即不同的谓述方式的种类。

同时,如亚里士多德所指出的,在对这十种谓述方式进行区分的过程中,我们也会发现定义、特性、属和偶性这四种谓述方式。这两套谓述方式拥有不同的划分标准,却可以同时出现在我们对同一个语句的分析之中。例如,在"人是动物"这个表述中,我们既可以发现"是什么"这一谓述,也可以发现"定义"这一谓述。

在明确这一点后,接下来,在 103b27‑35 这里我们还可以发现κατηγορίαι的另外一种用法:

> 而由此显然,那表示"是什么"的人,有时表示实体,有时表示性质,有时表示其他某个κατηγορίων。因为,当一个人在面前时,他说面前的是人或动物,他谓述"是什么"并且表示实体;当白色在面前时,他说面前的是白色或一种颜色,他谓述"是什么"并且表示性质。同样,如果一肘长在面前,他说面前的是一肘长,他讲了"是什么"并且表示数量。①

在这里,我们不能将亚里士多德所用的这个κατηγορίων与前面的两个κατηγορίων的内涵相等同。因为,前面的κατηγορίων指向谓述或谓述方式,是我们已经清楚的了,而亚里士多德就此所举的例子,也清楚地表明了它们是从十个不同的方面对一个事物的谓述。但是,亚里士多德在这里向我们所举的例子,却具有很大的不同,因为,它并不是从十个不同的方面对一个事物的谓述,而是各自针对一类不同的对象对其是什么的谓述。例如,针对一个具体的人,说他是什么,人们会说他是人;针对一个具体的颜色,说它是什么,人们会说它是颜色,等等。从而,很清楚,亚里士多德在这里实际上引入了κατηγορίαι的另外一个内涵。但这是怎样的内涵呢?

要解决这一处对κατηγορίαι的理解问题,需要结合亚里士多德在《论题篇》103b35‑39 中紧接着上一段话的论述:

---

① 聂敏里:《存在与实体——亚里士多德〈形而上学〉Z 卷研究(Z1‑9)》,第 51 页。

其他κατηγορίων亦然；因为这些κατηγορίων的每一个，只要它谓述自身，或者只要属谓述它，这就表示"是什么"。而只要谓述别的，那么就不表示"是什么"，而是数量或性质或其他某个κατηγορίον。①

这段话清楚地告诉我们，这里所涉及的κατηγορίαι的分类是针对前面已经划分出来的十种谓述方式的第一种亦即"是什么"所进行的再一次划分，表明如果我们针对"是什么"来进行谓述，我们还可以就一物之是什么而得到另外十种谓述方式。因此，亚里士多德在《论题篇》103b20－39这段关键性的同κατηγορίαι的内涵有关的论述中，实际上向我们区分出了两类谓述方式：一类是对"是什么"的谓述，它是对所谓述的东西的本身之所是进行谓述，即通过"是什么"对一个事物的定义做出表述从而表明事物的本质（"因为这些范畴的每一个，只要它谓述自身，或者只要属谓述它，这就表示'是什么'"）；另一类是对除"是什么"之外的其他方面内容的谓述，它实际上是对所谓述的东西从其偶性方面进行谓述（"而只要谓述别的，那么就不表示'是什么'，而是数量或性质或其他某个范畴"）。

154

观念史与汉语之思

现在，我们暂且不管有关偶性的谓述，而是着眼于有关所谓述的东西的本身之所是的谓述，就会发现揭示出所谓述的东西本身"是什么"的谓述方式同样也有十种，这就是《论题篇》103b27－35所提到的以下十种谓述方式：实体、数量、性质、关系、处所、时候、姿态、具有、主动、被动。具体来说，当我们说"某物是实体"时是一种谓述，说"某物是性质"时是另一种谓述。在这些谓述方式的每一个当中，高一级概念都对低一级概念构成了"就本身而言"的谓述，揭示了所谓述的东西"是什么"。例如，当我们面对一个人，我们对这个人"是什么"的谓述必然是："这是一个人，人是动物，动物是实体。"当我们面对一种白色时，我们对这种白色"是什么"的谓述必然是："这是一种白色，白色是一种颜色，颜色是一种性质。"这样，在每一类谓述当中都可以形成对主词本身的谓述，说明主词是什么。因此，我们说κατηγορίαι可以指"是什么"、"数量"等不同的谓述种类，这些谓述方式所说明的是一个事物的"是什么"、"数量"、"性质"等不同方

① 聂敏里：《存在与实体——亚里士多德〈形而上学〉Z卷研究（Z1－9）》，第51页。

面;而在"是什么"这一谓述方式下又进一步划分出"实体"、"性质"等十种谓述方式,这十种谓述方式所表示的是不同的事物。

但是,103b29 这里的κατηγορίαι显然不能仅仅简单地被理解为"谓述"或"谓述方式"。弗雷德指出,要理解这一处κατηγορίαι我们首先必须要明确的一个原则是,谓述的种类同时也定义谓词的类别或种类,例如性质的谓述相应地界定一类可以用来进行性质的谓述的谓词,同理,数量的谓述相应地界定一类可以用来进行数量的谓述的谓词。循此进行,上述的十种谓述方式在其运用中也就可以相应地界定出十类分别适合于它们的谓词。很显然,这就意味着κατηγορίαι可以由谓述或谓述方式的内涵进一步地引申出谓词或谓词种类的内涵,并且因此得到相应的作为谓词分类的"诸范畴"的内涵。在此基础之上,我们就来看如何从κατηγορίαι的谓述含义得到它的谓词含义,进而得到诸范畴。

(三) κατηγορίαι作为"谓词"和"诸范畴"

要通过κατηγορίαι的谓述含义得到它的谓词含义,进而得到诸范畴,余纪元在他的"在其自身的存在"一文中为我们提供了一个非常有启发性的思路。

余纪元认为"亚里士多德在这里正是根据以上的十个'谓述类型'(实体、数量等等)来建立他的终极谓词名单,由此把κατηγορίαι的用法从'谓述'扩展到'谓词'"。[1] 以 103b28 这句话为例:"当一个人在他面前时,他说在那里的是一个人或一个动物,他讲了它是什么并且表示一个实体。"这就是说,当不同的事物被指给一个人,而且他被要求就每个事物回答"它是什么"时,例如,当一个人在他面前时,他说"它是一个人",对这个答案的进一步追问就是"什么是一个人",回答就是"人是一个动物",用这种方式一直追问下去,那么最终得到的就是"XX 是一个实体",也就是说这个人回答了他面前的是一个人并且表示一个实体。这样的回答方式同样适用于后面所列举的"白色"这个例子,在回答"它是白色"的过程中,经过进一步追问,最终会得到"XX 是一种性质"。[2] 在这个过程中,说一个事物是实体是一种谓述,从这个谓述中可以得到"实体"这类谓词;说一个事物是性质是另一种谓述,从这个谓述中可以得到"性质"这类谓词。也就是说,亚里士多德在这里通过不同的谓述类型确定

---

① 聂敏里:《20 世纪亚里士多德研究文选》,第 466 页。
② 聂敏里:《存在与实体——亚里士多德〈形而上学〉Z 卷研究(Z1 - 9)》,第 51 页。

了不同的谓词类别,在这十个类别的谓词内部,每一类谓词的高一级概念都对低一级概念构成谓述,揭示了所谓述的东西"是什么"。通过对不同种类谓词的等级序列的推演①可以得到"实体"、"性质"等作为终极谓词,这也就是我们所熟知的最为经典意义上的亚里士多德的十个范畴。这样,我们就通过不同的谓述种类确定了相应的谓词种类。所以,我们说 103b29 这一处的κατηγορίαι可以翻译为"谓词",通过上面的分析所得到的终极谓词就是我们后来在《范畴篇》中所看到的十个范畴。

在此基础上,我们就可以对亚里士多德《论题篇》中κατηγορίαι的用法做一个总结。亚里士多德是在以下意义上使用κατηγορίαι的:(1)谓述;(2)谓述的种类;(3)谓述的种类定义谓词或谓词的种类;(4)"范畴"的专业用法(即实体、性质、数量等十个谓词)。

至此,我们可以知道,亚里士多德在《论题篇》中通过四谓词引出对κατηγορίαι用法的分析,明确了κατηγορίαι所指涉的"是什么"、"数量"、"性质"等表示的是十种不同的谓述方式,并且这十种谓述方式所表达的是一个事物的十个不同方面。在此基础之上,结合《论题篇》103b36 - 39 中的论述,我们可以得出亚里士多德将上面十种谓述方式进一步划分为两类,一类是对"是什么"的谓述,另一类是对除"是什么"以外的其他内容的谓述,在对"是什么"的谓述之下又划分出了十种谓述方式:实体、数量、性质、关系、处所、时候、姿态、具有、主动、被动,这十种谓述方式表示的是不同的事物。通过这十种谓述方式,我们可以确定相应的十种谓词,也就确定了κατηγορίαι的"谓词"内涵,而这十个谓词就是我们所熟知的亚里士多德的十个范畴。

四、κατηγορίαι的"诸范畴"内涵指涉存在类型

在文本第一部分中,我们已经表明了在《论题篇》中,第一种谓述方式即"是什么"可以进一步划分为十种谓述方式,而这十种谓述方式同κατηγορίαι更进一步的"谓词"内涵有关,并且进而同"范畴"的专业内涵有关。那么,现在引入《形而上学》Δ7 中的相关论述来对此做更进一步的说明就是非常有必要的。这一

① 如"苏格拉底、人、动物、……、实体"所组成的就是实体这一类谓词当中的等级序列。

部分的讨论一方面将说明 Δ7 对"就本身而言的存在"所进行的讨论与《论题篇》中对κατηγορίαι的讨论密切相关;另一方面也将说明 Δ7 中对τὸ ὄν[①](译为"是"或"存在")的讨论是具有存在论内涵的,而通过这一点也就能够确定κατηγορίαι的"诸范畴"这一内涵不仅指涉谓述类型,而且指涉存在类型,从而进一步将我们引向了《范畴篇》,因为《范畴篇》对范畴的讨论就是围绕着作为存在类型的诸范畴展开的。

(一) Δ7 中"就本身而言的存在"——与《论题篇》的关联

《形而上学》Δ7 是针对"是"或"存在"的多种意义的讨论。在那里,亚里士多德区分了"是"或"存在"的四种意义,即,"就本身而言的存在","就偶性而言的存在","作为真的存在"以及"作为潜能和现实的存在"。其中,针对"就本身而言的存在",亚里士多德这样说:

> 就本身而言者是指范畴类型所表示的那些;因为有多少种方式谓述,τὸ ὄν[①]就有多少种意义。因此,既然谓词(即κατηγορίαι)中有些表示是什么,有些表示性质,有些表示数量,有些表示关系,有些表示主动或被动,有些表示处所,有些表示时候,那么,τὸ ὄν就表示和它们每一个相同的意义。[②](1017a22-27)

在这里,"就本身而言者"是针对"是"或"存在"作为谓词的用法而言的。亚里士多德在这里表明,存在着这样一类谓词的用法,即"是"是就一个事物本身之所是而言的,从而,它和从偶性方面对一个事物的谓述便区别开来了。并且,亚里士多德进一步的说明表明,这一类的谓述其数量和范畴类型一样多。这就表明,作为κατηγορίαι一词的更为专业的用法——"范畴"这个概念,在亚里士多德那里是仅仅针对"就本身而言的存在"而言的。

"就本身而言"在亚里士多德那里以"多种方式被说"。余纪元"在其自身的存在"一文为我们提供了对"就本身而言"的一种解释。亚里士多德在《后分析篇》第一卷第 4 章中提到,一个东西可以被说成是"在其自身"(即"就本身而

---

① 英文译为"to be",中文译为"是"或"存在"。

② 聂敏里:《存在与实体——亚里士多德〈形而上学〉Z 卷研究(Z1-9)》,第 385 页。

言")的第一个意义是这样说的：一个东西在其自身属于另一个东西，"如果它在它是什么上属于它——例如线之于三角形，点之于线"。① 在这个例子中，就"线"来说，它的定义要依赖于"点"，也就是说一个在其自身的存在与表示一个东西是什么的定义有关。拿"点之于线"这个例子来说，"点"在其自身属于"线"，因为它在"线"的本质或定义之中。归纳起来说，如果 X 在 Y 的本质或定义之中，那么 X 在其自身属于 Y。亚里士多德进一步说，如果 X 在其自身是 Y，那么 Y 也在其自身是 X。②

观念史与汉语之思

上述对"在其自身"的解释也符合之前我们对"就本身而言的存在"、谓述类型和谓词之间关系的讨论。我们知道亚里士多德的定义是由属和种差构成的，属表示的是一个事物的"是什么"，在定义中是被给出的首要的词项。在同一个属中，我们通过种差来区别不同的事物，在同一个属之下的不同事物分有这个属的本质。在之前已经确定的谓词的等级序列中，每一类谓词序列之下的主词和谓词之间存在着个别-种（或属）的关系。③ 在此基础上加上种差，就可以构成定义的陈述形式。由于一个种或属要构成它的下级成员的定义，所以，它们在其自身属于它的下级成员。因此，实体作为终极谓词和属存在于实体范畴的所有下级成员的定义中，实体在其自身地属于这些下级成员。我们知道在亚里士多德那里定义所表达的是一个事物的本质，而且这个定义是独一无二的。所以，当我们说一个事物是在其自身的存在，即是说与这个事物相关的谓述所解释的是一个确定的、独一无二的本质，换言之，就是说这个事物具有由其定义所揭示的本质的存在。④ 所以，"就其自身而言"的存在指的是同一范畴类型内部而言的，每一个范畴类型所对应的谓述方式确保了《范畴篇》中的每一个范畴都是"在其自身的存在"。范畴，如亚里士多德这里所表明的，它为我们所熟知的那十个类别，实际上就是十类"就本身而言的存在"，而这也就是说，它们各自是对某一类事物自身之所是的谓述。例如，针对人，当我们说他是什么时，这是就其作为实体之所是的谓述；而针对白色，当我们说它是颜色时，这是就其作为性

---

① 聂敏里：《20世纪亚里士多德研究文选》，第468页。

② 聂敏里：《20世纪亚里士多德研究文选》，第469页。

③ 例如在实体这类谓词中，"苏格拉底是人"这句话所表示的主词"苏格拉底"与谓词"人"之间就存在个别-种（或属）的关系。对其他种类的谓词（数量、性质等等）也同样适用。

④ 聂敏里：《20世纪亚里士多德研究文选》，第469页。

质之所是的谓述。这样，依此划分，我们就可以得到十类"就本身而言"的谓述方式，而这也就是通常所说的十范畴。这样，亚里士多德就表明了范畴同"就本身而言的存在"之间的内在关系。

现在，当我们澄清了这一点，我们立刻就可以发现上面《形而上学》Δ7 的这段论述同《论题篇》第一卷第 9 章那段话的内在关联。因为，如我们前面已经阐明的，《论题篇》中所列出的第一种谓述方式亦即"是什么"实际上所关涉的正是针对事物本身之所是的谓述，而在那里，亚里士多德同样阐明了这类谓述方式可以按照谓述的不同而被分成十类，并且进一步与谓词的类型相关。而现在在 Δ7 这里，亚里士多德则进一步表明，它们实际上也就是就本身而言的十类"存在"，或"是"，揭示的实际上是谓词"是"针对一个事物本身之所是的十种不同的谓述方式，并且由此可以划分出相应的十类不同的谓词，而这就是十范畴。

这样，通过上面的分析，我们就可以建立起在理论上《形而上学》Δ7 与《论题篇》的关联，表明κατηγορίαι这个概念如何由在《论题篇》中的谓述、谓述方式、谓词种类的内涵，逐渐地经由指向一个事物自身之所是的谓述而进一步地得到了它的更为专门的范畴的内涵。范畴，尤其是我们所熟悉的十范畴，在亚里士多德那里显然不是指任意十类谓词而言的，而就是专门地指向分别从实体、数量、性质、关系、处所、时候、姿态、具有、主动、被动这十个不同的方面对各自相应的主词自身之所是进行谓述的谓词类别而言的。

当我们指明了这一内在关联，我们当然就可以循着这一线索，对《形而上学》Δ7 中亚里士多德针对"就本身而言的存在"的论述做更进一步的考察，看看它会给我们对亚里士多德的"范畴"概念的理解以怎样的启示。

（二）Δ7 中"是"的存在论内涵——与《范畴篇》的关联

通过第一节的论述我们知道了系词"是"可以表达针对一个事物本身之所是的十种谓述方式。在这里，系词"是"发挥了它的语义学功能，通过不同的谓述方式表达不同的存在的意义。但是，系词"是"是否只拥有语义学的内涵呢？

亚里士多德关于"是"的讨论集中于《解释篇》和《后分析篇》。他认为，在我们的语言表述中，"S 是 P"这样一种表达背后预设了一个更为基本的表达式即"S 是"。也就是说，只是在我们对 S 本身之所是和存在有所肯定的前提下，我们才可能进一步对 S 加以规定，例如，"S 是 P"。这样，在"S 是 P"这样的典型的谓述判断中,实际上已经蕴含了存在判断在内,亦即,它同时也是对 S 就其存在之所是的判断,"S 是 P"不仅赋予 S 以一个谓词 P 来对它加以谓述,而且同时还对"S 是 P"本身作为一个事实存在加以肯定。这样,对于亚里士多德来说,他对谓词"是"的讨论就不仅是一种语义学的研究,同时也是一种存在论的研究,"是"所关涉的不仅是谓述,而且是存在。

在获得了有关"是"的存在论内涵的理解之后,我们可以再回到《形而上学》Δ7 中 1017a22 - 27 的那段论述。我们在第一节开头曾经说过,亚里士多德在《形而上学》Δ7 中区分了"是"或"存在"的四种意义,即,"就本身而言的存在","就偶性而言的存在","作为真的存在"以及"作为潜能和现实的存在"。在这

里,亚里士多德对于这四者的划分不仅是谓述方式上的划分,更是对四种存在方式的划分。我们可以就此做更为细致的讨论。

但是在这里,我们只关注"就本身而言的存在"与"就偶性而言的存在",因为只有这两者与我们讨论的诸范畴密切相关。关于"就偶性而言的存在",我们前面说过,这就是例如在"A 是 B"的谓述中谓词 B 从偶性方面对主词 A 的谓述。但是,这同时也是对主词 A 的一种特殊的偶性存在方式的陈述。例如,"这个人是文雅的",这不仅是通过"是"将谓词"文雅的"归属于主词"这个人",从而揭示主词"这个人"的一种偶性,而且,由此也肯定了主词"这个人"所具有的一种特殊的偶性存在。因此,"就偶性而言的存在"所包含的存在论内涵是毋庸置疑的。

同理,"就其本身而言的存在"不仅对应于语义学层面的十种谓述方式,而且也拥有存在论内涵,也就是说作为"就本身而言的存在"的诸范畴,它们所揭示的不仅是谓词"是"的十种不同的谓述方式,表明有十类各自不同的谓词,而且还揭示了有十类不同的存在方式,每一类谓词都揭示一类不同的存在。例如,"是什么"所揭示的是事物作为实体的存在方式,"性质"所揭示的是事物作为性质的存在方式,"数量"所揭示的是事物作为数量的存在方式。

这样,对于亚里士多德而言,在《形而上学》Δ7 中,他针对范畴类型对"就本身而言的存在"的讨论,就使得κατηγορίαι由单纯的语义学的谓述方式或谓词类型的内涵向存在论的内涵过渡,也就是说,κατηγορίαι在指谓词类型这一专业意义上的"范畴"概念的同时,还指存在类型这一专业意义上的"范畴"概念。这就

观念史与汉语之思

把我们引向了《范畴篇》对"范畴"概念的讨论,因为,正是在《范畴篇》中,亚里士多德对《形而上学》Δ7 中所揭示的十类"就本身而言的存在"亦即范畴类型进行了深入细致的讨论。从而,我们也就实现了《论题篇》的范畴分析与《范畴篇》的范畴分析的衔接。

至此,我们完成了对《论题篇》中"范畴"概念的分析论证。我们知道了亚里士多德正是从《论题篇》出发开启了他的范畴理论体系。《论题篇》所确立的"范畴"概念不仅指涉谓述类型,同时也指涉存在类型,这就为《范畴篇》和《形而上学》对范畴和实体的讨论奠定了基础。因此,《论题篇》作为亚里士多德范畴理论体系的逻辑起点地位应当受到重视。

The Position of the *Thesis* as the Logical Starting Point in Aristotle's Category Theory

Pan Yuefei

Abstract: As an important part of Aristotle's and traditional logic theory, Aristotle's concept of category and its related theories have been constantly questioned and challenged. The discussion of category in Aristotle's *Topics* plays an important role in his category theory system, but it has not received due attention. Taking Frede's relevant argumentation as the starting point and guidance, the analysis of κατηγορίαι in the *Topics* shows that κατηγορίαι has the connotation of "predicate", and these ten predicates are the ten categories of Aristotle. Then based on *Metaphysics* Δ7, the connotation of κατηγορίαι as "categories" can be determined that it refers not only to the type of predicate, but also to the type of existence, which lays a foundation for the discussion of categories and entities in *Category* and *Metaphysics*. Therefore, Aristotle started his category theory system from the *Topics*, which should be paid attention to as the logical starting point of Aristotle's category theory system.

Keywords: Topics; Κατηγορίαι; Category

情绪与道德

你、我、我们：情绪经验的共享[*]

[丹]D·扎哈维/文　陈嘉林　胡可欣/译[**]

[摘　要]　在考察近来有关集体意向性和我们-意向的本质和状况的哲学工作时,我们惊讶地发现,学者们在如下方面投入了巨大的精力:分析联合行动的结构,以及确定那些诸如,一起散步或一起粉刷房子的意向是否可以被还原为某种形式的我-意向性。但是,很少有研究致力于对共享的情感和情绪进行分析。这是令人遗憾的,不仅因为情绪共享极有可能在发展上先于联合行动,并在逻辑上也比后者更为基础,而且还因为它可能建构起一种与他人相处的方式,如果希望更好地理解"我们"的本质,就需要对此进行研究。在本文中,我的主要目的是回答以下问题:我们-经验,即作为"我们"之部分的经验,是否预设、先于、保留或取消了自我-与他者-经验

---

[*]　原文见 Dan Zahavi, "You, Me, and We, The Sharing of Emotional Experiences", *Journal of Consciousness Studies*, Vol. 22 No. 1 - 2(2015):84 - 101.

[**]　D·扎哈维(1967—　),男,丹麦人,哲学博士,哥本哈根大学哲学系教授及主体性研究中心主任,牛津大学哲学教授,主要研究领域为现象学、心智哲学。

陈嘉林(2001—　),女,浙江舟山人,本科在读,华东师范大学哲学系,主要研究领域为心智哲学。胡可欣(2000—　),女,上海闵行人,硕士在读,中国人民大学哲学院,主要研究领域为心智哲学。

之间的差异？为了达成这个目标，我将更深入地研究情绪共享，并利用在当前社会本体论中经常被忽视的资源，即经典现象学和当代社会认知研究中的洞见。

[**关键词**] 分享；互惠；连结

1. 集体意向性与主体间性

根据目前受哲学论证和经验证据支持的主流观点，拥有我们-意向(we-intention)的能力是人类社会生活和社会(如制度)现实的基础。它是创建和维护社会规范、习俗和制度性事实的一个重要先决条件，例如选举、婚姻、商业公司、财产权、民族国家等。复杂的社会协作可能并非人类独有(其他非人的动物种群也参与不同形式的合作行为(如共同狩猎))，然而，正如塞尔(J. Searle)所言，人类似乎拥有一种具有某一独特形式的共享或集体意向性(collective intentionality)的能力，这使他们能够创造出远超非人灵长类动物所能达到的社会现实形式(Searle, 1995)。①

塞尔自己关于集体意向性极富影响力的研究坚定地拥护了某种形式的方法论和本体论上的个体主义(individualism)。本体论的个体主义指出，心智状态必然是被拥有的，它们必然是某人的状态，而该某人必须是个体。简言之，只有个体才能成为心智状态的主体。塞尔由此主张，所有意向性，其中包括集体意向性，都必须被归因于并定位在单个个体的心智之中。因此，每当人们共享某个意向时，每个人都有他或她自己的意向，并且不存在某种(单例)意向能够在任何直接意义上被共享。但是，这并不是说塞尔试图将我们-意向还原为我-意向(I-intention)。在塞尔1990年发表的影响深远的论文《集体意向与行动》(*Collective Intentions and Actions*)中，他明确地抛弃了这个观点，并主张我们-意向是原初的。② 但他也否认，我们-意向是不可还原的与所有的意向性存在于个体大脑中这两种主张是不相容的。事实上，鉴于塞尔众所周知的对内在主义

① J. Searle. *The Construction of Social Reality*, Cambridge：The Free Press, 1995.

② J. R. Searle. "Collective intentions and actions," *Intentions in Communication*, P. Cohen, J. Morgan & M. E. Pollack (eds.), Cambridge, MA：MIT Press, 1990, p. 404.

(internalism)的认可,以及他对这样一种观点的承诺,即除了状态所归属的主体之外,任何心理状态都不是以个体而非这种状态所归因于的主体的存在为前提的,他甚至辩称,即使没有其他行动者(agent)存在,一个个体也可以拥有我们-意图(we-intend)。因此,塞尔许可了那种唯我论的我们-意向性的存在,并坚持认为一个个体即便仅仅只是缸中之脑,也可能拥有集体意向性。①

人们可能会对塞尔激进的内在主义以及他关于个体即使在没有他人存在的情形中也可以拥有我们-意向和集体意向性的主张有着各种各样的担忧②,但我将在这里聚焦于塞尔理论中另一不同且鲜为人知的方面。在 1990 年的文章末尾,塞尔询问,是否存在普遍的背景性能力(background capacities)和现象以集体意向性为前提。他对此给出了肯定的回答,并主张其中心前提之一是"将他人作为能够一起共享意向性者的生物学上的原初知觉"③。为了拥有集体意向或按照集体意向行事,人们必须因此假定"他人是像你一样的行动者,他们拥有一种将你看作是和他们自身一样的行动者的相似觉知(awareness),并且这些觉知融合成一种作为可能的或实际的集体行动者的我们的感觉"④。塞尔并未详细阐述这些想法,但我认为它们很有启发性,并且更重要的是,我认为它们可以以远超塞尔所设想的方式得到发展和辩护。

在《社会现实的建构》(*The Construction of Social Reality*)的导论中,塞尔指出:二十世纪初期的伟大哲学家-社会学家缺乏适当的工具,尤其是充分发展的意向性理论来处理我们-意向问题。⑤ 塞尔提到了韦伯(M. Weber)、齐美尔(G. Simmel)和涂尔干(E. Durkheim)的作品,却遗漏了舒茨(A. Schutz),他1932 年的博士论文《社会世界的意义构成》(*Der sinnhafte Aufbau der sozialen Welt*)与塞尔的方案之间不仅是标题上的相似。我们在舒茨和其他现象学家,例如胡塞尔(E. Husserl)、舍勒(M. Scheler)、施泰因(E. Stein)、莱纳赫(C. A. Reinach)、瓦尔特(G. Walther)、海德格尔(M. Heidegger)、古尔维奇(A.

---

① J. R. Searle. "Collective intentions and actions," *Intentions in Communication*, P. Cohen, J. Morgan & M. E. Pollack (eds.), Cambridge, MA: MIT Press, 1990, pp. 406 - 407.

② H. B. Schmid, *Plural Action: Essays in Philosophy and Social Science*, Dordrecht: Springer, 2009.

③ J. R. Searle, "Collective intentions and actions," *Intentions in Communication*, P. Cohen, J. Morgan & M. E. Pollack (eds.), Cambridge, MA: MIT Press, 1990, p. 415.

④ J. R. Searle, "Collective intentions and actions", p. 414.

⑤ J. Searle, *The Construction of Social Reality*, Cambridge: The Free Press, 1995, p. xii.

Gurwitsch)、萨特(J-P. Sartre)和梅洛-庞蒂(M. Merleau-Ponty)中发现,不仅有对意向性、自我和他者意识以及主体间性精致的分析,同时也有针对性地对我们-意向性及其在社会结构作用的探究。事实上,现象学的一个贡献正是它在对个体在经验上相互关联的方式进行探索所作的一致努力,并将对集体意向性的分析建立在对人际间理解和互惠性认可的说明之上。塞尔声称,他从与德雷福斯(H. Dreyfus)的争论中学到的一件事是,现象学家"对意向性的逻辑结构或社会和制度现实的逻辑结构讨论没有太多贡献"①,我们很容易由此得出这样的结论:他并不真正知道自己在说什么。

2. 同感,情绪感染与情绪共享

如前所述,我认为对集体意向性和社会现实性的研究,例如,在社会本体论中传统讨论的主题,可以且应当受益于对社会认知的讨论与探索而得的成果。让我从聚焦于情绪感染(emotional contagion)、同感(empathy)和情绪共享(emotional sharing)间的区别入手,这将被证明是有益的。

在当代关于同感的讨论中,究竟如何理解情绪感染和同感之间的关系仍旧富有争议。因此,尽管艾森伯格(N. Eisenberg)认为同感和情绪感染仅仅是一个以既非高度自我卷入也非指向他人的方式与他人感受同一种情绪的问题②,但达沃尔(S. Darwall)却声称,情绪感染是同感的最原始形式,而模仿是其核心机制之一③。相反,其他学者却认为有必要选择一个更狭窄的同感定义,以保留同感与情绪感染之间的区别。④⑤ 例如,有学者认为情绪感染是"自我-中

---

① J. Searle, "Neither phenomenological description nor rational reconstruction: Reply to Dreyfus," [Online], http://socrates. berkeley. edu/~jsearle/articles. html [1 July 2014],1999, p. 11.

② N. Eisenberg, *Altruistic Emotion, Cognition, and Behaviour*, Hillsdale, NJ: Lawrence Erlbaum, 1986, p. 31.

③ S. Darwall, "Empathy, sympathy, care," *Philosophical Studies*, Vol. 89 No. 2/3(1998): pp. 261 – 282.

④ J. Decety, K. J. Michalska & Y. Akitsuki, "Who caused the pain? An fMRI investigation of empathy and intentionality in children," *Neuropsychologia*, Vol. 46 No. 11(2008): pp. 2607 – 2614.

⑤ F. De Vignemont & T. Singer, "The empathic brain: How, when and why?," *Trends in Cognitive Sciences*, Vol. 10 No. 10(2006): pp. 435 – 441.

心"的,而同感本质上是"他者-中心"的。①

后一种观点在经典现象学对同感的本质和结构的分析中也可以找到。举两个舍勒的例子,想象你走进一家酒吧并被欢乐的气氛所包围的情景,或者遇到一个丧葬队伍从而情绪低落的情景。所谓情绪感染(Gefuhlsansteckung)的一个显著特征是,你确实地拥有了相关的情绪。② 它转移给了你;它成为了你自己的情绪,并且你以第一人称的方式经历着。因此,在情绪感染中,被感染的感觉并不是作为外在的,而是作为自己的。③ 的确,当被他人的愤怒、恐慌或快乐所感染时,你甚至可能没有意识到他人是不同的个体。由于我是作为我自己而非我们自己来体验情绪的,所以情绪感染不应与情绪共享混为一谈。它不等于也无法构成一种我们-经验(we-experience)。情绪感染也必须与同感相区别,因为后者涉及对他人的关注和觉知。④ 正如施泰因(2008)在其1916年的博士论文《论同感问题》(Zum Problem der Einfuhlung)中所言,同感地体验,如,他人的情绪,必然区别于你自己体验该情绪的方式。⑤ 事实上,在这种同感体验中,我意识到被同感的体验是属于他人的。这也是为什么施泰因反对那种认为同感应该使我们经历我们在他人身上观察到的情绪,或在某种程度上涉及将他人的体验传输到自己的头脑中的观点。西奥多·利普斯(T. Lipps)是第一个在社会认知背景下讨论同感(或Einfuhlung)的人,他最初认为同感可以被解释为一种内部模仿(inner imitation)的形式(该建议后来在模拟论者中风靡一时)。⑥ 对此,施泰因坚持认为,即使观察到的表情可能会引起观察者的模仿,并且即使表情和经验之间的密切联系会导致观察者自身随后也产生了相关情绪的体验,这也只能解释为什么她会具有某种经验。这无法为观察者是如何理解他人提供解释。对一个人来说,自己感觉到什么和同感地理解他人的感觉是

① F. De Vignemont, "Affective mirroring: Emotional contagion or empathy?", *Atkinson and Hilgard's Introduction to Psychology*, 15th ed., S. Nolen-Hoeksema, B. Frederikson, G. R. Loftus & W. A. Wagenaar (eds.), Florence, KY: Cengage Learning, 2009, p. 787.

② M. Scheler, *The Nature of Sympathy*, London: Transaction Publishers, 2008, p. 15.

③ M. Scheler, *The Nature of Sympathy*, p. 37.

④ M. Scheler, *The Nature of Sympathy*, pp. 23, 64.

⑤ E. Stein, *Zum Problem der Einfühlung*, Freiburg: Herder, 2008.

⑥ T. Lipps, "Das Wissen von fremden Ichen," *Psychologische Untersuchungen I*, T. Lipps (ed.), Leipzig: Engelmann, 1907, pp. 694–722.

完全不同的两件事。前一件事本身并不蕴含(entail)关于感觉起源的知识,也不蕴含着一个人对自身的感觉与他人的感觉之间相似性的知识。实际上,它本身并没有导向对他人精神生活的理解。[①②]

对现象学家而言,同感是我们对他人具身和表达性心智体验的标志,这种体验非但没有消除自我-经验和他者-经验之间的差异,反而将不对称性视为一个必要且持久的存在性事实。尽管同感经验是第一人称给予的,但被同感的经验则并不是第一人称给予同感者的。如果坚持认为它是,那么将会忽略同感的独特之处,即同感是一种指向他者的意向性形式,它令外来经验将自身展现为外来的,而非自身的经验。[③] 更重要的是,尽管我缺乏对于被同感经验的第一人称通道(例如,它不是作为我的痛苦而被给予的),但这种同感的经验却总是作为当下(here and now)的经验给予我的。[④] 由此,施泰因将同感与那种并非直接获得的他者经验的更加认知化的理解进行了对比。一种阐释该指导性观念的方法是:正如我们应该尊重思考狮子、想象狮子和看到狮子之间的差异一样,我们也应该尊重(模糊地)谈论埃米尔的同情和爱心,想象具有关怀和爱心对他来说是什么样,以及在面对面的直接相处中同感地了解他的同情和爱心之间的区别。在后一种情形中,我们对埃米尔的经验性生活的了解具有某种指向性和直接性特征,这些特征是在他不在场的情形下我所能拥有的关于他的信念所不具备的。我们也可以这样说:同感是通过独特的他者而非第一人称亲知的方式而获得的一种特殊知识。尽管同感可以提供一种特殊的理解,但这并不意味着它可以提供一种尤其深刻的理解。为了获得这种理解,很可能需要诉诸理论推断和想象模拟。同感通道的特殊性在于它是基本的和直观的,即同感体验是在当下直接被给予的。[⑤]

由于现象学家坚持同感地理解他人正在经历的事情与自身拥有那种经历

① E. Stein, *Zum Problem der Einfühlung*, Freiburg: Herder, 2008, pp. 35 - 36.

② A. Gurwitsch, *Human Encounters in the Social World*, Pittsburgh, PA: Duquesne University Press, 1979, pp. 24 - 25.

③ E. Husserl, *Erste Philosophie (1923/24). Zweiter Teil. Theorie der phänomenologischen Re-duktion*, R. Boehm (ed.), Husserliana 8, Den Haag: Martinus Nijhoff, 1959, p. 176.

④ E. Stein, *Zum Problem der Einfühlung*, Freiburg: Herder, 2008, p. 5.

⑤ 有关同感的现象学解释及其与当代社会认知工作中问题间关系的更广泛讨论,请参见扎哈维(2010;2014a;尤其是2014b)。

之间的差别,他们拒绝接受同感涉及经验的共享这一普遍的观点也就不足为奇了。同感地理解你的朋友爱他的妻子,和你自己爱他的妻子是完全不同的。这不需要你共享他对他妻子的爱。同样,当你的同事听到他升职的消息时,你可能会感同身受地理解他的喜悦,即使你个人对这则消息感到懊恼。事实上,你没有共享他的喜悦,你感受到了一种截然不同的情绪,但这并不会令你的体验不成为同感的例子;这也不会让你对他喜悦的觉知仅有推理性或想象性的特征。而且,不同于典型的共享,同感不一定是互惠的(reciprocal),因为互惠是一种明确的要求。声称我们正在共享一段经验,同时声称这是你仍然尚未察觉的事,这似乎有些不通情理。①

　　情绪感染与同感都不等于某种我们-经验(we-experience)。舍勒称为"同情"(Mitfuhlen, Miteinanderfuhlen)的情绪共享可能是更恰当的选择。舍勒否认情绪共享可以被理解为个人经验加上互惠知识,也就是说,他并不认同按照如下方案来理解:互相独立的个体 A 具有类型 x 的一个单例经验,个体 B 具有类型 x 的一个单例经验,此外,他们彼此都了解对方。那么,一种积极的情绪共享解释可能是怎样的呢? 我们采纳桑托(T. Szanto)最近提出的一些说法,情绪共享既有多元性要求,也有完整性要求。② 共享与融合无关,也与融合的统一无关。共享涉及多个主体,但它也不仅仅是总和或加和。即使两个人碰巧具有相同种类的经验,这也不等于一种共享的经验。尽管这两种经验相似,但是它们不会以必要的方式整合在一起。我们可以将它和一对夫妇看电影的情形进行对比。他们不仅会感知并且欣赏电影,而且还会体验到对方正在观看和欣赏电影,这会影响他们自身欣赏的结构和质量。简言之,当人们在一起做事情时,他们的感受并不独立于彼此之间的关系。而我们所探究的情绪体验并非是彼此独立的,而是共同-调节(co-regulated)且在结构上相互依存的。

　　应该清楚的是,这里所讨论的构成性相互依存不仅只是因果性的相互依存。一种情形要成为情绪共享,不能无意识地发生,而必须包含互惠性觉知的要素。但是,即使强调了这一"觉知要求"仍然不够。毕竟,我们不难想象

---

① 相比之下,想想这样的例子:每次我独自一人在你的办公室中,在你不知情的状况下享用你的阿德贝哥威士忌的情况。说我们在这种情况下共享一瓶威士忌似乎有点牵强。

② T. Szanto, "Husserl on collective intentionality," *Social Reality*: *The Phenomenological Approach*, A. Salice & H. B. Schmid (eds.), Dordrecht: Springer, 2015.

一种具有在构成上相互依存的情绪，但显然不符合共享条件的情况。例如，以虐待性强奸犯为例，他的快乐来源于并在构成上取决于受害者的恐惧，反之亦然。因此，二者可能都意识到了他们之间的情绪交互，但是却没有拥有共享体验。此处似乎缺少的是某种情感纽带或连结（connection），某种统一或对彼此的认同，瓦尔特称之为凝结感（sense of togetherness, *Gefühl der Zusammengehörigkeit*）①。正如杰西卡·霍布森(J. Hobson)和彼得·霍布森(R. P. Hobson)所言，情绪共享必须包含了"他人与我，共同参与这种经验"②。毕竟，在例如共享快乐的情形中，快乐不再仅仅是作为我的经验被我经验着，而是作为我们的。这就是为什么用代词"我们"来表达相关的经验是极富意义的："我们很喜欢这部电影"，"我们太害怕了"。

　　诚然，第一人称复数（first-person plural）有很多用法。在某些情况下，"我们看见了刺猬"这种说法表明的可能只是一个共同的对象。如果我们每个人都在不同时间甚至同一时间看到刺猬，但又不知道彼此的存在，我们可以毫无损失地将"我们看见了刺猬"替换为"我看见了刺猬，并且你也看见了刺猬"。但是，在其他情况下，我们说"我们"是为了表达我们对一个群体的认同和成员身份。③ 举个例子，我和儿子旅行回来，当见到一个共同的朋友时，我大喊："我们看到了！我们找到了刺猬！"在这种情况下，这种经验并不仅是作为我的经验被给予我，而是作为我们的经验；这个行动也不仅是作为我的行动被给予我，而是作为我们的行动。如果我们一起发现了刺猬，并且如果我们每个人都意识到对方也看到了刺猬，那么那种分布式的重新表述（distributive reformulation）就会遗漏一些重要的东西，因为使用"我们"旨在表达的东西不仅仅是存在一个共同对象这一事实。我们一起找到了刺猬，尽管我没有通过儿子的眼睛看到这个动物，但它被他看见却是我经验的一部分。

　　尽管瓦尔特所说的"凝结感"可能为情绪共享中缺失的成分提供一个好的

---

① G. Walther, "Zur Ontologie der sozialen Gemeinschaften," *Jahrbuch für Philosophie und phänomenologische Forschung VI*, E. Husserl (ed.), Halle: Niemeyer, 1923, pp. 1 - 158.

② R. P. Hobson & J. Hobson, "On empathy: Aperspective from developmental psychopathology," *Empathy and Morality*, H. Maibom (ed.), Oxford: Oxford University Press, 2014, pp. 172 - 192.

③ D. Carr, "Cogitamus ergo sumus: The intentionality of the first-person plu-ral," *The Monist*, Vol. 69 No. 4(1986):521 - 533.

说法,但我们仍然缺乏对这种感觉可能意味着什么的真正理解。为了取得更深的进展,让我们继续考查一些关于联合注意(joint attention)和视角采择(perspective taking)的发现。

3. 第二人称视角

学界普遍认为,联合注意不仅仅是一个两人同时看同一事物的问题,也不完全是他们其中一人的注意力因为另一个人视线的方向而被影响,这种现象亦可以在狗、山羊及乌鸦中被观察到。为了使联合注意发生,两个(或更多)人关注的焦点不应仅仅趋于平行;还必须包括一种共同参与的觉知,即用斯珀伯(D. Sperber)和威尔逊(D. Wilson)的(1986)话说,实际上两个人对同一对象的关注必须是"互相显现"(mutually manifest)的①。正是这使得联合注意迥然不同于个人可能拥有的任何一种独立体验。

从发展学上说,联合注意的典型例子不仅包括儿童被动地注意他人所关注的焦点,也包括儿童通过原初-指示性的直指(pointing),主动邀请其他人来共享他自己所关注的焦点。也有人认为,年幼的儿童无法领会经验主体的独立性,并且他们对心智状态的觉知涉及一个无差别的我们,它无法分解为我和你。如果此观点意在说明婴儿对他人心理属性已有这样的认识,以致无法为自己和他人观点的分歧留下任何空间,那么如罗斯勒(J. Roessler)所指出的,早期联合注意交互提供了一个直接的反例证,因为原初-指示性的全部意义在于让其他人的注意力焦点和自己的保持一致②。

当列举联合注意的类型时,存在一种关注涉及一个外部对象的三角关系的倾向,却由此忽略了一种不同的、双向的联合注意类型,即一种我们在面对面交流中所发现的类型,其中个体双方都感知到对方的关注。③ 在各种不同的关注婴儿期社会-认知发展的作品中,罗沙(P. Rochat)曾强调这种双向交流的重要

① D. Sperber & D. Wilson, *Relevance*: *Communication and Cognition*, Oxford: Blackwell, 1986.

② J. Roessler, "Joint attention and the problem of other minds," *Joint Attention*: *Communication and Other Minds*, N. Eilan, C. Hoerl, T. McCormack & J. Roessler (eds.), Oxford: Oxford University Press, 2005, pp. 230 - 259.

③ V. Reddy, *How Infants Know Minds*, Cambridge, MA: Harvard University Press, 2008.

性,并且认为情绪共享大约在婴儿六周时就已出现。从那以后,婴儿和监护人开始通过在双向的面对面交流中共同-建构体验来进行共享。罗沙强调有节奏的转换(turn-taking)和互相注视在早期-对话的社会交往过程中的作用[①],并且还认为"当年幼的婴儿和他们的监护人进行互惠性互动时所产生的情感、感受、情绪的共鸣",是一个"对于包括心智理论在内的更高级社会认知的发展而言的必要因素"[②]。确实,已有研究表明婴儿开始认识社会世界,不是从"'他的'或'她的'这种他们不带感情地从外部进行观察",而是从"'你的',他们与之有着联合目标以及共享注意而进行交互并参与到合作性行动中去的人"[③]。

这些简短讨论中明确的一点是,联合注意涉及协调性和差异性。此处没有融合的统一,而是保留了一种多元性。情绪共享亦是如此,它保留而非取消了自我与他者之间的差异。但是,为了实现真正的共享,我们需要更好地理解自我和他者之间的关系。我已经论证了(短暂持续的)共同-调节和构成性相互依存是关键因素。这里所要强调的是双向注意和第二人称视角采择的重要性。但为什么后者具有重要意义呢?

在过去几年间,一直存在着这样的讨论:心智理论争论中的两大主流理论,理论论(及其不同版本)和模拟论(及其不同版本),在把握社会认知的基本形式时是否是全面和充分的。有观点认为这两种传统立场皆有其局限性,它们或者偏向于第一人称视角(这就是模拟论)或者偏向于第三人称视角(这就是理论论),而我们真正需要的是一种明确指向第二人称视角的理论。但是,关于第二人称视角到底指什么仍然存在一些分歧。席尔巴赫(L. Schilbach)和他的同事们在《行为与脑科学》(*Behavioral and Brain Sciences*)上的一篇针对性文章中提出了一个颇有影响力的解释。他们认为,第二人称视角关系到直接与他人互动和情感交流的问题(而非仅仅从远处观察他们)。因此,第二人称视角与所谓

---

① P. Rochat, *Origins of Possession: Owning and Sharing in Development*, Cambridge: Cambridge University Press, 2014.

② P. Rochat & T. Striano, "Social-cognitive development in the first year," *Early Social Cognition: Understanding Others in the First Months of Life*, P. Rochat (ed.), Hillsdale, NJ: Erlbaum, 1999, pp. 3 - 34.

③ H. Moll, & A. N. Meltzoff, "Joint attention as the fundamental basis of understanding perspectives," *Joint Attention: New Developments in Psychology, Philosophy of Mind, and Social Neuroscience*, A. Seemann (ed.), Cambridge, MA: MIT Press, 2012, pp. 393 - 413.

的观察性视角(*spectatorial stance*)①形成对照。然而,上述文章中可能还未充分强调的一个方面是互惠的作用。第二人称视角最为独特之处可能不是其行动部分,也不是一个人通过与他人的参与和交互从而意识到他人的心智状态这样一个事实,而是互惠性的问题。②③ 基于这种解释,第二人称视角涉及你与我之间的互惠关系,在此关系中,作为你的与你相关的特性在于你对我也持有一种第二人称视角,即你把我当作你的你。在某种程度上,就不可能只有单个的你:总会有至少两个。简言之,采用第二人称视角就是参与到一种主体-主体(你-我)的关系中去,在这种关系里,我觉知到对方,并且与此同时,潜在地觉知到我自身作为宾语,被他人关注或谈论。④

当然,这个观点现在仍需要被进一步阐述。但我的基本观点是,如果我们希望更好地理解情绪共享及其列举的我们-经验,我们应当更仔细地考察你,因为第二人称单数对于理解第一人称复数可能是至关重要的。情绪共享正是以对他人的觉知为前提,但这种觉知必须是一种完全不同的他人-觉知形式。如果两个人对彼此采用第三人称视角,那么,即使他们碰巧拥有构成性相互依存的体验,他们将无法拥有一种共享的我们-经验,因为缺少了所需要的凝结。但为什么采用第二人称视角会带来变化呢?

情绪共享要求保有多元性和一定的自我-他者区别,但是如果自我和他者间的差异过于显著,将会阻碍凝结性体验的产生。在差异性和相似性之间需要寻求一个恰当的平衡。这就是如果你打算加入并参与到一种我们-经验中去的话,就不能采用你平凡但却独特的第一人称式的自我-经验。你需要的是一定程度的自我疏离——缩短你与他者的距离,同时让你更像他者。你需要去体验他人看你的视角,需要像觉知你自己一样去觉知他们,并且透过他们的眼睛来看你自己,这样你可以像体验他们一样的方式来体验你自己。当这发生时,你

---

① L. Schilbach, B. Timmermans, V. Reddy, A. Costall, G. Bente, T. Schlicht & K. Vogeley, "Toward a second-person neuroscience," *Behavioral and Brain Sciences*, Vol. 36 No. 4(2013):393 – 414.

② L. De Bruin, M. van Elk & A. Newen, "Reconceptualizing second-person interaction," *Fron-tiers in Human Neuroscience*, Vol. 6(2012):1 – 14.

③ T. Fuchs, "The phenomenology and development of social perspectives," *Phenomenology and the Cognitive Sciences*, Vol. 12 No. 4(2012):655 – 683.

④ E. Husserl, *Zur Phänomenologie der Intersubjektivität II. Texte aus dem Nachlass. Zweiter Teil. 1921 – 28*, I. Kern (ed.), Husserliana 14, Den Haag: Martinus Nijhoff, 1973, p. 211.

就能够觉知到自己是他们中的一分子,或者,甚至更准确地说,你能够意识到你自己是我们中的一分子。这正是胡塞尔所描述的过程,他写道,当我知道他人以像我理解他们的方式来理解我时,我就开始将自己融入人类大家庭,并且为这个家庭的凝结创造了可能性。而且,如他所论证的,只有在那时,我才第一次在恰当意义上是一个相对于他者的我,由此可以说我们。① 尽管胡塞尔对这一过程的描述可能听来过于烦冗,但我们还是很难意识到我们所讨论的这个过程发生在发展学的后期。或者换句话说,我们不应该忘记,第二人称最成熟的形式在发展学上也有其基础。

多年来,彼得·霍布森(Peter Hobson)认为通过建构"自我-他人双方间差异与联结的社会经验","认同"过程在人类的发展中起着非常早期并且关键的作用。② 在一篇合著的论文中,他对这个过程作了进一步描述:"认同他人是指从他人的视角或立场出发理解他人的行动和态度,以这样一种方式,一个人采纳(assimilates)了他人对世界的取向,也包括对自我的,从而这种取向会变成这个人自己的心理内容。"③重要的是,霍布森还认为认同在情感共享中发挥着关键性作用,并且认为年幼的婴儿与他人的情感交往已经提供给他们人际经验,其中包括相似性与差异性间、联结与差异间的相互影响。④

要表明这些因素间的相关性,就要考虑客观的群体成员和成为一个我们中的一分子之间的区别。一个人可能生来(依法)就是某个特定群体(如家庭、班级、国家、种族等等)的一员,不管他自己是否知道或关心这一点,就像局外人可能会把一个人视为一个特定群体的一员,但这个人自己可能完全不这么认为。但这种群体成员并不相当于一个我们。我们标志着一种与他人相处和

---

① E. Husserl, *Ideen zu einer reinen Phänomenologie und phänomeno-logischen Philosophie. Zweites Buch. Phänomenologische Untersuchungen zur Konstitution*, E. M. Biemel (ed.), Husserliana 4, Den Haag: Martinus Nijhoff, 1952, pp. 242,250.

② R. P. Hobson, "Interpersonally situated cognition," *International Journal of Philosophical Studies*, Vol. 16 No. 3(2008):377-397.

③ J. A. Hobson & R. P. Hobson, "Identification: The missing link between joint attention and imitation?", *Development and Psychopathology*, Vol. 19(2007):411-431.

④ R. P. Hobson, "Communicative depth: Soundings from developmental psychopathology," *Infant Behavior & Development*, Vol. 30 (2007): 267 - 277. 参见 V. Reddy, *How Infants Know Minds*, Cambridge, MA: Harvard University Press, 2008。

相连的独特方式。它不是某个从外部观察到的实体，而是我从内部体验到的东西。当采用这种我们-视角时，我们不是抛弃了第一人称观点；而仅仅是将它的单数形式变为复数形式。① 要成为我们中的一分子，其潜在成员必须认同这个群体。重要的正是他们对彼此（及对他们自己）的态度。② 这并不是说认同并且参与"我们"（引号为译者加）的过程总是自发的。而仅仅是指，这一过程以重要的方式涉及而非绕开了所涉当事人的自我-理解和第一人称视角。

如前所述，我们可以在经典现象学中找到其中的一些观点。在各种不同的研究手稿中，胡塞尔认为，在我转向他者并开始与他者交谈时，一些重要的、超越同感的事情发生了。正如胡塞尔所说，当我意在影响他者，且他者觉知到有人在与他谈话和交流的时候，并且当我们双方都觉知到我们正被对方体验着、理解着的时候，我们正在进行交往行为，由此一个更高级的人际统一体，一个我们，被建立了，同时世界才获得其作为一个真正意义上社会世界的特征。③④ 因此，胡塞尔强调了交流和对话的中心地位，并强调了互惠性对"我们"（引号为译者加）涌现（emergence）的重要性。

相似的观点也可以在后来的现象学家处找到，譬如舒茨：

> 我对同伴采取了一种他者-面向（Other-orientation），他也反过来面向我。同时，我直接把握到了这样一个事实，对他而言他也觉知到了我对他的注意。在这种情况下，我，你，我们，都生活在这种社会关系本身之中，之所以如此，正由于这些活生生的、面向同伴的活动所具有的意向性。我，你，我们，都通过这种方式，在一种特定的、互相面向彼此的状态下进行的注意力调节过程中，从一个时刻进入到下一个时

① D. Carr, "Cogitamus ergo sumus: The intentionality of the first-person plural," *The Monist*, Vol. 69 No. 4(1986): 521 - 533.

② D. Carr, *Time, Narrative, and History*, Bloomington, IN: Indiana University Press, p. 161.

③ E. Husserl, *Zur Phänomenologie der Intersubjektivität III. Texte aus dem Nachlass. Dritter Teil. 1929 - 35*, I. Kern (ed.), Husserliana 15, Den Haag: Martinus Nijhoff, 1973, p. 472.

④ E. Husserl, *Ideen zu einer reinen Phänomenologie und phänomeno-logischen Philosophie. Zweites Buch. Phänomenologische Untersuchungen zur Konstitution*, E. M. Biemel (ed.), Husserliana 4, Den Haag: Martinus Nijhoff, 1952, pp. 192 - 194.

刻。因此,我们所生活于其中的社会关系,是通过我的他者-面向所经历的注意力调节过程而被建构的,当我在我的同伴反过来面向我,我立即直接地通过后者把握住了同伴那个活生生的现实时。①

当我们处于一种我们-关系中时,存在一种相互参与,令我们在其中直接影响彼此。甚至,舒茨曾经写道,我们正"生活在我们共同的意识流之中"②。这里舒茨想表明的并非是一种形而上学的融合,而事实是上我们各自的意识流是紧密联结着的,以至我们各自的经历都因我们的相互参与而多姿多彩。③ 进而,舒茨坚信我们关系本身在面对面的情境下并不是被反思性地把握的。人们不是主题化地观察这种关系,而是前反思地经历着。④ 如果我们想要思考并主题化地观察我们的关系以及我们所共有的经验,那么,我们就必须脱离彼此,并由此从这种面对面关系中走出来。⑤ 在此,回顾一下偶尔被称为"彼此互在"(being-for-one-another, Füreinandersein)和"彼此共在"(being-with-one-another, Miteinandersein)间的区别或许能够对我们有所帮助。虽然你-我关系可以是双向的,而"我们"却经常涉及一种三元结构,其焦点是一个共享的对象或事件。你-我交互中不仅会出现关系紧张的情况,诸如激烈的口头分歧或争论,此处尚未(或不再)有一个我们在场,而且即使在较为缓和的情况下,对他者过多的关注也可能会阻碍这种共享的视角。正在一起欣赏电影的夫妻可以作为一个很好的例证。他们注意力的焦点在电影而不在彼此身上。但是,这并不是说情绪共享独立于或先于对他者的第二-人称觉知。我们不应犯将意识与主题性或焦点意识等同起来的错误。毕竟,即使我并未主题化地注意我的同伴,我也仍然可以觉知到她,并且我发现,如果任何形式的他者-觉知完全缺席的话,弄清楚共享体验的概念会是极为困难的。

---

① A. Schutz, *Phenomenology of the Social World*, Evanston, IL: Northwestern University Press, 1967, pp. 156 - 157.

② A. Schutz, *Phenomenology of the Social World*, p. 167.

③ A. Schutz, *Phenomenology of the Social World*, pp. 167,180.

④ A. Schutz, *Phenomenology of the Social World*, p. 170.

⑤ A. Schutz, *Phenomenology of the Social World*, p. 167.

4. 结语

汉斯-伯恩哈德·施密德(Hans-Bernhard Schmid)近来提出,情绪共享绝不以其他体验者的给予为前提,而是先于这样一种给予。[①] 更一般化地说,他否认我们建立在他者-经验之上,或以其他某种方式涉及或以我与你、自我与他者间某种互惠关系为前提。按照他的理论,我们共享的东西,属于我们的东西,都先于你的和我的之间的区别,也先于任何形式的主体间性或相互认可。[②] 这与本文的观点有明显分歧。我认为,我们-经验既不先于也不与自我-经验或他者-经验同样原初。相反,我们-意向性的那些范例以同感(在指向-他者的意向性意义上)为前提,并且涉及构成性相互依存的经验和第二人称视角。因此,自我-他者的差异,自我与他者间的区别,都先于我们的出现并被保留在其中。我想强调的是,这不是一种还原论的主张。它不是主张通过对你-我关系的分析,我们就可以得到还原或完整的解释。我的主张仅仅是,你-我关系是一个必要的组成部分。这种不充分可以体现在这样一个例子中:两个人正进行激烈争论,而后又开始羞辱对方。他们可能对彼此采取了一种第二人称视角,并且拥有构成性相互依存的情感,却仍然无法建构一个我们。萨尔梅拉(M. Salmela)近来强调共享的关注和价值的重要性。[③] 一种可能的论证是它们建构了一个层次的必要因素。然而,尽管所提供的解释仍不尽完善(它仅仅详述了一些必要的组成部分),但足以回答前面提出的问题,即我们-经验是否预设、先于、保留、消除了自我经验与他者经验之间的差异。

尽管到目前为止,我仅仅关注那种在面对面的交互中涌现出来的,并且蕴含了将他者觉知为一个独特个体的我们。但是应当认识到一点,这种属于当下的、短暂的我们,仅仅是我们的一种类型。例如,我们能否找到更客观的、更匿名的、语言介导的我们-意向性和我们-同一性的类型。思考一下这种情况,例

① H. B. Schmid, *Wir-Intentionalität*: *Kritik des ontologischen Individualismus und Rekon-struktion der Gemeinschaft*, Freiburg: Karl Alber, 2005, p. 138.

② H. B. Schmid, *Wir-Intentionalität*: *Kritik des ontologischen Individualismus und Rekon-struktion der Gemeinschaft*, pp. 145,149,296.

③ M. Salmela, "Shared emotions," *Philosophical Explorations*, Vol. 15 No. 1(2012):33 – 46.

如，一个物理学家宣称"我们最终发现了一个希格斯玻色子那样的粒子"，尽管她自己根本没有直接参与 CERN 实验；或是一个面对狙击手奋力抵抗的战士，大声呼喊着"我们将打败你"，由此认同了他自身存在背后的那个群体身份。人们将自己作为群体中的成员来经验自身，可以认同同一个群体中的其他成员，而且即便他们实际上并不与他者在一起，他们也能拥有本来不会有的体验。重要的是，我们需要确定不同的认同过程在这种我们-意向性中发挥了什么作用，以及更加客观的我们-意向性是否仅仅寄生于所谓基于面对面的更基础的我们-经验中，或者他们是否具有自己的原初性和不可还原性。①

但是，这时候可能有人会认为还有某些形式的我们-意向性比我所关注的更加原初。例如，当行动者作为一个单一的协调实体开始行动时，动作协调的形式完全不受任何他者-导向的意向性或共同计划的影响，因为他们受到相同知觉线索和运动程序的驱动。我想到几个实例，如当观众齐声鼓掌，当行人逐渐用相同的步行模式行走，或当摇椅中的两个人不自觉地同步了他们的摇摆频率。② 如果这种涌现的动作协调也被看作是一种形式的我们-意向性，那么是否可以沿着上面提出的进路继续分析就是值得怀疑的。对于这个挑战，一个可能的回应是对不同类型的我们-意向性进行区分，并且坚信只有我在前文中分析的那种类型才是不可还原的，也比在涌现的动作协调中所表现出来的类型更为复杂。另一个更吸引我的选择是，承认涌现的协调确实是更为基本和基础的，但坚持认为比之真正的共享，它与涌现协调、动作模仿和传染有更多共同点，这就是为什么它根本上既不等同于也无法构成一种真正的我们-经验。

显然，关于共享和"我们"（引号为译者加）还有很多需要探讨的地方。在前文中，讨论情绪共享的时候，我聚焦于一些情绪。那么，我们能否以同样的方式来共享所有的情绪以及对情绪共享的解释能否被拓展到对体验共享的解释？

---

① 即使前者是这一情况，它也并不要求一个人必须与他所认同群体中的所有成员都拥有具体的你-我关系。而是指一个人必须有一些你-我关系，才能参与到更加匿名的我们-意向性类型中去。同样地，尽管采取第二人称视角可能是起初导致自我疏离的原因，但显然并不否认，一个人随后可以通过内在化他人视角，逐渐对自己采用疏离的视角，即使没有其他人在场。

② G. Knoblich, S. Butterfill & N. Sebanz, "Psychological research on joint action: Theory and data," *The Psychology of Learning and Motivation*, B. H. Ross（ed.）, Burlington, MA: Academic Press, 2011, pp. 59 - 101.

再者,思考一下特纳(J. C. Turner)和他的同事们所说的:"正是因为群体间差异往往被认为更大于群体内部差异,我们倾向于将自己归类于'我们'而不是'我',并且能够将被包括在内的他者视为相似的而非不同的人。"①简言之,*他们的作用是什么,并且当面对群体外成员和对立群体时,这种把自己作为我们的一部分、我们之一去体验的倾向会增加到什么程度呢*? 这些都是重要的问题,但我无法在这里作更深入的探讨。

我希望我已经论证了,对"我们"(引号为译者加)的考察能够从对你和我,以及自我与他者的探索中受益。② 有学者认为,来自社会认知和社会本体论领域的研究结果可以对心智哲学中的某些基本假设施加压力,我赞同这种观点。在上述领域中的发现可能驱使我们去修正甚至拒斥对心灵和自我某种极度唯我论的且非具身的解释,如果后者最终与真正的我们-现象相悖谬的话。我赞同这一点,但是我反对对于一种对"我们"(引号为译者加)的令人满意的解释而言,这种进路就要摒弃所有这些观念,诸如主体、主体性、主我、你、宾我、自我、他者。这样做不仅得不偿失,同时也很可能重蹈人们一直在试图克服的笛卡尔式主体的覆辙。③

You, Me, and We: The Sharing of Emotional Experiences

Dan Zahavi

Abstract: When surveying recent philosophical work on the nature and status of collective intentionality and we-intentions, it is striking how much effort is spent on analysing the structure of joint action and on establishing whether or not the intention to, say, go for a walk or paint a house together is reducible to some form of I-

---

① J. C. Turner, P. J. Oakes, S. A. Haslam & C. McGarty, "Self and collective: Cognition and social context," *Personality and Social Psychology Bulletin*, Vol. 20 No. 5(1994):454 – 463.

② D. Zahavi, *Self and Other: Exploring Subjectivity, Empathy, and Shame*, Oxford: Oxford University Press, 2014.

③ 我非常感谢两位匿名审稿人所提供的诸多有益的评论。

intentionality. Much less work has been devoted to an analysis of shared affects and emotions. This is regrettable, not only because emotional sharing in all likelihood is developmentally prior to and logically more basic than joint action, but also because it might constitute a way of being together with others, which we need to study if we wish to better understand the nature of the we. In the present contribution, my primary aim will be to offer an answer to the following question: does the we-experience, the experience of being part of a we, presuppose, precede, preserve, or abolish the difference between self- and other-experience? In pursuing this task, I will take a closer look at emotional sharing and draw on resources that are too frequently ignored in current social ontology, namely insights found in classical phenomenology and in contemporary research on social cognition.

Keywords: sharing; reciprocity; connection

182

观念史与汉语之思

先秦儒家对内在道德意识的形塑

——以知罪伦理向知耻伦理的转变为考察中心[*]

李富强^{**}

[摘　要]　罪感意识和耻感意识是人类道德意识的重要来源,古代中国文化中的耻感意识是一种内在的道德意识,罪感意识则是一种外在的、基于原始宗教信仰而起的超越性道德意识。罪感意识和耻感意识分别是知罪伦理和知耻伦理的道德基础,古代中国原始宗教信仰下的知罪伦理向先秦儒家人文精神下的知耻伦理的转变,反映了先秦儒家对以知耻为标志的内在道德意识的形塑和道德主体性的高扬。其意义在于确立了伦理道德的真正根基,即道德行动的根本动力并非来自外部的宗教信仰和社会强制,而是植根于人自身内心深处所具有的道德意识和道德本能。

[关键词]　先秦儒家;罪感意识;耻感意识;知罪伦理;知耻伦理

---

* 基金项目:本文系教育部哲学社会科学研究重大委托项目"儒家思想的当代诠释"(项目号:20JZDW010)
的阶段性成果。

* * 李富强(1987—　　),男,河南省周口市人,哲学博士,山东大学儒学高等研究院中国语言文学博士后,研
究方向为儒家哲学、观念史。

自文化人类学家本尼迪克特(Ruth Benedict)于 20 世纪中期提出"罪感文化"和"耻感文化"说之后,学者们常以耻感意识和罪感意识来分判中西伦理学以及中西文化的差异,认为古代中国的伦理学奠基于以耻感为标志的道德意识,而西方伦理学则奠基于以罪感为标志的道德意识。尽管在古代中国文化发展初期的原始宗教阶段,也有以罪观念为标志的罪感意识,但没有西方那种原始罪恶之说,而且古代先民文化精神中的罪恶感要比基督教轻微许多。亦有日本学者森三树三郎指出笼罩在原始宗教氛围下的古代中国文化具有突出的罪感意识,这种罪感意识是人面对天神而产生的宗教性意识,至孔子前后,天神的人格神色彩日趋淡化,与之相伴随的是罪感意识也失去了道德意义。[①] 德国汉学家罗哲海(Heiner Roetz)则指出最早的中国伦理学说是一种明显的以"知罪"为特征的伦理学,这种知罪伦理形成于公元前第一个千年里,而后被先秦儒家以"知耻"[②]为特征的伦理学所取代。[③] 但森三树三郎、罗哲海只是给出了一个主观的论断,并没有清晰地将这个发展线索梳理出来,而且他们缺乏对人类道德意识的类型学分疏。古代中国人是如何从"知罪伦理"转向"知耻伦理"的呢?本文基于对人类道德意识来源的现象学伦理学分析,以知罪伦理向知耻伦理的转变为考察中心,通过具体文献的梳理与逻辑论证,我们将会看到古代中国人道德观念的大变革,以孔孟荀为代表的先秦儒家在这场道德文化变革中所起到的关键作用,以突出轴心时期先秦儒家对内在道德意识的形塑和道德主体性的高扬。

一、罪感意识和耻感意识:人类道德意识的重要来源

道德意识作为人类的精神意识现象构成道德哲学或伦理学的原始基点,它是一切道德语言、道德行为和道德评价的前提条件,人类的道德意识结构极为

---

① 森三树三郎:《名与耻的文化——中国、日本、欧洲文化比较研究》,王顺洪编译,《中国文化研究》,1995 年第 2 期。

② 刘梦溪首次以"知耻"为题,简洁扼要地梳理了儒家知耻伦理思想的历史发展脉络,他认为儒家的修身工夫从知耻开始,知耻是儒家伦理的起点。参见刘梦溪:《论知耻》,《北京大学学报(哲学社会科学版)》,2017 年第 6 期。

③ 罗哲海:《轴心时期的儒家伦理》,陈咏明、瞿德瑜译,郑州:大象出版社,2009 年,第 224 页。

复杂。中国现象学家倪梁康曾围绕孟子的"羞恶之心",从现象学伦理学的角度探讨了人类道德意识的来源问题。[1] 他区分了一般伦理学和现象学伦理学的不同,一般伦理学所指涉的问题多是与"应当"相关的伦理规范问题,而现象学伦理学则致力于描述人类道德意识的来源和回答人类道德善恶的价值问题。在他看来,人类道德意识的来源大致可以区分为三个方面:内在的来源、外在的来源和超越的来源。

所谓内在来源的道德意识是指那些植根于人类内心深处的、先天固有的道德本能,从本心的角度说它们是以同情心、羞耻心等为标识的良心,从本原知识和本原能力上说它们是良知、良能。这种内在来源的道德意识表征着人是一种道德的存在,此类道德意识受历史更替、社会变迁等外在因素的影响极为微弱。与此同时,倪梁康又认为孟子的"恻隐之心"(同情心)与"羞恶之心"(羞耻心)是人类道德意识最重要的两个内在来源,前者是一种先天的道德实能,后者是一种先天的道德潜能,它们是在排除了一切社会化、习俗化的道德替代品之后仍然植根于人类自然道德本性中的残余物,因而构成一切道德学说的基础。所谓外在来源的道德意识是指那些经由社会伦理习俗或规范沉淀在人类心灵中的道德感,如荣誉感、贞洁感等,它们是反思性的、规范性的,而非自然的、本能的,此种道德意识多来自社会性的教育、父母的家庭教育以及传统习俗的延续。这些道德意识与社会伦理价值体系的形成,以及个体对此类公共价值的认同紧密相关,其显著特点是它们容易受到外在社会历史环境的影响,随着社会历史进程的变迁与发展,其衡量标准呈现出一定的波动性,当社会性的伦理规范不能满足人的个体道德诉求时,道德主体便会由社会伦理规范返回到本己的道德本能,这也是美国基督教哲学家尼布尔(Reinhold Niebuhr)在《道德的人与不道德的社会》一书中强调的个体道德与社会道德的冲突问题[2]。苏格拉底(Socrates)面对死刑时诉诸自己内在的"神灵",孟子以心善论证性善的"四端之

---

[1] 参见倪梁康:《"羞恶之心"与道德意识的来源》,《东南学术》,2007年第2期;倪梁康:《心的秩序——一种现象学心学研究的可能性》,南京:江苏人民出版社,2010年。

[2] 尼布尔在个体的道德行为与社会群体的道德行为之间进行了严格区分,他认为作为个体的人生来就具有同情心,在社会教育的熏陶下使得本己的同情心能够克服自己的本能冲动,并外推到他人身上,天生的理性能力使得他们富有正义感。社会群体的道德行为则缺乏自我超越的理性能力,比个体更加难以克服自我中心主义,而呈现出群体自利的倾向性,故而群体的社会道德总是低于作为个人的个体道德。参见莱因霍尔德·尼布尔:《道德的人与不道德的社会》,蒋庆等译,贵阳:贵州人民出版社,1998年。

心"都不是一般性社会伦理规范的要求,而是源于一种内在的道德本能的生命冲动与精神动能。所谓超越来源的道德意识特指那些超出世俗社会的实际层面,而又对世俗社会产生引导意义的道德意识。例如来自于宗教信仰的道德意识,这种类型的道德意识因宗教信仰而起,必须先有信仰,然后才会具有相应的道德意识。罪感意识便是最典型的超越性道德意识,此种道德意识必须以信仰为前提,无论在时间先后,还是逻辑先后上,信仰都必须优先于道德法则,凡俗世人由对上帝的真诚信仰,才会遵守上帝所颁布的以"十诫"为标识的道德诫命,康德(Immanue Kant)的道德神学就发端于此。

在西方基督教一神论背景下,"罪"起源于对神之命令的违抗,罪感意识作为一种宗教意识成为西方人现世道德的基础,因为道德行为与道德评价的基础是人性的堕落,人的完满性的丧失,基督教伦理学正是在这个方面揭示了作为法律之善的无能为力。只有上帝是至善完满的存在,人是有原罪的,《圣经》中并没有原罪的明确定义,但经过神学家奥古斯丁(Saint Augustino)的发挥与充实,原罪论遂成为基督教的重要教义之一。神学家奥古斯丁说:"谁能告诉我幼时的罪恶? 因为在你面前没有一人是纯洁无罪的,即使是出生一天的婴孩亦是如此。"①西方基督教的原罪植根于幽暗的人性之中,所以才需要上帝的救赎。原罪观念是抽象的,游离于人的现实生活之外,加之对人性本善的否定,使得西方文化在罪感意识之外又衍生出一种张灏所谓的"幽暗意识"②。

通过对人类道德意识的类型学分疏,可知耻感意识是一种内在的道德意识,而罪感意识则是一种外在于人的超越性道德意识,这两种道德意识都可以导向道德行动。但本尼迪克特却指出它们在导向道德行动的动力方式上有本质区别,本尼迪克特说:"真正的耻感文化依靠外部的强制力来做善行。真正的罪感文化则依靠罪恶感在内心的反应来做善行。羞耻是对别人批评的反应。"③他提出羞耻感的发生必须有他者"在场",正是他者的"在场"才会使行为

---

① 奥古斯丁:《忏悔录》,周士良译,北京:商务印书馆,2015年,第8页。

② 他认为西方的幽暗意识是发自对人性中或宇宙中原始的种种黑暗势力的正视和省悟,因为这些黑暗势力根深蒂固,又不可拔除,导致现实世界中的种种残缺与不圆满,而人的生命才有种种丑恶与遗憾。这种具有悲观基调的幽暗意识易于使人产生一种特殊的心理镜像,即人生与宇宙都深陷由黑暗、缺陷、遗憾所建构的牢笼之中。参见张灏:《幽暗意识与民主传统》,成都:四川教育出版社,2013年,第4页。

③ 鲁思·本尼迪克特:《菊与刀》,吕万和等译,北京:商务印书馆,2005年,第154页。

者感觉到自己被公开讥笑、批评与排斥,行为者会被迫意识到自己的行为与社会共同体的公共价值是背道而驰的,从而产生伴随着自卑与懊悔情结的羞耻感受。在本尼迪克特看来,耻感意识在产生遵循道德准则的道德行动的动力方面是较弱的,耻感意识只能被归类为一种他律性的道德意识,甚至不应该被纳入道德体系,因为真正构成道德体系的道德内容必须满足道德自律、道德自主的要求,由道德自我的自主决断而产生的行动才能称得上是真正的道德行动。有些西方学者不认同本尼迪克特的观点,艾伯哈特(Johann August Eberhard)对此就有提醒,他认为在传统中国社会里,中国的知识精英们有很强烈的耻感意识,但它不是西方传统中那种"非道德性的耻"(amoral shame),恰恰相反的是"耻"在儒家文化中是一个自律性道德观念。在本质上,中国的"耻"观念与西方的"罪"观念具有相同的道德意义。^①

德国汉学家罗哲海也认为"罪感文化"与"耻感文化"的区分不适用于对中国古代伦理学的重构,因为在中国人的思维世界中,并不缺乏罪感意识,而且耻感意识也非全然是他律性的道德意识。他将儒家的羞耻感区分为三种基本类型:受他人议论的外部制约而造成的羞耻感;并非受当下议论所左右,而是将传统社会的习俗与规范内在化之后所触发的羞耻感;与他人或社会的期待无关,全然基于自我的理想设定。^②罗哲海强调儒家的"耻"观念绝不是一种本尼迪克特所认为的仅仅作为道德他律性的观念,并援引科尔伯格(Lawrence Kohlberg)后习俗伦理学的相关说法认为,相对于后习俗道德规范,作为一种独立自尊,而非将他律性的社会伦理规范内在化的羞耻感,在导向道德行动方面具有和罪感相同的动力作用。但他又强调羞耻感和基于罪感而产生的严峻诫命之下的伦理道德不同,羞耻感可以导向一种自我尊重与相互尊重的伦理学。由此看来,羞耻感不仅在产生道德行动方面具有和罪感相同的动力作用,而且可以产生更多的伦理价值。"耻"与个人的自尊或某种理想的道德人格相关联,它是自尊已经受到伤害或潜在伤害的一种内心反应。杨国荣也指出作为道德意识的耻感似乎更多地与自我尊严的维护相关联,而自我尊严又是人之所以成其为人的内在价值根据,这也是儒家自肇始之初就高度重视耻感意识的重要原

---

① 参见金耀基:《金耀基自选集》,上海:上海教育出版社,2002年,第130—131页。
② 罗哲海:《轴心时期的儒家伦理》,第228页。

因。① 正是基于此,在儒家经典以及轴心时期的其他中国古代文献中,一般都对"耻"给予了正面评价。

安乐哲(Roger T. Ames)近年提出的儒家角色伦理学也很重视儒家的"耻"观念,"耻"在其角色伦理学中是一个特殊的伦理学词汇和道德意识用语。他说:"'耻'是如此强烈的一种道德意识表述,在一个人的教养之中,它可变为一种普遍流行价值使整个社会都充满亲和感和自律性。"②"耻"是一种内在的道德意识,在个人修养工夫方面有重要的道德意义,耻感意识体现了儒家文化对道德主体性的高扬。古代儒家文化中的耻感意识特别强烈,自孔子确立"知耻伦理"以后,历代大儒在不同程度上都对羞耻观念作了富有新意的思想阐释。其中尤为重要的一点是儒家认为羞耻是内在的,根源于人心天然具足的道德本能,它是一种内在而先天的道德意识。就古代中国伦理学的发展脉络而言,基于原始宗教信仰而起的罪感意识在先民的道德生活中占据着重要位置,后因以孔子为代表的儒家对现世之礼乐教化及其人文精神的肯定,道德生活中的耻感意识逐渐取代罪感意识,由知罪伦理转向知耻伦理,从而形成古代中国文化中罪恶感较轻、羞耻感较重的特质。

二、知罪伦理:奠基于原始宗教下的罪感意识

夏和殷商时期,中国人的原始宗教信仰与宗教意识很浓烈,出现一神论和多神论长期并存的局面。夏商以后中国古人的天、帝、上帝观念便是典型的一神论,但多神论并未退出先民的观念世界。如陈来在谈到殷人的宗教信仰时,认为殷人的宗教信仰已不是单纯的泛灵论或万物有灵论,而是多神论或多神教的形态。③ 在多神论的信仰体系中,众神之间有较为严格的等级秩序,殷商的天、上帝或帝是超越者④,居于众神之上,处于金字塔的顶端。《诗经》、《尚书》这

① 杨国荣:《伦理与存在——道德哲学研究》,桂林:广西师范大学出版社,2015年,第43页。
② 安乐哲:《儒家角色伦理学——一套特色伦理学词汇》,孟巍隆译,济南:山东人民出版社,2017年,第190页。
③ 陈来:《古代宗教与伦理:儒家思想的根源》,北京:生活·读书·新知三联书店,2009年,第124页。
④ 先秦文献中所谓的超越者没有一定的尊名,有时称天、皇天、昊天、帝、天帝、上帝、皇天上帝、皇皇后帝,等等。总而言之,天神的尊称非皇则帝。参见丁山:《中国古代宗教与神话考》,上海:上海书店出版社,2011年,第179页。

两部早于孔子的古代典籍中记载了先民的宗教信仰和宗教生活。司马迁说孔子以《诗经》《尚书》和礼乐教育弟子,致力于培养道德人格和政治才能兼备的儒家君子,希冀他们可以通过参与社会教化和国家治理的方式扭转礼崩乐坏的时局,实现天下和美的社会理想。孔子本人曾以《诗经》作为教育儿子的基本教材,谈吐言辞能反映一个人的个人修养,他对儿子孔鲤说:"不学诗,无以言。"(《论语·季氏》)晚年的孔子更是劳心费神地删订《诗经》《尚书》,可见他对这两部古书的重视。

我们发现孔子之前的这两部古代典籍中,与人格神的天、上帝、帝相对的"罪"字出现的频率远远高于"耻"字,"知罪"伦理的倾向性相当明显,统计结果如下表所示:

观念类型	《尚书》	《诗经》
耻	《说命中》、《说命下》各 1 次,共计 2 次。	《蓼莪》、《宾之初筵》各 1 次,共计 2 次。
罪	《舜典》、《大禹谟》、《汤诰》、《盘庚上》等,共计 52 次。	《十月之交》、《雨无正》、《小弁》等,共计 14 次。

如《尚书》记载了商汤征诛夏桀和周武王孟津会盟诸侯的誓词,出现了与上帝、天罚相对的"罪"的观念,誓词曰:

王曰:"格尔众庶,悉听朕言。非台小子,敢行称乱。有夏多罪,天命殛之。今尔有众,汝曰:'我后不恤我众,舍我穑事,而割正夏?'予惟闻汝众言,夏氏有罪。予畏上帝,不敢不正。"(《尚书·汤誓》)

天佑下民,作之君,作之师,惟其克相上帝,宠绥四方。有罪无罪,予曷敢有越厥志?同力度德,同德度义。受有臣亿万,惟亿万心;予有臣三千,惟一心。商罪贯盈,天命诛之;予弗顺天,厥罪惟钧。(《尚书·泰誓上》)

予小子夙夜祗惧,受命文考,类于上帝,宜于冢土,以尔有众,底天之罚。天矜于民,民之所欲,天必从之。尔尚弼予一人,永清四海。(《尚书·泰誓上》)

殷商时期的天、帝、上帝是一种至上神,虽然不是基督教创世的上帝,但这种至上神能主宰人间事务。它佑助天下万民，为万民选立君王和百官，经上帝选定的人在至上神的佑助下安定四方。就人神关系看，以祖配天的观念在当时已经普遍存在，这说明殷商时代的神与人之间的位格间距并没有西方宗教那样大。神意与人意相谐和是古代中国原始宗教的理念基点，所以唐君毅认为："以人神之距离少，故在中国古代宗教思想中，与神意及人意亦恒视为不相违反者。"[①]如果人意公然违反神意，便会生出罪感意识。商纣王是否有罪，其根据在于他是否违背了上帝选立他为君王造福万民的初衷，如果商纣王违背了上帝的意志，做出残害百姓的事情，则商纣王罪不可赦。上帝便下达诛杀纣王的命令，周武王若不执行上帝的命令，则同样是有罪的。因此，武王伐纣是顺应上帝的意志，与万民一道惩罚纣王，这便是所谓"天之罚"。舜的司法大臣皋陶也有类似告诫之语，他说："天命有德，五服五章哉！天讨有罪，五刑五用哉！政事懋哉！懋哉！天聪明，自我民聪明，天明畏，自我民明威。达于上下，敬哉有土。"（《尚书·皋陶谟》）《尚书》中这种"天之罚"、"天讨有罪"的政治伦理随处可见。

再如《诗经》中也频繁出现，与天神之惩罚相对应的"罪"观念。其言曰："旻天疾威，天笃降丧。瘨我饥馑，民卒流亡。我居圉卒荒。天降罪罟，蟊贼内讧、昏椓靡共，溃溃回遹。实靖夷我邦。"（《诗经·召旻》）孔颖达注疏说："比天之王者，又厚下与民丧乱之教，而病害我国中以饥馑，令国中之民尽流移而散亡。以此故令我所居中国至于四境边陲，民皆逃散而尽空虚，是王暴虐所致之。"[②]君王滥施暴虐之政，违背天神的意志，获罪于天，"天降罪罟"，百姓深受其害。"天降罪罟"的"罪"显然对应于具有人格神色彩的天的惩罚，是违反天神之命令的意识，类似于基督教的"罪"来自于对上帝命令的违背。

笼罩在原始宗教文化氛围下的罪感意识作为一种宗教道德支配着古人的精神世界，指导着他们的现实生活。日本汉学家森三树三郎也意识到古代中国原始宗教背景下的罪感意识问题，他指出："在中国，罪的概念本来就意味着'对天神命令的违反'，中国人自古就崇拜天神。"[③]这种呈现为宗教性道德意识的"罪"与西方基督教文化中的"罪"具有某种程度的家族相似性，这种"罪"既是宗

① 唐君毅：《中国文化之精神价值》，桂林：广西师范大学出版社，2005 年，第 24 页。

② 李学勤主编：《十三经注疏·毛诗正义》，北京：北京大学出版社，1999 年，第 1264 页。

③ 森三树三郎：《名与耻的文化——中国、日本、欧洲文化比较研究》，第 119 页。

教意义上的 sin,也是作为法律惩罚对象的 crime guilt。在古代中国原始宗教文化中,前一种意义上的"罪"占主导地位,它是对作为人格神的天、帝、上帝的意志的违背,而降之于人自身的一种不可逃匿又需要救赎的"情意结"。但与西方基督教的"原罪"论有区别,原罪具有普遍性,是人人与生俱来的。而古代中国原始宗教中的"罪"常指涉特殊对象,其言说对象往往是君王等执政者,即所谓"夏氏有罪"、"商罪贯盈",百姓所犯的过错为何要归罪于夏商朝的君王呢? 因为君王等执政者只是天神意志的执行者,天神意志又是民意的代表,"天视自我民视,天听自我民听。百姓有过,在予一人,今朕必往。"(《尚书·泰誓》)君王等执政者的施政措施如果违反民意,天神就会惩罚他们,违背天神的意志是一种"罪",《诗经》、《尚书》中的罪感意识正是对此种政治社会伦理的反映。

　　无论是在西方基督教抑或古代中国原始宗教信仰背景下,宗教文化所强调的不仅仅是个体品格的缺陷与恶的观念,而且更为重视的是违抗天神的意志、命令与罪的观念,罪感意识是对神的意识,它在本质上是一种宗教意识。从考古学家的既有研究成果来看,具有原始宗教信仰的殷商统治阶层是很残暴的,不把人当人而是视之为可以任意宰杀处置的奴隶,周朝对殷商的革命不仅是政权的革命,而且还是文化与制度的革命,周朝的礼乐文化代表了一种更先进的文明形态。所以王国维说:"殷、周间之大变革,自其表言之,不过一姓一家之兴亡与都邑之移转;自其里言之,则旧制度废而新制度兴,旧文化废而新文化兴。"①以殷商为代表的宗教文化向西周为代表的道德的人文精神之文化转移,便成为古代中国文化演进的一个大趋势。上帝、天、鬼神对现世人间的主宰力量不断弱化,政权转移以及社会政治清明与否越来越和统治者自身的内在德性相关涉,如春秋时期政治家宫之奇云:"鬼神非人实亲,惟德是依。"(《左传·僖公五年》)至上神褪去人格色彩,转化为作为意义与价值实体的"道"与"天道",这不仅是宗教变革,也是周人思想世界中道德观念的变革。殷周之际,古代中国文化摆脱了原始宗教意识的束缚,浸润着人文的、教化的、理性的人文精神取代了初期的宗教精神,儒家"人文教"中的罪感则多与违背律法的刑罚相对应,违背天神意志或命令的宗教性罪感意识逐渐淡化。

---

① 王国维:《观堂集林》,杭州:浙江教育出版社,2010 年,第 303 页。

从整体上看,以儒家思想为主体的中国文化和以基督教为背景的西方文化相比,儒家的人性本善论立场使得儒家具有明显的乐观主义与现世主义倾向。尽管荀子、宋明理学家也谈论人性之恶及其来源问题,但这不构成中国文化的主流价值,所以,我们可以肯定地认为古代中国伦理道德精神中的宗教性罪感意识,在先秦儒家之后的伦理道德思想中并不占据主导地位,经过先秦儒家知耻伦理思想的洗礼,这种基于宗教信仰而起的超越性道德意识逐渐被以耻感意识为标志的内在性道德意识所取代。

三、知耻伦理:先秦儒家人文精神中的耻感意识

《六书总要》曰:"耻,从心耳,会意,取闻过自愧之意。凡人心惭,则耳热面赤,是其验也。"耻感意识与人所犯的过错紧密相关,只有知耻才能改过迁善,人因过错会有耳热面赤的生理感觉。在任何文化中,人的脸部表情特征都是某种特定的主观情感的表达方式,透过耳热面赤的脸部情态可以想象主体人格内心世界的精神意识活动。在儒家的道德哲学体系中,依靠羞耻感所达到的道德制裁并非是孤立的行为,它是内在的,会牵涉到主体人格的内心世界,是一个关乎个体自我形象的道德评价问题。"耻"是作为行动主体的人实有诸己的德性或美德,其本质是自耻,即自我羞耻。耻感意识的发生机制是作为主体的人对自我意识的反思与内省,不同表现形态的羞耻感都必须以"转回自我"这个自我意识的觉醒为其发生之源,耻感意识属于自我感受的范围,而且常常呈现为一种精神上痛苦的不愉快感受。孔子继承并深化了周朝的礼乐文化,开创了以人文教化为主的儒家学派。儒家所谓人文教化,即以如何"成人"为教旨,培植人的耻感意识是教导人如何"成人"的重要内容。孔子在《论语》中所提倡的"行己有耻"等知耻、尚耻的伦理思想则为这一趋势奠定了基本方向,并且为后世儒家所宗法。轴心时期,原始宗教意识下的罪感伦理逐渐被强调道德主体性的耻感伦理所取代,以孔孟荀为代表的先秦儒家极为强调道德生活中的耻感意识,对这种内在的道德意识的形塑和道德主体性的高扬是先秦儒家知耻伦理的宗旨所在。

(一)孔子论"行己有耻"

从《尚书》、《诗经》等古典文献可以看出,孔子之前的古代先民对耻观念的

重视程度远不如罪观念,那么古代中国文化中的耻观念是从何时被重视起来的呢? 陈少明认为:"对羞耻心的重视至少从孔子开始。"①"耻"是儒家观念群中一个极重要的观念,以"耻"为关键词或术语的道德观念在孔子《论语》及之后的儒家典籍中出现的频率越来越高,它是一个彻底的具有道德意涵的观念。孔子真正将道德实践的动力因归于内在的道德自我,他关注的是道德行为者本人的美德或德性问题,"耻"在孔子的观念世界里是一个内在的德性概念。美国学者芬格莱特(Herbert Fingarette)将《论语》中的"耻"归于外在的说法是没有根据的,芬格莱特比较了《论语》中的"耻"观念与西方的"罪"观念,他也认为儒家的"耻"不同于西方的"罪",且承认"耻"是一个道德的概念,代表一种道德的状况或道德的反应。但他又指出与"耻"相对应的道德关系是由"礼"所规定的地位和角色的关系,违背"礼"所规定的地位和角色都会引发羞耻感。基于此,他认为"耻"是外在的,不像"罪"那样是一种对于内在堕落的抗拒和自我谴责。所以他强调:"孔子关于耻的概念是一个真正的道德概念,但它更加倾向于以礼为中心的道德,也就是传统礼仪所规定的社会行为,而不是倾向于一个人存在的内在核心——'自我'。"②芬格莱特之所以认为"耻"作为一种道德概念是外在的,不是从内在"自我"转出的,是因为他没有认识到孔子所论述的"礼"背后有一个"仁"的存在。耻感意识正是对道德自我的一种觉知,对不仁的否定性感受,即对负面价值的否定和弃绝,防止负面价值对正面价值的欺罔和颠覆,它是一种以否定性方式表达的"仁",耻感意识从反面参与了孔子"仁学"的建构。

就个人修身层面而言,孔子特别强调自律是道德的第一要素,提出"行己有耻"的观念,孔子强调这是儒家士君子成德的必由之路。孔子是如何看待"士"的呢? 子贡和孔子的一段对话很有启发意义。

> 子贡问曰:"何如斯可谓之士矣?"子曰:"行己有耻,使于四方,不辱君命,可谓士矣。"曰:"敢问其次。"曰:"宗族称孝焉,乡党称弟焉。"曰:"敢问其次。"曰:"言必信,行必果,硁硁然小人哉! 抑亦可以为次矣。"曰:"今之从政者何如?"子曰:"噫! 斗筲之人,何足算也。"(《论

---

① 陈少明:《关于羞耻的现象学分析》,《哲学研究》,2006 年第 12 期。

② 赫伯特·芬格莱特:《孔子:即凡而圣》,彭国翔、张华译,南京:江苏人民出版社,2002 年,第 30 页。

　　上面这段话反映了孔子对"士"的界定,士是有德之人。在孔子看来,有三个不同层级的"士":最高层级的"士"是懂得知耻的人,严格要求自己的任何行为,且要时刻保持羞耻之心,努力做到不辱君命;次一等的"士",孝顺父母,恭敬尊长;再次一等的"士",诚实信用,行动坚决。孔子将"行己有耻",自己行动时要保持一种羞耻感,完成君主交给的使命,视为最高层级的"士"。"己"对孔子而言是一个道德上的主体概念,反映了原始儒家对"道德自我"的认知,对自我的羞耻意识始终与作为行动主体的人保持着精神意识层面的整体联结。"士"要保持自己的德性不受玷污,在人格上保持一种完善的状态。羞耻感或耻感意识是道德意识,是一种当下做出的道德决断,反映着人类对应然的理想世界的追求。

　　儒家人文教的主要教化目的是培养具有完善道德人格的君子,道德自律是成就道德人格的第一要素,所以孔子提出"行己有耻"的观念。道德人格的生成需要一个过程,在道德人格生成之中的人如何自律地去做善行而杜绝恶行? 耻感意识是自律的重要条件,唯有在耻感意识的警醒下,使人觉知到什么样的行为是可耻的,不应该做的,人才有完成道德实践的道德勇气。孔子曰:"士志于道,而耻恶衣恶食者,未足与议也。"(《论语·里仁》)汉儒刘安所编《淮南子》一书也有类似的话语,其言曰:"且夫圣人者,不耻身之贱而愧道之不行,不忧命之短而忧百姓之穷。"(《淮南子·修务训》)儒家的士君子与圣人不会为自己的贫穷处境而感到羞耻,意味着不以外在的社会评价为根本标准,坚守自己内心所求之"道",儒家并不指望外在的惩罚和羞辱等反面制裁,以及名誉和声望的正面奖励,而是凭借一种内在的羞耻感而趋向于理想的"道",并以心灵的怡然自乐作为自我奖励。这说明知耻在本质上是"自耻","自耻"之人方是自律之人,知耻涉及到对具体行为的价值评价,这种价值评价以现实自我与理想的"善"之间的差距为规范,提撕个体在具体行为中始终保持羞耻感。孔子所开创的儒家"仁学"是一种关于人应该如何生活的道德哲学,或者说它是作为生活方式的道德哲学,因为它脱离了宗教神学的羁绊而成就其独特的人文精神,真正地从人自身去探寻人的自由、德性与价值,这也是儒家伦理精神中的耻感意识所彰显的人文精神。"耻"是内在德性,耻感意识是觉醒的道德意识,能够提撕行为主体完成"克己复礼"的道德实践活动,孔子所谓"行己有耻",正是这种道德自律的体现。

(二) 孟子论"羞恶之心"

孟子发展了孔子及"子思之儒"的羞耻思想,受"子思之儒"的影响,孟子在心性论层面进行了深入思考,使其羞耻观以及整个思想体系更具有形上思辨的性格。他提出"耻之于人大矣"(《孟子·尽心上》),将"耻"视为人的本质规定性。在心性论层面,羞耻心即"羞恶之心",是"四端"之一,羞耻心是彰显道德主体性而实现道德自我的标志,亦是达于"至善"的本源情感,具有为道德奠基的理论意义。

孟子从道德意识即"道德的心"(Moral mind)去论证人性之善,开辟出从人的内在道德性方面论证性善之路径。[①] 孟子心性论的实质特点是即心言性,从心之善以言性之善,心是含蕴道德意识、道德理性与道德情感的道德心,而非向外求索客观性真理知识的认识心。孟子用"嗟来之食"的故事解释了"羞恶之心,人皆有之"的道理。孟子曰:

> 如使人之所欲莫甚于生,则凡可以得生者,何不用也?使人之所恶莫甚于死者,则凡可以辟患者,何不为也?由是则生而有不用也,由是则可以辟患而有不为也。是故所欲有甚于生者,所恶有甚于死者。非独贤者有是心也,人皆有之,贤者能勿丧耳。一箪食,一豆羹,得之则生,弗得则死。嘑尔而与之,行道之人弗受;蹴尔而与之,乞人不屑也。万钟则不辨礼义而受之。万钟于我何加焉?为宫室之美、妻妾之奉、所识穷乏者得我与?乡为身死而不受,今为宫室之美为之;乡为身死而不受,今为妻妾之奉为之;乡为身死而不受,今为所识穷乏者得我而为之,是亦不可以已乎?此之谓失其本心。(《孟子·告子上》)

"蹴尔而与之,乞人不屑也"恰是"羞恶之心"的外在表现,羞耻感作为一种自律性道德意识,总是呈现出道德主体的意愿与感受,这种"不屑"的强烈情感基调源于道德主体对自我尊严和人格的保护,耻感意识在本质上属于自我保护

---

① 牟宗三:《中国哲学的特质》,长春:吉林出版集团有限责任公司,2015 年,第 72 页。

性意识。面临死亡的威胁,路人与乞丐之所以不愿意接受嗟来之食,表现出大义凛然的浩然正气,是因为这类人没有"失其本心",朱熹点出了这里的"本心"所指为何。朱熹曰:"本心,谓羞恶之心。此章言羞恶之心人所固有,或能决死生于危迫之际,而不免计丰约于晏安之时,是以君子不可顷刻而不省察于斯焉。"①朱熹的解释是符合孟子本意的,就道德主体性而言,作为"本心"之直接当下呈现的"羞恶之心"具有明显的情感性,而且是一种主动的道德情感,是道德主体主动承担道德责任的内在心理机制。

耻感意识作为一种内在的道德意识可以越出身心情感体验的范围,而对某些礼制的建立提供道德心理基础。孟子曾设想过儒家丧葬制度的起源问题,他设想的具体情境是上古时期人们将亲人的尸体抛弃在山谷之间。孟子说:"盖上世尝有不葬其亲者,其亲死则举而委之于壑。他日过之,狐狸食之,蝇蚋姑嘬之。其颡有泚,睨而不视。夫泚也,非为人泚,中心达于面目。盖归反虆梩而掩之,掩之诚是也。则孝子仁人之掩其亲,亦必有道矣。"(《孟子·滕文公上》)父母的尸体被抛弃在山谷里,不埋葬父母的人,他日路过时,看到狐狸在啃噬其尸体,苍蝇蚊子也在咀吸着尸体,弃尸的人额头上便留下羞愧悔恨的汗水,斜着眼不敢正视眼前发生的一切。这种情不自禁的流汗行为和斜着眼去观察的羞愧行为不是做给别人看的,而是从内心生发出来表现在面目上的。赵岐在解释弃尸人的流汗行为时指出:"泚,汗出泚泚然也。见其亲为兽虫所食,形体毁败,心中惭,故汗泚泚然出于额。非为他人而惭也,自出其心,圣人缘人心而制礼也。"②赵岐所谓"惭"的情感亦是羞耻感的一种表现形式,仁人孝子不忍心父母的尸体被兽虫所啃噬,于是将父母的尸体埋葬起来。这种不忍心、惭愧的、不安的情感即是人的羞耻感,由羞耻感而起的埋葬行为就是先前对弃尸行为作出的自我否定的改过行为,孟子从人人所具有的羞耻心出发证明了儒家丧葬礼制的合理性。

(三)荀子论"义辱"与"势辱"③

"辱"与"耻"是互训的关系,具有相近的内涵。据《说文解字·心部》记载:

观念史与汉语之思

---

① 朱熹:《四书章句集注》,北京:中华书局,2012年,第340页。

② 焦循:《孟子正义》(上册),沈文倬点校,北京:中华书局,1987年,第405页。

③ 参见李富强:《"义辱"与"势辱":荀子耻辱观的两种面向》,《孔子研究》,2019年第3期。

"耻,辱也。从心,耳声。"《说文解字·辰部》记载:"辱,耻也。从寸在辰下。失耕时,于封畺上戮之也。辰者,农之时也。故房星为辰,田候也。"其最初含义是指农夫因为错失农时而受到官方惩罚,引申为个体违背社会伦理规范,受到外部社会力量的制裁与惩罚,于心灵上产生的一种失去人格尊严的道德意识。与耻辱感相对应的是荣誉感,"荣辱"对个人修身和圣王实施社会教化都极为重要,荀子以古代圣王的名物制度为最高标准,对"荣辱"进行了严格区分,荀子曰:

> 故凡言议期命,是非以圣王为师,而圣王之分,荣辱是也。是有两端矣:有义荣者,有势荣者;有义辱者,有势辱者。……故君子可以有势辱,而不可以有义辱;小人可以有势荣,而不可以有义荣。有势辱无害为尧,有势荣无害为桀。义荣、势荣,唯君子然后兼有之;义辱、势辱,唯小人然后兼有之。是荣辱之分也。圣王以为法,士大夫以为道,官人以为守,百姓以为成俗,万世不能易也。(《荀子·正论》)

在荀子看来,古代圣王实施社会教化的最高原则是辨析"荣辱"。"荣辱"又分为四个方面:"义荣"、"势荣"、"义辱"、"势辱"。"势辱"是外在的、社会性的强制性力量加之于个人的东西,如地位被迫下降、声誉受到毁谤、身份被玷污、无辜遭受刑罚等,这些东西有时不以个人的内在修养为转移,是一种客观的"势"造成的。由某种客观的"势"造成的耻辱感可以称之为在他人面前的耻辱,这种耻辱与社会性荣誉感的丧失有关,不能构成道德评价的价值根据和道德行动的真正动因。而以"义辱"为标识的耻辱感产生于对自我尊严和人格的侵害,并且这种侵害的主体不是外在的东西,而是源于自我对人之所以成其为人的价值体系的破坏,荒淫无度,行为放荡,悖乱礼仪,逐利积藏等自我放任而没有自律的行为都可能招致"义辱"。因个体自我行为导致人格尊严的丧失,而于内在良心上产生的耻辱感适合作为纯粹的道德根源,所以罗哲海一再强调儒家是"凭借一种内在的羞耻感而趋向于理想,并以心灵的快乐作为自我奖励"[1]。

荀子严格分辨"荣辱"的目的是教人如何树立真正的耻辱感,以"义辱"为标

---

[1] 罗哲海:《轴心时期的儒家伦理》,第 235 页。

志的耻辱感是一种内在的道德意识,它有助于培养"有耻且格"的健全人格。知耻、知辱是重要的修养工夫,闻过、改过、教化的关键是知耻、知辱,使人意识到现实自我与理想自我之间的鸿沟。耻辱感的根源是价值之间的冲突,对真、善、美等正面价值的肯定与渴慕和对伪、恶、丑等负面价值的否定与拒斥构成冲突的基本形态,这种不平衡与不和谐是产生耻辱感的基本条件。由价值冲突所造成的人之生存上的意义危机使得耻辱感所包孕的自我意识在转回自我的过程中,呈现出激烈的、痛苦的感受,它本身是一种炽烈的情感激荡,旨在提撕行为主体具有足够的道德勇气去克服自我修养道路上的障碍,必须要否定掉那部分不完善、不完整的自我,要求人必须具有一种向耻而在的生存意识,这对道德人格的养成无疑具有基础意义。

四、结语

中国古代先民生活在一个泛宗教化与神学化的时代,殷商时期古人的原始宗教信仰相当强烈,与原始宗教信仰相伴而生的罪感意识控制着人们的政治生活、伦理生活与社会生活,在《诗经》、《尚书》中这种面对人格神的罪感意识十分普遍。这种根源于宗教信仰的罪感意识并非来自主体精神的觉醒,而是来自外在于道德主体的至上神的命令。先秦儒家继承了周公制礼作乐的人文精神传统,深入开掘人的内在道德,相信人的道德理性精神和主体意识,轻罪重耻的耻感意识在《论语》、《孟子》、《荀子》中不断得到反复申述,最终由先秦儒家文化奠定的耻感意识逐渐完成了对罪感意识的超越,塑造了中国人知耻尚耻的民族性格。耻感意识作为人先天固有的内在道德意识,在引导个体反求诸己的过程中确立了人的自由与尊严,这种完全将道德责任与道德义务归约到本己的道德主体性上的道德意识,为真实的道德行为而非伪善,提供了一种深层性的保护和原初的根据。以知罪伦理向知耻伦理的转变为考察中心,我们看到以礼乐文明为载体的人文精神对原始宗教精神的转化,从中发现古代中国人道德观念的大变革,以孔孟荀为代表的先秦儒家在这场道德文化变革中所起到的重要作用。孔孟荀对耻感意识的强调,反映了轴心时期的先秦儒家对内在道德意识的形塑和道德主体性的高扬。为人类的道德行动和道德评价找到了真正的基础,即道德行动的根本动力和评价根据并非来自外部的宗教信仰和强制性的社会伦理规范,伦理道德的真正根基必须源自人自身内心深处所具有的道德意识和道德本能。雅斯贝尔斯(Karl Theodor Jaspers)认为轴心时期的特征是人们开始意识到其整体的存在、自身的存在及其局限性,他说:"在意识到自身能力的限度后,他们为自己确立了最为崇高的目标。他们在自我存在的深处以及超越之明晰中,体验到了无限制性。"①雅斯贝尔斯将个体意识和人类整体意识的自我觉醒视为轴心时期的核心特征,以返回自我为核心精神的耻感意识正是这种自我觉醒的一种明证。

The Shaping of Inner Moral Consciousness by Confucianism in the Pre-Qin Dynasty:

Focus on the transformation from ethics of knowing sin to ethics of knowing shame

Li Fuqiang

Abstract: The sense of sin and sense of shame are important sources of human moral consciousness. The sense of shame in ancient Chinese culture is an internal moral consciousness, while the sense of sin is an external transcendence based on primitive religious beliefs. The sense of sin and sense of shame are the moral foundations of the ethics of sin and shame, respectively. The transformation of the ethics of sin under the primitive religious beliefs in ancient China to the ethics of conviction under the ethics of pre-Qin Confucianism reflects the pre-Qin Confucian ethics of knowledge. Shame is the symbol of the shaping of internal moral consciousness and the elevation of moral subjectivity. Its significance lies in the establishment of the true foundation of ethics and morality, that is, the fundamental power of moral action does not come from external religious beliefs and social coercion, but is rooted in the moral consciousness and moral instinct that people have deep in their hearts.

Keywords: Pre-Qin Confucianism; sense of sin; sense of shame; ethics of knowing sin; ethics of knowing shame

---

① 雅斯贝尔斯:《论历史的起源与目标》,李雪涛译,上海:华东师范大学出版社,2018 年,第 8—9 页。

艺术与思想

"依画行曲"：反思谭盾《死与火：与保罗·克利的对话》*

王 刊**

［摘 要］ 1992年，谭盾根据德国现代画家保罗·克利多幅画作完成了乐队作品《死与火》。他将这个作品视为和画家进行对话，并非一种简单的转换。本文基于这一观点，以作曲家在哥伦比亚大学的同名博士论文为一手资料，从反思音乐与视觉艺术的转换关系入手，借助伽达默尔《真理与方法》中的"绘画"与"摹本"概念，利普斯的"移情说"以及胡塞尔的"主体间性"，探索该问题在哲学层面从"主体性"到"主体间性"的可能性。最后结合德语区艺术史中克利研究成果，观照谭盾作曲中的五种对话方式，尝试以一种跨学科的视角诠释"依画行曲"的实质。

［关键词］ 谭盾；保罗·克利；主体性；主体间性；移情说；音乐与图画的转换关系

* 基金项目：本文系国家社科基金艺术学重大项目"中国特色作曲理论体系研究"（项目编号：21ZD17）阶段性成果，华东师范大学音乐学院2021年度社科预研究项目（项目编号：2021ECNUMUSIC‐YYJ02）阶段性成果。

** 王刊（1986— ），男，湖南长沙人，德国柏林艺术大学历史音乐学博士，华东师范大学音乐学院讲师，主要研究领域为20世纪德国音乐文化史、音乐与视觉艺术的转换、中西音乐交流史。

1839 年,作曲家弗朗兹·李斯特(Franz Liszt)根据拉斐尔的同名画作创作了钢琴作品《婚礼》(*Sposalizio*),这种在"说明音乐"(Programmusik)①的美学范畴下将绘画作品转化为音乐作品的过程打开了一种新的作曲方式:"依画行曲"(德语:Musik nach Bildern),并在 20 世纪下半叶达到了顶峰。②

1992 年谭盾参观了纽约现代艺术博物馆后受到启发创作了管弦乐作品《死与火:与保罗·克利的对话》(*Death and Fire. Dialogue with Paul Klee for Orchestra*)。1993 年 3 月 27 日他在苏格兰的格拉斯哥指挥 BBC 苏格兰交响乐团首演此曲。通过该作谭盾获得了纽约哥伦比亚大学的作曲博士学位(DMA)③。同时该作也被视为是他创作时段 ABAʹ 中的 Aʹ 阶段,即指在美国初期的学习阶段。此时,他接触了大量的新音乐技法与概念,但创作上仍然受到中国文化的强烈启发。④ 正如谭盾在他的分析中写道:"作品《死与火》汇集了四种不同类型的音乐思想",包括"中国语言的声调"、"中国古典传统(特别是京剧)"、"西方浪漫主义传统"和"20 世纪音乐"。⑤ 如何利用谭盾的分析打破英语学界中以文化学的视角阐释他的创作⑥,从而架构美学、音乐分析在"音乐学作为艺术学"

① 该术语翻译摘取自刘经树:《音乐术语学概要》,北京:中央音乐学院出版社,2011 年,第 62—64 页。除个别情况采用英语外,本文所有术语均采用德语标识和翻译。

② Monika Fink, *Musik nach Bildern:Programmbezogenes Komponieren im 19. und 20. Jahrhundert*, Innsbruck:Helbling, 1988, p. 6.

③ 基于该作谭盾写下了英文博士论文,"*Death and Fire*":*Diologue with Paul Klee. An analysis*. Dissertation, Columbia University, 1993。

④ ABAʹ 形式是谭盾描述自己生活和创作阶段的一种比喻。A 指代 1957 到 1977 年,作曲家在中国成长并接触到各种中国传统音乐。B 指的是谭盾在北京中央音乐学院求学阶段,在这里他系统学习了西方 19 世纪的作曲手法。关于谭盾 ABAʹ 形式的论述见:Christian Utz, *Neue Musik und Interkulturalität:Von John Cage bis Tan Dun*, Stuttgart:Steiner, 2002, p. 327.

⑤ Tan Dun, 1993, pp. 7 - 8.

⑥ 文化与政治视角下解析谭盾和他的作品可参见:Frank Kouwenhoven, "Composer Tan Dun:the Ritual Fire Dancer of Mainland China's New Music," *China Information*, Vol. 6 No. 3(1991):1 - 24, Samson Young, "The Voicing of the Voiceless in Tan Dun's *The Map*:Horizon of Expectation and the Rhetoric of National Style," *Asian Music*, Vol. 40(2009):83 - 99, Samson Young, "Reconsidering cultural politics in the analysis of contemporary Chinese music:The case of *Ghost Opera*," *Contemporary Music Review*, Vol. 26 Issue 5 - 6(2007):605 - 618.

在国内,上海音乐学院李诗原教授在 1996 年就率先从后现代主义视阈下反思谭盾的创作,其文便已涉及《死与火》,该文成为中国研究谭盾作品的奠基石文论(见:李诗原《谭盾音乐与后现代主义》,《中国音乐学》,1996 年第 3 期,第 115—128 页)。近期北京大学刘彦玲副教授尝试结合作曲家认知(转下页)

的观念下①,以跨学科的视角结合艺术史来反思这部作品成为了本文的出发点。为了更有说服力地诠释作曲家与画家的对话,理论的反思与建构(重构)是必不可少的。

西方音乐与绘画的转换类型的思考:从主体性到主体间性

在德语区,西方音乐与绘画的转换研究兴起于 20 世纪 80 年代末期。德国音乐学家莫妮卡・芬克(Monika Fink)在"说明音乐"的语境下将这两门艺术的转换方式归纳为八种类型:(1)与绘画作品形成叙事关系;(2)采用绘画作品中的气氛价值;(3)作曲过程对应图画的造型特点;(4)重建图画的风格特点;(5)在图画与音乐作品中有着相同的政治意向;(6)符号性的图画改写(如采用音乐主题对应画中的内容);(7)根据画作标题进行作曲;(8)从视觉艺术领域激发作曲标题,但没有兑现前者的具体内容(如一些说明音乐作品、致敬画家的音乐作品)。② 从宏观上来看,第一、三、六种类型有着具像性的特点(即一对一的关系),第二、四、五、七、八种类型在转换时更为抽象。基于这八种类型,笔者从宏观层面,总结出三种形式:

1. 叙事性转换,它可以建构在"符号学"(Semiotik)和"叙事理论"(Narrativität)基础上,更加凸显"一对一"的关系。

2. "主体间性"(Intersubjektivität)的体现,这种形式并非简单关注于图画层面的再现,而是作曲家与画作或者画家进行一种对话,更加强调的是基于作曲家主体性层面的特点,谭盾的《死与火》便主要基于这种形式。

3. 音乐心理学层面所体现出来的"不同感官间的联想性关联",如颜色上

(接上页)中的"浪漫主义美学观念"和"现代主义美学观念"与作曲家创作手法中的"后现代主义"进行解析(见刘彦玲:《从"困惑"出发谈谭盾——浪漫主义作者与(后)现代主义下的乐思》,《人民音乐》,2021 年第 3 期,第 18—23 页)。

① 见笔者拙文:《当代德国历史音乐学发展述要》,《音乐研究》,2022 年第 1 期,第 129—144 页。值得一提的是中央音乐学院姚亚平教授建构美学概念"可能性追求"(从现代作曲家与公众的交流形态)来审视包括谭盾在内的中国第五代作曲家也应当视为"音乐学作为艺术学"的研究视角。参见:姚亚平:《价值观与中国现代音乐创作——关于"可能性追求"的讨论》,北京:人民音乐出版社,2021 年。

② Fink,1988,pp. 23 – 60.

的"通感"(Synästhesie),它是一种"特殊的音乐天赋"和"认知上的结构化"。①

这三种形式在分析"依画行曲"的作品中相辅相成,并不矛盾。鉴于本文主要反思作品《死与火》,接下来笔者将对第二种"主体间性"的特点在方法论层面上,从"主体性"出发进行逐步解析。

主体性

从词源学来看,"主体性"(Subjektivität)来自于概念"主体"(Subjekt,拉丁语为 subiectum,意为"向下被屈从的东西",das Daruntergeworfene)。② 在哲学史中,"主体性"概念的核心可追溯到笛卡尔(René Descartes)的《沉思集》(1641),他尝试从一种稳定的基石出发建构哲学,这种基石便是在沉思者自身之中,通过反思自我的意识而获得,从而以"思维物"(cogito)的概念区别于"广延物"(rex extensa)③,并建立了认知学。④

在音乐学领域,当人们论述"主体性"这一概念时,将涉及到众多相关的美学概念,如"个体性"(Individuum)、"作者身份"(Autorschaft)、"表达"或"自我表达"(Ausdruck 或 Selbstausdruck)、"内在性"(Innerlichkeit)、"表现"(Expression)⑤等,它们以一种同质性贯穿于西方音乐美学史之中。西方文艺复兴时期的"主体性"以一种自我意识层面的"个体性"(Individuum)而崛起,它突破中世纪"匿名性"(Anonymität)的阴影,通过早期的乐谱印刷文化实现了"音乐的作者身份"(Musikalische Autorschaft),作曲家的概念一跃而出。⑥ 18

---

① Helga de la Motte-Haber, *Handbuch der Musikpsychologie*, Laaber: Laaber, 1985, p. 326,328.

② Walter Mesch, Artikel "Subjekt" in: *Metzler Lexikon Philosophie*, Peter Prechtl(ed.), 3rd ed., Stuttgart: Metzler, 2008, p. 588.

③ Michael Esfeld, Artikel "Subjektivität", in: *Metzler Lexikon Philosophie*, 2008, p. 589.

④ 哲学视阈下关于笛卡尔和主体性的研究见:Christian Link, *Subjektivität und Wahrheit: Die Grundlegung der neuzeitlichen Metaphysik durch Descartes*, Stuttgart: Klett-Cotta, 1978。

⑤ 刘经树教授在 2019 年和 2020 年从西方音乐美学视角爬梳了音乐"表现"理论,参见:刘经树:《音乐"表现"理论及音乐意义的研究(上)》,《音乐研究》,2019 年第 6 期,第 106—114 页;《音乐"表现"理论及音乐意义的研究(下)》,《音乐研究》,2020 年第 1 期,第 69—81 页。

⑥ Michael Calella, *Musikalische Autorschaft: der Komponist zwischen Mittelalter und Neuzeit*, Kassel: Bärenreiter, 2014, pp. 103 - 127.

世纪"主体性"通过"感伤主义"(Empfindsamkeit)和"狂飙突进"运动在"表达性美学"(Ausdrucksästhetik)的推动下继续蔓延①,并混入到 19 世纪"内在性"(Innerlichkeit)美学观念之中,最后在 20 世纪表现主义和"表现性"(Expressivität)中与传统作曲方式分道扬镳。② 然而如何将作曲家的"主体性"在理论层面放入到音乐与视觉艺术的转换关系场域下进行讨论,我们不妨借助加达默尔(Hans-Georg Gadamer)对"绘画"与"摹本"的反思,以及利普斯(Theodor Lipps)的"移情论"。

主体性在"绘画"与"摹本"概念区别下的反思

在《真理与方法》中,德国哲学家伽达默尔论述了"绘画的本体论意义"。在这个章节,他反思了两个概念"绘画"(Bild)与"摹本"(Abbild)。在他看来:"摹本"的本质"除了模拟原型外,不再有任何其他的任务",因此它"扬弃其自身的自为存在"、"完全服务于中介所摹绘的东西"、"只是某物的重现",以一种假象性质的"镜中之像"形式实现了自身的理想化,并没有真实地存在过。③ 这种阐释就如同"依画行曲"中叙事性转换的一对一关系。

与"摹本"相对的便是"绘画"。伽达默尔认为:从审美意义角度来看绘画具有某种"自身特有的存在",即一种"表现的存在",赋予了"绘画"成为一幅真正绘画的积极标志,意味着"自主实在性"和本体论上"对原型的流射"。④ 这种对"绘画"的阐释正切合了音乐与绘画关系中的第二种形式。当作曲家与画作或者画家进行对话性创作时,彰显的主体性正是伽达默尔提到的"存在的扩充",从而实现了的真理。

"移情"中的主体性:主体与客体的统一

"移情"(Einfühlung)是一种介乎美学和心理学的概念,具体来说是一种主

---

① Hans Heinrich Eggebrecht, "Das Ausdruck-Prinzip im musikalischen Sturm und Drang," *Vierteljahrschrift für Literaturwissenschaft und Geistesgeschichte*, Vol. 29 No. 3(1955):323-349.

② 关于表现主义和"自我表达"(Selbstausdruck)美学的历史爬梳请参见:Marion Saxer, "Expressionismus und die Ästhetik des Selbstausdruck," *Expressionismus in den Künsten*, Marion Saxer and Julia Cloot (ed.), Hildesheim:Olms, 2012, pp. 126-153.

③ 汉斯-格奥尔格·加达默尔:《诠释学 I:真理与方法——哲学诠释学的基本特征》,洪汉鼎译,北京:商务印书馆,2020 年,第 202—203 页。

④ 汉斯-格奥尔格·加达默尔:《诠释学 I:真理与方法——哲学诠释学的基本特征》,2020 年,第 205—206 页。

体性层面的"生命化过程"(Beseelungsprozess),即主体通过它自身的经历映射在感知客体的过程中,德国心理学家利普斯成为了这一概念的"发起人"。[1] 在利普斯看来,无生命的东西和"人的感官层面的现象"都可以被视为"移情"的客体。[2] 他将"移情"的概念描述为"类比性"(Analogie)的运动过程。通过"蕴含力量的某一种东西"和"客体的实质上的活动"促使了一种特别的"观照方式"。[3] 利普斯认为"移情"下的主体与客体将与传统意义下的审美过程发生偏离,成为了对另外物体(或是"客体")的一种"内在模仿"(Innere Nachahmung)。在"移情"中,主体将通过"关照中的我",即"对象化的我"代替了"真实的我",客体则作为"感知或者想象"代替了传统中的客体——主体的对象。[4] 当"幻象"(Illusion)悬置了理性的真实感知时[5],主体与客体的界限将会被删除,它们之间的关系将通过统一代替对立,美学上的享受发展成"客体化的自我享受"[6]。

尽管谭盾在参观纽约现代艺术博物馆后受到了克利的画作启发,但实际上作品《死与火》是他在观看画作时,联系到曾经的经历通过"移情"而创作出来的。当他看到画中的颜色时联想到的是中国古代的石壁画,画中的线条则让他回忆起中国的念唱,特别是童年时祖母的摇篮曲哼唱以及京剧中的演唱方式。[7]

主体间性

20世纪初,"移情"渗透到"现象学"的构建中。德国现象学家胡塞尔(Edmund Husserl)吸收"移情"理论将这种"他人经验"(Fremderfahrung)发展为

---

[1] 关于"移情"的导论性研究请参见:Robin Curtis, "Einführung in die Einfühlung," *Einfühlung. Zur Geschichte und Gegenwart eines ästhetischen Konzepts*, Robin Curtis and Gertrud Koch (ed.), München: Fink, 2008, pp. 11 - 30。

[2] Theodor Lipps, "Einfühlung und ästhetischer Genuss," *Ästhetik*, Emil Utitz (ed.), Berlin: Pan, 1924, p. 161.

[3] Theodor Lipps, *Raumästhetik und geometrisch-optische Täuschungen*, Leipzig: Barth, 1879, pp. 3 - 6.

[4] Theodor Lipps, "Einfühlung, innere Nachahmung und Organempfindungen," *Archiv für die gesamte Psychologie*, Bd. 1, Leipzig: Engelmann, 1903, pp. 187 - 188.

[5] Christine Voss, "Einfühlung als epistemische und ästhetische Kategorie bei Hume und Lipps," *Einfühlung. Zur Geschichte und Gegenwart eines ästhetischen Konzepts*, 2008, p. 43.

[6] Robin Curtis, 2008, p. 17.

[7] Tan Dun, 1993, pp. 2 - 3.

"类比的统觉"(Analogische Apperzeption)或称作"统现"(Appräsentation)①,并在"意向性"(Intentionalität)和"先验自我"(transzendentale ego)基础上提出"主体间性"(又称为"交互主体性",Intersubjektivität)。② "主体间性"是一种"自我主体对他人主体的构造以及交互主体对共同的世界的构造"。③ 在这种观念下,"他人"通过"类比"成为了"另一个自我"(或称为"他我"alter ego)。④ 然而在胡塞尔看来,即使把握他人的主体性,"我"(Ich)也永远无法成为"另一个自我",因为陌生性使得"我"永远无法真正地接近"他人"的意识。⑤ 这种观念正体现在谭盾"依画行曲"的过程中,尽管他的创作基于克利的绘画作品,后者的创作成为了"他我",但谭盾无法真正接近克利的意识,正如谭盾所言:"他的意向(intention)并非翻译、解释或者再现克利的作品,而是对克利所探讨的问题进行对话。"⑥

至此谭盾对话克利的理论依据已经被解释清楚。下文将通过架构艺术史和音乐分析解析谭盾与克利在"主体间性"层面的对话,呈现美国音乐理论家爱德华·科恩(Edward T. Core)在 20 世纪 70 年代所宣称的"作曲家的一个人格"⑦。对话由五个方面组成,其中第一个对话:"简化性"与"经济性"在谭盾的论文中已有相应的描述,笔者将对其进行更深入的阐释,第二、三、五个对话是笔者借助作曲家的简单叙述重构而成。第四个对话反思"线条理论"将通过"叙事性转换"进行论述。鉴于谭盾在论文中仅列出了英文参考书目,并未在行文中对克利的观点和术语进行学术性辨析,因此笔者将结合当下德语区克利研究成果对其美学概念进行解析。⑧

_____

① 胡塞尔对"移情"观念的接受以及"移情"与"主体间性"的关系请参见:Christian Ferencz-Flatz, "Zur 'Anschaulichkeit' der Einfühlung bei Husserl," *Tijdschrift voor Filosofie*, Jg. 75 Nr. 1(2014):87 – 118, Elio Costantini, "Einfühlung und Intersubjektivität bei Edith Stein und bei Husserl," *The Great Chain of Being and Italian Phenomenology*, Dordrecht:Reidel, 1981, pp. 335 – 339。

② 胡塞尔:《笛卡尔沉思与巴黎讲演》,张宪译,北京:人民出版社,2008 年,第 145—148 页。

③ 王晓东:《西方哲学主体间性理论批判:一种形态学视野》,北京:中国社会科学出版社,2004 年,第 20 页。

④ 胡塞尔:《笛卡尔沉思与巴黎讲演》,2008 年,第 131 页。

⑤ 王晓东:《西方哲学主体间性理论批判:一种形态学视野》,2004 年,第 77 页。

⑥ Tan Dun, 1993, p. 4.

⑦ "作曲家的一个人格"在科恩的观念下是指每部作品的人格都是独一无二地由该作品创作、并为该作品创作。见爱德华·T·科恩:《作曲家的人格声音》,何弦译,上海:华东师范大学出版社,2016 年,第 19 页。

⑧ 事实上在谭盾文末所列出的六本英语文献中,有三本重要文献是从德语翻译而成:Will Grohmann, *Paul Klee*, Stuttgart:Kohlhammer, 1954, Paul Klee, *Tagebücher. 1898 – 1918*, Felix Klee (eds.), Köln:DuMont, 1957, Paul Klee, *Pädagogisches Skizzenbuch* (=*Bauhausbücher 2*), München:Langen, 1925.

对话一："简化性"与"经济性"

"克利关注于找到形式上的方法来表现他既不苦涩也没有激情的、深刻又普遍的感觉。这些方法能将精细复杂的事物变得集中又**简化**。"[1]谭盾在他的分析中简略地提到了克利创作中的"简化性"概念，他使用的英文单词"simplicity"在20世纪早期德国艺术史"表现主义"的语境下对应的德语原文可以为名词"Einfachheit"（动词：vereinfachen）或者名词"Reduzierung"（动词：reduzieren，也可译作缩减性）。[2]

在克利自己的论述中，"简化性"概念可以追溯到他在德国国立包豪斯学院任教期间著名的文章《自然研究之路》（1923）。克利写到"在此需要强调的是，深入的研究将会得出一种体验，这种被提及的过程将会被浓缩和简化（vereinfachen）"。[3] 克利在此处阐释的造型学是一种广泛的、带有伦理与宇宙性的世界观，该文刊登于1923年夏天为了纪念"包豪斯周"的庆典文集《魏玛国立包豪斯1919—1923》中，这一观念与此文集中其他包豪斯大师的观点有着相似性。[4] 在他看来，研究自然界的增长和运动的过程将会激发艺术的创作。[5]然而克利并不是要简单地将自然法则转换在艺术之中，他最终是要克服艺术创作中的自然模仿，克服的手法便是"缩减"（Reduction）。早在一战前他在日记中便写道："缩减！人们想要比自然说得更多，并且犯了一个不像话的错误，即想要通过更多的手法取代更少的手法去诉说，从而超越自然。"[6]他甚至将"缩减性"玩笑似的戏称为"原始性"（Primitivität），他写道："自然（Die Natur）能够

---

① Tan Dun, 1993, pp. 3 - 4.

② Ron Mannheim, "Expressionismus: Zur Entstehung eines kunsthistorischen Stil- und Periodenbegriffes," *Zeitschrift für Kunstgeschichte*, H. 1 Bd. 49(1986): 79,88.

③ Paul Klee, "Wege des Naturstudiums," *Staatliches Bauhaus Weimar 1919 - 1923*, Weimar: Bauhausverlag, 1923, p. 25.

④ Otto Karl Weckmeister, "Jim M. Jordan, Paul Klee and Cubism; Richard Verdi, Klee and Nature," *Kunstchronik*, Jg. 40 H. 2(1987): 71.

⑤ 关于克利的自然概念研究请参见教职论文：Richard Hoppe-Sailer, *Gut ist Formung. Schlecht ist Form: Zum Problem des Naturbegriffs bei Paul Klee*, Universität Basel, 1998。

⑥ Paul Klee, *Tagebücher 1898 - 1918*, Wolfgang Kersten (eds.), Stuttgart: Hatje, 1988, p. 274。

被允许浪费在所有事物之中。艺术家到最后都必须节省。自然从意味深长直到含糊不清，艺术家则规规矩矩的缄默无声。如果我的一些东西有时出现了一种原始性的印象，这种'原始性'从我的作风来解释就是缩减至少量的等级。它仅是一种'节省'（Sparsamkeit），即最后专业化的认知。但是它是真正原始性的相反物。"[1]

在作品分析中，谭盾提出了他的概念"经济性"（economy）作为对克利"简化性"的回应。[2] 他将音乐材料进行减化，根据他的阐释，笔者将这个特点归纳为"短小性"的音乐形式（插段）、序列化技术和偶然性（Aleatorik）。

"短小性"的音乐形式

20 世纪初音乐的"短小性"（德语：Kürze）在 1904 年查里斯·艾夫斯（Charles Ives）以 20 个小节、半分钟的演奏时长完成的作品《为弦乐四重奏而创作的谐谑曲》（Scherzo for String Quartet, 1904）中便体现了出来。[3] 随后在德奥表现主义的风潮下，特别是勋伯格学派（即第二维也纳乐派 Zweite Wiener Schule），他们以"小曲"（Stück）为标题形成了一种激烈的发展趋势，从而告别了 19 世纪抒情性"特征小曲"（Charakterstück）体裁。[4]

谭盾在分析中写道："在这个作品中，他计划通过短小而有趣的部分来迅速进行对比，并通过许多过渡种类进行组合。"[5]他采用了三个乐章："肖像"、"自画像"、"死与火"，每个乐章的标题同时为一个段落。除了第三乐章"死与火"外，7个短小的插段（采用术语：Insert，每个大概 30—40 小节）被安放在第一和第二乐章的后面进行演奏[6]，它们分别基于克利的画作进行创作（除了插段 7 以外），并通过"形态"（gesture）标识（见下文"对话三"）形成了内在的逻辑。事实上，在笔者看来这种"插段"仍然保留了传统的奏鸣曲式的特点，正如谭盾在分析中所提到：在插段 1 到插段 3 中重复了第一乐章"肖像"的材料，插段 4 到插段 6 重

① Paul Klee, *Tagebücher 1898－1918*, Wolfgang Kersten (eds.), Stuttgart：Hatje, 1988，p. 292。

② Tan Dun, 1993, p. 5.

③ Simon Obert, *Musikalische Kürze zu Beginn des 20. Jahrhunderts*, Stuttgart：Steiner, 2008, p. 9.

④ Hermann Danuser, *Die Musik des 20. Jahrhunderts*, Laaber：Laaber, 1984, p. 39.

⑤ Tan Dun, 1993, p. 5.

⑥ 李诗原教授认为《死与火》是一种"段分结构"，他将"插段"理解为"间奏"。在他看来这些"间奏"的零散化显示着"语言环链"的断裂所形成的后现代音乐特点。李诗原，《谭盾音乐与后现代主义》，1996 年，第 123 页。

复了第一和第二乐章的材料,并在插段 3 和插段 6 分别形成两次高潮和结束感,最后的第三乐章再次重复第一乐章的材料,因此笔者结合作曲家的分析在曲式上进行如下划分:

第一乐章: A‐B"肖像"(*Portrait*, 1919)	第二乐章: J‐K‐L"自画像"(*Self-portrait*)	第三乐章: S‐T"死与火"(*Death and Fire*, 1940)
C‐D‐E 插段 1:"动物在月圆之夜"(*Animals at Full Moon*, 1927)	M 插段 4:"鸟鸣机器"(*Twittering Machine*, 1922)	
F 插段 2:"老人"(*Senecio*, 1922)	N‐N‐N‐N 插段 5:"人间女巫"(*Earth Witches*, 1938)	
G‐H‐I 插段 3:"帕纳塞斯圣殿"(*Ad Parnassum*, 1932)	O 插段 6:"在醉意中"(*Intoxication*, 1939)	
	P‐Q‐R 插段 7:J. S. 巴赫(*J. S. Bach*)	

图 1 《死与火》的曲式结构①

"简化性"的序列技术

二战后,阿多诺(Theodor W. Adorno)乐音观念下的"音乐的材料"(Musikalisches Material)在各种参数下形成了一种"结构性语言",从而区别了浪漫美学"无法言说的话语"(Unsagbarkeitstopos)②,陷入到阿多诺担忧的"自然材料"(Naturmaterial)穷尽后、单个音的绝对化危险之中。③

谭盾在这部作品中并没有按照严格的整体序列进行创作,每个乐章基于一个七音序列,参数只涉及到音高,且会出现音高重复,三个序列通过第 5 号音连接起来(见图 2),并将二度作为核心音程从而形成一种"平衡的质量性观念"(a qualitative notion of balance)。④ 值得一提的是,第一乐章的序列在第 2 个插段

① 本图中的字母摘自:Tan Dun, 1993, p. 20。

② Hermann Danuser, 1984, p. 299.

③ Theodor Adorno, "Vers une musique informelle," Theodor Adorno, *Musikalische Schriften I‐III* (*Gesammelte Schriften Bd. 16*), 4th ed., Frankfurt a. M.: Suhrkamp, 2017, pp. 506‐510.

④ 如插段 1(第 16—18 小节)、插断 6(第 1—2 小节)、插断 7(第 1—2 小节)以及第三乐章"死与火"(第 1—2 小节)。见 Tan Dun, 1993, p. 40。

《老人》中以一种"斯特拉文斯基"(Igor Straninsky)式强劲节奏感(如《春之祭》)呈现出来,奥地利音乐学家伍茨(Christian Utz)认为这种方式与谭盾早年在北京学习期间研习斯特拉文斯基与肖斯塔科维奇的作品有关。[1] 第三个序列在作品中的实际音高需要向上移高小三度。根据作曲家的解释,序列中还形成了无调性和调性之间自由的转换,[2]调性片段如第二乐章"自画像"第39—42小节(图3)。事实上,谭盾在前往美国求学之前,已经在弦乐四重奏《风雅颂》(1982)中结合了民族调式和十二音技法。[3] 这种转换的灵活性也可以视为"经济性"的特点。

图2 《死与火》中的序列

图3 调性片段,第二乐章"自画像"

偶然性

"偶然"(Zufall)是20世纪下半叶西方音乐先锋派作品的核心特点。然而

① Christian Utz,2002,p. 351.

② Tan Dun,1993,p. 9.

③ Christian Utz,2002,p. 359.

由于不同的作曲家在自己的论述中对该术语的使用并没有达成一致,以至于"偶然"一词在西方出现了多种记写方式和指代意义,如约翰·凯奇(John Cage)作曲过程中的"偶然"观念所使用的英语术语为 chance (德语对应单词为 Zufall),"偶然"在演奏层面的出现则采用英语单词 indeterminacy(对应德文: Unbestimmtheit)。[①] 谭盾尽管使用了英语术语 aleatoric(对应德语: Aleatorik),事实上,在欧洲当指代"偶然音乐"时这个德语单词比 Zufall 使用的频率更高,但笔者认为它更多指代的是演奏视角下的"偶然性",准确说它既涉及到"音乐图画"(Musikalische Graphik),如使用了一些符号(x, ↑, ↓)用来标识演奏时音高或节奏上的偶然性,同时还体现了一种"集体性即兴"特点(Gruppenimprovisation)[②],如在插段 3 中的管乐片段(图 4)。

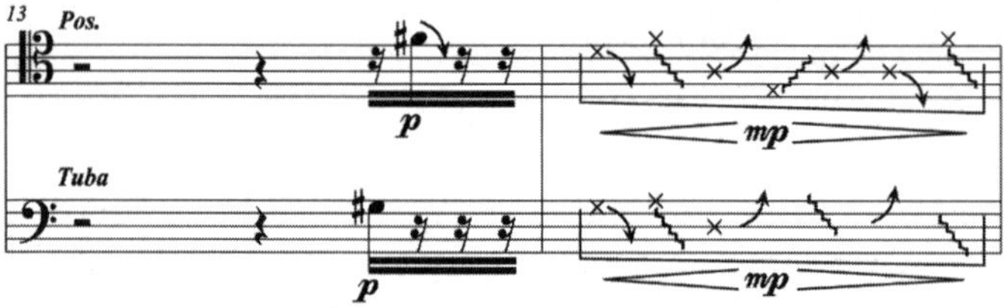

图 4   插段 3 中的偶然性

对话二:声音作曲和语言作曲与"复调性绘画"

"克利的精湛技艺和颜色理论激发着我长期以来对音色的兴趣。在他的绘画中,有一些作品被其称作复调性绘画,它或许就等同着勋伯格在其《和声理论》(*Theory of Harmony*)的最后所预见的音色。我在《死与火》中开始探索音乐和声的颜色。"[③]在上述言论中,谭盾提及的"复调性绘画"(英文: pictorial polyphony)是克利创作美学中与音乐发生关联的重要概念,它的德语原文为: Polyphone Malerei。在谭盾论文的参考文献《保罗·克利:艺术与音乐》中,开

---

① Pietro Cavallotti, "Zufall," *Lexikon Neue Musik*, Jörn Peter Hiekel and Christian Utz (ed.), Metzler/Bärenreiter, 2016, p. 624.

② Wolf Frobenius, "Aleatorik," in *Terminologie der Musik im 20. Jahrhundert*, Stuttgart: Steiner, 1976.

③ Tan Dun, 1993, p. 3.

篇论述的正是该概念。①

在德国学者苏珊娜·乌布里希(Susanne Ulbrich)的相关阐述中,克利的"复调性绘画"概念涉及到三个维度:(1)"无法见到、但又具有实质特点的真实性的呈现";(2)"产生于运动中的绘画作品,或者是生成的概念";(3)"同时性"。其中"同时性"最为重要,"它是一种世界的关照,也是对立物同时一起出现的效果"。② 克利在日记中写道:"新的东西即将发生,魔鬼性与天堂性将会被同时融为一体,二元性将不会被对待,而是出现在它互补的统一中。因为真理要求所有元素的同时性。"③在借用音乐中的复调概念后,克利试图"从不同方面同时重建一个整体"。④ 他将许多作品命名为"复调",对多层次的色块或者色斑采用密集性叠加手法,让"复调性绘画"概念最终被视觉化,如作品《帕纳塞斯神坛》(Ad Parnassum 1930)、《复调》(Polyphonie 1932)。这种色彩的叠加激发了谭盾对更多音色的探索,在《死与火》中将不同音色进行组合,尤其是采用声音作曲和语言作曲手法。

声音作曲(Klangkomposition)

20 世纪初噪音通过意大利作曲家鲁索罗(Luigi Russolo)的解放性宣言与"噪音发生器"(Intonarumori)成为了这个世纪音乐史中的重大事件。在美国,作曲家瓦列兹(Edgar Varèse)推崇着"声音的解放"和块状静止的结构原则,这些观念在二战间移民至美国的史蒂芬·沃尔佩(Stefan Wolpe)与瓦列兹的门徒周文中的发展下形成了美国"声音作曲"的传统。⑤ 作为周文中的学生,谭盾在《死与火》中使用不同乐器的演奏方式以及引入"石乐"以便获得音色的多样性。演奏方式涉及铜管拍打号嘴(如插段 3,第 13—14 小节)、单独演奏号嘴(如插段 3,第 5—13 小节)以及通过按键发声(如插段 2,第 35—36 小节),打击乐

① Andrew Kagan,*Paul Klee:Art and Music*,Ithaca:Cornell University Press,1983,pp. 41 - 94.

② Susanne Ulbrich,"Die Polyphonie in den Bildern Paul Klees," *Zeit und Raum in Musik und Bildender Kunst*,Tatjana Böhme-Mehner and Klaus Mehner(ed.),Köln:Böhlau,2000,p. 158.

③ Brief von Paul Klee an Lilly Klee,10. 07. 1917,摘自 Paul Klee,*Briefe an die Familie:1893 -1940*,Bd. 2 Felix Klee(ed.),Köln:DuMont,1979,p. 873。

④ Paul Klee,"Schöpferische Konfession," *Tribüne der Kunst und Zeit. Eine Schriftensammlung*,Kasimir Edschmid(ed.),Berlin:Erich Reiß,1920,p. 38.

⑤ Hermann Danuser,pp. 100,383.

器通过更换不同材质的物体进行敲击(如软木锤、硬木锤以及刷子,尤其是在插段2中),弦乐器在乐器的不同位置上演奏(如第二乐章"自画像"中,中提琴第83—95小节采用指甲在琴马边缘拨奏,第37—52小节大提琴用手掌拍打琴弦)。

此外,作曲家在插段5和插段4中分别引入石头和哨子作为乐器(图5),石头在此不仅暗示着克利绘画作品《人间女巫》的意境,也成为了后来作曲家所定义的"有机音乐"(即关注日常生活中的事物和心中的事物)。[1] 哨子的使用则让人联想到凯奇的作品《水乐》(*Water Music*)。[2] 事实上,在90年代初凯奇的思想极大地影响着刚到美国的谭盾[3],2004年谭盾还创作了一首同名作品。

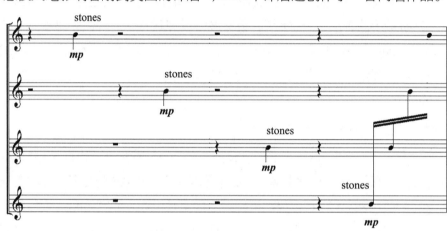

图5 石乐在插段5中的使用

语言作曲(Sprachkomposition)

二战后,语言作曲并非独立的横空出世,德国作曲家施托克豪森(Karlheinz Stockhausen)通过《青年之歌》组合了电子声音和语音性的人声说话材料,构建

---

① 参见:杨玲:《谭盾有机音乐研究》,山东大学硕士论文,2009年。

② 凯奇在音乐作品《水乐》中也使用了哨子,见:Hermann Danuser, "John Cage:*Water Music*," *Pipers Enzyklopädie des Musiktheaters*, Bd. 1, Carl Dahlhaus and Sieghart Döhring (ed.), München:Piper, 1986, pp. 489 – 491。

③ 谭盾提到:"在我的生命中有一位魔幻般的老师,他的名字叫作凯奇。我曾在90年代初于纽约遇见了他。我学到了最多的哲学知识,比如他说到了哲学音乐:每一个单词就是一个音符,每一个音符就是一个哲学理念。我想正是因为这些哲学理念影响了我整个关于如何创作我自己音乐的思考方式。"请浏览网页:https://www. youtube. com/watch? v = ME_uy4XNjtM, 登录时间:2022 – 12 – 18。

出声音作曲和语言作曲的关联体系①,最后在德国作曲家迪特·施内贝尔
(Dieter Schnebel)的《Glossolalie》、《嘴的作品》中形成了一种"说话剧幕"
(Sprechakte)。②

谭盾在《死与火》中使用了四种形式的语言声音(图6):(1)单词声音(Ha,
Chi K,Wu);(2)嘴唇和舌头声音(Tsm,Tch);(3)呼吸声;(4)偶然性的说话声
(低语、闲聊语调、大声嚷嚷)。这些音乐材料由演奏者共同完成,甚至贯穿全
曲,形成一种"动机功能"。③

	单词声音	嘴唇和舌头声音	呼吸声	偶然性的说话声
第一乐章	Ha (T. 27)④		T. 28 - 29	
插段 2		Tsm (T. 35)	T. 3	
插段 3	Chi K (T. 15)		T. 8	T. 30 - 33
插段 4	Chi K (T. 4, 20)	Tsm(T. 22) Tch(T. 26 - 30)		
插段 6	Ha (T. 46 - 47)			
第三乐章	Wu (T. 21 - 25)			

图6　《死与火》中四种语言声音的分布

对话三:"形态"(Gesture)与"形态"(Gestalt)

在著名的《形式与形态理论》中,克利具体讨论了时间因素如何放置在设计
理论中。在他看来,"形态"(Gestalt)要比"形式"(Form)更加"生动",因为"形
态化"居住在"一个确定的运动性之中"。他论述道:"'形态化'(Gestaltung)这
个词语正如已提到的那样通过它的词尾⑤体现了其特点。在大多数情况下,
'形式学'(Formlehre)意味着没有重视前提条件和通往那里的道路。形式理论
(Formungslehre)太过于异常。相比,形态则在它更加宽泛的意义下明显地联

---

① Hermann Danuser, p. 373.

② Rainer Nonnenmann, "Sprache/Sprachkomposition," *Lexikon Neue Musik*,2016,p. 564.

③ Tan Dun, p. 26.

④ T 为德语 Takt 缩写,代表小节。

⑤ 德语中,-ung 词尾后缀为动名词,笔者注。

系到一个概念,这个概念以确切的运动性为基础前提,因此它更加具有优越性。(对比"形式"而言)'形态'陈述了某些生动性。因此'形态'通过基于生动性的功能超越了'形式',即出自功能中的功能。"①

尽管克利的"形态"概念和谭盾的"形态"概念在实现过程中具有差异性,但如果悬置这种差异从更加抽象的思维来看,这两位艺术家在创作美学上的共性体现在:将内容生动化。在谭盾看来,这种"形态"是来自观画时产生的一种"气氛"(英语:mood)。② 通过组合不同的"气氛"所激发的各种"形态",实现了创作中的主体间性,与克利的理念进行了对话,谭盾写道:

> "'形态'(Gesture)是一种材料的统一。通常情况下它比音列要小,但比'乐句'或者'装饰音'带有更加强烈的意义。我将其称之为'**形态**',并深信它将是这种创作过程中的基本统一性。"③

谭盾的"形态"涉及到四种音乐参数,音型、节奏、音色和强弱,一共六种"形态",每一个"形态"都具有其"效果"和"意义"(图7),但有一部分形态有着相同

形态类型	特点	节奏	外表
A	渴望	无节拍,也没有比例	滑音曲折变化,有顺序地安排音高材料
B	激烈,例如喊叫	有节拍,加上节奏	停滞的音高,有顺序地安排音高材料
C	要么叹息,或者冷漠	齐奏的节奏	噪音、没有周期的音高材料、偶然性的音高材料、持续的技术和声音
D	冷漠	流动	文本式、长滑音、自由音高材料
E	令人紧张	复合和文本式	偶然性织体、自由音高材料
F	焦虑	有节拍的节奏、没有跳动	有顺序地安排音高材料、持续的技术

图7 《死与火》中的形态

---

① Paul Klee, *Das bildnerische Denken. Schriften zur Form und Gestaltungslehre*, 2nd ed., Türg Spiller (eds.) 1964, Basel: Schwabe, p. 17.

② Tan Dun, p. 18.

③ Tan Dun, p. 12.

的外表,比如偶然性材料同时出现在形态 C 和形态 E 中,特殊演奏法出现在形态 C 和形态 F 中。值得一提的是,第一乐章"肖像"和第三乐章"死与火"均以形态 A 开始,暗示着作曲家在分析中所提及的"再现"方式。①

对话四:反思"线条理论"

在谭盾的分析中,他提到克利的线条美学给他的创作带来了极大的影响,然而谭盾并没有作出进一步的阐释,仅提到"在克利的思想中,线的厚粗、密度、长度、轮廓对应了音乐线条中的各自的力度、颜色、时长和轮廓"。② 事实上,克利的"线条理论"(Linienlehre)涉及到三个概念:"运动"、"痕迹"与"(回转)翻译"。德国艺术史学家热日尼·博内夫伊特(Régnie Bonnefoit)在她的专著《克利的线条理论》中总结道:"线条是运动的痕迹,它是一个点的运动、一支铅笔的运动、一个散步人的运动……,这些所有的运动给克利留下了一个真实的或者想象的痕迹。克利翻译了最不同的现象,它们是在线条中人的运动或者仅是眼睛、语言、旋律和节奏的运动。"③

在《死与火》中,谭盾并没有基于博内夫伊特所提出的这三个概念进行创作,他更多采用的是符号学层面的指代性创作,具体说是索绪尔《普通语言学教程》中的"能指"(法语:signifiant, 此处笔者引申为乐音与记谱)和"所指"(signifié,此处即绘画内容和意义)。④

在插段 1"动物在月圆之夜"中,为了对应画中四根简洁的线条,谭盾使用了四条旋律线(长笛、小号、小提琴、大提琴),在运动中构成了对位关系。基于著名的点描画《帕纳塞斯神坛》,谭盾在插段 3 中使用短小急促的音形、敲打号嘴出现的偶然音表现出画中的点描效果(如单簧管第 6—8 小节采用的偶然音,圆号在第 13—14 小节采用拍打号嘴),他在语言作曲范式下采用的上行人声仿佛描绘出音乐修辞学层面可诠释的神庙的"崇高性"(Erhabenheit)(图 8)。

---

① Tan Dun, pp. 19, 24.

② Tan Dun, p. 2.

③ Régnie Bonnefoit, *Die Linientheorien von Paul Klee*, Petersburg: Imhof, 2009, p. 178.

④ 索绪尔:《普通语言学教程》,高名凯译,北京:商务印书馆,2009 年。

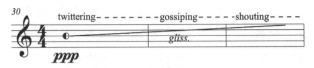

图 8　插段 3，第 30—31 小节

这种符号指代性的创作方式同样出现在插段 6"在陶醉中"。1939 年，克利创作了两幅同画作，《在醉意中》(Im Rausch)和《醉意》(Rausch)，今天分别收藏在纽约现代艺术博物馆(MoMA)和德国慕尼黑伦巴赫之家市立美术馆。[①]根据谭盾对《死与火》的创作背景解析，插段 6 应与画作《在醉意中》有关。在此画中克利组合了不同的形状，中间红色椭圆形中的两个圆圈犹如陶醉者的双眼，横向和纵向如同鼻子和嘴呈现出醉意中的表情，画中零散的抽象形状仿佛影射着克利的文章《创造力的信仰》(1920)中所提及的："从抽象的形式元素出发，通过统一具体的实质……最终创造出一种形式的宇宙。"[②]

为了与克利画中的"醉意"和不同形状的组合进行对话，谭盾采用了自我材料的拼贴，他解释道："它们(之前出现的材料)共同组成了一个拼贴文本结构……这些'立论和驳论'可以说是在一种醉意的状态下产生的。在某种程度上更强有力的一点是这种被声称的形态(gestures)属于作品的历史，或是它的'个性'。对后面这种隐喻作进一步解释，倘若这种醉意与个人身份所带来的才华(profusion)有关联的话，那么过去的许多身份在当下也应当会激发这种才华。我的目的是让听众能够在一个瞬间识别出不同的过去，尽管很确定的是这种醉意带来的并不是醉酒后的困惑，而是通过身份所激发的才华。"[③]在插段 6 中谭盾拼贴了第一乐章"肖像"、第二乐章"自画像"以及插段 2、3、5 中的旋律，并通过乐队力度强弱的变化，形成一种所谓的"楔形"(wedge)。[④]

从 1938 年到去世前，克利沉心于死亡主题的创作，有可能与研究莫扎特的《安魂曲》有关。[⑤] 死亡的主题通过亡者的头部和颜色的对比性获得再现。[⑥] 画

① Paul Klee, *Catalogue raisonné*, Bd. 8：1939, Pauloklee-Stiftung(ed.) Bern：Benteli, 2004, pp. 39,176。

② Paul Klee, "Schöpferische Konfession", 1920, p. 36.

③ Tan Dun，p. 54.

④ Tan Dun，p. 52.

⑤ Andrew Kagan, *Paul Klee：Art and Music*, 1983, p. 134.

⑥ Paul Klee，*Leben und Werk*，Zentrum Paul Klee Bern (ed.)，Stuttgart：Cantz, 2012，pp. 315 - 316.

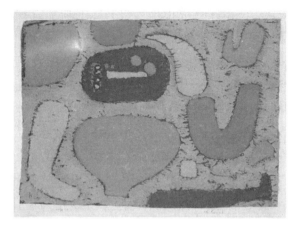

图 9　保罗·克利,《在醉意中》(*Im Rausch*), 41×55. 2 cm,
1939 年,纽约现代艺术博物馆

作《死与火》便是诞生在这个阶段。在图画中,克利将"死亡"的德语单词 Tod,通过图案进行艺术符号化处理。死亡与火焰的气氛则通过颜色的组合与对比(红、白、黑、黄、蓝)呈现出来。为了能够对应颜色的强度与黑色厚重的线条,谭盾叠加使用了大提琴和低音提琴长奏 2—5 分钟 D 音,并以一种"未解决仍在思考中"的钟鸣结束,李诗原教授将其诠释为"文本意义"(没有死亡超越和生命渴求)在"死"与"生"(即"火"的象征)的"二元对立"下被解构出来。①

对话五:克利对巴赫音乐的兴趣与谭盾的巴赫拼贴

克利对音乐的热爱与论述,成为了后世艺术史学家研究的重点。对此谭盾并不陌生,他在论文的参考文献中提及了 20 世纪下半叶英语学界中的相关专著。② 在古典音乐中,巴赫的音乐成为了克利倾心的对象,克利试图借助巴赫的音乐作品对音乐与视觉艺术的关系进行反思。德国音乐学家苏珊娜·方丹(Susanne Fontaine)将其总结为三点:"线条在绘画中的角色"、"乐谱符号和图画"以及"在这两门艺术(音乐与绘画)中的时间维度"。在克利看来,线条是抽象化过程的结果,通过这个过程心灵对周围的现实性产生了反应,体现了一种

① 李诗原,《谭盾音乐与后现代主义》,1996 年,第 121—122 页。

② Andrew Kagan, *Paul Klee*: *Art and Music*, 1983.

紧张与放松的关系。① "乐谱符号和图画"的反思则基于克利的观念："书写与图画从根基来看是一致的。"②正是出于这种观念，克利将巴赫作品《G 大调第六小提琴与羽管键琴奏鸣曲》柔板乐章的乐谱通过线条的宽窄变化进行图像化转换。此外在他的绘画作品中，还出现了大量的记谱符号，如《巴赫风格》(1919)。对他来说，巴赫的作品是复调音乐最好的诠释。在音乐与美术的时间维度下，他借用了音乐概念——复调，提出了上文中出现的"复调性绘画"(Polyphone Malerei)，去反思美术中"时间性"要多于"空间性"。③

　　作为对克利的回应，谭盾采用了拼贴手法，对巴赫的作品进行摘引，他写道："我被某种原因所激发在这种方式下与克利进行对话，这和克利特别关注巴赫的音乐有关。"④

　　"摘引"(德语：Zitat)作为一种"音乐的音乐"(德语：Musik über Musik)其形式自身便体现了一种"反思性"。⑤ 20 世纪 60 到 70 年代，随着序列主义的衰退和电子媒介突飞猛进的发展，基于"摘引"的"拼贴"手法成为了此时重要的创作手段，它不仅包含了自己的创作和前人材料的组合，还涉及到在乐谱上进行图画拼贴。⑥

　　谭盾在插段 7 中摘引了巴赫《十二平均律》第一册中三首作品的四个片段：BWV 846(前奏曲，第 1—10 小节，摘引后采用竖琴和打击乐器演奏，赋格，第 1—10 小节，采用铜管与木管演奏)、BWV 849(前奏曲，第 1—7 小节，采用弦乐演奏)、BWV 862(前奏曲，第 3—10 小节，采用单簧管演奏)，并与第一乐章主音列的二度核心音程(经过移位)进行纵向拼贴(图 10)。在拼贴所形成的对位中尽管出现了小二度(如第 8 小节，竖琴与单簧管，第 9 小节，小号与弦

---

① Susanne Fontaine, "Ausdruck und Konstruktion. Die Bach-Rezeption von Kandinsky, Itten, Klee und Feininger," *Bach und die Nachwelt. Band 3：1900 - 1950*, Michael Heinemann and Hans-Joachim Hinrichsen (ed.), Laaber：Laaber，2000，pp. 407 - 408.

② Paul Klee, *Das bildnerische Denken. Schriften zur Form und Gestaltungslehre*，1964，p. 17.

③ Susanne Fontaine, p. 412.

④ Tan Dun，p. 59.

⑤ 相关研究详见：Hermann Danuser, "Musikalische Selbstreflexion bei Richard Strauss," *Richard Strauss und die Moderne*，Bernd Edelmann (ed.)，Berlin：Henschel，2001，pp. 51 - 77，"Hommage-Kompositionen als Musik über Musik," *Jahrbuch des Staatlichen Instituts für Musikforschung Preußischer Kulturbesitz*，Günther Wagner (ed.)，Berlin：Henschel，2001，pp. 52 - 64。

⑥ 德语区关于 20 世纪音乐拼贴研究请参见：Hans Emons, *Montage-Collage-Musik*，Berlin：Frank & Timme，2009。

乐),谭盾试图通过力度的弱化(如第 8 小节竖琴采用极弱 Pianississimo 进入)和弱音器的使用(如第 9 小节弦乐与小号均使用)淡化不谐和音的碰撞。事实上,此处他更加关注横向旋律运动代替了纵向的和声效果,对此他解释这种观念源自中国音乐美学中所强调的"线"(line)。① 拼贴段落最终悬置在三个未解决的和弦上(第 17 小节,g 小调九和弦、D 大调七和弦和升 g 小调九和弦),被作曲家隐喻成一种"音乐文化"碰撞的高潮,谭盾写道:"今天我们不再关注怎样将众多东西解决到一样东西之中的问题,而是要去理解这种解决方案是多么的缺乏。我在这篇分析的前面部分已经提到了一些实验手法,它们将'音乐文化'进行了交流,并在插段 7 中达到了高潮。"②

图 10　巴赫作品的拼贴与音列,插段 7,第 11—12 小节

这种"音乐文化"碰撞的阐释、摘引拼贴前人作品的手法,以及模仿中国乐器音色③与京剧武场节奏"急急风"(插段 6,第 21—23 小节)的手法正切中了德国哲学家沃尔夫冈·韦尔士(Wolfgang Welsch)的观点:多元化(Pluralität)乃是"后现代主义趋势的动力"。④

至此,谭盾从以上五个层面实现了与克利进行隔空对话,这种扬弃"翻译"与"再现"模式后,在"主体间性"下探讨音乐与视觉艺术的转换方式(或视为是

---

① Tan Dun, p. 58.

② Tan Dun, p. 59.

③ 谭盾在论文中提到在作品中模仿了五种乐器的音色,包括古筝、琵琶、古琴、笛子与唢呐,Tan Dun, 1993, p. 12。

④ Wolfgang Welsch, "Einleitung," *Wege aus der Moderne: Schlüsseltexte der Postmoderne-Diskussion*, 2nd ed., Wolfgang Welsch (ed.), Berlin: Akademie, 1994, p. 14.

一种审美过程),一方面折射了"创作美学"概念(Produktionsästhetik),这种观念恰恰反思着人类生产时所包含的功能、规则和缘由与艺术作品的关联①,另一方面似乎也在回应着阿多诺至高无上的自律美学箴言:"艺术门类倘若进行转换,仅出现在各自完全地遵循它们内在的原则中。"②当"依画行曲"的概念此刻被揭开时,画作的魅力所激起谭盾的"主体间性"也让保罗·克利最著名的语句实现了伽达默尔"效果史"(Wirkungsgeschichte)层面的价值:"艺术并非复制可见之物,而是使之得见。"③

观念史与汉语之思

Music Inspired by Paintings: Reflecting on Death and Fire: A Dialogue with Paul Klee by Tan Dun

Wang Kan

Abstract: In 1992, Tan Dun completed the orchestra work "Death and Fire" based on the paintings of German modern painter Paul Klee. He sees this work as a dialogue with the painter, not a simple translation. Based on this point of view, this article takes the composer's doctoral dissertation of the same name at Columbia University as the first-hand material, starts from reflecting on the transformation relationship between music and painting, and draws on the concept "Bild" and "Abbild" in Gadamer's "Wahrheit und Methode". Theodor Lipps's theory "Einfühlung" and Edmund Husserl's theory "Intersubjektivität", to explore the possibility of this problem from "Subjektivität" to "Intersubjektivität" at the philosophical level. Finally, combined with the research results of Klee in German-speaking art history, looking at the five dialogue methods in Tan Dun's composition, it tries to interpret the essence of "Musik nach Bildern" from an interdisciplinary perspective.

Keywords: Tan Dun, Paul Klee, Subjectivity, Intersubjectivity, Empathy

---

① Klaus Semsch, "Produktionsästhetik," *Historisches Wörterbuch der Rhetorik*, Bd. 7, Gert Ueding (ed.), Tübingen: Niemeyer, 2005, p. 140.

② Theodor Adorno, "Über einige Relationen zwischen Musik und Malerei," Theodor Adorno, *Musikalische Schriften I-III* (= *Gesammelte Schriften* Bd. 16), Rolf Tiedemann (ed.), Frankfurt a. M.: Suhrkamp, 1978, p. 629.

③ Paul Klee, "Schöpferische Konfession", 1920, p. 28.

宗炳《画山水序》中的莲宗本色

——兼论"真神不灭"与"澄怀味象"观念对宗炳山水画创作理念建构的影响[*]

罗　胜^{**}

[摘　要]　宗炳《画山水序》是中国画史记载的第一篇山水画论,学界对其解读不详。本文试图通过对宗炳形象的还原,以及对其莲宗净土信仰的追踪,揭示出《画山水序》的"体用思想"与"创作关系",是以庐山莲社的"神不灭"观念出发,"澄怀味象"为路径,来传达山水画艺术创作过程的。换言之,宗炳是用莲宗净土信仰来建构山水画的"艺术积累"、"艺术构思"、"艺术表现"三大创作理念的。

[关键词]　《画山水序》;莲宗信仰;神不灭;澄怀味象;山水画创作

＊　基金项目:国家社科基金,中国历史"基于碑刻墓志文献的北朝民族认同研究"(项目编号:18BZS116)阶段性成果。

＊＊　罗胜(1971—　),男,重庆武隆人,南京大学哲学系、南京大学中华文化研究院,博士研究生,主要研究方向为佛家文化艺术和中国画论研究。

宗炳,南朝时期的山水画家,著名的佛教居士。现存资料记载,他多次上庐山与慧远等僧人会晤长达数十日,并积极参与莲社成员组织的阿弥陀佛信仰活动;下山后又以居士的身份参与当时声势浩大的佛教护法辩论。《弘明集》里载有《明佛论》《难白黑论》两篇论文,是他对儒家"妄佛责难"进行的批驳,同时他的佛教信仰也体现在其《画山水序》中。

　　目前学界对这一迄今发现最早的山水画论的研究,主要是站在道家和魏晋玄学的立场上进行解读的。比如陈传席先生认为,宗炳的《画山水序》主要是受老、庄思想影响。[①] 除此之外,也有一部分学者从佛教的角度来解读宗炳的《画山水序》,比如雍文昴认为,宗炳《画山水序》与佛教里的"法身说"相关联,并且进一步认为"在宗炳的思想体系中,由释道安、释慧远一脉相承所形成的'本无'、'法性'本体论,在宗炳的'法身说'中继续产生着影响,也带来了魏晋南北朝时期南方佛学思想融合玄学学说,调和儒、释、道各家经典所特有的辩证思维"[②]。这些研究无疑是有一定创见的。但就目前的研究成果来看,深入宗炳的具体信仰观念,从宗炳的莲宗思想来完整理解其《画山水序》中的山水画创作观念的不多且不系统。笔者拟此为论题展开读论探讨,以求教于方家。

一、宗炳形象还原

(一)宗炳其人

　　根据资料记载:"宗炳字少文,南阳涅阳人也。祖承,宜都太守。父徭之,湘乡令。母为同郡师氏,聪辩有学义,教授诸子。"[③]宗炳出身名门,从小又以"居丧过礼"文明乡里,被当时的刺史授予主簿举为秀才。高祖刘裕兼理荆州的时候,想要选拔治国的贤才,参军建议高祖聘请宗炳为主簿,但宗炳不接受,推辞说:"栖丘饮谷,三十余年"。征西长史王敬弘每次去聘请他,最后连自己也和宗炳一样流连忘返于丘谷。后来刘裕又去聘请了几次,他都不愿意出山。大约在28岁的时候,他进入了庐山,跟从释慧远考寻文义,加入了慧远创办的佛教社

---

① 原文为:"老、庄精神浸入中国绘画领域,在理论上宗炳发共宗,后人弘其迹。因此研究老庄精神对中国绘画的影响,必须重视宗炳这篇画论。"参见陈传席:《宗炳〈画山水序〉研究》,《美术大观》,2016 年第 1 期。

② 雍文昴:《试论宗炳〈画山水序〉与"法身说"的关联》,《美术》,2017 年第 12 期,第 116—119 页。

③ 沈约:《宋书》,北京:中华书局,2000 年,第 2278 页。

团——莲社,开始信奉阿弥陀佛,并作发愿文表示死后愿往生极乐净土。在庐山不到半年时间,由于家人的反对,其兄宗臧(当时任南平太守)把他找了回去,在南平附近给他置地立宅,供其读书或让其在那里打理家中的产业。后来,宗炳的两位兄长英年早逝,留下的子女又大多未成年,就都和他相依为命,日子过得很艰难,之后高祖刘裕又数次征召,他还是推辞不就。

据资料记载,宗炳其妻罗氏与宗炳志同其趣,罗氏病故之后,宗炳伤悲过度,但"既而辍哭寻理,悲情顿释"。沙门释慧坚对他说:"死生之分,未易可达,三复至教,方能遣哀。"①道友慧坚的意思是论识死生的界限定分,是很不容易达到的,只有多次反复体会教义,才能排解内心的悲哀。宗炳性好琴书,又好山水,爱远游,曾向西徒步至荆山、巫山一带,南到衡山等地,因为生病才回到江陵,感叹"老疾俱至,名山恐难遍观,唯当澄怀观道,卧以游之"。于是,"凡所游履,皆图之于室,谓人曰:'抚琴动操,欲令众山皆响'"②。可见,宗炳不但精通佛理,而且还有很高的文艺素养。《南史》说他:"妙善琴书、图画,精于言理。""古之《金石弄》乐曲,至恒氏而绝,赖宗炳传于后世。"

宗炳一生精通"五经",闲居读《老》、《易》,音乐、书画皆有一定成就。宗炳卒于元嘉二十年,时年六十九。衡阳王刘义季感叹"宗居士不救所病,其清履肥素,终始可嘉,为之恻怆,不能已已。"③

(二)宗炳与佛教

南朝时期,佛教僧团蓬勃发展,江左士大夫权贵们礼佛逐渐成为一种风尚,并在当时形成一个与庐山慧远为中心的文化团体。据慧皎《高僧传》卷六记载:"既而谨律息心之士,绝尘清信之宾,并不期而至,望风遥集。彭城刘遗民,豫章雷次宗,雁门周续之,新蔡毕颖之,南阳宗炳,张菜民,张季硕等,并弃世遗荣,依远游止。远乃于精舍无量寿像前,建斋立誓,共期西方。"④同时记载,誓者约有一百二十三名参加,其中有慧远、慧永、慧持、道生、刘遗民、张野、周续之、张诠、宗炳、雷次宗等当代名士。

关于宗炳是否进入庐山与慧远交流,现在学界有两种看法。日本学者小林

宗炳《画山水序》中的莲宗本色

---

① 沈约:《宋书》,第 2279 页。

② 沈约:《宋书》,第 2279 页。

③ 沈约:《宋书》,第 2279 页。

④《高僧传》卷六,《大正藏》第 50 册,第 358 页。

正美著《六朝佛教思想研究》一书注解说:"一个是作元兴元年(402)的《高僧传》卷六《慧远传》的说法,另一个是作义熙八年(412)之后的《宋书》与《南史》的说法,根据木全氏的研究,似乎后说是正确的。这样的话,宗炳就没有参加元兴元年(402)的念佛实践的誓约。"①也有学者认为,宗炳一生 17 次拒绝出仕,和元兴元年(402 年)第一次庐山礼佛,师从慧远被位列"庐山十贤"相关。他第二次到庐山礼佛,即义熙八年(412 年)这次,宗炳山停留 50 天,自叙说:"昔远和尚澄业庐山,余往憩五旬"②。以上证明当时宗炳与庐山慧远的莲社联系非常紧密,并积极参加庐山慧远僧团组织的很多佛事活动。同时众多的资料显示:宗炳不但有浓烈的佛教信仰,而且对庐山慧远庐山僧团的净土思想情有独钟。

东晋、南朝时期,政治动乱,儒、玄、佛、道各家思想相互争锋,源于印度佛学与本土文化中的儒家文化、道家文化存在根本性差异。儒、道两家皆不满外来佛教的行为、理念,并对佛家的理念诠释进行指名批评,产生了当时影响佛教义理的"白黑之争"、"夷夏之辨"、"神灭与神不灭"等理念论争。当时以何承天、范缜为代表的中国传统读书人以儒家思想为武器,以朴素的唯物主义论对"神不灭观念"进行了公开批评。根据《弘明集》记载,参与当时"儒、道、释之争"和"神灭论争"的作者高达上百人。作为居士的宗炳站在佛教护法立场也参与了当时的论争。当时佛教护法参与者之一的治城沙门慧琳作了《白黑论》,认为"形体凋弊心神亦随之散灭";儒家批佛代表何承天著作《达性论》,批评指出佛教的"轮回报应说"是个妄言。宗炳针对这些妄佛议论,作《明佛论》《难白黑论》等,阐述了"神不灭论"的理论原理,宗炳还在《明佛论》中指出"无形而神存、法身常住之谓也"③。继而,他又在《答何衡阳书》中指出,"神不灭论"的理论依据是"形神相资,古人譬之薪火,薪弊火微,薪尽火灭,虽有其妙,岂能独存? 夫火者薪之所生,神非形之所作。意有精粗,感而得,形随之。精神极则超形独存,无形而神存,法身常住之谓也'"④。宗炳在这里发扬了他老师慧远的"法性论"观念,认为精神是无形的,得法身清净常住,并认为精神有精粗,感而得形随,精神超越有形物质,而非何衡阳阐明的借题发挥的"薪弊火微,薪尽火灭"的"薪火"论。

① 小林正美(Kobayashi Masayoshi):《六朝佛教思想研究》,济南:齐鲁书社,2013 年,第 168 页。

② 石峻、楼列宇、方天立:《中国佛教思想资料汇编 第一编》,北京:中华书局,1987 年,第 244 页。

③ 刘立夫、魏建中、胡勇:《弘明集》,北京:中华书局,2013 年,第 106 页。

④ 刘立夫、魏建中、胡勇:《弘明集》,第 214 页。

二、宗炳"澄怀昧象"的本体源说

(一)"澄怀昧象"的本体观念

中国文化与佛教有不解之缘,赵朴初先生说:"不懂佛教,就不能懂得中国文化史。"①那么山水画作为中国文化的精神表征之一,佛学文化理念对山水画精神的影响,又有些什么呢? 这里可以毫不客气地说,最重要的应该是佛学体用思想,以及围绕佛学体用思想展开的美学范畴了;其中,最关键的是本体论对山水画创作理念的影响。那么,本体的观念是什么? 宗炳的佛教本体观是什么? 是否影响到宗炳《山水画序》的思维结构呢?

葛晋荣在《中国哲学范畴通论》"体用"一章说:"体和用是标志着实体、形体、形质及其功能(作用、属性)、本体(本质)及其现象、根本原则(原理)及其具体应用关系的重要哲学范畴。"②王岳川在《艺术本体论》序言里说:"艺术的本体论是对艺术存在的反思,是对艺术的意义和价值的领悟和揭示。"③在这本书里,作者又展开说:"所谓本体,指终极的存在,也就是表示事物内部根本属性、质的规定性和本源,与'现象'相对。而本体论就是对本体加以描述的理论体系,亦即指构造终极存在的体系。"④赖永海先生在《佛教对中国传统思维模式的影响》中说:"在大乘佛教中,那个作为一切诸法本原之'真如'、'实相'、'如来藏自性清净心'、'佛性'、'一真法界'等,如果不是本体,又是什么呢?"⑤

其实,自佛教传入中国之后,本体思想曾有一个中国化的诠释过程。在佛教中国化中魏晋南北朝时期存在一个法性与传神的本体思维转变。《肇论》"宗本义"章说:"本无、实相、法性、性空、缘会,一义耳。何则? 一切诸法,缘会而生。缘会而生,则未生无有,缘离则灭。如其真有,有则无灭。以此而推,故知虽今现有,有而性常自空。性常自空,故谓之性空。以性空故,故曰法性。法性

① 赵朴初:《〈俗语佛缘〉前言》,《赵朴初文集》下卷,北京:华文出版社,2007年,第1106页。

② 葛晋荣:《中国哲学范畴通论》,北京:首都师范大学出版社,2001年,第308页。

③ 王岳川:《艺术本体论》,北京:中国社会科学出版社,2005年,第1页。

④ 王岳川:《艺术本体论》,第7页。

⑤ 赖永海:《佛教对中国传统思维模式的影响》,《中国社会科学》,1992年第1期。

如是,故曰实相。实相自无,非推之使无,故名本无。"①在这里,僧肇的意思是说"实相"、"法性"其义理相同,皆是本体。释迦牟尼创建的佛教本来是用来反对婆罗门神教的,但后期佛教把释迦牟尼化成人格化的神,披上了"大梵"的袈裟,这涉及到一个在轮回业报中本体实有的问题。早期的佛教轮回思想与婆罗门教不同,它否定轮回的主体,强调轮回只是一种方便说,这样就造成了轮回与主体的矛盾。后期佛教经量部又承认轮回主体"补特伽罗"为实有。佛教传入中土后,前期以释迦牟尼以人格化的神和民间巫术并置传播,并得到民间的承认。《弘明集》"牟子理惑论"中说:

> 佛者,谥号也。犹名三皇神、五帝圣也。佛乃道德之元祖,神明之宗绪。佛之言觉也,恍惚变化,分身散体,或存或亡,能小能大,能圆能方,能老能少,能隐能彰,蹈火不烧,履刃不伤,在污不染,在祸无殃,欲行则飞,坐则扬光,故号为佛也。②

佛教在南北朝时期,由于印度大量的原始经典传入和翻译,中国化佛教曾在一段时间主张"佛性空",其中以鸠摩罗什一派为代表。由于"佛性空"观念不适应当时中土的风情,以慧远、梁武帝、宗炳等人为代表承认"法性"实有,并强调"神不灭"的佛教观念,建立以慧远为代表的"真神不灭"的体用观念。这是继印度佛学东传至南北朝后,佛学中国化的一次本体论变化解读。这种本体观念会不会也被宗炳用来建构他的山水画理论呢?答案是肯定的,他《画山水序》中的一些山水画创作理念就是标志。不但如此,《画山水序》的本体思想还和宗炳所信仰的净土宗思想紧密联系和结合。

赖永海先生说:"从承认'法性'实有、不变这个基本思想出发,慧远的佛性说承认了一个主体'人我',这个主体'人我'思想主要体现在他的因果报应说与形尽神不灭论中。"③也就是说,慧远的"法性"实有,也有一个因果报应的本体,即"形尽神不灭论"。慧远在《沙门不敬王者》一文中诠释"神不灭"时说:"夫神者何耶?精极而为灵者也。精极则非卦象之所图,故圣人以妙物而为言,虽有

---

① 《大正藏》第四十五卷,CBETA:2019年,第150页。

② 刘立夫、魏建中、胡勇:《弘明集》,第15页。

③ 赖永海:《中国佛性论》,南京:江苏人民出版社,2010年,第28页。

上智,犹不能定其体状,穷其幽致。而谈者以常识生疑,多同自乱,其为诬也亦已深矣。将欲言之,是乃言夫不可言,今于不可言之中,复相与而依稀。"①慧远认为神为精极之灵,非卦象所能够描绘和图表,虽上智也不可言说,觉悟其相又依稀而有。他接着说:

> 神也者,圆应无生,妙尽无名,感物而动,假数而行。感物而非物,故物化而不灭;假数而非数,故数尽而不穷。有情则可以物感,有识则可以数求。数有精粗,故其性各异;智有明暗,故其照不同。推此而论,则知化以情感,神以化传,情为化之母,神为情之根,情有会物之道,神有冥移之功。②

慧远认为,精神感应变化而无生灭,微妙而不能名状,精神同时又能感应外物而活动,借助有形质的生命体运行。虽然其感应万物而本身却不是物,所以形质消亡而自己本身却一直存在,而不会灭亡。有形质的生命物可以用情来感化它,所以神又假物化传,情为化道之母,神为情之根本,情为物的通路,神就可以假物而冥冥移动而作了。慧远的"真神不灭"带有很明显的净土信仰,他缘用净土信仰的体用观念结合中国传统的"天人关系"诠释了"真神不灭"的佛教观念。在佛家看来,"圣者所住之国土也,无五浊之垢染,故云净土"③。西方极乐世界幸福安乐、清静美妙,而六道世间痛不欲生。净土宗认为只要发愿往生净土,临终有佛接引,死后能往生西方净土,得到解脱,出离轮回。同时,净土宗又以学徒念佛为内因,以阿弥陀佛的愿力为外缘,设立各种方便念佛法门。通过念佛为功用,念佛众生以情载道,心应感神,实现以佛力对接,从而实现终归净土,不出轮回的愿望。

(二)"澄怀味象"的逻辑观念

净土念佛主要有三种:一为称名念佛,口颂佛名号;二为观想念佛,主要通过静坐一心思念佛相貌和功德,念其种种好;三为实相念佛,通过观法身非有非

---

① 刘立夫、魏建中、胡勇:《弘明集》,第 327 页。

② 刘立夫、魏建中、胡勇:《弘明集》,第 328 页。

③ 佛学书局编纂:《实用佛学辞典》,杭州:浙江古籍出版社,1974 年,第 1289 页。

无中道实相来领悟佛法本源。慧远弘传的净土法门，弘扬定心念佛。慧远、刘遗民、雷次宗等在庐山结社的"发愿辞"中说："惟斯一会之众，夫缘化之理既明，则三世之传显矣；迁感之数既符，则善恶之报必矣"[1]，这段发愿辞阐明了佛教缘化成佛的因缘之理，业报迁感轮回之实，同时再一次阐明了"净土"以情感神的观念。他们百人集聚发愿说：

> 盖神者可以感涉，而不可以迹求。必感之有物，则幽路咫尺；苟求之无主，则眇茫河津？今幸以不谋而金心西境，叩篇开信，亮情天发，乃机象通于寝梦，欣欢百于子来。"[2]

发愿文认为，神可以感应而来，不可以通过有形迹苛求。但必会感之有物，则近在咫尺，大家千里不谋而发愿往生净土。所谓"亮情天发，乃机象通于寝梦"之论，"发愿辞"的这些言论和慧远的"神不灭论"如出一辙，即"神以化传，情为化之母，神为情之根，情有会物之道"，静坐一心思念佛相貌和功德，念其种种好机缘具备寝梦成真之理。以上庐山结社的发愿辞所言不但和宗炳的传神观念一致，而且所言"机象通于寝梦"之理也和宗炳的"澄怀味象"之象也是相通的，都是静坐一心思念佛相貌和功德，都是"观想念佛"理念中的佛相。也可以说，这种相就是神不灭之象，这种相如同慧远所说的并非是传统意义上的卦象概念，而是不言传只可意会的阿弥陀佛像。同时，宗炳"澄怀味象"的"象"又是佛家的"道"认识理念。《四十二章经》载：

> 佛言："人怀爱欲不见道者，譬如澄水，致手搅之，众人共临，无有睹其影者。人以爱欲交错，心中浊兴，故不见道。汝等沙门，当舍爱欲；爱欲垢尽，道可见矣。"[3]

意思是佛陀说：人因怀有爱欲而不能见道，就如澄清之水，用手去搅混之后，众人在水前就不可能见到自己的影子了。人有贪恋和爱欲，心就变得浑浊，

---

① 《大正藏》第四十七卷，CBETA；2019 年，第 176 页上。

② 《佛祖历代通载》卷七，《大正藏》第 49 册，CBETA；2019 年，第 526 页。

③ 赖永海主编、尚荣译注：《四十二章经》，北京：中华书局，2012 年，第 38 页。

因此就见不到道了。沙门应当割舍爱欲,除尽污垢,道亦可见。"澄怀味象"的整个意思和《四十二章经》第十六章"舍爱得道"的主旨是一致的,即强调通过以修禅定为至要,专心一致,安静神通,明人之心水本澄。明人心水本澄即是至道的佛理,此章解释说:

> "本章明'六度'中的禅定度。在佛法中,大小诸乘均以修禅定为至要,修禅定者,即专注其心于一法中,久之心得统一之用。常人心散乱故不得安静神通,致心失其功用,不能止害兴利。能专心一致,可得禅定。另也说明人之心水本澄,即是至道;但因爱欲所搅,因此不能于一念中炳现十界影像。舍三界爱欲,见思垢尽,则能见道。"①

从前文的各种述说中可以看出,宗炳《画山水序》所表达的"澄怀味象"之象应和"神不灭"之精神以及佛学中的"真如"、"实相"、"如来藏自性清净心"、"佛性"、"法性"一样,皆是本体层面的范畴。同时,这种本体思想又和修禅的功夫绑定在一起,完成了以佛家净土思想为基础建构起来的"澄怀味象"山水画创作思维模式。当然这个理念也包含了对儒、道两家形而上思维的撮合痕迹,但其本怀仍然是佛家的。

接下来我们来梳理一下"澄怀味象"的理论逻辑,"澄怀"是"味象"的条件。老子在《道德经》十章曾提出"涤除玄览"的观念,庄子在《知北游》里也特别强调"斋戒,琉瀹而心,澡雪而精神"。宗炳在这里是站在佛家净土宗观念的立场,从洗除心垢的角度来诠释这个观念的。《无量寿佛经》"心得开朗"一章里世尊说:

> 若曹当知十方人民,永劫以来,辗转五道,忧苦不绝。生时苦痛,老亦苦痛,病极苦痛,死极苦痛。恶臭不净,无可乐者。宜自决断,洗除心垢,言行忠信,表里相应。人能自度,转相拯济。至心求愿,积累善本。虽一世精进勤苦,须臾间耳。后生无量寿国,快乐无极,永拔生死之本,无复苦恼之患,寿千万劫,自在随意。宜各精进,求心所愿,无

---

① 赖永海主编、尚荣译注:《四十二章经》,第38页。

得疑悔，自为过咎，生彼边地，七宝城中，于五百岁受诸厄也。①

这段话的意思是说，要知道十方世界的人，都在无量劫辗转与六道轮回，烦忧痛苦不堪。经历无数生老病死之苦。身体恶臭而不澄净，没有快乐可言。如果你们能发愿下决心，洗涤心中的染垢，按信、愿、行三原则去做，方能自度、度他，得以往生无量寿国。如愿往生净土，永无烦恼和痛苦。显然宗炳这里的"澄怀"，当是洗除心垢，还原至如来藏清净心。关于"味象"这个概念主要来自禅定的境界和体悟。《圆觉经》序分曰："如是我闻。一时，婆伽婆，入于神通大光明藏，三昧正受，一切如来光严住持，是诸众生清净觉地。身心寂灭，平等本际，圆满十方，不二随顺，于不二境，现诸净土。"②意思是我听世尊这样说：那时佛入神通大光明藏，心念大定，得光明正觉之清净觉悟的庄严境界。身心寂静无为，遍足十方，超越一切分别，随顺迎合了涅槃正道。这个就是佛国净土的不二境界。"澄怀味象"之"味象"就是通过禅定"三摩地"摒除杂念，心不散乱，专注于一境，来感通净土佛国的清净境界，这应就是宗炳以佛家净土信仰来诠释山水画创作的体用逻辑。

我们从宗炳《画山水序》可以看到一个明显的美术创作逻辑结构，即以净土信仰为基础，以山水画创作过程为依托，建立起了以传神为体和以"澄怀味象"画道逻辑关系建构的山水画创作观。换句话说就是以"澄怀味象"为功夫、传神为本体的画道关系。

三、"澄怀味象"与山水画创作思维建构的三个阶段

现代艺术理论家把艺术创作过程分为三个阶段，即艺术积累、艺术构思以及艺术表现。它们三者的关系并不是绝对对立，而是相互之间彼此交错，互相联系。

（一）《画山水序》中的艺术创作积累观

艺术积累主要包括材料储备、艺术发现以及创作欲望。材料储备是山水画

---

① 赖永海主编、陈林译注：《无量寿佛经》，北京：中华书局，2012年，第189页。

② 赖永海主编、陈林译注：《圆觉经》，北京：中华书局，2012年，第3页。

创作的基础,材料储备需要山水画家在真山真水中去生活,才可能积累素材和培养他的山水情感。山水画家只有搜集到丰富的生活原材料,才可能以生活材料选择题材,提炼主题,逐步进入创作状态。中国古代的山水画家把这个过程称为"外师造化,中得心源",到后来董其昌强调"行万里路,读万卷书",中国的历代大艺术家都经历了这么一个过程的训练。《宣和画谱》记载范宽在终南山,虽盛暑、风雪皆不耽搁。其通过数十年生活和素材的积累,最终创作出了《雪山楼观》、《雪景寒林》、《溪山行旅》等宏篇巨作。艺术发现是在一定的生活和情感积累基础上的,山水画家目光独具,观察力、感受力、想象力异常活跃,灵光乍现才有可能产生强烈的表现愿望,从而进入下一个环节,发展产生出强烈的创作欲望。总之,山水画家的艺术感受愈丰富、愈真切,其艺术发现就愈深入,创作欲望也就愈强烈。

宗炳的艺术积累创作观,恰到好处地将净土信仰和中国早期参禅思维结合起来,阐述了他山水画创作第一个阶段的逻辑思维——"澄怀味象"之"仁者乐山,智者乐水"的游山玩水思想。他说:

> 圣人含道暎物,贤者澄怀味像。至于山水,质有而灵趣,是以轩辕、尧、孔、广成、大隗、许由、孤竹之流,必有崆峒、具茨、藐姑、箕、首、大蒙之游焉。又称仁智之乐焉。[1]

这段话的意思是说,圣人聪明发现了"道",贤者则澄清怀抱领悟到这由"道"所显现之"像"而得道。贤者要深入"崆峒、具茨、藐姑、箕、首、大蒙之游",去生活体悟道性。不过这个"道"并不是道家本体,而是佛道。宗炳的这个认识与慧远论卦象非传神之象"精神感应变化而无生灭,微妙而不能名状,精神同时又感应外物而活动,借助生命的形质体运行"的辩证逻辑是一致的。宗炳认为通过畅游山水初步实现生活的体悟,同时可以不停地激发画家"澄怀之象"的表现欲望,宗炳说:

> 余眷恋庐、衡,契阔荆、巫,不知老之将至。愧不能凝气怡身,伤砧

---

[1] 宗炳、王微著:《陈传席译解〈画山水序〉〈叙画〉》,北京:人民美术出版社,1985年,第1页。

石门之流,于是画象布色,构兹云岭。①

意思是说,我很眷恋庐山和衡山,同时又对久别的荆山、巫山难以释怀,在不知不觉中老年迫近。都怪我生了个俗人身体,而且多病,行路艰难,但我仍自信坚持游了石门等地,真是情之所至啊!于是画像布色,创作此云岭。所以宗炳的艺术积累观念是建立在澄怀畅游的基础上的。到后来老之将至寸步难行了,便以澄怀卧游的方式把山水画挂到墙上,通过山水感通圣贤之灵,从而体道悟本。

(二)《画山水序》的艺术构思观

艺术构思是指山水画家在艺术体验、艺术发现的基础上,以特定的山水画创作动机为引导,以各种绘画心理活动和艺术表现形式为中介,使山水意象得以建构并使其完善成熟的过程。艺术构思包括艺术构思的方式和意蕴的凝结两个主要环节。下面,就分析阐释《画山水序》中体现的艺术构思观。

1. 山水画的艺术构思的表现和选择都是一项艰苦而又快乐的精神性劳动。《画筌》说:"布局观乎缣楮,命意寓于规程。""目中有山,始可作树;意中有水,方许作山。"②意思是说,在作画时要在咫尺千里之中运筹帷幄,同时还要做到寓合于规矩,其关键是要成竹在胸,意在笔先。艺术构思包含综合和移情两个重要的过程,综合是创作主体根据素材、选题需要进行提炼和概括;移情是指山水画家在构思的过程中将主体情感外化,使主体情感融入到所表现之物中,并生成新的审美心理活动。在《画山水序》里宗炳阐述了他的艺术构思观念,他说:

> 且夫昆仑山之大,瞳子之小,迫目以寸,则其形莫睹,迥以数里,则可围于寸眸。诚由去之稍阔,则其见弥小。今张绢素以远暎,则昆、阆之形,可围于方寸之内。竖划三寸,当千仞之高;横墨数尺,体百里之迥。是以观画图者,徒患类之不巧,不以制小而累其似,此自然之势。

----

① 宗炳、王微著:《陈传席译解〈画山水序〉〈叙画〉》,北京:人民美术出版社,1985年,第4页。
② 笪重光:《画筌》,卢辅圣主编:《中国书画全书》第8册,上海:上海书画出版社,1994年,第693页。

如是,则嵩、华之秀,玄牝之灵,皆可得之于一图矣。①

他首先用"近大远小"的透视观念分析了如何把握咫尺千里的场景,其次认为形制大小不会影响山水画的气势,因自然之势就是如此的,所以嵩山、华山之秀,天地间自然之灵,都完全可以在咫尺的绢纸中表现出来。

2. 山水画的艺术意蕴是指山水画形象中所蕴含的美学意味,理论家们常常以"只可意会、不可言传"的禅理来形容这种美学境界。《画筌》说:"圆因用闪,正势列而失其机神。眼中景现,要用急追;笔底意穷,须从别引。"其注说:"二语画禅玄要也。知其解者,日暮遇之。"②意思是说这种意蕴的凝结,是一种心印、妙得,如果把握不好稍纵即逝。《画山水序》则不这样认为,宗炳说:

夫以应目会心为理者,类之成巧,则目亦同应,心亦俱会。应会感神,神超理得。虽复虚求幽岩。城能妙写,亦城尽矣。③

意思是通过眼睛去摄取山水形象之精神,有情感物,触类旁通,目随心印。心应会感神,精神超越而与神合。精神本来不可以言传,常人无法把握,但精神却寄托于形中,因"神以化传,情为化之母,神为情之根,情有会物之道,神有冥移之功"。这里认为以情感通,精神也就进入了山水画创作。绘画也如"亮情天发,乃机象通于寝梦",可以觉悟出来。宗炳的山水构思也是建立在与物感通的基础上的,主要是命意寓于神通,所以才有"心亦俱会。应会感神,神超理得"。

在艺术构思中,宗炳自己并不是信心很足,这跟其净土唯心信仰有关。他山水画创作最后的境界要借用神力来完成,宗炳的"则目亦同应,心亦俱会。应会感神,神超理得",观念带有浓烈的净土宗教色彩。净土法门有一个独特的观念,就是在临终之时念"阿弥陀佛"方便法门,佛祖会伸手援助接引。所谓"则目亦同应,心亦俱会。应会感神"是希望得到他力或者说佛力的帮助,而给予"感神,神超"的动力。宗炳"山水以形媚道"、"心亦俱会,应会感神"等逻辑观念背

① 宗炳、王徽著:《陈传席译解〈画山水序〉〈叙画〉》,北京:人民美术出版社,1985年,第5页。

② 笪重光:《画筌》,卢辅圣主编:《中国书画全书》第8册,上海:上海书画出版社,1994年,第693页。

③ 宗炳、王徽著:《陈传席译解〈画山水序〉〈叙画〉》,北京:人民美术出版社,1985年,第7页。

后都充满了乞求它力(佛力)援助接引的逻辑。这种传神感应的逻辑和基于慧远"法性论"建构的"真神不灭"思想是一致的,宗炳的这一说法,无疑是一种净土观念的山水画创作说。

(三)《画山水序》的艺术表现观

山水画的艺术表现,是指山水画家借助笔墨纸砚和艺术语言,运用山水画表现方法和山水画技巧,将构思成熟的山水意象转化为可供人们欣赏的山水画形象或山水画作品的创作表现过程,是山水画创造过程的最后阶段。这里主要包括山水画意象的物化表现和山水化内涵的深化。

关于山水画意象的物化,宗炳是这样阐述的:

> 夫理绝于中古之上者,可意求于千载之下;旨微于言象之外者,可心取于书策之内。况乎身所盘桓,目所绸缪,以形写形,以色貌色也。[①]

圣人穷理尽性的学说虽然隐藏于中古,到现在已经有千年了,我们仍然可以心领神会,圣人的精神意旨隐微言象之外,我们仍然可以用心领悟其中的奥妙。况且是自身澄怀于山水之中徘徊,反复地观止,以山水的本来面目之形,画作山本来面目之形;以山水的本来面目之色,画作山本来面目之色。这大概就是他所说的"夫圣人以神法道,而贤者通;山水以形媚道,而仁者乐。不亦几乎?"山水画艺术表现几近于道的观念。这里提到了一个"夫理绝于中古之上者,可意求于千载之下"的概念,外行看来这个理好像是孔、老之"理",其实不然。宗炳这里说的是"佛理"。根据佛经的记载,释尊释迦牟尼说过佛法共分为三个时期:正法时代、像法时代、末法时代。释尊灭都后,五百年为正法时代;此后一千年为像法时代;在后一万年就是末法时代。北齐那连提耶舍译的《大方等大集经月藏分》卷五十六记载佛说:"今我涅槃后,正法五百年。住在于世间,众生烦恼尽。精进诸菩萨,得满于六度。行者速能入,无漏安隐城。像法住于世,限满千年。"[②]丁福保编《佛学大辞典》解释:"此中古来诸德依用正法五百,像

① 宗炳、王微著:《陈传席译解·画山水序·叙画》,北京:人民美术出版社,1985年,第5页。
② 《大正藏》第13册,CBETA,2019年,第379页下。

法一千，末法万年之说。"①可见，宗炳的中古和千年的说法都是依据佛教经典的记载，而非四书五经之说，这里宗炳所说的"理绝于中古"的"理"指的是"佛理"是没有问题的。自然他也是用佛意的观念阐述"以形写形，以色貌色"山水画思想的。

关于山水画的内涵深化，宗炳认为山水画的画法要义是"夫圣人以神法道，而贤者通；山水以形媚道"②。他的逻辑是"神本亡端，栖形感类，理入影迹"，意思是山水画要通过道体现精神。同时这种精神是没有端倪的，随物感通而显道的影迹，就像其"神不灭论"所强调的精神逻辑。宗炳曾在其作品中多次阐述他的这些道理，在《明佛论》中指出"无形而神存、法身常往之谓也"③，又在《答何衡阳书》认为"神不灭论"的理论依据是"形神相资，古人譬以薪火，薪弊火微，薪尽火灭，虽有其妙，岂能独存？夫火者薪之所生，神非形之所作。意有精粗，感而得，形随之。精神极则超形独存，无形而神存，法身常住之谓也'"。④所以，从这个角度看，山水画内涵深化的艺术表现是通过"澄怀味象"的方式来感神、畅神的。

《画山水序》说：

> 披图幽对，坐究四荒，不违天励之藂，独应无人之野。峰岫峣嶷，云林森眇。圣贤映于绝代，万趣融其神思。余复何为哉，畅神而已；神之所畅。孰有先焉。⑤

宗炳这里是说展开图卷，幽雅相对，坐穷丘壑于咫尺千里之中，如无人烟之野。峭壁、云林森眇别有景致。尽管美圣贤精神光耀中古，但作为我们从无穷景致中以形媚道，人能通过道的神通体悟到人与精神相融会。山水创作的功能就是为了媚道通神，使精神愉悦而已，还有什么比山水画更强的工具吗？

总之，宗炳山水画的艺术表现主要是强调其具有神通的功能，"澄怀味象"

---

① 丁福保编：《佛学大辞典》，北京：文物出版社，1984 年，第 162 页。

② 宗炳、王微著：《陈传席译解〈画山水序〉〈叙画〉》，北京：人民美术出版社，1985 年，第 1 页。

③ 刘立夫、魏建中、胡勇：《弘明集》，第 106 页。

④ 刘立夫、魏建中、胡勇：《弘明集》，第 214 页。

⑤ 宗炳、王微著：《陈传席译解〈画山水序〉〈叙画〉》，北京：人民美术出版社，1985 年，第 8 页。

是为了通神和畅神。

结论

宗炳《画山水序》中的立场与他佛教护法者的立场一样,是很鲜明的,并与他和慧远所信仰的净土思想密切联系,并非如一些理论家所说,是站在"道教文化的立场""三教合一的立场"来建构他的画山水创作理念。《画山水序》借用慧远的"法性论"和"真神不灭"的观念,以及他自己的"神不灭"观念,并以"澄怀味象"的路径建构了的山水创作路径是非常清晰的,这些都与他和慧远以及刘遗民、雷次宗、周续之等庐山莲社的一干人弘扬净土法门的理念相关联。"澄怀味象"也体现了魏晋南北朝庐山莲社"定心念佛"的小乘禅佛教思想。同时,他在阐释这些原理的时候,也借用了中国传统文化中的"天人感应"思想。如果我们排除宗炳的居士身份和庐山慧远莲社成员身份去考察《画山水序》思想,结果就会失去宗炳《画山水序》的原创逻辑,以及宗炳山水画创作思想本怀,其所立论必会风马牛不相及。

The essence of Lianzong in "Preface to Landscape Painting" by Zong Bing Seeing the construction of the concept of the immortality of the true god and the concept of clarification and taste on the creation of landscape painting

Luo Sheng

Abstract: Zong Bing's Preface to Landscape Painting is the first landscape painting theory found in the history of Chinese painting. The academic circle is unconvinced with the interpretation of the creation concept of "Preface to Landscape Painting". Through the image restoration of Zong Bing and the tracking of his belief in the pure land of Lianzong sect, this paper attempts to reveal the relationship between the "body and use thought" of "Preface to Painting Landscape" and the original intention of creation. It was discovered that Zong Bing started from the concept of "God is immortal" in the

Lushan Lotus Society, and took the path of "clearing mind and see the Tao" to construct the three artistic processes of landscape painting, namely "art accumulation", "artistic conception" and "artistic expression". The creative behavior concept, I want to use this to seek advice from Fang's family.

Keywords: "Preface to Landscape Painting", the pure land belief, immortal spirit, clearing mind and see the Tao, creation of landscape painting

文化与哲学

事实与现实

——事的形而上学之辨

沈顺福[*]

[摘　要]　杨国荣先生主张以行为之事及其结果作为存在的终极依据。这有部分道理。从超越原理来看,事是基础。作为活动的事从哲学的角度来看,属于未成形的东西。没有形式的东西是不可以被认识的。因此,事不仅是形而上的,而且也是不可认知的存在。事情本身是事实,经验到的事实便是现实。我们通过反思现实才能还原或走向事实。事实即事情本身依赖于我们对现实的反思。中国古人的用有名词与动词两种用法,体现了古人不分事实与现实、无视了二者之间的区别。杨先生也忽略了这个细节。经验到的现实才是真正的基础。

[关键词]　杨国荣;事;事实;现实

最近若干年,杨国荣先生提出了具体的形而上学,从具体存在的角度思考

* 沈顺福(1967—　),男,哲学博士,山东大学儒学高等研究院教授,博士生导师,主要研究领域为中国传统哲学、中西比较哲学。

形而上学的基本问题。继其具体的形而上学产生之后,杨先生继续沿着该观念,将形而上学的追问溯源至本源之"事",形成了事的形而上学。这一创新性理论,在笔者看来,至少吸收了现代西方分析哲学(维特根斯坦与牛津日常语言学派)理论、胡塞尔与海德格尔的现象学理论、实用主义理论、马克思哲学以及中国古代的阳明学等。这一博采众家之长、充满创造力的新思维与新体系,不仅给沉寂了近百年的中国哲学界带来了春风,而且产生了巨大的理论冲击力。本文将以杨先生的事概念为核心,力图在澄清事哲学所具有的哲学价值的同时,深化其事的哲学内涵,即,与其说事是一切存在的基础,毋宁说是特殊之事即对经验意识的反思是其基础;自在的事情本身("事")产生于人们对现实的反思。

观念史与汉语之思

一、作为基础的"事"

什么是事? 这是杨先生思想体系的中心问题。所谓事,杨先生将其概括为人的行为及其结果[①],并提出在以人为主的世界中,事是一个枢纽环节:一方面,"世界的现实形态基于人所作之'事'"[②],这类似于维特根斯坦所说的世界观;另一方面,人在参与这一进程中"成就世界、理解人自身和成就人自身"[③]。因此,作为行为的事不仅是世界的基础,也是人类生存的本原。从广泛的人的生存角度来看,事成为一个焦点或中心点。事是双重的活动,即,它不仅是群体活动,而且还是自我活动。通过事,"世界之'在'与人自身的存在难以相分"[④]。因此,世界存在与个体生存密切相关。或者说,人的生存同时具备两个视角,即普遍性视角和个体性视角。我们可以从两个视角思考人的行为即事。作为事的劳动因此成为人类的本质行为。这揭示了事的普遍的角度。个体在从事活动中,也因为事而获得改变。这便是特殊的视角。前者可以被解读为人的存在,后者则是人的生成。"'事'既关乎现实世界的生成,又与人自身的存在相

---

① 杨国荣:《人与世界:以事观之》,北京:生活·读书·新知三联书店,2021 年,第 4 页。

② 杨国荣:《人与世界:以事观之》,第 7 页。

③ 杨国荣:《人与世界:以事观之》,第 7 页。

④ 杨国荣:《人与世界:以事观之》,第 21 页。

涉。"①人的行为即事及其结果是生存的枢纽。个体通过行为聚集为全体的存在。反过来说，普遍存在则为个人的最终存在提供了知识性"说明"②：人们通过追问自己是什么等将自己上升至普遍的高度或视角，从而融入全体中。因此，普遍的群体视角与特殊的个体视角统一于事中。"世界之'在'与世界的生成、人的存在与人的生成"③最终交汇于人的具体之"事"，个体与集体也因此获得了统一。从存在论的角度来看，生存分为存在与生成。存在即 being 具有虚拟性，生成即变化 becoming，具有历史性。它从两个向度揭示了了事的特征："在现实世界中，'存在'与'生成'的这种互动和交融，离不开人自身所作之'事'：正是在'事'的多样展开中，现实世界之'在'与现实世界的'生成'、人的'存在'与人的'生成'形成了具体的关联。"④事关联了超越的存在与具体的生成，或者说，人的全体存在与具体生存通过事而获得统一与实现。

杨先生将世界分为"本然世界"与"现实世界"两个部分。"本然世界也就是自在的世界，在本然的形态下，世界尚处于人的理解和变革过程之外，唯有当人以不同的方式作用于其上，理解世界和变革世界的问题才开始发生。"⑤这个"自在的世界"类似于康德(Immanuel Kant)的"物自身"所聚集的超越世界。而"现实世界则生成于人的作用过程，并打上人的不同印记"⑥。现实世界是人的世界。无人的本然世界与人为的现实世界完全不同。那么，人类如何从本然世界走向现实世界呢？这便依赖于"事"："'事'具体关联着化本然世界为现实世界的过程。"⑦我们甚至可以这样说：这个过程便是"事"。人类只有在"事"即行为中才能从自在世界走向现实世界。"现实世界则形成于人所作的不同之'事'。作为扬弃了本然形态的存在，现实世界可被视为属人的世界。就现实世界基于人所作之'事'而言，人在其中无疑呈现主导的意义，所谓'人者，天地之心也'(《礼记·礼运》)——从以上角度加以理解，显然有其

① 杨国荣：《"事"与人的存在》，《中国社会科学》，2019 年第 7 期。

② 杨国荣：《人与世界：以事观之》，第 252 页。

③ 杨国荣：《人与世界：以事观之》，第 24 页。

④ 杨国荣：《存在与生成：以"事"观之》，《哲学研究》，2019 年第 4 期。

⑤ 杨国荣：《中国哲学视域中人与世界关系的构建——基于"事"的考察》《哲学动态》，2019 年第 8 期。

⑥ 杨国荣：《中国哲学视域中人与世界关系的构建——基于"事"的考察》，《哲学动态》，2019 年第 8 期。

⑦ 杨国荣：《人与世界：以事观之》，第 6 页。

所见。"①人类在具体行为中,在从自主的本然世界转向现实世界中,始终主导着这个过程。事产生于人。

在这个转变过程中,以物观之也是一种重要的方式。作者指出:"以'物'观之,世界首先呈现为对象性的存在形态。"②在物的视域,人们区别了主体与客体,从而形成认识。这是人类认识产生的前置活动。同时,它也仅限于认识领域,即,"'以物观之'侧重的是对世界的观照和说明,而不是对世界的变革。"③因此,主客体的分离、对象化的产生能够产生认识,却仅限于认识领域。它无关于实践,或者说,它不是实践。在物的基础上,我们还形成了以心观之与以言观之等思维方式。其中,以言观之的方式其实和以物观之的方式基本一致。在这种认识阶段或视域,"人所达到的往往只是语言,而不是世界本身。"④在语言认识世界的阶段,真实的世界无疑容易被掩蔽。上述三种认识世界的方式"体现了理解与变革世界的不同进路"⑤,因此是人类处理生存问题的不可或缺的环节。但是相比较之下,只有事或以事观之才是面向事情本身。

毫无疑问,"事"的哲学是现代哲学理论之集大成。从西方哲学的角度来看,事的哲学吸收了亚里士多德、康德、黑格尔的"实践"观念。事即实践。作者尤其注重马克思主义理论来源尤其是"劳动"概念:"在马克思的实践观中,劳动被赋予本源的意义。"⑥劳动等于或近似于事。从中国哲学的角度来看,事便是"行":"对中国哲学而言,社会领域的诸种活动,都表现为人之'行',这一意义上的'行'首先又展开于伦理、政治领域与日常的生活世界,它构成了伦理关系以及更广意义上社会生活的形成与延续得以可能的前提。"⑦作者还特别提及了牛津日常语言学派的"以言行事",从语言哲学的角度考察了事的理论。与语言相关的认知也被解释为某种特殊的行为即事。这样,存在便只有事了。存在统一于事。"'事'的以上品格既具体突显了它在人与现实世界关系中的本源性,

---

① 杨国荣:《中国哲学视域中人与世界关系的构建——基于"事"的考察》,《哲学动态》,2019年第8期。

② 杨国荣:《中国哲学视域中人与世界关系的构建——基于"事"的考察》,《哲学动态》,2019年第8期。

③ 杨国荣:《中国哲学视域中人与世界关系的构建——基于"事"的考察》,《哲学动态》,2019年第8期。

④ 杨国荣:《中国哲学视域中人与世界关系的构建——基于"事"的考察》,《哲学动态》,2019年第8期。

⑤ 杨国荣:《中国哲学视域中人与世界关系的构建——基于"事"的考察》,《哲学动态》,2019年第8期。

⑥ 杨国荣:《人与世界:以事观之》,第10页。

⑦ 杨国荣:《中国哲学视域中人与世界关系的构建——基于"事"的考察》,《哲学动态》,2019年第8期。

也进一步展示了其在理解人与世界关系中的意义。"①

二、事实与形而上

在杨先生看来,个体存在立足于事、全体关系本源于事。因此,事不仅是生存的基础,而且是存在的本源。从康德超越(transcendent)原理来看,这一观念具有一定的洞见。可是从现象学的角度来说,我们似乎应该更关心另一个问题,即,作为行为的事如何可能呢? 这个问题本身包含两个向度,即,这个具体的事件本身是如何发生的? 另一个向度是:这个事件是如何出现的? 后者可以进一步引申为:这个事件本身是直接呈现的吗?

事一定是具体的事件。杨先生指出:"作为人的具体所作,'事'不仅展开于特定的境域,而且指向特定的对象。"②事指具体的行为或事件。这不仅是杨先生的立场,也是一种常识,即,作为行为的事仅仅是一种"事实"。我们所说的事实也可以叫作"事件"即"正在进行的活动"③或正在发生的行为。事即事件或事实,具体发生的行为。杨先生似乎借用了维特根斯坦(Ludwig Wittgenstein)的"事实"(Tatsache)一词。④ 这个术语包含两个部分即 Tat 和 Sache。前者的本义指行为、做,后者是事实。二者合起来的意思是所做的事情。维特根斯坦特别说明:"世界是事实的集合,而不是事物的集合。"⑤世界是事件、事实的集合,而不是事物的集合。事实或事件是世界上最小的存在。从一般思维逻辑或超越原理来看,这一观念很有道理。人的生存立足于行为即事,社会的存在同样本于人类行为,即便是宇宙万物的存在也一定是具体生物的生生不息。行为、生存,对于人来说,都可以称之为事。事是基础性存在,没有事便无一切。

世界,作为存在论中的世界,是万事的聚集。从人类社会来看,人的生存便

---

① 杨国荣:《人与世界:以事观之》,第 2 页。

② 杨国荣:《中国哲学视域中人与世界关系的构建——基于"事"的考察》,《哲学动态》,2019 年第 8 期。

③ 杨国荣:《人与世界:以事观之》,第 32 页。

④ 杨国荣:《人与世界:以事观之》,第 45 页。

⑤ Wittgenstein, *Logisch-Philosophische Abhandlung*,*Tractatus Logico-Philosophicus*,Routledge & Kegan Paul Ltd. ,1955,p. 30.

由无数个活动组成。生存本身也是一种活动,或曰无数个行为的集合。生存即变化的活动,是动态的,如川流一般。子在川上曰:"逝者如斯夫! 不舍昼夜。"①川流不舍昼夜地奔腾不止。这种奔腾之流便是一种无限生存的隐喻。二程解释曰:"言道之体(一作"往")。如此,这里须是自见得。张绎曰:'此便是无穷。'先生曰:'固是道无穷,然怎生一个无穷便了得他?'(一作"便道了却他")。"②川流不止而无穷尽。人的生存便如流水一般一闪而过。这个一闪而过的行为,从认识的角度来说,其实是无,即,奔流不止的水流是不可被认知的。这便是所谓的"事情本身"。这种自然而然的、活动的事情本身,朱熹称之为"本然":"天地之化,往者过,来者续,无一息之停,乃道体之本然也。然其可指而易见者,莫如川流。"③道体便是变化不已。事实如川流,自然而本然。因此,在笔者看来,事实与本然是一致的。杨先生认为"事实不同于本然世界"④,在笔者看来,恐怕未必如此。从形而上学的角度来看,事情本身便是本然世界:事情本身便是其本然存在。

事情本身即正在发生的活动。活动尚未成为事物,如家具制作中与形成家具的关系一样。在家具形成之前的制作先于成形的家具。这种关系古人称之为"形而上"。"形而上"最早出现于《易传》:"形而上者谓之道,形而下者谓之器。"⑤对此,戴震解释曰:《易》'形而上者谓之道,形而下者谓之器',本非为道器言之,以道器区别其形而上形而下耳。形谓已成形质,形而上犹曰形以前,形而下犹曰形以后。如言'千载而上,千载而下'。《诗》:'下武维周。'郑笺云:'下,犹后也。'阴阳之未成形质,是谓形而上者也,非形而下明矣。"⑥"形而上"中的"形"作动词用,表示形成、产生或制作等,"上"则表示时间在先。"形而上"的意思便指成形之前的东西,"形而下"便指成形之后的东西。其中,成形之后的东西便是器物。故,器是形而下的存在物。那种能够制作器物的正确的方法或"普遍存在原理"⑦之道便是成形之前的存在。这便是"形而上者谓之道"的

---

① 杨伯峻:《论语译注》,北京:中华书局,2006 年,第 105 页。

② 程颢、程颐:《二程集》,北京:中华书局,1981 年,第 251 页。

③ 朱熹:《论语集注》,《朱子全书》第 6 册,上海:上海古籍出版社、合肥:安徽教育出版社,2010 年,第 144 页。

④ 杨国荣:《人与世界:以事观之》,第 46 页。

⑤ 郑玄注、孔颖达疏:《周易正义》,《十三经注疏》(上),上海:上海古籍出版社,1997 年,第 83 页。

⑥ 戴震著、戴震研究会等编纂:《戴震全集》第 1 册,北京:清华大学出版社,1991 年,第 173 页。

⑦ 杨国荣:《人与世界:以事观之》,第 3 页。

本义。

从宋儒开始,人们对"形而上"的内涵进行了升级改造,将其转变为一个哲学概念。其中,"形而上"的"形"即形成、制作。当人们正在制作、尚未成形时,我们通常是无法知道所作何物。从人类经验认识的角度来看,人类的认识只能认识形式化存在。这便是康德的先天直观论。人们通过自己的先天直观将那些客观的、变化的、生生不已的行为或过程进行形式化处理,使之成为一个个固定的形式化存在。只有这些形式化的存在才能进入我们的意识,我们才能知道它。我们只能通过这种形式化、对象化方式,人为固定出某个变化的存在物,我们才能产生认识。如果没有这种形式化进程,存在过程或行为活动是不可知的。在现实生活中,虽然我们经历了无数个事实、做过无数的事情,留下印象而被自己知道的屈指可数。作为行为的事仅仅是一种自在的、本然存在。本然存在或物自身(的存在),如康德所言,是不可知的。我们的行为,如果仅仅停留在本然而自在的生生不息中,便是一种无法被知晓的存在。事情本身,作为一个存在(Sein),"这个物体的本质性核心以及其全部主要品质,离开了第二品质,便是不可思议的。"①事情本身如行为、生存甚至是思维等,如果仅仅停留在经验意识之前的、单纯的经验阶段,我们是不可知的。

事实或事本身,从经验认知的角度来说,不仅是成形之前的存在,而且还是不可知的存在。比如体验或经验,胡塞尔(Edmund Husserl)曰:"体验不是也从不能被完整地意识到,即,作为一个完整的整体的体验是不可以被知晓的。"②完整的体验是不可以被知晓的。我们只能知道对象,即,只有当我们将自己的体验对象化、形成主体与客体之间的对立关系时,认知才能够产生。体验本身是不能认知自己的。胡塞尔说:"相反,我自身对其而言自身存在的我(排除那些被我植入世界的东西),我自己或我的经验,从其现实的角度来说,是绝对现实的,即,它通过一种无条件的、无法分解的身处其位而存在。"③我自己

---

① Edmund Husserl, *Ideen zu einer reinen Phänomenologie und phänomenologischen Philosophie*, *Erstes Buch. Allgemeine Einführung in die rein Phänomenologie*, Den Haag: Martinus Nijhoff, 1976, p. 82.

② Edmund Husserl, *Ideen zu einer reinen Phänomenologie und phänomenologischen Philosophie*, *Erstes Buch. Allgemeine Einführung in die rein Phänomenologie*, p. 93.

③ Edmund Husserl, *Ideen zu einer reinen Phänomenologie und phänomenologischen Philosophie*, *Erstes Buch. Allgemeine Einführung in die rein Phänomenologie*, p. 98.

的经验是一种绝对的存在：我"参与"（Gegenwaertigung）①其中。参与即在场、共同发挥作用。身处其中的参与或行为，只能是浑沌一体的整体事件。在这个事件中，我不仅参与，而且也是局中人。"甚至是经验自身也不能、从不能被完全觉察到。它不可能以整体的形式被准确地获得。从本质上来说，我们从当下开始，然后我们的目光反射回自身，而我们的眼光所及的视域却被我们的意识遗漏了。我们只有在回顾或以回想的形式，才能够对迅速消失在我们身旁的东西有所意识。"②全体的经验、局中人的经验无法形成对象与认识。这便是我们对日常行为没有印象的原因。我们日常做了什么，如果我们没有对这些行为进行特别处理即对象化，这些所作所为便如流水一般逝去。这便是自在的、本然的事情本身。"假如我的思维适用于新型视角的世界，这个自然的世界便属于未上手。它只能是我的作为行为的意识的背景，而不是适用于代数世界的封闭环境。"③自然的事情本身在其未被固定化、形式化之前，不仅是开放的，而且也是不可知的。本然的、自在的、不可思议的事实，"原则上说，它们是超越者。"④事情本身是不可以被认知的。作为事情本身的"沉默的世界甚至不能将自己呈现出来"⑤。这种不可思议的、超越的事实来源于人们对现实的反思。因此，事或事实本身，作为事情本身，便是本然存在。

三、作为基础的现实

事情本身不仅是本然存在，而且还是一种形而上的存在。这种形而上的存在同样依赖于我们的理性经验。康德道："实在概念所表达的，如果没有经验的协助，我们无法具体地思考它。实在物只能与感觉产生联系并成为经验的材

---

① Martin Heidegger, *Sein und Zeit*, Max Niemeyer Verlag GmbH&Co. KG, Tübingen, 1993, p. 363.

② Edmund Husserl, *Ideen zu einer reinen Phänomenologie und phänomenologischen Philosophie*, *Erstes Buch. Allgemeine Einführung in die rein Phänomenologie*, p. 93.

③ Edmund Husserl, *Ideen zu einer reinen Phänomenologie und phänomenologischen Philosophie*, *Erstes Buch. Allgemeine Einführung in die rein Phänomenologie*, pp. 59–60.

④ Edmund Husserl, *Ideen zu einer reinen Phänomenologie und phänomenologischen Philosophie*, *Erstes Buch. Allgemeine Einführung in die rein Phänomenologie*, p. 87.

⑤ Emmanuel Levinas, *Totality and Infinity: an Essay on Exteriority*, Duquesne University Press, 1969, p. 94.

观念史与汉语之思

料,而与这些关系中的形式无关。"①康德所说的实在即真实存在的、自在的事实。这些自在的事实,如果没有经验的协助,我们甚至想不到它。因此,经验尤其是理性者的经验意识才是事实产生的真正基础。"存在,首先是对于我们而言的存在,其次才是其自身,即,只有在与第一位的关系中才有自身。"②没有经验意识,自在的经验即事实便是虚无。比如记忆或回忆,"只有在回忆中,我们才能对那些瞬间晃过的东西产生意识。"③记忆或回忆便是意识活动的对象化或现实化。没有这种对象化,事情本身不会驻留在我们的意识中。

作为自然生物体,人自然且必然有血气心知。人的自然行为不仅包括生生不息,而且包括某些理智活动。荀子曰:"水火有气而无生、草木有生而无知、禽兽有知而无义、人有气有生有知,亦且有义,故最为天下贵也。"④理智活动("知")是人与动物都可以从事的行为。这种"知"便是一种自然之知。在日常生活中,我们常常会无意识地做出某些理智或合理的反应。这便是"自然的态度"所形成的自然行为。这种自然反应的知可以确保我们日常生活的正常与合理(correct)、让我们身处"生活世界"⑤。除此之外,作为人类的"我们从一系列的、我们尚未进行现象学悬置的观察开始。我们自然而然地被引向一个外部世界,在没有摈弃自然立场的同时,从心理上反思自己的自我及其经验"⑥。这便是人类的两个并列的生存方式,即,人不仅具有自然之知,而且还有更高级的反思与抽象能力。在自然生存中,一些有心人不仅会面对种种情形产生自然反应即自然之知,而且常常会对自己的某些有意义的行为进行深度处理,从而将当下思考的自己与事实分裂开来,将那些经历的事实形式化而成为某种对象。在

① Immanuel Kant, *Kritik der reinen Vernunft*, *Kants Werke*, Band Ⅲ, Druck und Verlag von Georg Reimer, 1911, p. 188.

② Edmund Husserl, *Ideen zu einer reinen Phänomenologie und phänomenologischen Philosophie*, *Erstes Buch. Allgemeine Einführung in die rein Phänomenologie*, p. 106.

③ Edmund Husserl, *Ideen zu einer reinen Phänomenologie und phänomenologischen Philosophie*, *Erstes Buch. Allgemeine Einführung in die rein Phänomenologie*, p. 93.

④ 王先谦:《荀子集解》,刘宝楠等编:《诸子集成》(2),上海:上海书店,1986 年,第 104 页。

⑤ Edmund Husserl, *The Crisis of European Sciences and Transcendental Phenomenology*: *An Introduction to Phenomenology Philosophy*, translated by David Carr, Northwestern University Press, 1970, p. 379.

⑥ Edmund Husserl, *Ideen zu einer reinen Phänomenologie und phänomenologischen Philosophie*, *Erstes Buch. Allgemeine Einführung in die rein Phänomenologie*, p. 69.

这种对象化中,主体从经验或事中分离出来,成为事之外的存在主体。事也从原来的行为转变为固定的现实。事实转变为现实。现实便是事实的主观化存在。它不仅截断了绵延不断的事实、将其分裂为若干段落,而且将其固定化、形式化,使之成为一种经验性存在。胡塞尔说:"意识觉察,能够将材料提供给概念,也是现实的唯一特质。"①现实是主观的意识与客观存在的结合。其中的客观存在便是事实。人们将那些自在的、本然的事实或事情本身经验化而成为一个个相对的现实。现实是主观化或内在化的结果。"换一句话说,所有的思想行为都能转变为内在意识的对象,并最终成为反思性评价、肯定或否定等的对象。"②只有被固化的经验才能成为思维的对象。这种被固化的经验便是现实。

观念史与汉语之思

现实以事实为基础。"意识所给予的东西,即'单纯的现象',原则上说'仅仅是主观的',当然也不是虚无的幻相。"③现实属于现象存在。这个现象存在不仅是主观的,而且离不开事情本身即物自身。现象具备两个基础,即,物自身(的存在)与主体主观意识行为。由于人们的主观意识行为人人皆有,这种共有的主观基础常常被人们忽略,最终以为决定现象的主要因素是物自身或事情本身。其实,事实并非如此。也就是说,按照现象学的观念,并没有什么由事实向现实的转变。如果有的话,只能是相反,即,从现实转向事实,即,"被意识者从属于意向性意识行为。"④这个相反的转向包含两层内涵:其一,我们只能经由经验的现象找到超验的(transcendent)事实如"意识行为";其二,我们从经验存在进一步超越自身,从而使自己从经验走向超验的事实如"意向性意识行为"。故胡塞尔说:"存在,首先是对于我们而言的存在,其次才是其自身,即,只有在与第一位的关系中才有自身。"⑤存在首先是现实,然后才是与现实相关的事情自身。

经验的现实是我们生存的基础。"我们人类的经验过程是这样的:它驱使

---

① Immanuel Kant, *Kritik der reinen Vernunft*, *Kants Werke*, Band Ⅲ, pp. 189 - 190.

② Edmund Husserl, *Ideen zu einer reinen Phänomenologie und phänomenologischen Philosophie*, *Erstes Buch. Allgemeine Einführung in die rein Phänomenologie*, p. 77.

③ Edmund Husserl, *Ideen zu einer reinen Phänomenologie und phänomenologischen Philosophie*, *Erstes Buch. Allgemeine Einführung in die rein Phänomenologie*, p. 83.

④ Martin Heidegger, *The Basic Problems of Phenomenology*, translated by Albert Hofstadter, Indiana University Press, 1982, p. 69.

⑤ Edmund Husserl, *Ideen zu einer reinen Phänomenologie und phänomenologischen Philosophie*, *Erstes Buch. Allgemeine Einführung in die rein Phänomenologie*, p. 106.

着我们的理性,超越于直观所给予的事物(即笛卡尔的想象之物),为其提供'物理真理'的基础。"①从这个现实开始,我们深化了对经验的认识,即,将浑然一体的实践行为或经验本身分裂为两个部分,一个是作为主体的我,另一个是作为对象的我的经验。我将我的事打包为一个相对世界。这便是我的世界。与此同时,我本身又直视这个世界、超然于这个世界,我仅仅将我的经验世界当作自己的对象,而我自己成为局外人。作为局外人的我完全可以站在该世界之外清晰地认知自己的世界。这便是哲学中的主客体分离。从人类认识的角度来看,主客体分离是一切真正认识的起点,即,只有对象化存在之后我们才能形成经验认识、产生抽象知识。其中,经验的现实是基础。"我们开始的起点仅仅出自于我们直接看到什么。虽然这些显示的事物完全不是'纯粹体验'、'纯粹意识'或这些纯粹的'意识伴随者',而是相反,它的'纯粹自我'即,我们发现正是从这个自我、意识,从自然的立场来看,也就是赋予我们的经验,这才是我们的起点。"②我们只有经验意识,然后形成意识内容即意识到某个东西之后,我们才能做进一步的活动。如果没有这些经验意识、没有意识到,我们便一无所知。"我们对自己的当下体验(即幻相模式的非反思性知觉)无从知晓。"③当下经验即事情本身。如果没有反思,这些所谓的事情本身便无从知晓。如果没有反思活动,所谓自在的存在便是一个假问题。我们只有在经验基础之上、对自己的经验进行进一步的反思与追问:什么是经验到的现实呢? 经验到的现实的基础或本体便是超验的事实本身。这种反思便是现象学的"悬置":"假如我进行了现象学悬置,自然看到的整体世界便被悬置,从而出现了'我,这个人'的分别。"④通过悬置我们的自然的经验的立场,还原出事情本身。直到这时,超经验的事实本身才姗姗出场。如果没有反思的追问,超验的事实不知道躲在何处。

① Edmund Husserl, *Ideen zu einer reinen Phänomenologie und phänomenologischen Philosophie*, *Erstes Buch. Allgemeine Einführung in die rein Phänomenologie*, p. 99.

② Edmund Husserl, *Ideen zu einer reinen Phänomenologie und phänomenologischen Philosophie*, *Erstes Buch. Allgemeine Einführung in die rein Phänomenologie*, p. 67.

③ Edmund Husserl, *Ideen zu einer reinen Phänomenologie und phänomenologischen Philosophie*, *Erstes Buch. Allgemeine Einführung in die rein Phänomenologie*, p. 349.

④ Edmund Husserl, *Ideen zu einer reinen Phänomenologie und phänomenologischen Philosophie*, *Erstes Buch. Allgemeine Einführung in die rein Phänomenologie*, p. 179.

对现实的追问引导我们走进事实。事实产生于我们生存的现实及对其的反思。没有现实及反思，便一无是处。具体的事实是某种可能存在。海德格尔（Martic Heidgger）说："可能性表达了物体及其所有内容即全部实在，与理解力和纯粹思想的关系。现实即存在，表达了它与理解力的经验用途的关系，或者，正如康德所言，经验判断力的关系。必然性表达了事物与理性在经验中的关系。"[1]事情本身与思想直接构成一种可能性关系。而现实则属于经验领域的存在。超验的存在只能是可能存在，存在于可能界。我们只能借助于反思，才能从现实中找到那个超越的、可能的存在即事情本身或普遍真理等。这本身也是一种事。

康德哲学依然保留了不可知的空间，即，物自体是不可知的。但是，从现象学的角度来，这个假设存在着问题。"实在并不是某种自在的、其与他者的关系仅仅是次要的方式的绝对存在。彻底地来说，它什么都不是，也没有什么'绝对本质'，它只能具有某些根本上来说是意向性的、从认识的角度来说只能说现象的事物的本质性。"[2]所谓的物自身的假设是不成立的。我们知道的东西便是现实。也只有现实才是我们知道的内容。当我们对现实进行追问时，所谓的事实才会出现。这个出现的事实已经是我们知道的现实内涵。我们已经领悟它、把握它和它融为一体了。我们不能说这个和我们一体的东西是不可知的。因此，现象学将人们从康德的不可知论的困局中解救出来。

四、用与理：两种超越实体

杨先生将事理解为流动的事情与静止的事物的结合，事包括事实。而事实，杨先生指出："'事实'则可视为以上之'事'的产物。"[3]事实产生于事，近似于静止的事物。事与物被打通使用。这也是传统中国人的做法与观念。在汉语中，事既可以作动词用，也可以作名词用。作为动词的事指行为。行为便是正

---

[1] Martin Heidegger, *The Basic Problems of Phenomenology*, translated by Albert Hofstadter, Indiana University Press, 1982, p. 46.

[2] Edmund Husserl, *Ideen zu einer reinen Phänomenologie und phänomenologischen Philosophie*, *Erstes Buch. Allgemeine Einführung in die rein Phänomenologie*, p. 106.

[3] 杨国荣：《人与世界：以事观之》，第 165 页。

在发生的活动。中国古代哲学将这种正在发生的活动叫做用。用的甲骨文形态是甪[1]，形似木桶。木桶可以用来装水。这便是桶的用。《说文解字》曰："用，可施行也。从卜从中，卫宏说，凡用之属皆从用。"[2]用从卜，即占卜之后表示可以做某事。这便是施行[3]。用即使用。作为行为的事或事实可以叫做用。作为动词的用不仅表示正在发生的事实，而且将存在还原至事情本身。正在发生的事情即事情本身。正在发生的事情本身即事实完整地再现或证明了其内在结构或要素：这便是最合适的存在。使用便是真理：真理在于"工作"[4]。能够适用于某个活动、成功地完成某些行为的东西便是真实可靠的真理。使用便是真理。"任何其所指的实体及其相关存在能够让我们在理论上或实践中处理事情的理念，而不会让我们陷入麻烦中，即，事实上，它能够让我们的生活与现实整体相适宜，便可以完全满足这一要求。"[5]有用便是真理。由此，用被提到最重要的地位。胡塞尔说："由体验的本质所决定的整体只能是经验流的整体。也可以这样说，只有在与经验的捆绑中，一种经验才能链接为一个整体，在这个整体中，经验才能全部地发展其本质，并立足其上。"[6]人的生存本质最终立足于整体的经验流即事或用。

汉语的"用"既可以作动词用，也可以作名词用。《老子》曰："三十辐共一毂，当其无，有车之用。埏埴以为器，当其无，有器之用。凿户牖以为室，当其无，有室之用。故有之以为利，无之以为用。"[7]这里的用便是名词，等同于利。作为动词的用指称某种活动、正在发生的事情。这个用，从哲学的角度来说，属于形而上的存在。当它作名词来解释时，它的性质便发生了变化，即，它转向指称某种现实的、形而下的存在。这样，汉语的用可以同时指称形而上的实体与形而下的现象。这种动、名词通用的现象体现了中国古代思维方式与认识上的

---

① 徐中舒：《甲骨文字典》，成都：四川辞书出版社，2014年，第354页。

② 许慎：《说文解字》，天津：天津市古籍书店1991年影印版，第70页。

③ 徐中舒：《甲骨文字典》，第354页。

④ William James，*The Meaning of Truth*：*a Sequel to Pragmatism*，中国传媒大学出版社，2016年，p. 119。

⑤ William James，*Pragmatism*：*A New Name for Some Old Ways of Thinking*，Longmans Green，and Co. 1916，p. 213.

⑥ Edmund Husserl，*Ideen zu einer reinen Phänomenologie und phänomenologischen Philosophie*，*Erstes Buch*. *Allgemeine Einführung in die rein Phänomenologie*，p. 79.

⑦ 王弼：《道德经注》，刘宝楠等编纂：《诸子集成》(3)，上海：上海书店，1986年，第6页。

特点,即,无视形而上的使用与形而下的有用之间的区别。这一现象也同样体现于宋明理学的体用论中。"大本言其体,达道言其用。"①通达便是其用。这个用皆可以作动词用,表示成功通往、完成某事,这便是事;同时,它也可以作名词用即有利、有效果。"此是器,然而可以向火,所以为人用,便是道。"②道也有用。用便是利。杨先生的"事"概念也"可以理解为人的活动及其结果"③。事不仅指行为、活动,而且还可以泛指行动的结果。这和用的用法相似。

　　这种名词与动词不分的做法体现了古人忽略作为行为的事与作为事物的事的区别。这和现代哲学的观点大相径庭。现代哲学区别了事与物:"作为体验的存在与作为事物的存在之间存在着本质性差异。"④前者是事,后者是物。二者分别指称不同的存在。事是行为,属于形而上的存在,物是经验产物,属于形而下的存在物。前者即单独"体验本身并不能让自己协调"⑤,因为只有多者之间才能协调。二者之间界限分明。我们的古人常常模糊了二者的界限。这种模糊观念与做法常常为我们理解某些观念如西方的实用主义等带来了一定的障碍。中国人的有用有时候又表示有利。于是,实用主义的使用变成了有用、有利、效果等。实用主义的观念便被理解为有功利便是真理。真理在于使用,没有任何问题。但是,如果说真理在于有用、有功利、效果,便走向了歧途。

　　从经验的角度来说,具体的事实带来具体的经验即现实。现实便是我们对事实的经验化或主观化。二者都是具体的存在。与具体的事和具体经验相比,人类还有一项特殊的本领即抽象思维能力。抽象能力能够让我们从具体的经验中总结出某些普遍的观念,如道。道便是普遍观念,如孝道是人类处理家庭关系的公共原理、忠道则是人类处理国家与家庭关系的普遍原理等。这些普遍原理或观念来源于人们对现实的抽象。人们根据自己的经验,总结出某些特别有用的、重要的共同之处,将其形成某些公共观念,如休谟所说的因果关系等。人类的社会规则以及科学知识等便是人类对具体经验的抽象或认识的升华。

① 程颢、程颐:《二程集》,第1182页。

② 朱熹:《朱子语类》,北京:中华书局,1986年,第579页。

③ 杨国荣:《人与世界:以事观之》,第30页。

④ Edmund Husserl, *Ideen zu einer reinen Phänomenologie und phänomenologischen Philosophie*, Erstes Buch. *Allgemeine Einführung in die rein Phänomenologie*, p. 87.

⑤ Edmund Husserl, *Ideen zu einer reinen Phänomenologie und phänomenologischen Philosophie*, Erstes Buch. *Allgemeine Einführung in die rein Phänomenologie*, p. 88.

这些抽象观念构成了公共知识。这些公共知识或行为原理可以确保整体性存在的秩序。这便是理智上的合理性。红灯停、绿灯行是交通原理。遵从这个原理，整体交通便会有序，否则整体便会出现混乱。这些普遍规则或知识即道便是人类行为的指南，即，我们常常将这些行为原理或规则转化为自己的行为准则。康德说："准则是一个行动的主观原理，且必须与客观原理即客观法则区别开来。前者饱含了理性根据主体的条件(通常出于无知或自身的偏好)而设定的实践规则，这样，它便成为一个原理。依据这个原理主体行为。但是法则则是客观原理，对所有理性存在者都有效。法则是应该如此行为的命令的基础。"①法则是客观的，准则是主观的。法则是丰富多样的，准则则是唯一的。我们如何确定一个规则并将其转变为自己的行为准则呢？这就需要我们对这个普遍法则的合法性进行追问或反思：这个普遍观念或规则是否具备客观依据？这种追问的结果便是发现了普遍理念或绝对天理。普遍理念或天理都是某类事情的所以然者。善的理念是善之所以为善的客观依据，正义的理念是正义的绝对的客观基础。这种客观依据或终极性根据便是"所以然者"②。当我们找到了这个"所以然者"之后，我们便完成了存在论证明，然后心安理得地接受了这些普遍法则或观念了。我们接受了普遍的真理。当我们接受普遍真理时，真理同时在向我们召唤。准确地说，真理召唤自由的我，让自由的我追寻真理。由此，普遍真理与自由之我之间形成了感应，即，真理的召唤与自我的追求。当自我的追求遇到了真理的召唤时，便产生了行为即事。因此，事不是起点，而是终点。只有在这个感应行为中，我不仅实现了我的自由，而且由于我的行为符合规则与真理、符合整体秩序，我的行为也成全了全体存在。全体与个体获得了统一。这便是事。

结语　从现实走向事实

从逻辑来看，存在即生存，生存即活动。对于人的存在来说，活动即事。具体的事或行为是人类存在的基本方式，甚至是基础。从超越原理的角度来看，

---

① Immanuel Kant, *Kritik der reinen Vernunft*, *Kants Werke*, Band Ⅳ, pp. 420 - 421.

② 程颢、程颐：《二程集》，第 1272 页。

杨先生将事视为存在之根本不无道理。但是,从哲学角度来看,理性人的世界其实有两个世界,即经验的"现实世界",和从经验中反思出来的超验的"本然世界"。一般人不区别这两个世界,以为自己的经验世界便是本然世界,从而忽略了二者之间的本质界限。这个界限的区别开始于笛卡尔,发展于贝克莱,成熟于胡塞尔。从这条线索来看,人的生存,除非我们不追问、不思考它,便一定是经验的世界。"世界既不是当前在手者,也不是即将上手者,而是在时间中时间化。"①时间化的存在便是经验或经验意识。如果人类像动物一样无忧无虑、任性自然地衣食住行的话,上述问题便不存在。一旦我们追问这个问题时,我们便会发现,其实,我们面对的世界并非本然的世界,也不是事情本身,而是我们思维或意识改造后的经验世界。"存在是显现"②可以说是近代思维的巨大理论成就之一。这一成就将哲学与常识区别开来。

从哲学的角度来看,生存便是经验。"我们还可以借助于反思得出一个合法而自足的命题,即,作为真正的经验,没有什么具体的经验可以完全独立地存在。所有的存在皆置身于完成的需要之中、成为整体之一员。无论是形式还是种类来看,它都不是我们可以选择的对象,而是我们注定接受的东西。"③有意识的生活才是我们生存的真正本质。经验意识是这一切的阿基米德点。从这个点出发,人类的特有思维可以将人类带向两个不同的方向。普通人直接依据于自己的直接经验而走向事实本身,也可以说是还原到事实。这个所谓的事实其实是一种"引号"④中的存在。它本身并不直接出现。我们只能通过引号的方式让其显现出来。这种引号或括弧便是人类的反思:通过这种反思,人们找到了支撑这个经验的超越实体即事情本身。事情本身是超越的(transcendent)存在。胡塞尔说:"通常情况下,思想是意向的显现。一般来说,意向性经验概念已经预设了潜在与现实之间的对立,从广义上说,即,在向明显思想的转移中、在对经验的反思中,二者并没有澄清,正是在这种主观与对象的组成要素中,我们能够知道它掩盖了自身的意向或专属于它的意向对象。"⑤无论是事情

---

① Martin Heidegger, *Sein und Zeit*, p. 365.

② Jean-Paul Sartre, *l'être et le néant*: *Essai d'ontologie phénoménologique*, Gallimard, 1970, p. 11.

③ Edmund Husserl, *Ideen zu einer reinen Phänomenologie und phänomenologischen Philosophie*, p. 186.

④ Edmund Husserl, *Ideen zu einer reinen Phänomenologie und phänomenologischen Philosophie*, p. 226.

⑤ Edmund Husserl, *Ideen zu einer reinen Phänomenologie und phänomenologischen Philosophie*, p. 262.

260

观念史与汉语之思

本身还是经验的现实,二者都立足于意向性经验。没有经验不仅没有现实,也没有事情本身。准确地说,如果没有经验意识,我们不仅无法形成现实,也无从知晓事情本身。我们只能推论说:做事是一切的基础。严格说来,杨先生的观点并无问题,但是我们必须进一步限定:事,即,只有作为特殊之事的反思才是基础。没有我们的经验以及反思,便没有什么事情本身。

苏轼曰:"不识庐山真面目,只缘身在此山中。"[1]我们为什么不识庐山真面目呢?因为我们身处其中,与其融为一体。这便是忘我。忘我者是不可能认识什么的。忘我即沉醉:"在自我沉醉之外,它在那儿。假如没有存在者存在,也就没有什么世界在那儿。"[2]沉醉或忘我从而与事实融为一体。只有我们从忘我中走出来,将庐山当作自己的认识对象,这时,"横看成岭侧成峰,远近高低总不同。"[3]庐山才能够向我们展现其丰富多彩的姿态。当我们将岭与峰等直接经验进行抽象时,便会形成某种美的观念。这些抽象而普遍的观念成为人类追求的对象。"正如被意识到的东西正对着意识者,而此时的意识者的意识不考虑任何有关被意识者的真实性问题,同理,被评价者对于评价者保持了这样的关系,其结果便是价值(被评价的事物及其价值本体)本体并被置于追问之外。因为每一个依赖于现实的肯定的客观实体的领悟必须被悬置。"[4]这些被悬置的东西最终成为存在论证明的关键环节。没有这些超越实体,我们无法进行存在论证明,也就无法进行合法性推论,无法将其当作权威观念引荐给别人。

与此同时,这个所谓的经历了存在论证明的抽象观念,最终依赖于主体自身。这既是我的追求,也是普遍真理对我的召唤。准确地说,它是一个互动过程。这个互动的最终基础便是自我。这是我认可的普遍真理对我的召唤。没有我,普遍真理只能是普遍观念寄身于认识领域。它无法变成具体的事情。事情产生于自我。"只有通过被反思的体验的活动,我们才能知道体验流以及它与纯粹自我之间的关系的任何信息,例如,它是同一个纯粹自我的自由而圆满的意识活动的场所,这种体验流的全部经验自身也正是如此,即它既可以对其

① 苏轼:《苏东坡全集》,北京:燕山出版社,2009 年,第 580 页。

② Martin Heidegger, *Sein und Zeit*, p. 365.

③ 苏轼:《苏东坡全集》,第 580 页。

④ Edmund Husserl, *Ideen zu einer reinen Phänomenologie und phänomenologischen Philosophie*, p. 221.

一瞥或通过它们来一瞥那些不是自我或外在于自我的东西。"①自我不仅确定真理,而且最终决定一切。真理确保了自己的普遍性,自我则让真理从理论转变为事实。事实即事应该是最终的结果。海德格尔说:"主体主观地通过一种关系让自己走向事物。这种关系'自在并自为地'能够知晓并摄取该物体。这个事物被置于认识关系中。在这种觉察意识中,存在者不仅在场,而且以真实自我的方式呈现自己。实在者将自己呈现为现实存在。"②主体让自己在场而呈现自己不仅是一个单纯自我实现过程,也是一个与世界交融的过程。海德格尔说"这种敞开便被叫做真理"③。准确地说,真理融入了自我行为中、成为其一部分,一个最表面的部分。这个部分便是一种自我的显现。这是我的存在。

Reality and Actual: a Metaphysical Debate on Act

Shen Shunfu

Abstract: Professor Yang Guorong holds that act and its affects is the final cause of being, which is right to some extent. In the aspect of transcendent principle, act is the basis, which is ahead of forming some actual being. The one which is advanced of formation is far from form and cognition. Hence, act is transcendent and unable to recognize. Act is reality, and the consciousness of which is actual. By reflection of those actual, we come to reality. Act or thing itself depends upon our reflection on actual beings. The classical Chinese word Yong was employed either as a noun which means utility, or a verb which means using. This double usage reflects the indifference of the idea between reality and being actual. Professor Yang ignores this detail. Those actual in consciousness is the real basis.

Keywords: Yang Guorong, Act, Reality, Actual

---

① Edmund Husserl, *Ideen zu einer reinen Phänomenologie und phänomenologischen Philosophie*, *Erstes Buch. Allgemeine Einführung in die rein Phänomenologie*, p. 168.

② Martin Heidegger, *The Basic Problems of Phenomenology*, translated by Albert Hofstadter, Indiana University Press, 1982, p. 47.

③ Martin Heidegger, *The Basic Problems of Phenomenology*, translated by Albert Hofstadter, Indiana University Press, 1982, p. 18.

是否存在严肃的反事实历史？ [*]

陈常燊 ^{**}

[摘　要]　围绕是否能将反事实条件分析严肃地运用于历史研究这一问题，当代历史学界和哲学界的一个主流观点，即"限制主义的实在论"，主张反事实历史陈述是严肃的，但必须附加某些限制条件。经过对这些限制条件的逐一考察，我们在现有的反实在论方案基础上，提出了一种与之兼容的"温和紧缩论"方案：我们认为，并不存在严肃的反事实历史陈述，即便为之添加一些限制条件也无济于事，尽管严肃的事实历史陈述仍然是可能的。究其缘由，反事实历史的"最小改动"与"余者皆同"这两个原则彼此难以连贯；反事实推理的"语境敏感"与反事实条件的"动机敏感"相互冲突。

[关键词]　反事实历史；实在论；反实在论；历史哲学

---

* 　基金项目：国家社科基金重点项目"分析的西方哲学史研究"（项目编号：19AZX013）。

* * 　陈常燊（1980—　　），男，江西瑞金人，哲学博士，山西大学哲学社会学学院教授、博士生导师，主要研究
　　领域为形而上学、分析美学、维特根斯坦哲学。

一、引言

反事实条件分析(counterfactual conditions analysis)如今已被频繁运用于哲学社会科学的各个领域。在哲学上,反事实模态(counterfactual modality)向我们提出了下述语义学、认识论和形而上学问题:在语义学上,我们如何围绕那些与现实事物相去甚远的可能性进行沟通和推理? 在认识论上,我们在现实世界中的经验如何证成关于遥远的可能性的思想和谈论? 在形而上学上,这些遥远的可能性是独立于现实世界而存在,还是奠基于现实存在的事物?[①] 然而,在美国哲学家刘易斯(David Lewis)版本的反事实理论中,通常由虚拟条件句刻画的反事实模态与现实世界之间似乎并不那么"遥远":某个反事实条件句"若 A,则 B"为真,当且仅当,在所有前件 A 为真,且最接近真实世界的可能世界(possible world)中,后件 B 成立。[②]

学界的主流观点是,反事实的模态世界与事实(现实)世界并不遥远。反事实理论如今已在哲学、自然科学和社会科学的广泛领域中大量地发挥作用,这便是一个明证。基于上述方案,一般而言的反事实条件句或反事实陈述的标准观点如下:

（1）首先,反事实陈述具有真值条件;

（2）其次,这些真值条件可以用可能世界来解释;

（3）最后,决定反事实陈述的真假的可能世界是那些与实际世界相差最小的世界。

本文专注于反事实历史(counterfactual history)。当代历史学文献中的"反事实历史"也称"假设的历史"(hypothetical history)、"虚拟历史"(virtual history)或"另类历史"(alternative history)。根据英国历史学家理查德·伊文

---

① Starr, William, "Counterfactuals", *The Stanford Encyclopedia of Philosophy* (Summer 2021 Edition), Edward N. Zalta (ed.), URL = ⟨https://plato. stanford. edu/archives/sum2021/entries/counterfactuals/⟩.

② David Lewis, *Counterfactuals*, Oxford: Blackwell Publishers, 1973, p. 20.

斯(Richard Evans)的定义,它一般指那些与真实的历史截然不同的其他版本,在这些版本中,时间轴上的某一个改变导致了一个与人们已知真实发生过的事实不同的结果。①

历史容许面向过去的假设吗？或者,基于反事实假设的分析是一项严肃的历史学研究吗？借助于对反事实模态在历史研究中的运用的考察,不仅能窥见反事实历史区别于一般反事实的某些特点,还能在某种意义上对反事实(作为一种模态工具)和历史(作为一门学科)分别有所反思。围绕"历史是否允许假设"或"反事实历史(叙述)是否可能(有确定的真值)",我们将常见立场归类如下:(1)实在论(realism),亦称"反事实主义"(counterfactionalism),主张假设的历史是有意义、可解释,甚至可以假设性预测的;这种观点又有两个分支,一是限制主义(restrictionism),主张必须附加一些严格的限制条件,反事实历史陈述才是有确定真值条件的;二是放任主义(permissivism),主张这些陈述无论如何都是有确定真值条件的,因此任何限制条件都是不必要的。(2)反实在论(anti-realism),主张假设的历史无法做出任何严格的假设性预测,"历史不容假设",并不存在任何严肃的反事实历史,简单来说,因为这种所谓的历史话语没有意义,我们无法确定它们的真值条件:要么源于形而上学上的不确定性,要么源于语义学上的优柔寡断状态。

鉴于放任主义观点与大量借"反事实"之名所展开的天马行空式的文学虚构之间难以区分,为使讨论更具针对性,本文首先考虑限制主义的实在论观点,特别是据称较为"严肃"的实在论观点,它以英国历史学家尼尔·弗格森(Niall Ferguson)主编的《虚拟的历史》文集,以及美国战争史家杰弗里·帕克(Geoffrey Parker)、菲利普·泰特洛克(Philip Tetlock)等人主编的《重塑西方》文集为代表;其次,我们来看反实在论者会如何批评这些限制条件,以及实在论者的其他看似合理的直觉会遇到哪些问题;最后,我们进一步考察前述限制条件的逻辑一致性,为一种与反实在论相容的温和紧缩论(moderate deflationism)观点提供辩护。

---

① Richard J. Evans, *Altered Pasts*: *Counterfactuals in History*, Massachusetts: Brandeis University Press, 2013, p. 1.

二、实在论的限制主义论证

(一) 实在论者的动机

学界普遍认为,反事实历史叙述的一个动机,是对历史决定论的反思,以及对偶然性在历史进程中作用的强调;实在论者乐意将对手理解为宿命论的支持者,即历史只有像实际发生的那样,没有其他的可能性,因此任何假设都是不可能实现的。在弗格森主编的《虚拟的历史》文集中,作者们提醒我们更加意识到偶然事件的作用,以此反对所谓的历史决定论。历史上任何一个特定的时刻的确存在着各种可能性,如果我们只看到已发生的事情,而不考虑别的可能性,又怎么能解释发生了什么以及为什么会发生呢?如果事实上已发生的事情是偶然的,那么假定其他本可能发生的事件是有意义的。下述历史事件影响深远,但相关的历史陈述只是偶然为真:

> (1) 1588 年的一场恶风吹散了西班牙的无敌舰队。
> (2) 1914 年弗朗茨·斐迪南大公的司机在萨拉热窝的错误掉头,
> 将其送上被人暗杀的不归之路。

总之,实在论者的逻辑是,事实的历史是偶然的,当且仅当,反事实的历史是可能的。在这本文集的长篇序言中,弗格森特别重视"混沌理论"(chaos theory)在历史学中的方法论作用。他认为其哲学意义就在于它调和了因果性与偶然性,同时也能在单一决定论与无限可能性的两难困境中寻求一个平衡点——历史决定论者是反事实主义的天然论敌,放任主义者则是限制主义者在实在论阵营内部的竞争对手。历史学家不能像科学家那样将解释作为假设,借助实验对之进行检验,换言之,如果我们在讨论过去的因果问题时不想求助于亨普尔的覆盖率模型,那么就只能采取反事实条件来检验因果性假设。① 从历史学家角度看,更重要的是决定提出哪些反事实问题,因为针对可能性的最有

---

① Niall Ferguson, *Virtual History Alternatives and Counterfactuals*, New York: Basic Books, 1999, pp. 69—71.

力反驳之一,就在于提出了这种选择上的可能性是没有任何限制的,就像博尔赫斯笔下的"小径分岔的花园"一样,这就难以避免在反事实选择上的任意性缺陷。

因此,反事实历史分析的范围必须被大大缩小。弗格森对"严肃"的反事实叙述提出的第一个限制条件是,我们关心的是过去被认为比较合理的可能性。将已经发生的事件与合理推断下可能发生的事件进行区别仍然十分重要。表面上看,只有未来才具有偶然性,过去没有给可能性留下任何空间,但实际上,历史研究对可能性概念的运用并不形成矛盾,因为当历史学家们寻思过去并就某个事件是否可能进行猜测时,他其实是在让大脑作大胆的尝试,把自己移送到过去,在该事件发生前夕去估测其发生的可能性。因此,可能性仍然在于未来。

其次,在进行反事实叙述时,只有经历史考证表明当时的人的确考虑过的那些可能性,我们才应该将其看成是合理地可能发生的,换言之,也只有那些经过历史事件中的当事人有意识地真正思考过的可能素材,才值得加以考虑。现在,如果一切历史都是(有记载的)思想的历史,我们自然应该对当事的人们曾思考过的一切可能的结果给予同等的重视。如果历史学家们太偏爱实际发生的那个结果而抹杀了人们认为合理的其他结果,他就别指望能"真实地"再现过去,因为仅仅考虑已经实现的可能性实际上犯了最基本的目的论谬误。① 这表明,可能性不是后人假设性地追加的"在当时条件下的可能性",而是研究者基于实际证据表明的当事人在当时的情况下实际考虑过的可能性。这样,反事实历史的写作者真正应该关注的,是历史事件当事人自己的想法,他本来有更多的备选项,实际上已经想到了它们,只是出于其他的某些审慎选择或者干脆由于阴差阳错而最终放弃了它们。

(二)反事实历史的问题及其限制条件

我们将杰弗里·帕克和菲利普·泰特洛克在《重塑西方》的序言中对历史的反事实条件句进行分析,归结为下述三个问题:

(1)前件问题:为了能够开辟出一条替代性的历史道路,历史事

---

① Niall Ferguson, *Virtual History Alternatives and Counterfactuals*, New York: Basic Books, 1999, p. 75.

件允许多大程度上的改动？换言之,既然假设某些事件以另一种方式发生,将会使历史改道,那么历史学家被允许选择什么样的前件作为他们思想实验的出发点？

(2)后件问题:历史学家们能够在多大程度上从这些改动中符合逻辑地推导出一些原本可能发生的结果？换言之,他们在运用这些原则将所设定的反事实前件与据此推出的后件结合起来时,是如何避免某些潜在的逻辑冲突的？

(3)逻辑一致性问题:整个的反事实推导过程,是减弱了还是加强了对特定历史事件的解释的严肃性？换言之,借助假设历史看到未来多远的可能性是被允许的？①

在这部文集的结论中,帕克和泰特洛克对英国历史学家爱德华·卡尔(Edward Carr)的"反事实历史的危险"特意做了回应。为了能够对上述三个问题给出满意回答,他们为这本文集里所收的文章制定了一些关于反事实历史的基本原则,一个首要的规则是时态上和模态上的"最小改写规则"(minimal rewrite rule);为了反事实具有意义就必须设置小的改变,而不是大的改变;相应地,改写所带来的"开放的未来"也是最小主义的:时态上的最小改写以及最小的开放未来,要求避免对历史进行长远改写;模态上的最小改写以及最小的开放未来,要求避免陷入"镜像反事实"或"平行历史"之中。

其次是保持其他条件不变的"余者皆同律"(ceteris paribus law)。也就是规定反事实必须只能在因果关系链条上做一处改变,而其余的一切则需要保持与现实中的一致。但是反事实主义者实际上往往明确或隐晦地拒绝"余者皆同律",在他们看来,这种规则会产生无法令人信服的决策,进而会忽视一个被更改的初始条件对后续发展所可能带来的影响,而这些正是他们不愿意接受的。换言之,其他事情并非必须保持不变,而且这一规则本身同样会排除不可预见的偶然事件出现的可能性。这样一来,反事实主义者就不得不拒绝这个规则了,他们不得不陷入一种不严肃的"反事实游戏"之中。即使是反事实的想象,

① Philip Tetlock, Richard Ned Lebow, Noel Geoffrey Parker (eds.), *Unmaking the West What-If Scenarios That Rewrite World History*, 2009, pp. 9-10;368-381.

历史的客观性也会对其提出合乎逻辑、合乎秩序的严肃要求。

最后是反事实叙述者必须拥有自我克制(即"有节制的反事实")和自我批判的精神,这意味着作者能够抵挡足够大的不严肃叙述的诱惑,并且作者的观点必须足够清晰可辨("清晰明确的必要条件论证"),避免用模糊的术语来表达某些可能性,甚至只表达一种概率(这种概率主张对于事件本身的解释并不是真正必要的,而且并不特别支持反事实的解释)。帕克和泰特洛克区分了"短期反事实"与"长期反事实",前者遵循了最小改写规则,即清楚地描述了一个真实历史事件的替代可能性,它抓住一个真实事件,以回溯的目光进行重新审视,从观察到的影响,引向"假设的结果"。所谓的"长期反事实"就不愿意接受节制原则和自我批判精神,它描述了一个从未在现实中发生的过去的历史结果,可称之为"极度反事实"。实际情况是,作者们越是企图深入探究他们那反事实世界的未来,他们的关联性原则就变得越脆弱。这里反事实历史叙述没有深刻性,也不具备事实历史那样的客观性。

三、对实在论的异议

接下来,我们尝试基于反事实历史的"温和紧缩论"观点,澄清实在论者的直觉和动机,进一步阐发反事实历史的草率性,并揭示出相关观念背后的逻辑困境。

(一)实在论者的直觉和动机

实在论者的一个理由是,我们的直觉是支持反事实历史的,反事实历史的直观合理性,有它的心理学和人类学的根源。但这些东西在形而上学上可能是一个幻觉。在日常会话中,反事实并没有描述事实,而是表达了一个人的态度。当反事实被用来解释事实时,这种态度进一步影响了人们对事实本身的理解。事实不再是中立的,而是由态度参与建构起来的。反事实就是这样从态度到事实的一个很自然的、符合直觉的过渡状态。

从反实在论角度看,这个反事实条件句表达的是一个价值判断,不是事实描述,因此不是严肃的历史叙述;而严肃的历史叙述,至少从素朴实在论角度看,是关乎事实描述的,尽管仍不免有评价性因素的渗入。实在论者可能回应说,一般的历史也难以区分描述与评价,假设这种二分法是没有说服力的。因此,反事实没有描述,只有评价,这个观点不能用来攻击反事实历史,因为非反事实的历史也同样如此。我愿意捍卫一个素朴的实在论观点,即一般的历史(非反事实的历史)关乎事实描述,也关乎价值判断;但是反事实的历史只关乎价值判断,不关乎事实描述。只要是关乎价值判断的,考虑到世界上的价值标准有千万种,所以就缺乏事实描述那样的客观性和唯一性。

刘易斯承认,反事实(条件句)是臭名昭著地含混的。[①] 但反事实的历史叙述与刘易斯所假定的能够得到清晰说明的反事实不同之处在于,在具体实践中,前者经常是混乱的。通过对反事实在逻辑上的清晰界定,可以将日常语言中的某些"反事实"话语剔除出反事实的范围,这样我们就只需要关注那些真正的反事实。有些表面上的反事实,是直陈式或指示式的条件句。有些表面上的反事实,是实质蕴含的条件句。有些表面上的反事实,所假设的情况并不是事实的反面,而是一些假设性情况的反面,它指向的是可能性、主观概率,或者未来。

反事实的观念混乱的根源之一在于时间的不对称性。反事实所反的"事实"并不是确定的,过去不是绝对封闭的;未来也不是绝对开放的,我们也有一些关于未来的事实。关于未来事实与过去事实的确定性差异,只是程度上的,而不是本质上的。那些对反事实历史的严肃研究,是对事实历史的研究的一种替代,它们本身就是事实研究,而不是反事实研究,它们研究的是另一种事实,恢复历史中的自由意志以及偶然性的事实,一些被人忽略的因素。这些自由意志、偶然性和不为人知的要素,它们出现在过去,与出现在当下和未来,在性质上是一样的。它们背后有一些法则上的支撑,而这些法则在过去、现在和未来之间是对称的。

从实在论者的动机上看,对历史变迁中的偶然性与不确定性的强调,或者在于破坏历史结果中的必然性,这些与反事实历史是什么关系呢? 反对反事实历史,并不等于假定了历史决定论或形而上学宿命论。我们认为,反事实历史提示偶然性作用的价值不能被高估,这倒不是因为偶然性本身在历史事件中的作用不能被高估,而是将这种作用当作反事实叙述的一个优点时,我们不能高估这个优点。究其原因,一是因为这些作用可能误导人们认为,偶然性与反事

观念史与汉语之思

---

① David Lewis, *Counterfactuals*, Oxford: Blackwell Publishers, 1973, p. 1.

实叙述之间存在一种内在的联系,甚至将两者混为一谈;二是还有一些更值得珍视且不易误导人的方法:一方面并不否认偶然性在历史中的作用,另一方面又无需诉诸反事实叙述。

(二)反事实历史的草率性

反事实历史分析注重的是行为的选择,而不是行为的后果。选择体现了人的能动性和自由意志,至于后果如何,会有更多的不可预测的其他因素参与。所以,应该分析反事实的选择,但不分析反事实的后果。但是,这种基于行为选择的反事实分析,可能陷入一种英雄史观。有人会批评说,改变历史进程的是某些英雄人物的替代性选择。能动性不过是关键少数人的行动。在很多情况下,学者们对反事实的研究是先入为主的。不乏有人"借反事实的酒杯,浇自己心中的块垒",他们的动机是各种各样的,渗透了意识形态上的先入之见,比如英雄史观、保守主义、右翼思潮、后现代史观。

历史学家只在有必要时才会含蓄地用反事实法来说明,如果某事当初并未发生,那么后果将会有所不同。但是反事实分析不应该只是一种单纯的数学加减法分析。当代历史学家们从人类学和社会学中获得了方法论启发,后者历来重视研究结构、网络和语境,而非变化的过程,也不限于对特殊的历史事件或英雄人物的个体研究。从德国社会学家马克斯·韦伯(Max Weber)的"社会现象类型学"到法国年鉴学派的"整体历史",更多地关注从范围十分广泛的社会历史事件中提升出结构,而不是只关注事件本身,专注于研究长期发展而不仅盯着短暂的变化,而这种对因果论的贬黜,对于 20 世纪的历史编纂有重要启示。[1]反事实研究在这里没有多大的用武之地,因为宏观历史是不会由于一两次个体选择的变化而改变的,倘若初始条件的改动过大,大规模的反事实叙述是不足为信的,那会成为一种异想天开的平行历史,而不是严肃的反事实。真实历史的因果关系是纷繁复杂,相互缠绕的,多条线索同时进行,相互作用,出于反事实叙述动机而人为地间断其中一两条因果线索整体上无伤大雅。总之,从结构历史(structural history)角度看,需要考虑的因果变量实在太多,通过一些天马行空的反事实猜想,将单个事件独立出来而人为地降低因果关系在整体上的多重性和复杂性,以此阐释因果链条中的某个单一改变所造成的影响,这样的做

---

[1] Niall Ferguson, *Virtual History Alternatives and Counterfactuals*, New York: Basic Books, 1999, p. 50.

法难以令人信服。

在很多人所能想象的世界里,希特勒从他的柏林地堡中设法逃了出来,并一直活到后战争时代。人们借助希特勒没死的"假如"叙述,想要表达的是对于潜在的危险,或者对于未能将活生生的希特勒送上审判席的遗憾,或者是探讨某种和解或宽恕的可能性(如果他没死,是否必定要被送上断头台?)。但是这些"假如"意义何在呢? 是为了满足一些预设的论题或者观点来炮制一些情节吗? 结构主义者会认为,重要的是结构,而非结构网络上的节点或个体,历史是有结构的。即便没有希特勒,也会有"特勒希",或者其他的某个人,扮演希特勒事实上所扮演的角色。或者,也可能这样:希特勒不可能不死,因为那个假设中没死的希特勒,由于违背了其所信奉的纳粹分子的社会达尔文主义信念("物竞天择,适者生存")已经不再是他自己,只能是模样相似于希特勒的一具行尸走肉,尽管表面上仍能维持其个人同一性,但是在结构中,同一性不再像结构之外的视角看上去那么关键。

根据美国社会史家兰德尔·柯林斯(Randall Collins)的分析,反事实的历史学家把他们关于转折点的论证,建立在两个默认的假设之上:首先,社会世界被分为两种类型的舞台,其中一些(军事、政治、宗教)有迅速的转折点,而另一些(经济、文化、组织)没有;第一类(国家权力,个人领袖)在制度上支配着后者。其次,隐含的因果信念是,政治模式是由单一的戏剧性事件决定的(军事胜利、一个选举、某一特定领导的存在);这些政治模式一旦确立,就会决定经济模式,也可能是文化模式。但是,柯林斯批评道,这些默认假设显然是不成立的。在任何一种情况下,都有一种误解的趋势,即历史的因果关系是如何通过广泛的基础进程发挥作用的,而这些进程不容易被特定的事件停止或彻底改变。①

(三)"最小改写"与"余者皆同"难以连贯

我们有理由怀疑,"最小改写"与"余者皆同"这两个原则之间可能存在某些不一致。但这不是我们支持反事实主义的理由,而是相反,我们认为,反事实叙述没有既充分、完备又一致的原则要供遵循。当然,它们也不会是一些实质性的或严肃的原则。实际情况很有可能是这样的:忽略余者皆同原则,才能让最

---

① Randall Collins, "The uses of counter-factual history: Can there be a theory of historical turning points?," *Amsterdams Sociologisch Tijdschrift*, 2004(31)3, p. 275.

小改写规则被有意义地遵循。

一个最简单的反事实因果理论只涉及两个事件 C 和 E："C 导致 E"，可被分析为"C 和 E 皆发生，并且，如果 C 并未发生，那么 E 也不会发生"。在这里，E 对 C 的因果依赖，具有事实条件和反事实条件的两重要求；事实条件"C 和 E 皆发生"和反事实条件"如果 C 并未发生，那么 E 也不会发生"二者缺一不可。历史学家所需要的只是那些概括层次较低的反事实，他们更多诉诸"殊型因果"（token causation）而非"类型因果"（type causation），后者是那些规律性或恒常性的重复结构，或者具有较大影响的事件；前者关注特殊情况下的单称因果（singular causation），而不是多重情况下的一般因果（general causation）关系。

然而，对这里的事实条件和反事实条件在逻辑上以及形而上学上是否连贯，我们仍然心存疑问。按照"因果关系——因果依赖——反事实依赖——可能世界的极大相似性"的思路，在一个除了极少数差别、其他方面都与现实世界一样的世界中，如果袋鼠没有尾巴，那么它们就会摔倒①；如果没有松手，杯子就不会碎，这可用来解释杯子被打碎的原因。在这个与现实世界极大相似的可能世界中，反事实的前件和后件都得以成立。对反事实条件句的前件加以改动，后件为真的世界，可能与现实世界非常接近；但是，改动前件，后件依然为假的世界，离现实世界未必更加疏远。刘易斯说："我们并不是先决定何谓相似性关系，而后利用其来决定何谓接近可能世界。而是利用我们对于真的反事实条件句的反事实知识，来看看是否可以发现某种可能世界的相似性关系。"②但我们所谓的反事实知识，不过是我们对于反事实条件句的直觉。例如，在一个袋鼠没有尾巴，但它们仍不会摔倒的世界中，发生了一个奇迹，它有与现实世界不一样的自然法则（现实世界中，袋鼠的尾巴起着身体平衡的作用），但它可能与最大相似原则并不连贯。

"如果尼克松按下核按钮，世界大国间就会爆发核战"这个反事实陈述是真的，因为在法则与现实世界最近的可能世界中，尼克松按下了核按钮，随之爆发了核大战。但如果考虑到奇迹，假设核按钮坏了，核战得以避免，这在法则上与现实世界更远，但是它在历史上与现实世界更近——历史上并未出现因为尼克

---

① David Lewis, *Counterfactuals*, Oxford: Blackwell Publishers, 1973, p. 2.

② David Lewis, "Counterfactual Dependence and Time's Arrow," in Lewis, D., *Philosophical Papers*, vol. ii, New York: Oxford University Press, p. 43.

松按下核按钮而爆发大国间的核战的情况。反过来,如果为了避免奇迹的出现,放任核大战爆发,接下来的整个世界史就要随之改写了,从历史的角度看,这个反事实陈述并没有维持可能世界与现实世界间的最大相似性原则。如果树没有被吹倒,屋顶将是完整的。如果我们想让法则和现实世界完全一样,我们就必须改变整个过去,考虑到一个树不会被刮倒的世界。

在最新的文献中,英国学者多罗蒂·艾丁顿(Dorothy Edgington)批评道:"如果我们必须以一个小奇迹的价格来购买过去的相似性,为什么我们不能以另一个小奇迹的价格来购买未来的相似性呢?"[①]这样,就出现两种最大相似性之间的冲突,一是法则上的,二是历史上的,为了捍卫一方,难以避免以牺牲另一方为代价。反事实的前件为真,必然假定了可能世界的自然法则接近于现实世界,但是,自然法则保证了反事实的后件为假,为了连贯而排除了不符合直觉的自然法则。

这里的历史上最大相似性,可被视为"余者皆同"的一种情况,而法则上的最大相似性,可被视为"最小改写"的一种情况。由此我们看到,"余者皆同"与"最小改动"这两个原则是难以连贯的。反事实主义者难以应对滑坡论证,最终使得反事实历史只能是特设性(*ad hoc*)的,它们的成立过多地依赖于一个截然不同的语境条件,这种出于特定的动机或满足特定的目标而编造出来的一个"因果链条"是缺乏说服力的。反事实主义者的论敌,完全可以"以子之矛,攻子之盾",借助对方的惯用策略,不断地节外生枝,最终扰乱反事实主义者的研究计划。事实只有一种,反事实却有无数种,既然反事实主义者可以借助反事实A来得出自己想要的结论,那么他的反对者为什么不能用反事实B来得出与对方截然相反的结论呢?如果这里存在什么样的判断标准,那它一定是事实本身,而不是任何一种多么合情合理的反事实。反事实的理论(自洽性和基础性)负担、举证负担、直觉负担、接近性负担,都不会比事实更少,尽管在不同的反事实话语内部,存在各种区分。

(四)"语境敏感"与"动机敏感"相互冲突

因果推理是一种由果求因的溯因推理,先知道结果,然后追问其原因是什

[①] Dorothy Edgington, "Counterfactual conditionals," in Otávio Bueno, Scott A. Shalkowski (eds.), *The Routledge Handbook of Modality*, Routledge, 2021, p. 35.

么。典型表达是"之所以 E,是因为 C"。它不是一种泛泛而谈的因果关系,而是强调"因果依赖"概念,E 对 C 形成了因果依赖。刘易斯将这种因果依赖看作是反事实依赖,其典型表达是"假定……,那么(则会有)……"。

然而,在反事实历史中,我们假定的反事实前件恰恰是原因,结果则是未知数。反事实无法设定必要的经验性语境,而因果依赖又是语境敏感的(context sensitive)。也不能像朱迪·珀尔(Judea Pearl)等人的因果模型理论那样,用来预测或干预事实,并且解释事实为何如此,而只能起评价性作用。[①] 这种作用是高度动机敏感的(motive sensitive)。这两种敏感性之间存在冲突,前者依赖经验事实,不允许主观捏造,后者先入为主,全无客观。当反事实被设定为一个独立变元时,这种独立变元的选择带有很强的任意性,因而就违背了语境敏感原则。对于反事实历史问题,不会有具备说服力的答案,这种另类时空(alternative space-time)与真实世界无关,所以反事实历史叙述只能是想象力上的创造,与真实世界无关,到底想象了没有,只依赖在我们觉得该如何想象。[②] "人文历史"的规范性而非描述性,关心怎么想象是对的。但无论如何,这种关于想象的规范性都不是语境敏感的。

四、结语

鉴于历史的反事实条件分析所面临的理论困难,经过对这些限制条件的逐一考察,我们在现有的反实在论方案基础上,提出了一种与之兼容的"温和紧缩论"方案,相应地对所谓反事实历史给出了三个反对观点:首先,反事实历史过于随意或草率,无法给出一个中立客观的理由来选择哪一个反事实前件;其次,反事实历史过于思辨或非实证,从被挑选出来的前件到后件的推理过程无法诉诸任何历史事实,只能诉诸思辨,而这种思辨为研究者的意识形态的侵入打开了后门,反事实历史最终变成"想象的历史";最后,反事实历史过于想当然,很难避免陷入特设性、一厢情愿、先入为主的困境。

综上所述,围绕是否能将之严肃地运用于历史研究这一问题,当代历史学

---

① Judea Pearl, *Causality models, reasoning, and inference*, New York: Cambirde University Press, 2009.

② 王一奇:《另类时空图书馆——假设性思考的难题及其解决方案》,台北:台大出版中心,2019 年,第 378 页。

界一种相对主流的观点,即"限制主义的实在论",主张反事实历史陈述是严肃的,但必须附加某些限制条件。经过对这些限制条件的逐一考察,我们在现有的反实在论方案基础上,基于反事实历史的"温和紧缩论"观点,得出结论说,并不存在严肃的反事实历史陈述,即便为之添加一些限制条件也无济于事,尽管严肃的事实历史陈述仍然是可能的。究其缘由,反事实历史的"最小改动"与"余者皆同"这两个原则彼此难以连贯;反事实推理的"语境敏感"与反事实条件的"动机敏感"相互冲突。

Is There any Serious Counterfactual History?

Chen Changshen

Abstract: As to whether counterfactual historical statements can be applied seriously to historical studies, a competitive view in contemporary historians, namely "restrictionist realism" argues that counterfactual historical statements are serious, but must be subject to certain restrictions. Based on the existing anti-realism approach, this paper proposes a compatible with "moderate deflationism": we believe that there is no serious counterfactual history statement, even add some constraints also of no help for it, despite the serious facts of history it is still possible. The reason for this is that the two principles of counterfactual history, "minimal change" and "*ceteris paribus* law", are incoherent with each other. The context sensitivity of counterfactual reasoning conflicts with the motivation sensitivity of counterfactual conditions.

Keywords: counterfactual history; realism; anti-realism; philosophy of history

金岳霖形上学思想反思[*]

苗 磊[**]

[摘　要]　金岳霖先生自觉运用现代西方逻辑方法,融会中国传统哲学精神,建立了一个以"道"为最高范畴的突出结构与演化的论道体系。他形上学思想的主要特点表现在会通古今的思想特色、融合中西的逻辑构造、"旧瓶装新酒"的创新方法、"何为形上学"及"形上学何为"的问题意识以及关于"科学时代形上学何以可能"的时代之思。他的这种形上学思想对传统形上学问题域、方法论均有所开新,对中国形上学的发展可谓是作出了富有创造性的探索和贡献。

[关键词]　金岳霖;形上学;道

在 20 世纪的中国哲学家中,金岳霖先生的哲学研究独树一帜,他在逻辑、知识论、形上学三个领域都作出了创造性的贡献,非常有特点,这突出表现在他的整体研究风格上。1922 年在伦敦求学期间,他受到现代西方哲学家尤其是

* 基金项目:本文系国家社科基金一般项目"金岳霖形上学思想研究"(项目编号:21BZX071)阶段性研究成果。

** 苗磊(1983—　),男,河南周口人,哲学博士,上海电机学院马克思主义学院讲师,研究方向为中国现代哲学。

罗素、摩尔等分析哲学家的深刻影响,在读过罗素的《数学原理》后,他对哲学的认识展现出强烈的分析哲学色彩,他说:"哲理之为哲理不一定要靠大题目,就是日常生活中所常用的概念也可以有很精深的分析,而此精深的分析也就是哲学。"①此后,这种分析的哲学观便构成并奠定了他一生哲学思想的色彩与风格。此外,在哲学思维导向上金岳霖先生还特别注重对基本问题的反思,他不是对问题作简单的阐释性研究,而是深入到问题的本源层面进行开拓性思考。这个特点概括地来说,就是他有一种能把简单的问题讲得复杂的能力。所谓能把简单的问题讲得复杂,实际上也就是能在一般人看似简单或不算个问题的方面发现问题,并展开深入研究。这种侧重于用逻辑分析方法对哲学基本问题展开研究的态度贯穿于他一生的哲学研究活动之中,其中尤以他在形上学方面的研究最为突出。

在形上学方面,金岳霖先生自觉运用现代西方逻辑方法,融会中国传统哲学精神,建立了一个以"道"为最高范畴的突出结构与演化的"论道"体系,对中国形上学的发展可谓是作出了富有创造性的探索和贡献。他形上学思想的主要特点表现在会通古今的思想特色、融合中西的逻辑构造、"旧瓶新酒"的创新方法、"何为形上学"及"形上学何为"的问题意识以及关于"科学时代形上学何以可能"的时代之思,他的这种形上学思想对传统形上学问题域、方法论均有所开新,对今天进一步反思中国当代形上学的精神、定位及做法来说,也提供了一个重要参照。

一、金岳霖形上学思想的缘起

在 20 世纪上半叶的西方哲学发展过程中,伴随着逻辑分析方法在哲学领域的广泛认同和运用,分析哲学的思潮逐渐兴起,很多重要哲学家像弗雷格、罗素、(早期)维特根斯坦、逻辑实证主义者等普遍对"存在论"形上学采取抵制的态度,认为此类形上学概念不是真正的探究真理,而是空洞的教条主义假说,毫无意义可言。然而在中国哲学界,情况却与此相反,中国现代哲学史上具有代表性的一些哲学家像熊十力、金岳霖、冯友兰、贺麟等均对形上学表现出了浓厚

---

① 金岳霖:《论道》,北京:商务印书馆,2007 年,第 5 页。

的兴趣,而且都试图建立一种原创性的形上学体系,金岳霖形上学思想的代表著作《论道》正是在这一背景下产生的。

如果沿着问题意识的兴起展开追踪,更进一步地来看,金岳霖的形上之思还可以追溯到中国现代思想史中的"科玄论战"以及由之引发的关于人生观问题的讨论。郁振华教授在《形上智慧如何可能——中国现代哲学的沉思》①一书中认为中国现代哲学形上之思的逻辑起点应定于"科玄论战"所引发的关于"科学时代形上学是否可能"问题的讨论,这种看法已经成为学界普遍了解的经典判断之一。基于这种判断,可以说由"科玄论战"所引发的形上学论争构成了金岳霖展开形上之思的整体场域背景。

但是,时代整体的问题意识往往并不会成为触发哲学家关于问题反思的直接导火索,要具体回答金岳霖形上之思的缘起,还要深入到他哲学思想的问题意识演变之中,而《论道·绪论》则可以看作是对这个问题的具体回答。绪论中金岳霖简单回顾了他进入哲学的历程,由早期在归纳问题上的困惑,进而扩展到对秩序问题的思索,而后又生发出对因果问题、实在问题、时空问题、事实问题、概念的作用、归纳原则等一系列基础问题的反思,并在对比世界三大文化区"印度"、"希腊"与"中国"的文化精神之后,最终归结到以"道"为起首及核心而展开形上之思,尤其是区分了"知识论"的态度和"元学"(即形上学)的态度。在金岳霖看来,知识论的研究主要追求理智的了解,而元学则不仅追求理智的了解,还追求情感的满足,用他的话说就是:"知识论底裁判者是理智,而元学底裁判者是整个的人。"②因此,可以看出,金岳霖的形上之思直接根源于他内心关于秩序问题的整体思考,《论道》就是对这一问题的系统回答。

另外值得一提的是,由"科玄论战"所引发的形上学论争余波延宕至今天已不单纯是"科学时代形上学是否可能"的问题了,还涉及到古今中西之争。比较地看,形而上思维是一种定型于古代、偏重于理论思维的运思方式,而科学思维则是定型于近现代、注重理论与实践相统一的运思方式,所以"科学时代形上学是否可能"这个问题从更深刻的一面看应该说首先是涉及到古今思维方式的融合与重建问题,而不能仅停留于对形上学在科学时代何以存在、如何存在这些

---

① 郁振华:《形上智慧如何可能——中国现代哲学的沉思》,桂林:广西师范大学出版社,2015年。
② 金岳霖:《论道》,北京:商务印书馆,2007年,第19页。

问题的反思。此外,这个问题还涉及到形上学本身的古今之变,近代随着数学、物理学等基础学科的发展及取得大量关于宇宙观念的重要认知,相对于前科学时代,科学时代的形上之思从问题域、方法论等方面都表现出与传统形上学的巨大差异性。特别是 17 世纪以来,西方天文学、物理学的迅速发展促使人类的宇宙观念产生巨变,使哲学领域尤其是形上学领域在关于宇宙的整体理解及基础观念方面(比如运动、广延等概念)出现了大量讨论。① 及至现代,科学的发展更是突飞猛进,相对论、量子理论等一批科学理论的出现,使人类对宇宙的认识达到前所未有的高度,而在这种背景下,关于宇宙的整体研究成为热门话题,同时在基础观念方面也不断涌现出大量新思考(不局限于哲学领域),譬如在量子理论思域下的"时空"问题讨论等。因此尽管古典时期的形上学思考仍会源源不断地供给我们思想的营养,但近代科学革命及现代科学大发展则为今天的形上之思提供了新的母体。所以从这个角度来说,"科学时代的形上学是否可能"并不完全是形上学在科学时代的适应问题,也不应局限于讨论科学时代形上学的意义问题,而是要看到形上学并未随着科学时代的到来而消失或者去被动适应,而是伴随着科学视野的进展在同步发展着自身。因此基于上述讨论,笔者认为今天形上学的发展应着重于建设涵摄时代科学合理认知的新形上思辨体系。发展涵摄科学合理认知的新形上思辨体系并不意味着就是建立新的科学形上学,科学虽然为现时代整体认知提供了巨大的解释力,但站在金岳霖的哲学立场上看,科学也只是一种逻辑系统②,逻辑彰显于不同的逻辑系统中,逻辑系统虽不同,而逻辑一致。③ 因此,我们可以通过在科学这一具体逻辑系统取得的认知成就来拓展对逻辑整体更深入的认识。如果从"可能"来说,科学的认识不过是我们想得到一种"可能"的形式,"我们现在所想得到的可能不过是可能中极小极小的一部分而已。"④而抓住尽可能多的可能则是我们形上思辨的更高目标。

---

① 关于这一话题的经典讨论可参见《从封闭世界到无限宇宙》(亚历山大·柯瓦雷著、张卜天译,北京:商务印书馆,2020 年)一书。

② 可参见《论道》第一章一·八节中金岳霖关于"Indestructibility of Matter-energy"这一科学原理的形上思辨。

③ "逻辑系统是逻辑底具体的表现,逻辑系统的意义随逻辑系统而异。可是,系统虽多,而逻辑不二。"见金岳霖:《论道》,北京:商务印书馆,2007 年,第 23 页。

④ 金岳霖:《论道》,北京:商务印书馆,2007 年,第 23 页。

科学与形上学自近代科学革命以来,可以说就一直在思想领域相互缠绕,就科学家而言或许这个问题未必显著,但就哲学家来说,科学对形上学的影响则是根深蒂固,甚至形上学一度被概念化为科学的形上学。当然从科学形上学这个问题的历史演变来看,在西方哲学界自康德以来就一直是部分哲学家所关注并涉及到的一个核心问题域,但由于现代科学发展至 20 世纪初期以降才逐渐显示出它对于宇宙整体的强大解释能力,从而使得整个人类世界的思想观念进入到一个科学主导的时代。然而虽然人类对宇宙、世界及自我的理解进入到科学主导的时代,但哲学领域的形上建构却逐渐摆脱了康德那种为科学寻求形上根据的冲动,而转换为进一步加强形上学对基本问题的有效解释,也即加强形上概念对宇宙、世界及自我等问题解释的合理性,不再耽迷于仅达到一种形上概念体系内部的融通与自洽。从另外一个角度看,也就是充分吸收现时代科学的合理性认知并使之成为形上学的奠基之一,使现时代的形上之思展现为建构一种以"逻辑"而不是"科学"为中心词的形上学。另外,从"反科学主义"思潮视角出发,也可以看到绝不能以科学取代哲学,绝不能以科学的思维方式来简单构造哲学的解释体系。关于科学与哲学的一般关系方面,金岳霖也认为尽管科学在很多问题上具有普遍的解释效力,但并不能因此就认为它也能处理所有哲学领域的问题,金岳霖这一观点尤其反映在他对待不同时空观的态度上,他认为像布里奇曼的手术论这种学说就不能简单地认为也能有效地应用到哲学领域,所以真正的解决办法应该是对科学在宇宙、世界及自我的合理性解释基础上进行一种哲学的再思考与再转化,从而建构一种具有更强解释力涵摄更广泛可能性维度的形上思辨体系。

因此,站在如上立场上看,笔者认为金岳霖的《论道》是一部能展现现时代精神的新形而上学著作,而且是一部真正意义上的中国的形上学著作,是真正的"中国哲学"。关于"中国哲学",笔者这里是站在冯友兰先生《中国哲学史新编》第七卷中对"中国哲学"这个概念所作阐释的意义上来说的,冯先生认为所谓"中国哲学"是一个现代观念,而非古已有之,并且它的一个经典面向正是由于中国现代哲学家们吸收运用西方现代逻辑分析方法对中国传统思想问题进行处理而得以产生的,在这个意义上说,《论道》既是现代的,又是民族的,是真正的"中国哲学",而不像知识论和逻辑那样是"知识论在中国"、"逻辑在中国"。冯先生的这个看法确与我们平时大而化之说的"中国哲学"概念有很大不同,但这种提法是一种极具时代性意味的新颖观点,对我们理解"中国哲学"的古典资源和现代传统之间的关系提示出了一个创造性的维度。所以,从这个角度说,金岳霖的形上学体系是中国哲学家在"西学东渐"、"逻辑东传"这个大的背景之下融合中西哲学思维创造出来的真正的中国形上学。

二、金岳霖形上学思想的逻辑结构

金岳霖形上学思想主要体现在《论道》这部著作中,这是一部结构严谨、逻辑清晰、概念与概念之间环环相扣、质地厚重的形上学著作。全书共分八章,以逻辑分析为主要手段,充分消化中国传统思想范式,并融入人类现时代所取得的认知成就,所进行的全新形上建构,对现实世界的存在与变化及宇宙整体的演化作出了富有新意的阐释。

胡军教授在《道与真》①一书中认为金岳霖形上学的逻辑构造主要是受到维特根斯坦和袁梦西"逻辑命题都是穷尽可能的必然命题"思想的影响,同时受到罗素"把逻辑看成哲学的本质"思想的影响,从而以"式能"关系模式解决逻辑的必然性和感觉世界如何统一的问题。胡的观点无疑具有一种整体主义的视角,论道体系的确运用了西方现代逻辑的推理方法,通过概念与概念之间的联结,形成了系统严密的逻辑体系,对概念之间的逻辑关系力求清晰,而这种对逻辑的严格要求在中国传统形上思辨领域确实严重不足。当然,金岳霖对逻辑分析方法的注重也不能完全看作是纯粹形式逻辑的简单运用,而应看作是在一种综合的哲学分析态度之下更为注重从逻辑上推进概念或观念的清晰化、规范化。另外,"式能"的形上架构虽然借鉴了亚里士多德的形式质料说以及朱熹的理气观②,但较之于形质说和理气说却又更进一步地精致化了。③ 在《论道》一·七节中,金岳霖明确谈到之所以提出"式能"就是为了解决"形质"、"理气"无法达到逻辑的必然。④ 在金岳霖看来"理不能无气"、"形不能无质"要想成立,

---

① 胡军:《道与真》,北京:人民出版社,2002 年。

② 金岳霖:《论道》,北京:商务印书馆,2007 年,第 15 页。

③ 胡军教授在著作《道与真》第一章中对金岳霖的式能模式与亚里士多德形式质料说及朱熹理气观的异同进行了哲学史方面的比较阐释,可参阅,这一方面笔者不再赘述。

④ 金岳霖:《论道》,北京:商务印书馆,2007 年,第 27 页。

必然牵涉到把"气"或"质"当作经验中的"东西",而经验中的东西则无所谓必然了,"理"与"形"完全可以不搭配"气"与"质"就能被思议(合逻辑地想象)到,而"式"与"能"则不然,离开"式"无法思议到单独存在的"能",离开"能"也无法思议到单独存在的"式",这即《论道》一·七节所谓"无无能的式,无无式的能"。"式"与"能"是在相互的逻辑规定中得以确立并从而具有可理解性。

与胡军教授较为关注式能结构有所不同,杨国荣教授则对论道体系的内在困境进行了反思,他在《玄学本体论的逻辑构造——论金岳霖早期的哲学思想》[①]一文中提出,金岳霖在《论道》中构建了一个以实证主义为基础的新玄学体系,在"超逻辑的存在境界"和"形式化的逻辑构造"上难以统一,在逻辑本体如何过渡到现实世界等问题上以"能入于可能"来说明仍未超出逻辑推绎之域。杨的如上看法反映出中西哲学形上之思的不同取向,西方传统形上学多呈现为关于存在的逻辑推绎,而中国传统形上学则更为关注存在的统一性。就此角度来说,论道体系在处理从本然到现实的过渡问题上,的确更多地展现出西方分析哲学的特点,而限于分析哲学的基本方法论,使金岳霖对问题的处理从整体上来说基本在逻辑推绎的范围内。但这种看法也并非是一种绝对意义上的,譬如关于"能"的把握上,金岳霖认为要凭借"宽义经验"或"直觉"[②],这就表现出某种对西方形式逻辑的"超越"。当然,不用"超越"而用"不同"来表述与西方形式逻辑方法论的差异或更为准确一些,因为这种直觉的把握方式的确更反映出中国传统学思的特点。这也就是说,实际上无论是道、式、能还是几、数、无极、太极等这些概念,要对它们达到真切地把握和理解不可能完全绕过其在中国文明系统中旧有的思想内涵,它们也不太可能完全被当作只存其"名"的"旧瓶"来用,这个"旧瓶"恐怕多少还沾带着些"旧酒"的余香。另外,换个角度说,西方的东西也不太可能完全恰好塞进中国传统哲学的范式之中,所以哲学家们想寻求非常适切的概念来建构系统总非易事。就此来看,我们认为金岳霖在传统哲学概念体系中选出他认为合适的这些形上概念之"名"(旧瓶)是花了大工夫的,譬如以"能"字为例,金岳霖说道:"'能'字在本文里不过是为行文底方便所引用的名字而已。这个字我得之于周叔迦先生。我以为它是很'好'的名字,它可以间

---

① 杨国荣:《玄学本体论的逻辑构造——论金岳霖早期的哲学思想》,《社会科学辑刊》,1994年第1期。

② 金岳霖:《论道》,北京:商务印书馆,2007年,第22页。

接地表示 X 是活的动的,不是死的静的,一方面它有'气'底好处,没有'气'底坏处;另一方面它又可以与'可能'联起来,给'可能'以比较容易抓得住的意义。"①可见,"能"这个名的选择颇费思量,它不仅要表示出"X""活的动的"这一方面的特质,还要能兼具"气"这个概念内涵的好处而避免其坏处,并且和"可能"从语义上建立内在的逻辑关联以便利于表达"能"的出入。所以从整体上来看,金岳霖非泛泛地用这些概念来建构《论道》的形上系统,而是精心选择的,当然对这些概念的意义进行重新阐释及语义层面的逻辑建构都是其中非常重要的环节。

284

与胡军教授和杨国荣教授的视角总体一致,但又略有差异,俞宣孟教授更为关注《论道》形上体系整体架构的合理性问题,他在《移花接木难成活——评金岳霖的〈论道〉》②一文中认为《论道》无论是观念、方法还是所要处理的哲学问题难点都是西方的,尤其是金岳霖通过区分"动的思想"和"静的思想"以及把思想又分别为"想象"和"思议",同时把"思议"框在遵守逻辑的范围内,从而提出一种建立在逻辑推理基础上纯思的概念体系,并由此所展现出来的超验世界正是从柏拉图以来西方哲学形上建构的一种典范。俞正是抓住金岳霖限定在思议范围内并强调遵守逻辑作为形上体系建构的基本标准这一点,认为仅凭借范畴的逻辑推论构造出来的形上体系,是无法展开为时空中的现实世界的。另外,俞又引陈康的话批评金岳霖把"道"直接规定为"式-能"是一种"用从半空中飞下来的结论作推论的前提",认为这种"旧瓶装新酒"总体上难以成功。俞提出的问题表面上看是中西思想或观念融合的问题,而实际上更深一层面涉及到赋予"道"等形上概念逻辑规定性能否成立的元哲学反思,正如他对金岳霖关于概念来源问题回答的质疑。无疑不可否认,俞提出的问题的确仿佛是抓住了金岳霖形上体系建构的一个"软肋",也即如陈康视角中所展示的那样,认为金岳霖规定"道"为"最崇高的概念"、"最基本的动力"以及"道是式—能"像是"用从半空中飞下来的结论作推论的前提"显得毫无道理,根基不牢靠。但是换个视角来看,实际上金岳霖并没有在一个很强的意义上比如像绝对时间的先后那个意义上把"道"塑造成逻辑在先的东西,因为在他看来逻辑命题的先后不过是系

---

① 金岳霖:《论道》,北京:商务印书馆,2007 年,第 22 页。

② 俞宣孟:《移花接木难成活——评金岳霖的〈论道〉》,《学术月刊》,2005 年第 9 期。

统上成文的先后,它们彼此之间互为必要条件,并不存在所谓超越系统之外的那种先后,也即逻辑上没有先后。所以,在金岳霖这里无论"道"还是"式"、"能"都不是就某一逻辑系统内而言,而是站在逻辑的立场上。另外,为了能对宇宙结构及演化进行充分诠释,必然通过一分为二或一分为多的方式来进行概念体系之间的逻辑建构,而在"二"或"多"之中如果进一步地精致化那当然就要追求彼此之间逻辑关系的紧密,从这一点上来说"式能"也确实比"形质"或"理气"内在的逻辑关系更紧密,也即"式不离能、能不离式",从而达到一种形上思辨的圆融无间,也即如金岳霖所说的从"式能"的关系上能感受到一种必然性。在这个意义上讲,"道是式-能"当然不是在某一逻辑系统内说的,也不是经由推理得来的结论,更不能被看作前提,而是一种追求对道演诠释具有更大张力及更彰显逻辑必然性的形上概念思辨的建构。

　　另外,判断金岳霖是否对"道"作了一种逻辑规定颇不好说,不过他在《论道》第一章中确实集中对"道"从不同角度下了一些判断:"一・二道有'有',曰式曰能。一・六道无'无'。一・一九道非式。一・二〇道非能。一・二一道无生灭,无新旧,无加减,无始终,无所谓存在。一・二二道无二,亦无内外。一・二三道无动静,无刚柔,无阴阳,无显晦。一・二四道无出入。"[1]"道"有"有"是说"道"包含着所有的可能性,"道曰式曰能"是说"道"可以从"式-能"这种模式展开理解宇宙的结构与演化;"道"无"无"是说"道"不包含矛盾或不可能;"道"非"式"非"能"是说"道"既不单独是"式"也不单独是"能",而是"式能"的结合;"道无生灭,无新旧,无加减,无始终,无所谓存在"是说"道"只能从"式能"来得以体味,而不能从"生灭、新旧、加减、始终"得以体味,既无"生灭、新旧、加减、始终",当然也无所谓存在;"道无二,亦无内外"是说"道"外无"道","道"就在可能之中,而不在可能之外;"道无动静,无刚柔,无阴阳,无显晦"是说"道"无法以经验的形式来摹状与形容,凡可以摹状与形容的皆"有偏,有蔽,有所限制",皆非"道";"道无出入"是说"道"不像"能",无所谓出入。以上这些判断,多是运用遮诠法讲"道"不是什么,这很难看作是对"道"进行一种积极意义上的逻辑规定,倒更像是从逻辑出发展开的一种形上描述。《论道》第一章一・二六条可以看作是对"道"与"式能"关系作的总结:"居式由能莫不为道。"这还是从

---

[1] 金岳霖:《论道》,北京:商务印书馆,2007 年,第 20—42 页。

"能"出入于"式"来理解"道",从这点上来看只能说"道"是全部可能的展开。所以,正如金岳霖在第一章开头不肯定"道是式-能。道有'有',曰式曰能"是命题,对"道"确实无法在某一逻辑系统内作出判断,即便说"道是式-能"那也只是说从追求最大限度的诠释张力及彰显逻辑必然性的基础上以"式-能"模式来对"道"所做的一种诠释,而不能被看作是一种逻辑系统内的判断或命题。

另外,"旧瓶装新酒"是金岳霖对他论道体系架构的比喻说法,不少学者认为这种做法并不成功,并援引金先生自己的话佐证:"我向来不赞成旧瓶装新酒,如果名目可以假借,则货不真,价不实,而思想底混乱是难免的结果。我深知道我这本书有旧瓶装新酒底毛病,尤其是所谓无极、太极、几、数、理、势、情、性、体、用。"①既然说"旧瓶装新酒"是一种毛病,当然就是说在一般意义上我们并不提倡这样来做。但是,金岳霖在为冯友兰著《中国哲学史》的审查报告中谈到哲学就是"说出一个道理来的成见",而所谓成见即不是流俗的见解,而是要能彰显哲学家的个性色彩,这是金岳霖对于哲学整体理解的一个经典观念,纵观金岳霖一生的哲学论述,可以说深合此说。故而在上段话后,金岳霖话锋一转说道:"其所以明知而故犯之者就是因为我要把一部分对于这些名词的情感转移到这本书一部分的概念上去。"②对于一般哲学研究者来说的确没有胆量动辄"研发"新概念,但就大哲学家来说对概念进行改造或重新阐发似乎是他们的分内之事或家常便饭。所以,在笔者看来,金岳霖"明知而故犯"用"旧瓶装新酒"的方式来建构论道体系,这不是他没有办法避免的毛病和缺陷,而是他剑走偏锋的得意之处,更是他作为中国哲学家所带出的民族哲学气象在思想创作上的生动写照。关于这一点,谢遐龄教授在《本体论重兴之兆(金岳霖先生论道重版有感)》③一文中关于"旧瓶装新酒"的评价是笔者所见为数不多的契心之论,他认为金岳霖所谈的道:"代表了生长中的新民族精神,至少可说是代表了新精神的某一生长阶段。"实际上,从广义的哲学发展来看,"旧瓶装新酒"是不可避免的情况,哲学史上概念衍生发展的一个重要面向就是在旧有的基础上开辟新的视角或内涵,遗神取形、遗形取神或对形神皆有所保留与改造,这在哲学的研究活动中要比创制全新的概念显得更为便宜和可行。

---

① 金岳霖:《论道》,北京:商务印书馆,2007年,第19页。

② 金岳霖:《论道》,北京:商务印书馆,2007年,第19页。

③ 谢遐龄:《本体论重兴之兆(金岳霖先生论道重版有感)》,《读书杂志》,1987年第4期。

三、金岳霖形上学思想的继承与发展

在中国,师生传承自古以来都是学术发展的一种重要形式,就儒家传统思想而言,就十分注重对于经典"师说"的诠释继承。及至近代,中国的学术发展在20世纪初期经历了一个西学东渐的过程,从西方传到中国的不仅有各类学科的专门知识,还包括做学问的基本方法,这就使得中国旧有的各领域学术传承形式不同程度地受到西方以问题探究为风格导向的学术发展形式的影响,所以在20世纪上半叶即使形成所谓学派也很难再如中国传统社会中那种同一学派内部核心观念高度一致的形式,而是更侧重表现在问题域的高度叠合以及方法论的基本一致上,这也是我们今天所说的某一领域学术共同体的概念,在这个意义上,我们可以说从金岳霖到冯契存在着一种学术思想的传承,但这种传承主要是以共同问题意识为导向,以及做哲学的基本方法与态度。然而又不得不说,二者哲学研究所涉及的问题域并不完全重合,在方法论的运用上也有一定的明显不同。相对来说,金岳霖主要还是沿着分析哲学的经典传统,而冯契除了分析的态度之外,由于受到马克思主义哲学的影响,还明显融入了辩证的思维方式。

金冯哲学思想的整体差异性具体到形上学之域也是非常明显的,郭齐勇教授在《冯契对金岳霖本体论思想的转进》[①]一文中提出从冯契的广义认识论来看,金岳霖并未有效解决科学主义和人文主义的矛盾问题,尤其是在"元学如何可能"、"理想人格如何培养"的问题上,而对金岳霖重天道忽略心性问题的解决,则涉及到"转识成智"及"说不得的问题如何说",他认为从这一方面看冯契的智慧学说可看作是个转进。这一看法早已成为经典论断之一,笔者不准备沿着这一观点上继续演绎论证,而是想进一步思索"金冯形上之思何以会有如此之差异"的问题。

如果想回答这个问题,就要对金冯形上之思展开具体分析。在形上学领域,二者既有着问题意识的一脉相承,又展现出具有差异性的学术立场、方法论及观点。首先,就对知识论和形上学所采取的态度而言,金冯就有所不同。20

---

① 郭齐勇:《冯契对金岳霖本体论思想的转进》,《人文论丛》,1998年卷。

世纪 40 年代,金岳霖在完成《论道》之后,曾和冯契就此书有过一次交谈,在这次谈话中冯契阐述了他对金岳霖关于知识论和元学(形上学)态度区分的不同看法,他说:"《论道·绪论》中区分'知识论的态度'和'元学的态度',以为知识论的裁判者是理智,而元学的裁判者是整个的人。这个提法可以商榷。"①并进一步提出自己的看法:"理智并非'干燥的光',认识论也不能离开'整个的人'。我主张用 Epistemology 来代替 Theory of Knowledge,以为认识论不应限于关于知识的理论,它也应研究关于智慧的学说,讨论'元学如何可能'和'理想人格如何培养'等问题。"②金岳霖对此回应道:"我的《知识论》确实只讲知识经验领域,即名言世界;你说的智慧,涉及那超形脱相、非名言所能达的领域,理智无法过问,只好交给元学去探讨。"③从这次谈话中的观点交锋来看,师生二人在对知识论以及形上学的理解上的确有很大差异,冯契所理解的认识论实际上是把金岳霖所认为的形上学问题也含括在内,即超越了知识的范畴而涉及到关于智慧的问题。金岳霖也看到了这种差异,从而认为冯契的哲学思维风格偏于具体(concrete),而自己则偏于抽象(abstract),这个看法无疑是非常准确的。金岳霖形上之思的基本方法论的确是通过建立一种概念的逻辑网络以期达到数学那种"闭门造车、出门合辙"的效果,而冯契则更偏重于从"社会实践的历史进化和个体发育的自然过程"来对人类的知识经验进行一种动态的分析。这种根本的分歧同时又表现在二者关于"超名言之域"问题的讨论上,冯契认为自己首先关注智慧的获得问题,其次才是"说不得的东西如何能说、如何去说"即智慧的表达问题,而金岳霖主要关注点在智慧的表达上。冯契的这一看法也抓得十分准,他看到了金岳霖更关注结构问题,而不是关注人如何理解结构或结构的形成与人类个体发展及社会历史演变关系的问题,而这也可以说正是金岳霖在形上学领域表现出更关注秩序问题和演化问题的深层次原因。对金岳霖来说,作为个体的人以及人类社会的历史演变都无所逃于宇宙的秩序与演化,那么真正的智慧问题当然就是秩序和演化问题,而不是从人的视域去理解的秩序和演化问题,即使谈到人,那也只是便宜地借助于人类的个体发展及社会演化来理解宇宙的整体演变即道演,而这正是金岳霖对人类产生悲观主义态度的根源所

---

① 冯契:《忆金岳霖先生以及他对超名言之域问题的探讨》,《学术月刊》,1994 年第 2 期。

② 冯契:《忆金岳霖先生以及他对超名言之域问题的探讨》,《学术月刊》,1994 年第 2 期。

③ 冯契:《忆金岳霖先生以及他对超名言之域问题的探讨》,《学术月刊》,1994 年第 2 期。

在,他说道:"在太极有好些现实总是要淘汰的,历史上的野兽免不了已经淘汰。……人类恐怕是会被淘汰的。"①因此,从整体上我们可以看到在金岳霖的形上体系中人并不是一个必不可少的重要因素,对他来说宇宙的整体演化("道演")才是需要探究的根本所在,而对宇宙整体演化的认知与把握才涉及到真正的智慧,这也可以从金岳霖晚年对《论道》中"两种时间"的论述中得到启示。金岳霖在晚年回忆中谈到《论道》时表示演化之洪流的"时"要比表示年月日这样分割了的"时间"重要,他说:"《论道》那本书的重点仍然是时流。这表示在那几句话'能之即出即入,谓之几。''能之会出会入,谓之数。''几与数谓之时。'这就使我回到无极而太极中的宇宙洪流上去了。"②金岳霖这里通过"能"、"几"、"数"、"时"、"无极而太极"这些概念和判断来感通宇宙洪流之演化,这对于他来说就是真正的智慧。所以,笔者这里认为金冯的根本差异性在于二者对"何为真正智慧"看法的分野。对金岳霖来说真正的智慧是对宇宙结构与演化的探究,而且从致思的整体取向与风格这方面看,他汲取了老庄哲学的智慧,从宏观的视野规模和形上概念的内涵特征建构这方面看,他又汲取了现代科学的智慧。相对而言,冯契则更注重人的个体性及人类社会发展的历史性维度,真正的智慧在他那里更多的是从认识人与世界的辩证关系出发,通过人自身德性的确立及理想人格的养成而达到广义认识的提升。从另一方面来说,金冯对智慧认知的这种差异性也正可以看作是冯契通过智慧学说显示出相对于金岳霖论道体系的差异性,并沿着这种差异性进一步发展形成了自己的学说③,也即把智慧的获得与表达问题统一起来,形成对智慧问题的整体思考。

相对于以上关于智慧的获得及表达问题的讨论,杨国荣教授在《哲学的视域》④一书中比较了金冯形上之思的展开方式,他认为金岳霖注重逻辑推绎与本然陈述的结合,冯契注重理性直观、辩证综合和德性自证,冯相对于金提升了

---

① 金岳霖:《论道》,北京:商务印书馆,2007年,第238页。

② 刘培育主编:《金岳霖的回忆与回忆金岳霖》,成都:四川教育出版社,1995年,第50—51页。

③ 关于观念的发展,笔者认为可以简单分为三种:第一种是对前见的彻底推翻即推翻其核心观点,第二种是对前见进行部分的增减而不涉及其核心观点,第三种是包含前见的部分但又在核心观点上与之不同并发展出一条平行的理路。笔者认为,金冯的差异更近于第三种而非第一种和第二种,也即二者在何为真正智慧这一问题的上看法具有根本性的差异,虽部分观念有所交叉,但整体气质不同,然而这种不同并非是对立、矛盾或者否定,更多地应被看作是一种平行的差异。

④ 杨国荣:《哲学的视域》,北京:三联书店,2014年。

思辨的具体形式。杨国荣则进一步提出形上陈述不仅直接以不同于分离和划界的方式展现对世界的理解，而且通过渗入常识、科学以及逻辑的命题，参与了对世界的理解。从三者对形上之思展开方式的理解中可窥见伴随着学脉延展、视域转换却仍保持一致的学术致思(即对智慧的真诚求索)。然而就形上之思的具体展开方式看，从金冯到杨，又表现为从抽象走向具体。从 20 世纪 90 年代《科学的形上之维》一书出版以来，杨国荣教授逐渐形成了以"具体形上学"为核心关切的形上思辨，所谓"具体形上学"就是"以具体的视域去达到具体的存在"①，也即结合人的知、行过程来达到对于存在的把握，并且"相对于存在的思辨构造或超验设定，具体的形而上学更多地指向意义的世界"②。杨国荣教授这一致思取向直接受到冯契先生"广义认识论"思想的影响："冯契先生以广义的认识论为基础，对本体论与认识论、认识世界与认识自己作了沟通，由此扬弃超验的宇宙模式或世界图景，并强调在认识世界及价值创造的历史过程中敞开天道，这种视域不同于思辨的本体论，它构成了我的思考的重要思想背景。"③另外，在杨国荣教授的相关形上学著述中，笔者认为《道论》一书尤能体现出"具体形上学"思想的纲领性气质，而《道论》一书原名《存在之维——后形而上学时代的形上学》，2009 年作者借再版之际增加若干附录，改名为《道论》。改名《道论》、以道为思想关键词无疑可以看出受到金岳霖《论道》一书书名的启发④，当然同时也可以看作是作者从命名上对中国思维范式的某种回归。而从《论道》到《道论》，历经金冯杨三代学人，伴随着形上之思从抽象走向具体，同时表现出中国现当代哲学思想中学脉发展的某种"圆进"⑤特点。郁振华教授在《具体的形上学：金-冯学脉的新开展》⑥一文中也梳理了金岳霖、冯契、杨国荣形上之思的传承与发展。郁认为三者一方面具有连贯的问题意识，另一方面随着时代认知的演进也展现了不同的学术视野，总体上表现为从实在主义的逻辑思辨一步步走向对真实存在的追寻，尤其是面向意义之域的敞开，展现了一种

① 杨国荣：《哲学的视域》，北京：生活·读书·新知三联书店，2014 年，第 77 页。

② 杨国荣：《哲学的视域》，北京：生活·读书·新知三联书店，2014 年，第 432 页。

③ 杨国荣：《哲学的视域》，北京：生活·读书·新知三联书店，2014 年，第 433 页。

④ 书名，乃一书精神之冠，思想之总结，非仅一标题。

⑤ 以关于"道"的论述来看，从金冯到杨，伴随着更多中国传统哲学资源的加入以及世界哲学背景下多元智慧的融入，对"道"的形上之思展现出更为广泛的视域(圆)，同时表现出某种深化(进)。

⑥ 郁振华：《具体的形上学：金-冯学脉的新开展》，《哲学动态》，2013 年第 5 期。

智慧的既济旨趣。的确,从金岳霖、冯契到杨国荣,形上之思的发展体现了一种学术的传承,这种传承不是固守原有观点,而是不断地拓展形上思域、深沉形上思辨,在整体上展现出从抽象走向具体的发展脉络,并在积极参与世界哲学论争之中,从中国传统哲学议题中的智慧讨论走向具有多元的世界性智慧思辨。

四、结语

正如笔者以上述要所展现的图景那样,学界关于金岳霖形上学思想的研究从整体上可以说仍方兴未艾,在研究的深度和广度上逐渐呈现出蓬勃之势,从研究的特点上来看逐渐从关注整体框架到关注具体问题、从对概念展开逻辑分析延伸到对思想进行比较反思。通过这些不断深入的研究,也让我们对金岳霖形上学思想有了更多的深入思考,正如文中笔者在不同问题域所做的反思那样,金岳霖给我们展现出了一位中国现代哲学家在形上学领域所具有的世界视野,而在这种世界视野中又深沉地融贯着中国传统哲学的性情,这种性情的表达不完全以一种思辨的形式概念展开,而是展现为一种上接原始道家"天地与我并生,而万物与我为一"的整体气象。然而尽管这种气象合于原始道家的精神,却不能在"由是而之焉"的思想理路上也认为等同于原始道家,实际上它还融合了现时代人类精神发展所取得的认知成就,尤其是现代科学对宇宙整体的深刻理解以及逻辑学在现时代的全面发展。而也正是由于融入了现时代人类精神发展成果,或使金岳霖的形上之思更加接近于原始道家深层次的直觉与意图,这正如同柯瓦雷在谈到古希腊原子论与近代科学关系时所做的精辟分析那样,近代科学从数学的进路研究自然才使原子论成为一种真正具有科学性的构想,在这个意义上才使原子论这种理论构想接近达到古希腊哲学家德谟克利特原子论中深刻蕴含却在那个时代无法呈视的理性直觉。[1] 另外,从金岳霖形上学思想的继承与发展来看,论道体系对于现当代中国道论哲学的思维无疑具有巨大的启发性,尤其是它中西合璧的恢弘学术气象,也必将对后世不断地产生积极影响。

---

[1] 亚历山大·柯瓦雷:《从封闭世界到无限宇宙》,张卜天译,北京:商务印书馆,2020年,第6页。

Reflection on Jin Yuelin's Metaphysics Thought

Miao Lei

Abstract: Mr. Jin Yuelin consciously used modern Western logic methods, integrated the spirit of traditional Chinese philosophy, and established a system of discourse on Tao with "Tao" as the highest category, which highlights the structure and evolution. The main characteristics of his metaphysics are reflected in the ideological characteristics of the combination of ancient and modern, the integration of Chinese and Western logical structures, the innovative method of "new wine in old bottles", the problem consciousness of "what is metaphysics" and "how metaphysics unfolds", and the thinking of the times about "how metaphysics was possible in the age of science". His metaphysical thought has made new innovations in the problem domain and methodology of traditional metaphysics, and it can be said that it has made creative exploration and contribution to the development of Chinese metaphysics.

Keywords: Jin Yuelin; metaphysics; Tao

重审《资本论》语境中"颠倒世界"的同一性逻辑

梁漾心 *

[摘　要]　在《资本论》语境中的"颠倒世界"里,物的关系取代人的关系,社会关系从传统的个人规范、价值观、准则中分离并发生颠倒。人们不得不服从于这种颠倒秩序,因为拜物教的错误知觉已经统治了人,而这种颠倒的演变和完成就隐藏在"货币形式"中。依据这一研究思路,立足于勘定拜物教统治秘密的基础上,对"颠倒世界"视域中的货币形式进行剖析,进而对"颠倒世界"的同一性和普遍性进行呈现,以寻求反抗的可能性和对这一颠倒的突围。

[关键词]　颠倒世界;货币形式;同一性;非同一性

"资本主义生产方式的神秘化,社会关系的物化,物质的生产关系和它们的历史社会规定性的直接融合已经完成:这是一个着了魔的、颠倒的、倒立着的世界。"[1]一般来讲,《资本论》语境中的商品世界是"颠倒的世界"这一说法,在学术

---

* 梁漾心(1994—),女,河南济源人,华东师范大学哲学系博士生,马克思主义哲学与当代文明研究中心助理研究员,主要研究领域为马克思与当代资本主义批判史。

[1]《马克思恩格斯文集》第7卷,北京:人民出版社,2009年,第940页。

界已形成了共识①,而马克思对商品拜物教、价值形式等的揭示和批判也是对"颠倒"原则的揭露。这一颠倒世界仿佛具有魔法一样的神秘性,以至于古典经济学家们发现不了其中的秘密,反而采用"超出人类控制的伪客观规律"来解释整个市场的运行规则。主体不得不屈从于这种颠倒的秩序,因为在商品拜物教面前,大众看不清"这种错觉,或者'错误知觉'"②。以赛亚·伯林(Isaiah Berlin)之所以说人们无法摆脱"错觉",是因为商品拜物教的形式和框架已经将人自身以及他涉及的一切内容异化或疏远化,不揭露商品拜物教的秘密,就只能限于颠倒世界的旧视野。实质上,拜物教不只是在一个认识维度上表现为错觉,在存在论意义上,拜物教正是颠倒世界内在结构性统治法则,在虚假的世界中人们顺应着颠倒的规则,臣服于表象的统治,在资本主义所谓"平等"的幌子下受制于价值形式和货币的主宰。依据这一思路,我们应在勘定拜物教统治秘密的基础上,分析货币形式在"颠倒世界"中的统治结构的力量,进而对"颠倒世界"的同一性和普遍性进行呈现,寻求反抗的可能性。

一、商品拜物教的颠倒和支配结构

商品拜物教"反映了一个自我分裂的世界,这个社会-历史的有机整体分裂成一个本质上隐藏着的社会决定结构"③,社会的分裂和结构的颠倒,使得《资本论》中的商品拜物教形式被人们高度关注,商品拜物教就是这"颠倒世界"的一个缩影。我们以凳子为例来理解这一看不见摸不着的颠倒。凳子作为一个物品是可感觉的,我们毫不费力就能知悉凳子的用途是什么。但是凳子同时又是超感觉的,因为我们不清楚它作为商品是什么,不清楚它因为包含了劳动所

---

① 如德国著名哲学家卡尔·洛维特(Karl Löwith)在《韦伯与马克思》一书中分析了商品世界的颠倒状态,认为这是主体自身的异化在经济上的表达,卡尔·洛维特:《韦伯与马克思以及黑格尔与哲学的扬弃》,刘心舟译,南京:南京大学出版社,2019 年,第73 页;克里斯蒂安·洛茨(Christian Lotz)在《资本主义图式》一书中列举了"倒立世界"在八个方面的表现,具体可参看 Christian Lotz: *The Capitalist Schema*, London: LEXINGTON BOOKS, 2014, p. 44。

② 以赛亚·伯林:《卡尔·马克思》,李寅译,南京:译林出版社,2018 年,第 268 页。

③ Georgios Daremas: The Social Constitution of Commodity Fetishism, Money Fetishism and Capital Fetishism, in The Unfinished System of karl Marx, Judith Dellheim and Frieder Otto wolf(eds.), New York: Palgrave Macmillan, 2018, p. 221.

以值一笔钱的道理在哪里。其实这其中隐藏着一种社会现象，即人的劳动表现为客观的表象并依附于商品。商品拜物教在商品之间建立了一种社会关系的假象，赋予它们社会品质，仿佛它们本身的本性就具有社会品质。若我们将人的实际劳动和以此产生的以人为基础的社会关系这一种真实情况当作"实"，将物的关系对人的主宰和物对社会关系的构建这一种不合理的现象当作"非"，在拜物教法则支配下商品作为人的创造物却发挥着人的社会功能，可见"非"已经掩盖了"实"并完成了人和物的关系的颠倒。它以人和人劳动行为的分离、以一种表现的世界代替了人们能自己把握的摆脱了各种分工、规定性和束缚的劳动过程。人们自己创造的商品世界，却有一套独立于人运行的法则，本来为了使用才创造出来的东西，现在变成了独立的东西并且普遍地统治着人，于是荒谬的现象呈现了劳动产品是独立存在着的，而劳动者却在这个法则的支配之下。

　　进一步分析可知，人们会将这种"非"当做合理的境遇加以接受，是因为这个颠倒世界不仅在物质形式上实现了统治，还深入人们的观念进行统治，让这个法则在观念上根深蒂固。首先，所有的社会关系都是通过物的中介关系完成的，劳动附着在商品上并在交换过程中产生了物的关系。问题在于物是由人创造的却越俎代庖，泯去人的社会性联系反而为人搭建物的关系框架，而劳动者却将其作为正常的社会运动表现。且这种物的关系的不合理并非是"产品交换者实际关心的问题"①，产品交换者关心的是他们的劳动产品能换得多少钱，而不在意这个交换过程是否是正当的。当这种观念深入精神层面形成令人顺从的物化意识，重复和习惯造就了合理的自然，随之也形成了不会反抗的机械意识。其次，资本家的利益掩盖在维持商品的表象下，当人们为了追求利益而拼命地将劳动力转化为可呈现价值的物时，他明明处于资本的奴役状态下，却表现为了自觉自动的追求状态。在拜物教的世界中，比被资本统治更糟糕的或许是不被资本统治，价值和利益才是衡量一切的准绳。最后，社会关系就从传统的个人规范、价值观、准则等中分离出来。德波（Guy Debord）指出分离贯穿了景观社会的始终②，景观社会是一系列分离的独立表象，各种分离的人和物都可以在这个社会中重聚，但其实质是资本主义为了蒙蔽和欺骗个人而玩的把

重审《资本论》语境中"颠倒世界"的同一性逻辑

---

① 《马克思恩格斯文集》第5卷，北京：人民出版社，2009年，第90—92页。

② 居伊·德波：《景观社会》，张新木译，南京：南京大学出版社，2017年，第11页。

戏。只有孤立的个人才需要景观的欺骗，所以资本主义社会就竭尽全力加强人的分离感。社会分裂成越来越广泛分离的领域，但景观社会中各种异质表象的重组无法掩盖资本主义对人的异化的加剧和对人与人类本质的分离，资本主义通过文化、政治生活领域的"协助"让人们更加远离真实。

拜物教的统治在很大程度上"得益于"古典经济学家们为经济秩序所作的辩护，霍洛威(Holloway)的如下观点一针见血地指出了这一问题，马克思对眼下错乱世界的批判，"构成了批判政治经济学家们的基础，他们竟然为这个非理性的扭曲世界找到了合理性和规律。"①可以说，马克思批判古典经济学家们只停留在表面的经济范畴和经济关系，并不深入内在本质进行探究。正如马克思在致路·库格曼的信中指出的那样，李嘉图的错误在于他把"尚待阐明的所有一切范畴都预定为已知的，以便证明它们和价值规律的一致性"②。古典经济学家们不去关注资本主义社会起源、存在、发展和消亡的特殊规律，反而简单粗暴地预设了资本主义运行规律，资本主义生产规律的经典公式是通过直接外推的过程推导出来的，目的就在于使得他们对资本主义的科学思考的假设与资本主义的发展符合。例如古典经济学家认为作为资本的私有财产是先验的并且在各种不同的自然和社会的存在中始终是同一的，而没认清它是劳动和资本的辩证运动，彻底抹去了其中的差异性。这种不合理的研究方法导致了什么境况呢？人们看到两物可以置换，却不清楚在它们的置换中起主宰作用的到底是什么；人们知道自己的劳动可以创造价值，却不明白实际的劳动如何产生了看不见摸不着的价值；人们以物和物的关系代替人和人的关系进行交往，却不知道是什么力量控制着这一切。正是因为古典经济学家们将规律看作天然存在，证明资本主义社会的种种存在是合理的，资本主义生产形式的天然合理性才得到了理论上的拥护。当然，这种理论的拥护和造势不光体现在经济学家们的辩护中，资本主义的文化亦发挥着驯化人们的功能，如阿多诺(Adorno)批判资本主义的文化"向来可以产生驯服那些革命和野蛮本能的作用"③，在资本统治下的社会，文化实际上不过是作为意识形态的宣传手段，驯服人反抗和革命的本能，这些只不过是一些政治语言罢了，人们产生顺从的思维，便不会去反思社会机

---

① John Holloway: *Change the World without Taking Power*, *2nd ed.*, London: Pluto Press, 2010. p. 47.

②《马克思恩格斯全集》第32卷，北京：人民出版社，1974年，第541页。

③ 霍克海默，阿道尔诺：《启蒙辩证法》，渠敬东、曹卫东译，上海：上海人民出版社，2006年，第138页。

制中的矛盾和问题。在思想的服从和政治文化生活提供所谓权利的配合下，人们对拜物教的认可彻底实现了，这又反过来加深了对拜物教观念的维护。

在商品世界中，明明劳动产品是从人那里获得了权威，但是物的关系却反过来成为了主宰，于是除了商品价格的波动，人们无力也不能改变什么了，这就是洛维特所指的人们的无力感。因为经济秩序不论在社会性上还是在理论层面都是彻底的颠倒，这种颠倒的变化和完成"被掩盖在货币形式中"①。货币就是这种颠倒的社会的表现形式，在货币这里，所有的特殊性都消失了，货币通过抽象的普遍性包含了一切，同时也创造了虚假的同一。于是货币形式作为普遍性的统治力量，塑造了社会关系。

二、货币形式的建构与社会关系塑型

在拜物教的主宰法则下，变质的社会关系已经堂而皇之地掌控着人，在社会关系塑型的讨论中，离不开对物化问题的关注。譬如阿克塞尔·霍耐特（Aexl Honneth）的《物化：承认理论探析》研究的即是马克思主义对资本主义批判的核心概念，并强调了物化与理解社会现实的关联性。在霍耐特那里，对物化的理解从认知角度进行挖掘。首先，主体最初在社会世界中是有情感和认同的关系的，他人是有思想、有感觉的存在，主体间的交往是情感的参与和判断即主体间的"承认"。这一立场表明我们对社会中其他任何物的认识和参与是前提，社会成员的彼此融入便是通过相互承认的机制运行的。然而，当主体在资本主义社会中追求某个目的或形成偏见时，他们便遗忘了在最初状态下对彼此的承认和认同，造成主体间的疏远化和陌生化，霍耐特将这种现象称为"承认遗忘"（Reification as Forgetfulness of Recognition②）。由此可见，霍耐特的立场在于"主体间性"，在此基础上他发展出一个道德的概念，将"物化"的批判置放于道德层面，在"物化"的社会关系中，与他人的疏远分离等于疏远了道德。霍耐特确实使我们注意到"物化"批判的规范性方面，关注主体间性和交往行为，但是仍要承认他对物化过程的理解有薄弱之处：首先，霍耐特实际上将"物化"

---

① 卡尔·洛维特：《韦伯与马克思以及黑格尔与哲学的扬弃》，第73页。

② Aexl Honneth: *Reification: A New Look at an Old Idea*, New York: Oxford University Press, 2008, p. 52.

研究进行了心理化分析,试图揭示社会互动背后的道德约束,个体应将自己作为社会认可的个体规范地融入社会。但是这一思路并没有认识到"物化"与社会组织形式之间的关系,我们不能只局限于人与人之间的关系对"物化"进行分析并寻求摆脱的可能,而是要回到社会层面进行探讨。其次,霍耐特对"物化"的批判在一定程度上脱离了资本主义社会经济形式,从而导致了历史性的缺乏。这就造成了对"物化"的规范性方面的关注而忽视了其社会经济基础,只是大量地论述主体间的交往,这样的角度移除了"物化"的历史维度,无法成为批判资本主义社会统治的基础。

与霍耐特相反,"物化"的实践维度、政治经济维度以及资本主义社会形态则是卢卡奇(Lukács)的关注点。卢卡奇的"物化"思想植根于对马克思的商品形式的分析解读。首先,商品交换成为资本主义社会的主要形式后,物似乎成为了有意图有思想的存在,"作为某种客观的东西,某种不依赖于人的东西,某种通过异于人的自律性来控制人的东西,同人相对立"①。简言之,在卢卡奇看来,"物化"源于商品交换。其次,商品形式正在按照自己的力量重塑世界并建构起"第二自然",在这个社会中,经济作为独立的、自治的社会领域而存在,以一种独立于人类意志的方式运行,人在其中只能受其主宰。最后,物化意识在主体的实践和资本主义经济社会之间建立起意识的联系,使主体接受了主体自身和物的颠倒关系仿佛是本应如此的自然法则。他们未能认识到,社会经济是由人类实践构成的,即使它表面上看起来是自主自动的。在卢卡奇这里,"物化"不仅是商品交换带来的物对人的控制,还是个体对世界和他们的实践所采取的不参与的立场,人们并没有主动构建这个世界。在此种基础上,资本主义社会关系呈现出一系列病态社会关系,例如现代生活的无根性、无意义和异化;社会结构的不平等和政治权力的不平衡;人与人之间的关系的疏远和裂解。

如果说"物化"社会中,不介入的态度是资本主义中主体的意识特征,这归根结底与资本主义的社会结构和社会形式有关。这便把研究目光引回到货币形式对社会关系的塑型。为什么对货币形式的分析显得至关重要,我们可以在齐泽克(Zizek)那里寻找答案。齐泽克认为分析的"关键在于避免对假定隐藏

---

① 卢卡奇:《历史与阶级意识》,杜章智等译,北京:商务印书馆,2009 年,第 152—153 页。

在形式后面的'内容'的完全崇拜性迷恋",重点是要洞穿"这种形式自身的'秘密'"①。货币的购买力是显而易见的,但重点不是分析多少货币能买多少商品,否则这依然囿于古典经济学家们的表象研究,对这种货币形式的秘密的揭晓才是深入本质的关键。

马克思在《资本论》中指出,"理解货币形式的困难,无非是理解一般等价形式,从而理解一般价值形式即第三种形式的困难。"②下面我们从马克思对货币形式的推导过程入手进行理解。我们知道,当 1 件上衣 = 20 码麻布,在这种价值关系中,上衣的价值是用另一种一定数量的麻布来表示的,上衣就具有"简单的价值形式";当 1 件上衣 = 20 码麻布或 1 件上衣 = 10 磅茶叶等,上衣的价值是用其他不同数量的各种商品来表达的,这时上衣就具有了"扩大的价值形式";当上衣的价值,连同市场的所有其他商品的价值,都用一种特定商品的数量来表示,而这种特定商品的价值是用市场上其余所有商品的不同数量来表示时,这种特定商品就被称为"普遍的等价物",上衣具有了"普遍的价值形式";而当一个单一商品,根据社会习俗例如金银充当一般等价物,那么这个金银就是"货币商品",上衣就有了"货币形式"。这就是价值形式最后发展至货币形式的一个发展阶段,理解这一过程的突破点在于,在第三种形式中,价值形式的性质发生了变化,获得一个价值形式不再是"个别商品的私事",而是一个特殊的商品成了其他一切商品的"统一的、一般的价值形式的材料",同时,包含在这一特殊商品中的劳动"依次等于包含在其他商品中的每一种劳动",从而使这一劳动"成为一般人类劳动的一般表现形式"。③

价值形式推进的四个阶段,并不是形式上简单的扩大,在交换等式的背后也不存在真正意义上的相等,这只是将等式两端抽象出来以达到相等的表现形式。物和物之间的链条无限延伸,物品之间可以不受限制地互相表现,在这个过程中,有限表现为了无限,特殊表现为了普遍。等式两端的个性被证明只是一个假象而已,抛弃它们的性质,它们在等号的作用下都被还原成为一个第三方即货币。价值形式最后达到了货币形式,"获得客观的固定性和一般的社会

① 齐泽克:《意识形态的崇高客体》,北京:中央编译出版社,2001 年,第 15 页。

②《马克思恩格斯文集》第 5 卷,第 87 页。

③《马克思恩格斯文集》第 5 卷,第 81—84 页。

效力"①。货币的商品地位在这一过程中具有深远的重要性,因为这个普遍的等价物带来的是一致性,可以将具体转化为抽象,是具有统治和主宰力量的普遍的社会效用性。货币形式在资本主义世界中也发挥着政治话语的作用,它能巩固使工人阶级分裂的政治力量,同时加强资本主义意识形态的力量,货币形式下的相等和资本主义民主政治下的平等,不都具有虚假性吗?问题是它似乎已经完全被人们接受并习以为常,并且它看起来并不会很快消失。由此我们可知并将展开论证,第一,货币形式作为持续的商品交换的必要条件,在商品交换中建立起自身的同一性和普遍性;第二,货币形式塑造了社会关系。

首先,在没有采取货币形式的最初阶段,商品交换是不可能的吗?也许有人会感到疑惑,在没有采取货币形式的时候如在最初交换阶段,上衣和麻布的交换也是可能的,但是应当清楚,在第一种形式和第二种形式下的商品的交换,只是出于偶然的或者按照习惯的同其他商品的交换,货币形式还没建立起商品间和社会间的一种普遍的可交换关系。货币是交换过程的必然结果,货币形式解决了简单价值形式内部的矛盾。即只有采取货币形式,商品才能确立它们的交换性,持续的商品交换才成为可能。货币形式究竟是怎样的,它又如何建立起了同一性和普遍性,我们可以从洛茨对货币形式的特点描述出发进行理解:"货币作为世界货币可以在所有地方运作,即实体在其可交换性方面不再依赖于当地条件、规范、个体等……货币作为世界货币,使每一个实体至少具有潜在的可购买性,因此也具有可交换性。所有事物之间都可交换……作为结果,空间和时间变得抽象和统一……因此,抽象并不意味着社会关系的消失,而是意味着社会依赖的增加,因为每个人都变得依赖其他人。"②由此可见,货币成为了社会普遍的中心并导致了所有事物的服从,空间和时间的特殊性被抹去而变得抽象和统一,当所有实体都潜在地采取了货币形式,质和量完全不等同的物品,可以在这个商品世界中被抽象地等同,一切事物都可以被衡量并产生等价关系,社会关系都变成了商品关系。这一点我们可以在马克思的文本中找到很好的佐证,货币"被当成万能之物……是需要和对象之间、人的生活和生活资料之间的牵线人"③。货币具有一种普遍的力量,覆盖了所有对象的特性,并因此

---

① 《马克思恩格斯文集》第 5 卷,第 86 页。

② Christian Lotz: *The Capitalist Schema*, p. 42.

③ 《马克思恩格斯文集》第 1 卷,北京:人民出版社,2009 年,第 242 页。

覆盖了对象体现出来的人的劳动和社会关系,它成为了社会生活中的普遍媒介,货币形式就是将所有差异都磨灭掉的同一性和普遍性,并以这同一的媒介使各种商品在形式上相等从而产生关联并将社会关系勾连起来。

其次,货币建立起社会关系,且构成了社会中一个普遍的框架遍及整个社会。我们在这个框架中的关系是抽象且不可把握的,因为货币将人们的产品和人们的劳动抽象出来进行无限的扩展和交换,我们的工作变成了跟货币挂钩的一般意义上的劳动。在货币形式的主宰下,我们彼此依赖但一切又都是偶然的。在这种情况下,货币形式建立的社会关系摆脱了传统的人际关系、社会准则和价值规范,货币成为了社会权力并使社会关系发生了颠倒,即"社会联系是由货币构成的,货币就会变成一般的社会权力,个体通过这个力量来支配他人,因此货币也就有了支配他们的力量"①。在这个基础上,资本主义呈现出的等同和平等的逻辑就是虚假的同一性,它的实质是货币形式以普遍吸纳特殊的统治,也就是社会对其成员的统治,综合了所有的具有特殊性的社会阶层,货币面前人人平等,但这只是在形式上的平等。黑格尔(Hegel)对现代市民社会的分析呈现出了一致的观点,货币出现并取代了以往的衡量标准,成为人们之间的关系的表达。市民社会中的人只有放弃自己的特殊性并竭力获得普遍性,才能获得价值,正如货币形式的统治,只有服从同一性的塑造,才能获得商品世界的入场券。货币是真正的政治权威,人们在其中都是为他存在。"当金钱取代了对荣誉的认可,成为人与人之间调节的形式与价值的表达,或者,当劳动力像其他商品一样在市场上出售,人的贬值就出现了。"②当货币成为调节人们之间关系的标准,产生的结果就是市民社会中人们沦为财富的奴隶,人们争相以人格的转让来换取财富,即便人格和财富明明是不能等同的存在。就像资本家和工人阶级的矛盾,财富或者货币的动力造就的不是普遍的享受,而是资本家的享受和穷人的痛苦,或者实际上货币造成的是普遍的痛苦,看似人们是在为达到普遍性而努力,实际上人们努力的结果是在追求货币中的个人的丧失,反观现代社会,受资本驱使的不再只是谋生活的穷人,资本家可能比劳动者更难逃离

① Christian Lotz: *The Capitalist Schema*, p. 42.
② Nicholas Mowad: *The Purest Inequality*: *Hegel's Critique of the Labor Contract and Capitalism*, in *Hegel and Capitalism*, Andrew Buchwalter (ed.), Albany: State University of New York Press, 2015, pp. 72 - 73.

资本,这就是货币的抽象力量对社会关系的控制和主宰。

三、对"同一性"的批判和对颠倒的突围

卡尔·洛维特指出,颠倒的世界已经出现了,但它是"可撤销的。就像其他社会结构一样,它可以通过革命行动和理论批判被改变……革命的可能性就隐藏在固定的和既有的商品价值形式中,那就是货币"①。基于如上分析表明,货币形式的统治背后隐藏的正是"同一性"原则,古典经济学家们提出的经济规律和范畴运行,也通过"同一性"原则得以实现。

对"同一性"问题的讨论在德国古典哲学那里已呈现出诸多争论。黑格尔对康德和费希特哲学中的"同一性"问题展开了批判,他认为康德和费希特都设立了一种虚假的"同一性"。现象界在康德那里是可以认识的,但是认识的客体对象其实仍然是思维的产物,因此思维的客体和关于客体的知识是同一的。而在费希特那里知识来源于感官实践,而外部世界仍然是自我设定出来的。基于这样的解释,黑格尔指出康德和费希特达到的"同一性"是虚假的,在上述情况中,自我意识的力量还没有得到充分发展,康德和费希特只是在努力地设定一个中介,来使得知识和世界得以连接,在这个时候,自我意识并没有获得完全的主观能动性,他们的认识活动受到其他条件的限制,所以他们并没有获得关于知识和对象的"同一性"。例如康德认为自在之物是不能认识的,我们的知识受到了限制,这些内容超出了我们的理解,主体和客体实际上还处于二元分裂的状态,所以"黑格尔认为康德未能把握好概念与感性直觉的'同一性'"②。在他看来,只有在自我意识得到了最充分的发展时,才能够达到"同一性"。可见,黑格尔对康德和费希特的"同一性"的批判在于他们的不彻底性,黑格尔想要达到最充分的同一。

马克思对资本主义世界中现实和表象相吻合的"同一性"的批判,对古典经济学家的批判,可以回到对黑格尔辩证法的"同一性"的批判,因为黑格尔辩证法的同一性在一定程度上影响了古典经济学家。正如伊里因科夫(Ilyenkov)

---

① 卡尔·洛维特:《韦伯与马克思以及黑格尔与哲学的扬弃》,第232-233页。

② Sally Sedgwick:*Hegel's Critique of Kant: From Dichotomy to Identity*,Oxford:Oxford University Press,2012,p. 8.

所指出的,黑格尔的辩证法在一定层面上"是替古典资产阶级经济学家(斯密、李嘉图,等等)思维的形而上学性质作辩护的"①,对象和概念的必然契合是对同一性的辩证性质的否定,陷入了僵化和绝对的同一。

黑格尔的辩证法禁锢在唯心主义之中,这就造成了一个结果,即在思想范畴和物质世界之间,存有一种抽象的"同一性"。从绝对精神到自由个人、国家和市民社会,都蕴含着黑格尔在思想中实现的认识和对象的"同一性",是浮在表象之上并没有深入客体本质的"同一性"。首先,黑格尔辩证法中的目的论倾向是很明显的。他在一开始就设置了一个终将实现的目的,于是自我意识的发展路径其实就是一条必将回归自身的路径,这一个路径只是精神重识自身的过程,并没有脱离辩证法的圆圈结构。尽管存在矛盾的对抗,但矛盾的设立目的也是为了能够在克服对立后实现思维和存在的同一。其次,从认识论的角度来看,在黑格尔那里"对象都与概念契合"是必然的,整个认识运动中"差别并不存在,自我意识仅仅是这样一个静态的同语反复"②,即使他的辩证法结构中出现了矛盾和对立,但"从抽象到具体"的思维方法只能呈现一个结果即主体和客体的"同一性"的实现。以此推论便能理解,受黑格尔辩证法影响的古典经济学家们为何会如此研究经济社会了。经济学家们陷于和停留在表面,他们研究价值和价值量,却不深入追问为何会采取价值的形式,他们预设了普遍规律,预设了表象和现实的"同一性",预设了矛盾和差别的不在场,由此便可以建立一个完美的资本主义经济发展史。同样的,在古典经济学家那里,对象和概念的契合是完美的,对象和概念之间不存在差别,古典经济学家们不允许矛盾的存在,因为规律作为天然存在必然是与经济运行相一致的,矛盾是不存在的,资本主义是永恒的。因此,"同一性"原则在商品世界中淋漓尽致地体现出来,并从经济领域拓展到政治和生活领域。

谈"同一性"绕不开抵抗"同一性"的代表阿多诺,他在谈及商品交换时指出,正是这种抽象出来的交换使得"不同一的个性和成果成了可通约的和同一的"③,这里主要指的就是自身和对象的等同即 A = A。等价交换就是"同一性"

① 伊利延科夫:《马克思〈资本论〉中抽象和具体的辩证法》,郭铁民、严正译,福州:福建人民出版社,1986年,第130页。
② 黑格尔:《精神现象学》,先刚译,北京:人民出版社,2013年,第111—112页。
③ 特奥多·阿多尔诺:《否定的辩证法》,张峰译,重庆:重庆出版社,1993年,第143页。

原则实现的主要体现,商品经济社会玩的是"表现的游戏",而游戏的规则就是"同一性"。当世界出现了不合理和颠倒,辩证法或者否定的意义就显得极为重要。在阿多诺看来关键在于用"非同一性"打破"同一性",它是否定和改变世界的力量。马克思说商品是世界的公民,商品在经济社会的形象和公民在政治社会的形象是一致的,那么他们究竟是在何种意义上实现的一致?资本主义政治社会赋予公民的自由、民主和平等都只是形式上的赋予,仿佛形式上的赋予就等于实际上的实现,商品的等同性又何尝不是被赋予的呢?商品用一个符号串联起来的无限系列的表现,只不过是被赋予的等同性而已,他们并不相等,只是表现为这样的等同和可交换。

　马克思对政治经济学的"同一性"原则的批判不是从《资本论》开始的,他在《1844年经济学哲学手稿》中已经揭露过古典经济学家们的错误,只不过当时的马克思还没有找到批判历史唯物主义原则罢了。古典经济学家虽然认识到了"劳动是财富的源泉",但是在论述私有财产时却将劳动看作增殖手段,他们将资本、劳动和土地当作私有财产的内容,从这一角度出发得出财富不断增加的结果,将私有财产"放进一般的、抽象的公式,然后又把这些公式当作规律",赋予了私有财产先验的性质。他们在历史和认识论上所作的假设,"总是让自己处于虚构的原始状态"[①],而假设出的规律却具有先验的性质,他们通过经验手段来研究资本主义社会、经济关系、经济概念,只需要验证现实是符合规律的即可。此外,马克思在《1844年经济学哲学手稿》的"货币"一节中提到,货币"把一切事物都混淆了、替换了"[②],货币作为一般价值形式,可以将不同的物品进行交换和买卖,同时也抹去了物品的差异性,各种各样的物品在货币面前被抽象地同一化了,于是人和物的颠倒,德性和恶行的颠倒,喜爱和憎恶的颠倒,自然和人的颠倒等也变得不足为奇。

美国学者詹姆逊(Frederic Jameson)竟然错误地认为,"资本主义社会的主导因素和决定因素在原则上的同一性使其成为第一个透明社会,即第一个公开了'生产的秘密'的社会形态"[③]。资本主义以前的社会的生产关系是简单易见的,从鲁滨逊到中世纪,都是不以价值导向来生产的没有资本秘密的社会,而他

---

① 《马克思恩格斯全集》第42卷,北京:人民出版社,1974年,第89—90页。

② 《马克思恩格斯文集》第1卷,第247页。

③ 弗雷德里克·詹姆逊:《重读〈资本论〉》,胡志国、陈清贵译,北京:中国人民大学出版社,2016年,第16页。

之所以认为在"同一性"原则下资本主义社会没有秘密可言,在于他犯了和古典经济学家们同样的错误,对不同形式的经济关系不加区分,只靠着对经验范围内可得的一些局限性的材料,直接从表面抽象出简单的规律,这些规律在资本主义社会中是不受时间限制的绝对规律,规律和现实是吻合的并且必将是完全一致的,所以资本主义社会在这个意义上是透明的,而这些都是建立在"同一性"的假设上。马克思在对商品、价值、劳动等范畴进行科学研究的基础上,一直致力于揭开资本主义拜物教的秘密,曝光这种虚假的等同性,指出经济学家们的思考漏洞,而詹姆逊却完全没有理解其中的秘密。

"同一性"原则和拜物教的虚假性都是静态的,因为在这里现实是静止的一成不变,规律是永恒的适用,事物的发展没有打破固化的局面,矛盾的摩擦在"同一性"中消融。"同一性"试图蒙蔽人们的认识,从而使人们理解现实而非反抗现实,理解矛盾而非与矛盾斗争。但是将不同的东西等同联系起来,本身就是一件矛盾的事情,因为它实际上已经预设了差异性的在场。虽然对同一的否定并不必然导致我们对差异的肯定,但是我们还是应该以辩证的方法来处理同一和差异的关系。马克思批判古典经济学将"同一性"看作理所当然,将矛盾看作逻辑不一致,马克思是站在"非同一性"的立场上,对资本主义社会进行的动态的批判。对"同一性"的认可和拜物教的服从,必然会导致人受到资本逻辑更深刻的束缚,人们怎么能把"自己的神秘的纱幕揭掉"[①],有意识有计划地控制社会生活过程呢?

对颠倒的突围要求打破"同一性"。在马克思揭示了资本主义社会秘密的基础上,资本主义社会主宰下的主体应该主动地突破资本对人的控制,认识到人与物的分裂状态以及人的外在性和分离状态是资本主义虚假承诺背后的真实的破裂。资本主义像一个禁锢人们的牢笼,生存于其中的主体亟需"一场针对人们现在生活于其中的各种具体条件的彻底革命"[②],不认同才能带来反思和反抗,打破"同一性"的宰治从而深入到背后的内在本质,才能揭示被掩盖的劳动和资本的矛盾。霍洛威高度肯定了阿多诺的非同一性的否定性维度,他认为在现实的革命中,"非同一性"的存在有着深刻意义。因为在他看来,"同一

重审《资本论》语境中「颠倒世界」的同一性逻辑

---

① 《马克思恩格斯文集》第 5 卷,第 97 页。

② 卡尔·洛维特:《韦伯与马克思以及黑格尔与哲学的扬弃》,第 233 页。

性"就是虚假的、矛盾的,它也意味着特殊性的丧失与妥协和服从。因此否定"同一性"就是唤醒在资本主义颠倒世界中的主体的革命性,是对主体的革命力量的激活,我们应该行动起来并质疑周遭的一切资本主义虚假关系。霍洛威的观点掷地有声,"我们就是非同一性"①! 所以说革命的力量应该从自身寻找,"非同一性"是一种超越自身的力量,改变自身的力量,并切实重新创造自身的力量。霍洛威认为,尽管资本主义试图以虚幻的假象打消人们认识和反思的可能,但是抵抗的可能性就藏在生活的"裂缝"中,普通大众完全可以在生活层面进行反资本主义的革命,"打破同一性,打破同质的时间。斗争永远是不断更新的尝试,是创造,是对不合理传统的否定"②。因此在这个基础上倡导的个人反抗,就是在生活层面去反抗颠倒的事物,反抗分层的世界,逆转当下的社会关系和社会系统,这或许是主体革命并寻求非异化的社会秩序的可能性所在,也是对世界颠倒的突围的可能性所在。

　　相比于西方左翼学者对政治经济学批判的偏离而转向文化批判和主体批判,马克思将政治经济学批判视为剖析资本主义世界的本质问题,马克思对货币形式所呈现出的商品世界的同一性的批判,归根到底是对资本主义对人的主宰和统治的揭露,在对政治经济学和黑格尔哲学的批判上,他试图将资本对人的压制呈现出来,为人们解放的实现确定了问题的根源。

A Reconsideration of the Identity of the "Topsy-Turvy World" in Capital

Liang Yingxin

Abstract: In "Topsy-Turvy World" in the context of Das Kapital, the relationship between things replaces the relationship between people, and the social relationship is separated and reversed from the traditional personal norms, values and norms. People

---

① John Holloway: *Why Adorno ?*, in *Negativity and Revolution*, John Holloway, Fernando Matamoros and Sergio Tischler(eds.), London: Pluto Press, 2009, p. 13.

② John Holloway: *Change the World without Taking Power*, p. 213.

have to submit to this reversal of order because fetishism has come to dominate people, and the evolution and completion of this reversal is hidden in the form of money. According to this research idea, based on the investigation of the secrets of fetishism, this paper analyzes the form of money in the field of "Topsy-Turvy World", and then presents the identity and universality of this world, so as to seek the possibility of resistance and break out of this reversal.

Keywords: topsy-turvy world; the form of money; identity; non-identity

重审《资本论》语境中「颠倒世界」的同一性逻辑

试论赵汀阳、沈清松"建构型"跨文化哲学元理论及其限制

刘 旭[*]

[摘　要]　赵汀阳的"共在存在论"与沈清松的"慷慨外推"的跨文化哲学元理论,是当代汉语学界内两种不同类型的跨文化哲学元理论。赵氏的元理论在继承马克思实践观的基础上主要寻求跨文化共在的可能;而沈氏的元理论则继承了"我思"的传统,并以黑格尔式的精神自否定推动他的体系展开慷慨外推的运动。二者的理论之间形成了逻辑上相继的不同环节。经过考察,他们的元理论体系其实也存在着一定的矛盾,并非十分自洽,但都深刻地指向了"主体性"和"主体间性"这两个孪生的现代哲学的根本概念,尽管他们对此都持批判的态度。而事实上这两个概念恰恰是跨文化哲学的真正逻辑开端。

[关键词]　赵汀阳;沈清松;跨文化哲学元理论;共在存在论;慷慨外推

* 刘旭(1989—　),男,江苏仪征人,武汉大学哲学学院中国哲学专业博士生(耶鲁大学神学院联合培养),主要研究领域为比较哲学、汉语神学、明清时期中西文化交流史。

一、引言

近年来,随着汉语哲学界对西方哲学的涵化和对自身哲学传统的反思,比较哲学、跨文化哲学等以"跨界"为方法追求和理论旨趣的哲学研究渐成风潮,当然其中亦有不同方向的努力:从事中国哲学研究的学者主要是力图通过比较哲学、跨文化哲学解决身份认同困境,并致力于回应西方哲学的挑战,最终实现传统哲学资源的现代转化;从事西方哲学研究的学者则试图通过比较哲学、跨文化哲学实现哲学创造,如将现象学、分析哲学的方法运用在中国哲学文本中,激发新的哲思。[①] 尤其在中国哲学研究领域,以中西哲学比较的方法,通过对核心概念的比较解读,在不同语境中分析新旧文本,将中国哲学独有的理论资源呈现出来,并以此回应自 21 世纪初德里达(Jacques Derrida, 1930—2004)访华提出的"中国没有哲学"的论断,乃至从 1840 年以来回响至今的"中国哲学合法性问题",且确立中国哲学的主体性并实现新的哲学创造是中国哲学家运思创作中相当普遍的一种追求。同时,比较哲学、跨文化哲学等研究范式的兴起事实上也是汉语哲学界理论自觉的体现。

海内外的中国哲学研究群体中(当然,必须要承认的是,外国的中国哲学、汉学研究者率先以比较哲学的方法研究中国哲学,但本文暂不涉及),以"比较"、"跨界"为主要研究方法和致思努力的学者不在少数,如海外的有信广来、

[①] 事实上,笔者认为,哲学的本质就是"比较的",即是对话的、面向他者的,这一点从东西方哲学经典文本的形式即可看出,如"柏拉图对话"、《论语》、《孟子》等。尽管在随后的发展中,大部分哲学作品并非都以对话的形式呈现,但这并没有改变哲学"对话"的本质——即精神走出自身,无论是面向他者还是自身。不仅如此,近年来,多位中国学者,尤其是以外国哲学研究见长的学者呼吁建构"汉语哲学",力图从汉语的特殊结构、核心概念的翻译、哲学文本、问题域的划定、与西方哲学沟通,乃至解决西方哲学中的问题,这些事实上都可以归于比较哲学,跨文化哲学,或者与比较、跨界强相关的哲学研究。详情可进一步参考韩水法:《汉语哲学:方法论的意义》,《学术月刊》,2018 年第 7 期,第 5—24 页;马寅卯:《从西方哲学到汉语哲学》,《哲学研究》,2018 年第 12 期,第 28—35 页;孙周兴:《我们可以通过汉语做何种哲学》,《学术月刊》,2018 年第 7 期,第 25—31 页;徐英瑾:《索萨的德性知识论与儒家"正名"论的对话——兼论汉语哲学与分析哲学结合的可能性》,《学术月刊》,2019 年第 12 期,第 13—23 页;江怡:《从汉语哲学的视角看中国哲学研究 70 年》,《同济大学学报(社会科学版)》,2020 年第 1 期,第 82—84 页,等等。

黄勇、李晨阳等教授[①]，国内的有杨国荣、吴根友等教授[②]，他们以及与其理论追求类似的学者大多力图对原生哲学传统[③]中的概念、范畴、议题在比较哲学、跨文化哲学的视域中作出新的解释、回应西方哲学资源难以解决的论题、探讨"比较""跨界"如何可能、实现视域融合等，因此笔者将此路径归类于"解释"型跨文

① 信广来教授就比较哲学提出过"直接比较"的方法论，即"对两种不同哲学传统中的思想家、文本、思潮、概念或主题进行直接的比较，旨在理解两种传统中某一传统的观点。例如，比较孔子与亚里士多德、儒家与康德伦理学、儒家耻的观念与当代西方 shame（羞）的观念、儒家与当代西方关于自我与社会之关系等"。详见 Shun, Kwong-loi, "Studying Confucian and Comparative Ethics: Methodological Reflections," *Journal of Chinese Philosophy* 2009(36), pp. 455–478. 在综合多位哲学家比较哲学理论的基础上，黄勇教授列举了三种较有希望的比较理论：1. 宽容原则（the principle of charity）；2. 桥梁概念；3. 概念隐喻（conceptual metaphor）。详见 Yong Huang, *Why Be Moral: Learning from the Neo-Confucian Cheng Brothers*, Albany: State University of New York Press, 2014, pp. 5–14. 李晨阳教授从儒学研究自身所可能面对的困境与挑战出发，认为必须以比较哲学、跨文化哲学的方法进行研究，若非如此，儒学研究将产生两个问题："第一，儒学研究将局限于封闭与狭隘之视野，缺乏与多元文化交流与互鉴之机会；第二，儒学将无法对世界文明发展作出应有之贡献，如无法引导社会、回应平等与民主的问题、思考当代国际秩序，以及无法从儒家立场发展出环境哲学。"详见李晨阳：《比较的时代：中西视野中的儒家哲学前沿问题》，北京：中国社会科学出版社，2019 年。

② 杨国荣教授认为："中国哲学是性道之学，西方的 philosophy（哲学）是跨越知识界限的智慧之思，尽管在具体表述上不同，但两者的实际指向则并无根本不同：性道之学与哲学都是智慧之思，其实质的内涵彼此相通。"参见杨国荣：《超越非对称：中西哲学互动的历史走向》，《华东师范大学学报（哲学社会科学版）》，2018 年第 6 期，第 39—44 页；杨国荣：《何为中国哲学——关于如何理解中国哲学的若干思考》，《文史哲》，2009 年第 1 期，第 37—41 页。吴根友教授认为："中国哲学从一开始就是比较的，甚至比较哲学是中国哲学的命运，但这并非意指中国哲学没有自己的民族特性，恰恰相反，在比较视域下展开的中国哲学吸收了大量外国哲学的因素，从而呈现出鲜明的'中国性'，并且要通过比较哲学实现哲学创新，最终通达世界哲学。"详见吴根友：《判教与比较：比较哲学探论》，上海：东方出版中心，2019 年。

③ 笔者之所以此处没有直接使用"中国哲学"这个概念，是因为当下中国哲学概念的光谱日显复杂，已不单单指涉以儒释道三家为主要代表的传统哲学。当代中国哲学家所继承的哲学传统早已不限于中国哲学，还有马克思主义哲学，以及对中国哲学产生强烈冲击的西方哲学等。正是基于此现实情况，近年来，关于"中国哲学"概念的讨论日益增多，如有些学者认为中国哲学指的是"在中国的哲学"（Philosophy in China），即是传统文化土壤生长出的中国哲学，另一些学者认为中国哲学指的是"从中国来的哲学"（Philosophy from China），这是以未来为坐标的哲学，意指综合多种哲学在中国所孕育出的新的哲学思想等。详见王庆节：《让哲学说汉语与从中国来的哲学的可能性》，《学术月刊》，2019 年第 8 期，第 179—184 页。此外，本文的研究对象之一赵汀阳教授也对"中国哲学"的内涵与身份问题进行过深入讨论，他认为"中国哲学"的身份问题之所以需要讨论，是因为其内容被错误分类，从而忽略了真正本源的问题，即面向未来而"作"，同时他也认为哲学无"国别"，只有本源问题。详见赵汀阳：《中国哲学的身份疑案》，《哲学研究》，2020 年第 7 期。

化哲学,即将"比较"的方法与视野视为哲学本身应然的要求、自我批判的内在动力,并以此丰富自身的传统,确立中国哲学的独特价值,而且他们的哲学运思大多不涉及本体的重构和哲学规范性问题。除此之外,笔者还关注到以赵汀阳和沈清松为代表的另一种路径的跨文化哲学研究——即与"解释"相对应的"建构"型元理论,顾名思义,"建构"即是指建构新的元理论,再造新的本体论以超越此前的本体论。他们形成了较为完整的理论系统,并在逻辑上形成了前后相继的关系。尽管他们二人都反对西方"主体性"哲学所造成的普遍主义,但事实上他们的元理论也不可避免地带有重塑"普遍性"的理论追求。

在下文中,我将比较赵汀阳"共在"本体论与沈清松"慷慨外推"的跨文化哲学元理论。首先,我将阐述赵汀阳的跨文化哲学,尝试将他的理论体系呈现出来,并在此基础上反思他重新建构"共在"本体论的哲学理路;其次,我将阐述沈清松"慷慨外推"的跨文化哲学,尽管其体系的层次清晰,但笔者依然发现其理论路径有诸多不融贯之处;再次,我将比较二者的跨文化哲学元理论的异同与限度,尽管它们都属于"建构"型理论,且都具有较强的教化色彩,但同中有异,远近高低各不同;最后,笔者将给出自己的观点以总结全文。

二、赵汀阳"共在"的跨文化哲学元理论架构

笔者之所以将赵汀阳的跨文化哲学归类于"建构"型元理论,是因为其批判传统的由"一神论"思维和主体性哲学所造成的先验的普遍主义,而代之以他自己所建构的基于实存的"关系理性"共在存在论,力图将西方传统以"存在"(to be)为第一哲学扭转为"行动"(to do)的第一哲学,并且强调历史哲学的优先性:哲学首先是历史哲学,人的存在也是历史性的存在,真正的哲学问题是如何共存,即主体与他者、主体与自然、主体与未来如何共在,而这些问题超越了"我思"可思议的范围。事实上,赵汀阳的跨文化哲学思想是在塑造新的普遍主义,只不过是从实践的角度经验地构造,而非先验推演式地构建。如果说"一神论"和主体性哲学是普遍主义的,那么赵汀阳的跨文化哲学同样也是,只不过"建构"的是另一种普遍主义。

(一)跨文化哲学元理论的目的

赵汀阳的跨文化哲学元理论是充满创造力的行动哲学,亦可说是政治哲

学——强调实践(共在的关系理性)与解构(悬搁与重构),在他自己的哲学语言中,他常用中国传统的语言"作"来指代。①

跨文化哲学在赵汀阳看来并非是发现新大陆似的探索,更非以把玩的心态看待不同文明中的土特产,而是力图在交流中创造新的哲学,进而在存在论上或在政治意义上与他者共在,而非仅仅在知识论意义上相互理解。② 但如何才能有效地实现新的哲学创造和共在尚未形成共识,也就是说实现跨文化哲学的方法论还需寻找。③ 之所以难以确定一个有效的方法论,是因为传统哲学中,尤其是西方哲学中的固有观念造成了阻碍,其中最典型的便是"一神论"和主体性的观念,事实上,在赵汀阳看来,这二者在根本处是同一的:因为主体就意味着一个封闭的、自足的理念世界,"一神论"的思维便是对一个绝对完满的观念的信仰以及由此而衍生出的普遍主义④,而主体性是对于自我的承认与崇拜,这在思维上是同构的。⑤ 赵汀阳认为:

观念史与汉语之思

> 主体性的绝对自我是现代一神论的信仰对象,主体把他人的头脑当作知识论和政治问题看待,就像传统一神教将异教徒的生活视为宗教问题一样。当真理由主体定义时,真理就成了知识论问题;当价值由主体评判时,价值就成了伦理学问题;当主体视自身为独立的绝对自我时,身份认同就成了政治问题……所以说,以主体性为基础的现代哲学依旧具有强烈的宗教色彩,它在实质上不外乎是一种人类进行自我崇拜的现代神学。⑥

---

① 赵汀阳认为:"对可能性的拓荒使本源具有当代性,因此,所有本源问题都指向作而现身于生活的所有创作之中。先秦许多典籍都记载了先王时代值得铭记的对生活可能性的拓荒之作,这种集体记忆说明了一切问题都始于作(创制)。"参见赵汀阳:《第一哲学的支点》,北京:生活·读书·新知三联书店,2017年,第33页;"对未来可能性的开荒——所谓作——就是本源问题的在场证明。"参见赵汀阳:《中国哲学的身份疑案》,《哲学研究》,2020年第7期。
② 赵汀阳、阿兰·乐比雄:《一神论的影子》,王惠民译,北京:中信出版集团,2019年,第54—55页。
③ 赵汀阳、阿兰·乐比雄:《一神论的影子》,前言 i。
④ "在我看来,对于跨文化问题的解决要么抛弃以一神论的方式定义的普遍性,要么相互接纳对方的普遍化,也就是承认多元的普遍主义。"见赵汀阳、阿兰·乐比雄:《一神论的影子》,第90页。
⑤ "现代性通过自我神化的主体性和对自然的不断征服作为新的人类神话取代了传统的宗教神话。"见赵汀阳、阿兰·乐比雄:《一神论的影子》,第39页。
⑥ 赵汀阳、阿兰·乐比雄:《一神论的影子》,第45—46页。

可以看出，主体性哲学被赵汀阳视为一种"自我崇拜的现代神学"，对他者、真理、价值、身份等问题进行自我的裁决。尽管西方哲学内部早已开始反思并消解主体性观念，如福柯（Michel Foucault，1926—1984）在《词与物》中宣称"大写的主体之死"①，但传统的观念并不那么容易消失殆尽，甚至在当代的跨文化哲学交流中依然发挥着消极的作用：

> 换句话说，如果一个绝对的自我（absolute ego）拥有了一个纯粹所思（cogitatum qua cogitatum）的内部世界，他就不需要别的世界了，自我将会被封闭在所思世界的边界以内。关于主体性存在着这样一个悖论：如果一个主体的独立的自我世界是自足的，他显然不再需要进入到其他人的世界中去，但同时他也将没有能力去说明和解释其他任何世界，于是，整个世界将等同于他的自我世界；然而，当世界与自我等同、他者消失之时，主体概念也将因为失去对比性而失去意义。②

由上可知，赵汀阳认为，一个绝对的、独立的、自足的自我，尤其是自笛卡尔哲学以来的具有自明的"我思"的主体让跨文化哲学难以实现，或者说让承继此观念的主体认为跨文化哲学是不可能的，因为对于一个自足的主体而言，他者与外部的世界已被消解或在观念上被等同。

（二）主体间性的实存和语言对话结构的先验基础

尽管如此，但赵汀阳认为，跨文化哲学不仅依然是可能的，而且是可欲的（desirable），因为跨文化哲学的基础——"主体间性"或"跨主体性"（trans-subjectivity）和"共在"在逻辑上与事实上都是存在的。③ 赵汀阳认为，在"事的世界"④中，共在是一个事实，而非仅是一个可能；同样，"主体间性"也是如此，

---

① 米歇尔·福柯：《词与物：人文科学考古学》，莫伟民译，上海：上海三联书店，2002 年，第 13—14 页。

② 赵汀阳、阿兰·乐比雄：《一神论的影子》，第 41 页。

③ 赵汀阳：《第一哲学的支点》，第 236 页。"跨主体性应当被理解为跨文化交流的哲学依据。"见赵汀阳、阿兰·乐比雄：《一神论的影子》，第 6 页。

④ 赵汀阳将世界分为"物的世界"与"事的世界"，"事的世界"是关系—共在—存在的结构。见赵汀阳：《第一哲学的支点》，第 235 页。

"按我的理解，主体间性是一个既定的事实，并非一个令人不安的问题。我的意思是，主体间性是文明既定的现状，而不是某个尚未解决的问题。"①既然在生活世界中人与人是共在的存在，人与人之间的关系本就是主体间性，那么彼此的理解就有了基础，理解他者以及他者背后的整个生活世界、理念世界也有了可能——跨文化交流因此在实践中是一个既定的事实，而非仅是理论与逻辑上的可能。

由此，赵汀阳认为，为主体间性确立理论基础是叠床架屋而不必要的，如果在实践中难以跨文化交流，并非是因为主体间性或跨主体性的缺失，而是因为前面所讨论的主体性所造成的困难。② 除此之外，现实存在的语言的先验对话结构也是跨文化哲学得以可能的基础。赵汀阳认为，每一个句子都有一个明确的含义，同时也有另一个句子作为回应，因此，语言本身就先验地蕴含了对话的结构，为自我与他者的对话创造了可能。③ 当然，由于主体性的影响，在实践中语言依然有可能被主体性观念或一神论思维所宰制，拒绝异质的语词、概念和思想进入，从而让跨文化哲学沦为"思想的观光"，而非观念的"移居"。④

由上可知，跨文化哲学的先验的基础，进一步说，生活世界的实存（existence）基础——跨主体性和语言的先验对话结构在理论上与实践上都是存在的，实践中的困难是因为主体性的影响，从而被遮蔽：

> 一种语言意味着一种生活形式或公共游戏，它的规则建立在共同的实践、经验、历史、制度和信仰的基础之上。因此我更愿意说，主体间性先于主体性，或者说，主体性依赖于主体间性。虽然主体间性的具体状况还可以进一步完善，但主体间性的哲学基础却是足够充分的。理论上说，关于主体间性并没有什么未解的哲学问题，而只有技术实践上的困难。⑤

观念史与汉语之思

---

① 赵汀阳、阿兰·乐比雄：《一神论的影子》，第 6 页。

② 赵汀阳、阿兰·乐比雄：《一神论的影子》，第 5—6 页。

③ 赵汀阳、阿兰·乐比雄：《一神论的影子》，第 52 页。

④ 赵汀阳、阿兰·乐比雄：《一神论的影子》，第 53 页。

⑤ 赵汀阳、阿兰·乐比雄：《一神论的影子》，第 7 页。

这里同样可以看出,赵汀阳认为主体间性的实存和语言的先验对话结构只要不被遮蔽,就会促进跨文化哲学的实现。因此,有效的去蔽方法将是必须的——有限度的悬搁,赵汀阳认为这是进行文化重构的一个行之有效的方法。

(三) 有限度的悬搁与文化重构

主体性使得跨文化哲学难以实现的原因在于:1. 自足而完满的主体不会认为交流和对话是必要的;2. 主体会将他者与外部世界在理念层面等同乃至消解,也就是说,他者与外部世界在主体性观念中没有存在的位格;3. 前面两点对实存的主体间性和语言先验结构的宰制。因此,跨文化哲学在理念与实存两个层面都难以实现,要想克服主体性所造成的难题,赵汀阳认为"有限度的悬搁"是有效的方法。

他认为,自古希腊哲学到当代现象学,"悬搁"是反思我们自认为熟悉的知识和确证的信念的有效方法。由此,我们可以重新审视自身和哲学本身,回归哲学的古老理想。事实上,主体性哲学本身就是笛卡尔(René Descartes,1596—1650)通过"悬搁"一切知识信念而确立的,尽管笛卡尔最后还留下无可置疑的自明的"我思"作为近代哲学的起点。与此同时,赵汀阳认为,悬搁只能是有限度的,因为悬搁一切,人类将面临迷失自我的灾难性后果。[①]

需要指出的是,赵汀阳所说的"悬搁"不仅是知识论意义上的方法,也是"生活世界初始化"的机制。[②] 他认为,在一神论和意识形态出现之前的原始心灵更加纯粹、也更加开放,对一切可能性都保持开放,能够超越宗教与政治身份,因此跨文化哲学对于原始的思维与心灵是更加可能的[③],所以通过有限度的悬搁让人类的心灵和生存状态回到一个可以对话的起点才能让跨文化哲学和共在成为可能。

在"悬搁"之后,赵汀阳提出需要借助他山之石进行文化重构(reculturing),以便建立一个可彼此接纳的共享文本(赵汀阳也将此称为"共可能的文化循环过程"),将他者内化。在这个文化循环体系中,他者不再是自我观察、研究的对象,而是自身的一部分,以此超越相互理解,实现相互认可[④],也

---

① 赵汀阳、阿兰·乐比雄:《一神论的影子》,第 49 页。

② 赵汀阳、阿兰·乐比雄:《一神论的影子》,第 60 页。

③ 赵汀阳、阿兰·乐比雄:《一神论的影子》,第 48 页。

④ 赵汀阳、阿兰·乐比雄:《一神论的影子》,第 44 页。

就是说不仅仅在知性上理解,更在价值上接受。[1]

(四) 共在与相遇

如前所述,赵汀阳的跨文化哲学元理论不仅是知识论意义上的追求,还有本体论、存在论意义上的追求——即共在。

赵汀阳的跨文化哲学思想所追寻的目的和他的整体哲学架构是紧密相关的,因此,首先需要了解他的哲学观。赵汀阳认为,哲学并非西方典范意义上的"是"的哲学,也就是存在论哲学,而首先是历史哲学,人的存在也非主体性的存在,也就是说个体主义的、自足的、完满的存在,而是历史性的存在、关系性的存在,人在历史中行动,创造历史、解释历史,所以笛卡尔所言的"我思故我在"(cogito ergo sum)被赵汀阳改造成"我行故我在"(facio ergo sum)。[2]

在赵汀阳的哲学观中,人是历史中的人,人的存在并非个体性的存在,而是共同存在;历史由人创造、由人解释,因此不在历史之中的"未来"对人而言是"不可思议"的,非自身的,而是属于他者领域的问题、外部的问题,也是真正要探究的问题。所以赵汀阳认为,由"我思"所构建的主体性哲学是无力解决的问题。[3] 因此,在此意义上,主体性哲学以及主体性哲学的源头——"我思"在跨文化哲学中需要被超越。

由历史哲学出发,人既然不是理念中的抽象人,而是历史中的实存的人,那么普遍价值、绝对价值就难以由"我思"、"理念"等先验地确立,而是在历史中,在人与人的交流中(跨主体性)形成共识,赵汀阳将此定义为"关系理性"(relational rationality)[4],这是他的跨文化哲学实现的实存基础,也是他力图实现共在的前提条件,显然他更确切的意思是历史性的未来共在。

由此可知,赵汀阳的跨文化哲学元理论在本质上是存在论[5],易言之,跨文

---

[1] 赵汀阳、阿兰·乐比雄:《一神论的影子》,第3—4页。

[2] 赵汀阳、阿兰·乐比雄:《一神论的影子》,第102—103页,第104页。

[3] 赵汀阳、阿兰·乐比雄:《一神论的影子》,第51页。亦可参见赵汀阳:《第一哲学的支点》,导言第11页;赵汀阳:《中国哲学的身份疑案》,《哲学研究》,2020年第7期。

[4] 赵汀阳、阿兰·乐比雄:《一神论的影子》,第89页。

[5] "我试图在共在存在论的基础上强调共在先于存在,同时强调用冲突最小化的关系理性去替代利益最大化的个人理性。创造一种具有兼容性的世界存在论秩序(而不是政治家们常说的那个强者统治弱者的世界秩序)已经是眼下的当务之急。"见赵汀阳、阿兰·乐比雄:《一神论的影子》,第41页。

化哲学实现的理想程度取决于共在的可能性,而这是存在论意义上的问题。由此可知,赵汀阳所构建的跨文化哲学事实上是政治哲学,正如他自己所言,"跨文化或跨主体性是隐藏在知识论之下的政治问题。"[①]而他所言的"相遇"事实上就是"共在","聚点"就是"关系理性",这是赵汀阳的跨文化哲学的真正内涵。

三、沈清松"慷慨外推"的跨文化哲学元理论架构

与赵汀阳不同,沈清松的跨文化哲学元理论继承了"我思"的传统,即通过精神自否定运动,主体走出自身,迈向他者与多元他者;"慷慨外推"的三个阶段亦是如此:从语言到实践,再从实践上升到本体,这与黑格尔(G. W. F. Hegel, 1770—1831)的精神辩证法同构,当然,不得不指出的是,沈清松对黑格尔意义上的"主体性"与"主体间性"概念似乎存在误读;进一步地,沈清松"慷慨外推"中的"可普性"概念事实上与黑格尔在《历史哲学》中的"普遍"概念几乎同构:具体某一民族的历史与文明是否能够得以存在,便取决于其普遍精神的高低程度。

(一)跨文化哲学的目的

在正式探讨沈清松的跨文化哲学思想之前,笔者需要交代的是,沈清松所使用的跨文化哲学的英文名是 intercultural philosophy,这与赵汀阳的 trans-cultural philosophy 是不一样的。尽管如此,因为赵汀阳在他的书中反复论证主体间性的实存性,且未对 trans-cultural 和 intercultural 概念做明确的区分,并将"关系理性"作为他的"共在论"的基础,又一再强调融合。根据这些论据,笔者认为,事实上,赵汀阳的跨文化哲学的重点依然是 inter(交互),而非 trans(超越),因此,在中文语境中二者所讨论的"跨文化哲学"是同义的,尽管英文使用不一样,但在概念内涵上,笔者认为赵汀阳所言的跨文化哲学和沈清松所谈的是同义的。

沈清松认为,之所以采取"跨文化哲学"的视域与方法研究不同传统的哲学,而不沿用接受度更高的"比较哲学",是因为"比较哲学"暗含着"国族主义"(nationalism)和"殖民主义"(colonialism)的立场,前者是自我中心主义的,希

---

① 赵汀阳、阿兰·乐比雄:《一神论的影子》,第 55 页。

望通过比较而论证自我的优越性,后者有自我矮化的倾向,力求通过他者的眼光来了解自我。[①] 但跨文化哲学是不一样的,正如笔者在前文所分析的那样,沈清松认为,跨文化哲学预设了文化平等的立场,即哲学都源于文化,所有民族都有自己独特的文化,因此也都有各具传统的哲学,所以,并不存在典范意义上的哲学,即唯一的、普遍的哲学,而是各个民族的哲学都有自身存在的理由,都可以相互外推达到相互丰富。[②]

(二) 多元他者

根据沈清松对跨文化哲学的"原初状态"预设,就不难进一步推导出不同民族文化和不同传统哲学背后更根本的哲学概念——多元他者的存在与绝对平等。

在赵汀阳的跨文化哲学思想中,主体性是有待超越的障碍,因为主体就意味着原子式的、自足的、完满的个体,其中难以挖掘出沟通、交流的可能,因此,跨文化哲学中要肯定的是"他者",而且是"关系"中的他者。不过,在沈清松的系统中,现代哲学最重要的遗产——主体依然得到肯定。尽管沈清松清楚地意识到主体是自足的,但他同时认为主体是慷慨的[③],也就是说主体并不是封闭的,而是可以通过精神的自我否定运动走出自身,并具有慷慨外推的激情。尽管如此,沈清松依然需要解决主体性自身所内含的"普遍主义"、"完满性"如何与他的跨文化哲学体系相容。为此,沈清松创造了"多元他者"的概念,将主体性改造为"互主体性",也就是主体间性(inter-subjectivity)。[④]

沈清松认为,主体性是自我肯定的精神,主体能够肯定自身,亦能向着肯定

318

观念史与汉语之思

[①] 沈清松:《从利玛窦到海德格尔》,上海:华东师范大学出版社,2016 年,第 1 页。

[②] 沈清松:《从利玛窦到海德格尔》,第 3 页。

[③] 沈清松:《从利玛窦到海德格尔》,第 113 页。详见笛卡尔:《论灵魂的激情》,贾江鸿译,北京:商务印书馆,2016 年。

[④] 沈清松此处对黑格尔意义上的"主体性"和"主体间性"存在误解。黑格尔认为,一个自我意识是为另一个自我意识而存在,但自我并非对象,而是被设定的"自己的他者存在",也就是把自我当成自我意识的对象,所以自我意识既是自我,也是对象,因此,黑格尔说"我即我们,我们即我",也就是说主体间的关系、社会性的关系(邓晓芒语)蕴含于自我意识的内在结构之中,而非沈清松所言的"被改造"和不同主体之间外部的关系。详见黑格尔:《精神辩证法》,先刚译,北京:人民出版社,2013 年,第 117—118 页。另见邓晓芒:《思辨的张力:黑格尔辩证法新探》,北京:商务印书馆,2014 年,第 245 页,该页第二个脚注:"由此可见,所谓主体间性恰好是植根于自我意识的主体性内部,而不是单纯外在于各个主体之间。"此处解读要感谢龚开喻君,正是他的修改意见促使我进一步思考沈清松先生的"主体性"和"主体间性"概念。

别人的主体性(他者)运动,更进一步地可以迈向肯定多元他者,即每个相互平等并相互外推的主体。在沈清松对主体和他者的定义中,可以观察出其中所蕴含的黑格尔哲学中不断否定运动的绝对精神。

在沈清松的体系中,跨文化哲学不仅要追求最低的"相互承认",更要走向优化(optimal)的"相互丰富",所以"多元他者"的概念和精神的否定运动就是不可或缺的要素。只有从主体自身走向"多元他者",并且"多元他者"相互外推,跨文化哲学才能得以实现。[①] 由此,可以得出这样的结论:沈清松的跨文化哲学事实上继承了"我思"的传统,即以精神的运动建构跨文化哲学元理论,实存只是精神的溢出。

与赵汀阳一样,沈清松同样注意到了跨文化哲学与"普遍主义"或"普遍性"(universality)不相容的问题。他认为,普遍性是人类所建构出来的观念,因此,纯粹的普遍性并不真的存在,而只有在慷慨外推中越来越高程度的可普性(universalizability)。[②] 不同传统的文化与哲学在相互交往与外推中彼此丰富,个别性减少,而普遍性增多,这样逐渐走向越来越高程度的可普性。

(三)"慷慨外推"精神运动的三阶段

从"多元他者"出发,以精神运动的形式,沈清松推出跨文化哲学得以实现的"慷慨外推"三阶段。

首先是"语言的外推"。与赵汀阳一样,沈清松也注意到了语言在跨文化哲学中的重要性,当然与赵汀阳强调语言的先验结构不同,沈清松是从翻译与接受的角度来反观具体某一哲学可普性的可能。他认为,某一哲学被翻译成其他语言,若是在其他传统中可获得理解,则表明该哲学的可普性程度更高;若是相反,则说明该哲学传统需要自我批判,进而实现更高程度的可普性。[③]

其次是"实践的外推"。沈清松提出,可将某一文化传统中的理念、价值,甚至是行为表达方式移植、嫁接到另一传统中,以此来鉴别其在新的传统中是否依然可行、是否能够被接受,进而可进一步外推,若答案是肯定的,则说明该传统的可普性程度较高;若在新的传统中难以被接受,与新的组织系统无法相容,

---

① 沈清松:《从利玛窦到海德格尔》,上海:华东师范大学出版社,2016 年,第 4 页。

② 沈清松:《从利玛窦到海德格尔》,第 253 页。

③ 沈清松:《从利玛窦到海德格尔》,第 5 页。

则说明该传统可普性程度不高,需要自我批判以获得更高程度的可普性。①

最后是"本体的外推"。沈清松认为,由前两个阶段的外推,主体与他者之间的来回交往会逐渐上升到本体高度、宗教高度,尤其是在具有宗教传统的哲学中,在本体层面的对话无法回避。他相信终极的精神、宗教体验如果是真实的,则必定具有可普性;若是不具有可普性,而且还故步自封,则就沦为排他主义。②"实践的外推"和"本体的外推"是赵汀阳都没有提及的,但因为赵汀阳自己构造了一个基于"关系理性"的共在论,所以他的跨文化哲学在本体论上由此得以解决。沈清松并没有为跨文化哲学建构新的本体基础,而是以黑格尔绝对精神式的"正反合"的外推运动,由语言上升到实践,再进一步上升到本体,让不同哲学传统之间对话,分享终极体验,以此达到更高程度的可普性。

四、二者跨文化哲学元理论的比较与评价

(一) 比较

综上所述,可以看出赵汀阳和沈清松的跨文化哲学有诸多相同之处。1. 对语言的重视。尽管在他们的体系中,强调语言的侧重点并不同,赵汀阳重在挖掘语言的先验对话结构,以此论证跨文化哲学的实存基础。而在沈清松的元理论中,他从语言的功能角度论述——通过翻译沟通他者,将其和可普性联系起来,以此助推精神的自我否定运动。2. 对主体性的批判。赵汀阳以颠覆性的方式批判主体性哲学,他认为跨文化哲学以及人类的"共在"所遇到的最根本问题正是主体性,因为在赵汀阳看来,主体是自足的、完满的,因此对他者和外部世界也是封闭的,所以赵汀阳以颠覆性的方式建构出"关系理性",以此替代主体性。沈清松与此不同,尽管他认为自现代以来的主体性观念有很强的宰制性,但他同时也承认这是现代哲学最重要的遗产。因此,沈清松在他的体系中保留了这一概念,并以此为起点,以精神的自否定推动"慷慨外推"运动。3. 对普遍主义的否定。这一点与第二点紧密相关,赵汀阳认为普遍主义是主体性所必然造成的,因此他建构出新的普遍主义——实存性的、经验性的"共在"取代了先

---

① 沈清松:《从利玛窦到海德格尔》,第 5 页。
② 沈清松:《从利玛窦到海德格尔》,第 5—6 页。

验的、绝对命令式的普遍主义;沈清松继承了"我思"的传统,并以黑格尔的精神辩证法推出跨文化哲学,因此尽管他否定传统意义上的普遍主义,而创造出"可普性"概念,但事实上他依然是以绝对命令式的普遍主义为标准在取舍不同传统的哲学。

由前可知,赵汀阳与沈清松的跨文化哲学事实上是异多于同。1. 方法论的差异。赵汀阳的元理论有浓厚的后现代色彩——强调否定与重构,以由下而上的方式重新建构本体,颠覆"我思"传统下的主体性哲学,当然其中维特根斯坦(Ludwig Wittgenstein, 1889—1951)和马克思主义哲学的影响亦是不容忽视的。而沈清松的体系彰显出强烈的现代气质——有条件地肯定主体性,以精神运动的方式展开外推。2. 根本目的不同。赵汀阳追求文化重构与政治上的共在,而沈清松更多的是在知识论层面追求可普性的相互丰富。

(二)评价

赵汀阳的跨文化哲学思想展现出极强的创造力,但依然有诸多值得商榷之处。首先,赵汀阳努力扭转典范意义上的"存在"的第一哲学(to be),而以"作"的第一哲学(to do)取而代之,这一点与维特根斯坦和马克思(Karl Marx, 1818—1883)的路径较为相似,即实践才是存在的基础,而非"我思",但他的论证事实上并没有证明"作"在本体论上的优先。其次,对主体的误解。赵汀阳认为由"我思"所发展出的主体是封闭的,但本文中以之来比较的沈清松便论证了主体并非是封闭的。主体性哲学的开创者笛卡尔在其《论灵魂的激情》中正是将"慷慨"作为主体的"特殊的激情",同时也是最重要的美德。[1] 最后,笔者认为赵汀阳的理论目的难以达成。他所提出的文化重构与生活初始化这两点类似于罗尔斯(John Rawls, 1921—2002)的"原初状态"与"无知之幕"的预设,但这并不能保证在此基础上便可以实现"共在",而非所有人的战争,尤其考虑到赵汀阳特别强调人的"生存"的经验性(具体性)和历史性。[2] 因此,赵汀阳需要从伦理学角度论证具体的人之间如何在他所建构的"关系理性"中实现共在,或者

---

[1] 勒内·笛卡尔:《论灵魂的激情》,贾江鸿译,北京:商务印书馆,2016 年。

[2] 赵汀阳这一点与马克思的实践观紧密相关,马克思认为,人首先是历史中的存在,即跟外部世界并非处于一种理论关系中,而是先要解决生存的问题,也就是进行物质生产,所以人是具体的人,而不是抽象的人与抽象的主体。因此,赵需要进一步解释说明,何以共在,而不会在"生存"中阶级斗争。感谢李宝达君就此点所提的修改意见。

对共在这个概念展开进一步的阐述说明以完善其元理论体系。

沈清松的"慷慨外推"理论基本上是黑格尔"正反合"精神辩证法的跨文化哲学翻版。尽管沈清松力图突破黑格尔及现代性的弊病,但他并没有成功,而恰恰是继承了黑格尔的精神辩证法。同时,从"我"和"他者"这两个概念的内涵来看,沈清松似乎误解了黑格尔意义上的这两个概念,在黑格尔的绝对精神体系中,"他者"事实上内在于自我意识之中,是自我意识的直接对象,也就是说这个对象既是自我,也是对象;因此,"我即我们,我们即我"。① 所以,沈清松所言的从主体推向他者,再推向多元他者的运动事实上是自我意识内在的自否定运动,而非他所建构的"外推"运动。即使从外部来理解,他的跨文化哲学中的核心概念——"多元他者"与"可普性"概念也是相矛盾的。"多元他者"概念得以成立的基础在于文化平等主义,但是"可普性"以能否实现更高的普遍性为衡量标准,这就表明在他的元理论体系中,不同文化之间不是平等的。同时,沈清松的跨文化哲学也有消解地方性哲学②的可能,理由如前所述,因为他以"可普性"为取舍标准,这样必然会造成不符合更高层次"可普性"标准的地方性哲学被扬弃,这与其"多元他者"的理论追求相矛盾。笔者认为,这恰恰是精神自否定运动所必然造成的结果,尽管被扬弃的地方性文化也将存在于更高程度的普遍性文化中,所以,沈清松的跨文化哲学体系也有诸多内在矛盾。当然,需要指出的是,由于沈清松依然保留了"主体性"的概念,并且他能够意识到这是绕不过去,也难以消解的逻辑起点,所以他的元理论相较于赵汀阳更靠近逻辑起点,因此,二人的理论在逻辑上形成了前后相继的展开顺序。

五、结语

综上所述,赵汀阳的跨文化哲学元理论旨在超越自笛卡尔以来的主体性哲学,重构以"关系理性"为基础的共在存在论,并在此基础上寻求跨文化哲学的可能;而沈清松则继承了自笛卡尔以来"我思"传统的主体性哲学,虽然他也反对带有宰制性格的主体性哲学,但他却以"外在性"的方式保留了主体性的概

---

① 黑格尔:《精神辩证法》,先刚译,北京:人民出版社,2013 年,第 116—117 页。
② "地方性哲学"概念来源于吴根友教授的著作《判教与比较》(上海:东方出版中心,2019 年)第一章第二节"比较哲学的问题、方法及其理论难题的化解",尤其是第 36—39 页。

念,并创造了以"多元他者"为基础的"慷慨外推"跨文化哲学元理论体系。尽管赵汀阳与沈清松的跨文化哲学体系都没能避免造成新的普遍主义,且消解"地方性哲学"的可能,但他们的元理论都深刻地指向了"主体性"和"主体间性"这两个一体同构的根本性概念,赵汀阳创造性地以维特根斯坦和马克思的实践观去超越主体性哲学的弊端,但却没有论证"共在"如何可能;沈清松试图以"多元他者"的概念证成"慷慨外推"的可能,但其却误解或忽略了"他者"本就内在于"自我意识"之中,从外部难以推导出"多元他者"的存在。但不可否认的是,赵和沈的元理论都指向了跨文化哲学的核心概念,即"主体性"和"主体间性",这两个概念恰恰是跨文化哲学的开端。

A Comparative Study on Zhao Tingyang and Vincent Shen's Meta-Theory of Constructive Inter-cultural Philosophy

Liu Xu

Abstract: Zhao Tingyang's "Co-existence Ontology" and Vincent Shen's "Generous Extrapolation" are two different types of meta-theory on inter-cultural philosophy in contemporary Sino-acadermia. Zhao's meta-theory mainly seeks the feasibility of inter-cultural co-existence based on Marx's view of practice; while Shen's meta-theory inherits the tradition of "Cartesian Cogito" and develops his "generous extrapolation" theory rooted in a Hegelian spirit of self-sublation. There is logically successive different relevance between the two theories. With close examination, there are certain contradictions in their meta-theories, which are not coherent and consistent, but they all point profoundly to the two twin fundamental concepts of modern philosophy, namely "subjectivity" and "inter-subjectivity". They are both critical of it. In fact, these two concepts precisely constitute the logical starting point of inter-cultural philosophy.

Keywords: Zhao Tingyang   Vincent Shen   meta-theory of inter-cultural philosophy   Co-existence Ontology   Generous Extrapolation

施特劳斯与奥克肖特视野中的霍布斯
——一个基于政治哲学观的考察

陈志壮 *

[摘　要]　施特劳斯和奥克肖特都是 20 世纪重要的政治思想家。虽然两位思想家都认为应该以哲学探究的方式对待政治哲学史,但他们却在如何理解霍布斯政治哲学的问题上有着不同的看法,于是就形成了两套不同的关于霍布斯政治哲学的诠释体系。在施特劳斯看来,霍布斯是一位新道德的宣讲人。而在奥克肖特看来,霍布斯是一位真正的政治哲学家。本文试图通过比较两位思想家研究霍布斯政治哲学的立场以揭示他们之间的差异,并将形成这一差异的根源归于两位思想家持有不同的政治哲学观。

[关键词]　施特劳斯;奥克肖特;霍布斯;政治哲学观

施特劳斯(Leo Strauss)和奥克肖特(Michael Oakeshott)都是 20 世纪重要的政治思想家。在如何看待政治哲学史这个问题上,两位思想家有一些共同之

*　陈志壮(1984—　　),男,甘肃通渭人,外国哲学专业博士在读,华东师范大学哲学系,主要研究领域为政治哲学、政治思想史。

处,他们都认为不应该对政治哲学史作平庸的解读,而应该将政治哲学史当作建立政治哲学最本质的材料。两位思想家也曾在如何理解霍布斯(Thomas Hobbes)政治哲学的问题上有过交集,他们各自以不同的方式,试图揭示霍布斯政治哲学的基本特质。对他们而言,对霍布斯的阐释不单纯是一种诠释工作,而更多的是在表达他们各自独特的思想,尤为重要的是,这些工作是他们在对哲学特性有着明确的反思意识下进行的。

一、施特劳斯视野中的霍布斯

在 20 世纪初,学界普遍认为霍布斯政治哲学在政治哲学史上具有划时代的意义。但在如何理解霍布斯政治哲学这一定位问题上,却存在着分歧。一种观点认为,霍布斯能够取得这一历史成就,要归功于他将自然科学的方法运用到了政治哲学领域。另一种观点认为,霍布斯的成功并不源于方法论,而是他仰仗传统思想资源的结果。为真正澄清现代政治哲学的起源问题,在 1930—1936 年期间,施特劳斯对霍布斯的思想进行了全面深入的研究,成果通过《霍布斯的政治哲学》一书展现。

作为对时下两种观点的回应,在《霍布斯的政治哲学》一书中,施特劳斯开宗明义,指出决定霍布斯政治哲学的是一个独特的道德态度。这个道德态度与古典及基督教等传统道德态度有着根本区别,而且它也不是以自然科学方法论作为基础。正是这个新的道德态度使得霍布斯成为现代政治哲学的创始人[1],也正是"这个道德态度,构成了近代思想的最深层"[2]。这个道德态度如何能在既不倚重传统,也不采用自然科学方法的情况下产生呢? 施特劳斯认为,这个道德态度的出现是跟整个传统彻底决裂的结果,霍布斯的政治哲学记录了这个决裂的全过程。那么,霍布斯是如何与传统实行决裂的呢? 施特劳斯通过辨析霍布斯政治哲学中的三组概念之间的演变关系,将新道德态度产生的全貌揭示了出来。

(一) 传统的道德态度与霍布斯的道德态度

施特劳斯认为,霍布斯政治哲学的基础是人性理论,所以如何看待霍布斯

---

[1] 在施特劳斯后期的思想中,他将这一荣誉归于马基雅维利。

[2] 施特劳斯:《霍布斯的政治哲学》,申彤译,南京:译林出版社,2012 年,第 5 页。

的人性理论也就成为寻找新道德态度的关键所在。历史地看,对人性的理解存在两种进路,一种是人本主义进路,它认为,人不同于自然,是一种理性的存在,人的道德建基于理性,亚里士多德主义是这种进路的典范。另一种是自然主义进路,它取消了人与自然的区分,将人视为纯粹的自然物,遵循这一进路产生的理论成果主要有机械论心理学和生机活力论等。在霍布斯那里,人性理论可归为渴望攫取占用他人皆有共同兴趣之物的自然欲望公理和教导每个人逃避死亡的自然理性公理。能够看出,若将自然欲望公理作自然主义的理解是没有什么问题的,而如果将自然理性公理理解为是基于自然主义的,那么认定霍布斯是依据自我保存原则来推演出人类的一切德行就是矛盾的。在施特劳斯看来,霍布斯的自我保存原则作为首要的善,不可能是一个自然的结果,也就是说,从逃避死亡直接推不出自我保存,自我保存是经由理性对逃避死亡进行确认才能成立的,所以,霍布斯对死亡的恐惧有着道德的涵义。可以看出,霍布斯的人性理论沿袭的是人本主义传统,于是他构建政治哲学的人性基点就是一个对立,一方是人无法选择的自然欲望,另一方是能够唤起理性的对死亡的恐惧,这是道德的唯一渊源,而人正是依靠道德才能够在正义和非正义之间作出区分。据此,施特劳斯断言,霍布斯政治哲学的基础"不是来自道德中立的动物欲望与道德中立的自我保存之间的自然主义的对立,而是来自根本上非正义的虚荣自负与根本上正义的暴力死亡恐惧之间的人本主义的道德的对立"[1]。

　　这样看,霍布斯的道德态度似乎与传统的道德态度没太大区别,但施特劳斯认为,霍布斯沿袭人本主义传统的原因在于他赞同传统政治哲学所关切的问题,即什么是共同体的正义秩序?但在回答这一问题的过程中,霍布斯却背离了传统,形成了新的道德态度。这个背离是通过两个阶段来完成的。在第一阶段,霍布斯意识到传统政治哲学目标太高,它无法为自己论证的准则给出一套施行运用的方案,所以有必要对传统政治哲学作出相当幅度的修正,于是历史进入了怀着哲学意图的霍布斯的视野,因为在他看来,哲学不能解决的"理性的准则的有效性问题"[2],历史恰好可以弥补。可见,在这一阶段,霍布斯并没有质疑传统政治哲学对于理性准则正当性的看法,而只是将关切聚焦在理性准则

------

① 施特劳斯:《霍布斯的政治哲学》,第32—33页。

② 施特劳斯:《霍布斯的政治哲学》,第96页。

如何施行运用的方面。在第二阶段,霍布斯开始对理性准则的正当性进行质疑。在传统政治哲学看来,人天生就是政治的动物,此定义预设了政治秩序先于个体,而且在存在论上比个体更优越,一个完美的共同体有着永恒不变的政治秩序。已经具有历史视野的霍布斯认为,秩序不可能是永恒不变的,共同体的最高原则只能在人类历史中去找寻,所以在回答何为共同体的正义秩序之时,他不关注人在宇宙秩序中的位置、人的本质存在等传统政治哲学的核心概念,而是联系理性准则的施行运用、人类生活经验,尤其是联系到那些在人自身中最确定和最清晰的各种激情。可以说,在霍布斯那里,历史消解了哲学的超然追求,基本将传统政治哲学的可能性连根拔掉。于是,不同于传统政治哲学对政治秩序自然正当的探寻,霍布斯就在人类的各种激情当中寻找如何建立正义的政治秩序的根源,他将对死亡的恐惧的激情视为全部道德的根源。在施特劳斯看来,霍布斯在放弃追求永恒的情况下,试图通过人的激情为共同体提供证成。在此,霍布斯已经形成了一个全新的道德态度。

(二) 政治哲学与科学

霍布斯的"道德态度"作为他政治哲学的基础,已经背离了传统政治哲学的立场。但施特劳斯指出,"新的道德态度是一回事,而关于这个道德态度的新颖性质的意识,以及随之而来的针对传统的反叛的意识,却是另外一回事。"[①]随着对伽利略和欧几里得的研究,霍布斯意识到有必要阐发一种新的政治哲学,而且这种政治哲学既是可能的,也是必要的。那么新政治哲学应该采用何种方法呢?在霍布斯看来,政治只有像数学那样,从不证自明的前提出发依靠明确的结论,才可以使规则理性化,达到可靠无误的程度,因此,霍布斯便将数学方法应用到了政治哲学领域,他认为这样做就可以将政治提升到科学的高度。于是,霍布斯宣称,"他是与政治哲学的整个传统实行明确决裂的第一个人。"[②]

但在施特劳斯看来,霍布斯所理解的这种科学的政治哲学"是一个反对前科学道德体系的道德学说,一个真正矛盾的道德,一种超越全部经验的空想政治"[③]。因为霍布斯沿袭人本主义人性论的前提在于他已经区分了人与自然,

---

① 施特劳斯:《霍布斯的政治哲学》,第163页。

② 施特劳斯:《霍布斯的政治哲学》,第164页。

③ 施特劳斯:《霍布斯的政治哲学》,第166页。

科学的方法对于研究自然是恰当适用的,但政治哲学的对象是人,所以将这种方法用于政治哲学的研究是不合适的。而且,政治哲学的研究主题具有含混性,比如,善、共同体的目的等概念,它们都不允许使用如数学那样严密精确的处理方式,因为科学的方法使得"人们所能获得的唯一确定的知识并不关心目的"[①],得到的只是一种机械论的图式,如此一来,人与自然之间的对立便被掩盖起来了。因此,施特劳斯认为,霍布斯新政治哲学所关切的"与其说是关于这个人为实体的知识,不如说是这个人为实体本身的制作提供"[②]。由此,这种新政治哲学便成为规范共同体机器的一门技艺,从而取消了共同体的目的等这样的根本问题,最重要的是这种新政治哲学具有了可行性。

施特劳斯断言,霍布斯政治哲学的基础在于一种道德态度,而并不是对科学的接受,科学的方法反而削弱了政治哲学的基础。可以说,霍布斯在创建政治哲学之时对科学方法的热衷,并非促使他通向新道德态度的原因,"这种热衷本身是被那种为了功效、为了掌握人类状况的驱动力所激发的。"[③]

(三)新道德态度与近代思想

霍布斯在政治哲学基础之上对于自然的理解,和他在关于科学论述中所理解的自然有着明显的不同。从亚里士多德提出哲学应该研究"作为是的是"开始,传统的自然概念就指事物运动变化的本性,近代之后,传统自然的自足性被否定,自然的目的论思想被机械论思想取代,此时的自然已变成了没有意义的物质世界。根据施特劳斯的论证,霍布斯的政治哲学并没有把人单纯地视为科学意义上的物质存在,或者说,霍布斯仍保留着传统哲学的面向,所以,霍布斯承认"正义不仅是社会的作品,而是还存在着一种自然正当"[④]。但当他通过科学的方法欲将自然的两种概念建立起某种联系时,矛盾就产生了。这在施特劳斯看来,霍布斯已然站在了古今的交界的地方。

可见,霍布斯思想与传统的决裂并不是由于道德与科学的冲突所致,而是由于霍布斯已经形成了一种新的道德态度。换言之,与其说这个新的道德态度是霍布斯本人在接受了自然科学方法之后主动作出的改变,不如说新道德的出

---

① 施特劳斯:《自然权利与历史》,彭刚译,北京:生活·读书·新知三联书店,2003年,第175页。

② 施特劳斯:《霍布斯的政治哲学》,第183页。

③ 查尔斯·拉莫尔:《现代性的教训》,刘擎、应奇译,北京:东方出版社,2010年,第74页。

④ 施特劳斯:《什么是政治哲学》,李世祥等译,北京:华夏出版社,2014年,第39页。

现只是反映了人类在道德领域所发生的一次断裂。霍布斯的困难就在于,在构筑共同体之时,面对已经从传统秩序和本质中脱离出来的人,如何继续坚持对自然正当的追求。于是,霍布斯的任务就成了"从人们实际生活的情况、从实际支配所有人或多数时候多数人的最强大的力量"①中去寻找共同体自然正当的规则——自然法。这意味着,自然法的基础不能在共同体和人的最高目的中去寻找,而只能从最强有力的感情中推演出来,这就使得个体的正当诉求——自然权利成为建立政治哲学的基础,共同体已不再是公民德行的推进者,而成为每个个体自然权利的保护者。在施特劳斯看来,这种对于个体优先于共同体的理解使得霍布斯成为现代自然权利学说的创立者,也为近代以后政治哲学的发展奠定了基础。

二、施特劳斯的政治哲学观

从对霍布斯政治哲学的阐释来看,施特劳斯认为霍布斯政治哲学的建立是立足于道德态度的一种反转,促使这个反转的原因并不是霍布斯对自然科学的接受。其实,这个结论也蕴含着施特劳斯本人的政治哲学观。在霍布斯指责传统方案不现实,进而转向历史去思考理性准则的有效性问题之后,施特劳斯就认为这种建立在历史之上的政治哲学已经丧失了传统政治哲学所具有的功能,即"提醒儆戒政治生活:完美的国家,存在者永恒不变的典型范例"②。因为"认定社会和人类思想本质上的历史特性,也就是拒斥唯一的好社会的问题"③。于是,这种新政治哲学只能负责去为未来的共同体描绘完美的蓝图,这种理路也成为近代以来政治哲学的基本原则。基于此,施特劳斯认为"历史主义挑战了整个政治哲学传统的共同前提"④。正是历史限制了霍布斯的视野,使得他遗忘了对世界本质的追求,而"要重新建构起自然世界的本质特征,古典哲学就其起源所提供给我们的信息就足够了"⑤。可见,施特劳斯对将历史纳入政治

---

① 施特劳斯:《自然权利与历史》,第 183 页。

② 施特劳斯:《霍布斯的政治哲学》,第 126 页。

③ 施特劳斯:《什么是政治哲学》,李世祥等译,北京:华夏出版社,2014 年,第 18 页。

④ 施特劳斯:《什么是政治哲学》,第 47 页。

⑤ 施特劳斯:《自然权利与历史》,第 81 页。

哲学是持反对意见的。

在施特劳斯看来,科学虽然能够为我们提供丰富而必定是假说性质的人类学理论,但这些学说都无益于政治哲学的创建,因为"要把握住本质上先于科学或者哲学的自然世界,人们就得回到科学或者哲学初露面之前"①。可以说,施特劳斯心目中的政治哲学的起点,并不是已经构建起的哲学的、科学的、理论的政治理解,而是要返回到前科学、前哲学、前理论的活生生的政治世界中。

可以看出,施特劳斯正是从古典政治哲学的立场来考察霍布斯政治哲学的,他发现了霍布斯政治哲学中自然权利与古典政治哲学中自然法的转变机制。古典政治哲学首要关切的是自然正当问题,从而追问什么是最好的政体,这一立场包含着对政治之本质和正义的反思。因此,施特劳斯解读政治哲学史的方案与他自己所理解的政治哲学紧密相关。那么究竟什么是施特劳斯所相信的政治哲学呢?

(一) 什么是政治哲学

在施特劳斯看来,哲学是对普遍的、整全的、万物本性的知识的探求,它不同于意见。在"政治哲学"这一表述中,由于"哲学"是一种探求的方式,所以说"政治哲学"就是对政治的哲学理解。在《什么是政治哲学》一文中,施特劳斯区分了政治哲学与其他政治思想形态。他认为,政治思想未能区分意见和知识,政治科学是对政治事实的材料分析和对政治事物的经验研究,而政治神学是立足于启示的政治教诲。政治哲学不同于这些政治思想形态,它"是用关于政治事物本性的知识取代关于政治事物本性的意见的尝试"②。也就是说,政治哲学的目的是探究正当的或最好的政治秩序和知道政治事物的本性。

施特劳斯接着指出,"政治哲学"中的"政治""既表示主题又表示功能"③。因为任何政治社会的持续存在离不开该社会的习俗、宗教等诸多意见,如果这些意见都被哲学知识所超克,那么就可能会导致政治社会的彻底瓦解。所以,在施特劳斯心中,政治哲学还有另一个意思,"即对哲学的政治理解"④。从政治层面看,在霍布斯那里,只要将哲学进行普及化以使得它成为公众见解,哲学

---

① 施特劳斯:《自然权利与历史》,第81页。

② 施特劳斯:《什么是政治哲学》,第3页。

③ 施特劳斯:《什么是政治哲学》,第2页。

④ 陈建洪:《论施特劳斯》,上海:华东师范大学出版社,2015年,第45页。

就会成全它与政治权力的合一。于是,政治哲学变成了一个启蒙大众的和改造社会的工具。所以,施特劳斯认为,由霍布斯开创的现代政治哲学,即关于自然权利的学说的实质就是"哲学本身完全地政治化了"①。这样一个被启蒙的、人人都平等的社会正是现代文明的理想,但在施特劳斯看来,哲学政治化意味着哲学-政治关系已经被扭曲,因为在古典政治哲学那里,最好的政治秩序的"实现取决于自然倾向于彼此分离的各种事物的汇聚与巧合,因此,其落实取决于机运"②。所以,政治哲学就必须"兼顾了哲学意义的至善和政治意义的良善"③。可以说,施特劳斯的古典立场来自于他试图对抗现代政治哲学发展的问题意识,在他看来,可以从四个方面对政治哲学进行详细界定:首先,要厘定政治哲学的探究物;其次,要为哲学生活作政治辩护;再次,要对哲学生活的正当性予以理性论证;最后,要把政治哲学作为哲人培育"自我知识"的场所。④因此,如何正确看待哲学-政治关系,就成为施特劳斯政治哲学观蕴含的最核心的问题。施特劳斯认为,返回古典政治哲学并不意味着改变哲学的性质,而是返回到正确处理哲学的方式,于是他提出了双重教诲理论。

(二)显白教诲与隐微教诲

施特劳斯认为,以柏拉图为代表的古典政治哲人的学说中都包含着双重的教诲:显白教诲与隐微教诲。就是说,古典哲人都明白一种特别的写作方式,即在同一个文本里用两种语言表达,显白教诲是大多数人都能够理解的,而隐微教诲只有极少数资质出众的人才可以领悟到。从政治哲学的四个界定来看,只有少数人能领悟的隐微教诲才是哲学的真正教诲,而由霍布斯开启的政治哲学所引发的政治-哲学关系扭曲的根源,就在于现代哲人放弃了双重教诲的写作方式,使得所谓的真理大白于天下,哲学被大众化和通俗化,变成了改造政治社会的工具。

在施特劳斯看来,在哲人与普通大众之间存在着不可跨越的鸿沟⑤,虽然

---

① 施特劳斯:《自然权利与历史》,第 35 页。

② 施特劳斯:《什么是政治哲学》,第 25 页。

③ 陈建洪:《论施特劳斯》,第 45 页。

④ 参见迈尔:《隐匿的对话——施米特与施特劳斯》,朱雁冰、汪庆华译,北京:华夏出版社,2002 年,第 109 页。

⑤ 参见 Leo Strauss, "Persecution and the Art of Writing," *Social Research*, Vol. 82, No. 1(2015):89 - 93.

哲人也是从开明的公民或政治人的视角看待政治事物,但是只有他们才"能够看清楚开明的公民或政治人没有看清或根本看不到的事物"①。由于哲学是正确的生活方式,所以政治哲人的使命就是教育资质出众的人走上哲学之路,以引导未来政治生活中的立法者去追求更好的共同体。可以说,施特劳斯政治哲学的功能最终落实在了教育,或者说,政治哲学的意图指向了实践领域。

综上所述,施特劳斯认为古典政治哲人对哲学-政治这一关系的处理方式是正确的,政治哲学既是对政治的哲学思考,也是对哲学的政治理解,他的政治哲学观正是建立在这种施特劳斯式的古典哲学基础之上的。施特劳斯所谓的恢复政治哲学的古典传统,并非指如何返回到某些古典教条,而是在古典传统那里,哲学-政治之间保持着根本性的紧张,正是这一点"对于人类生活具有不可估量的意义"②。可以说,政治哲学的意义就在于恢复哲学-政治这一关系的紧张状态。

三、奥克肖特对施特劳斯的回应

霍布斯是奥克肖特最看重的政治哲学家。在《霍布斯的政治哲学》英文版出版不久,作为对施特劳斯的回应,奥克肖特发表了题为《列奥·施特劳斯博士论霍布斯》的书评,他虽然认为施特劳斯对于霍布斯的研究是多年来最具原创性的成果,但并不同意这种对霍布斯政治哲学的整体阐释。九年之后,也就是在 1946 年,奥克肖特发表了《〈利维坦〉导读》,这篇论文不但完整地展现了他对霍布斯政治哲学的阐释,而且也蕴含着他的政治哲学观。

(一)道德态度与政治哲学

同施特劳斯一样,奥克肖特也认为霍布斯的政治哲学不是建基于自然主义的,但他不同意施特劳斯的这个观点,即霍布斯政治哲学的基础是一种前科学的道德态度,科学只是霍布斯在后期思想中被附加的形式,或者说,科学对于霍布斯的政治哲学是无关紧要的。在奥克肖特看来,科学恰好是理解霍布斯政治

---

① 施特劳斯:《什么是政治哲学》,第 19 页。

② 刘小枫:《施特劳斯的路标》,北京:华夏出版社,2011 年,第 181 页。

哲学的关键所在,他认为霍布斯的"'科学'自始至终都被视为是一种认识论"①。这就意味着,霍布斯的科学不等同于施特劳斯理解的伽利略式自然科学的方法,而是一种关于如何认识世界的哲学。奥克肖特将哲学比喻为整全之镜,由于能够被意识到的一切都映射在这面整全之镜中,所以如何认识世界就发生在整全之镜之内,也就是说,霍布斯关切的并不是自然世界本身,而是自然世界映射在整全之镜的原因。因此,霍布斯的哲学就是以"这面镜子反映出来的世界,它所有的部分都反映出一个新的物体形象,但它们又都是被镜子本身的特性所决定的"②。政治哲学要探究的是反映在那面镜子中的共同体的秩序,霍布斯正是通过这种认识论哲学来发展政治哲学的。据此,奥克肖特认为,霍布斯的政治哲学"不仅从人性、激情出发,而且还从他对自然世界的整体看法出发"③。

简言之,霍布斯的政治哲学属于哲学体系,并不是因为他选择了什么样的道德态度作为基点,而只是由于他采取了一种整全的哲学视角。可见,对奥克肖特而言,霍布斯政治哲学中科学(认识论哲学)的意义在于"试图找到一个比道德态度更为牢固的基础"④。于是,如施特劳斯那样将霍布斯政治哲学视为基于道德态度的理解就没有达到真正哲学的标准。

在奥克肖特看来,每个人都有道德态度,某些道德态度有时也会激发时下和后世的讨论,但政治哲学比政治态度更重要,它能产生更多影响,政治哲学家分析政治活动,拥有对政治生活的整全性视野,这才能给予后世研究最大的帮助。⑤ 在此,政治哲学与道德态度之间的区别是显而易见的,所以只关注霍布斯的道德态度,就会遮蔽他给出的理解政治生活的整全性视野,从而错失对霍布斯政治哲学作一种真正政治哲学的考察。如果说施特劳斯在霍布斯身上发现了道德态度断裂,使得他欲返回古典政治哲学立场,那么奥克肖特也试图在恢复一种不立足于道德态度之上的传统,就是哲学探究的传统。就此而言,在

---

① Michael Oakeshott, *Hobbes on Civil Association*, Indianapolis: Liberty Fund Press, 2000, p. 152.

② 奥克肖特:《〈利维坦〉导读》,应星译,载渠敬东编:《现代政治与自然》,上海:上海人民出版社,2003 年,第 184 页。

③ Michael Oakeshott, *Hobbes on Civil Association*, Indianapolis: Liberty Fund Press, 2000, p. 152.

④ Michael Oakeshott, *Hobbes on Civil Association*, p. 153.

⑤ 参见 Michael Oakeshott, "Thomas Hobbes," *Scrutiny*, Vol. 4(1935 - 1936):263 - 277.

奥克肖特意义上对政治的哲学探究就是"从思想上复原被人通常因偏爱而来的疏忽所破坏和损害的那个整体"①。

(二) 自然法与意志

在关于霍布斯政治哲学的定位问题上,奥克肖特与施特劳斯也有不同的看法。施特劳斯认为,霍布斯是新政治哲学的创立者,他为现代政治哲学的发展奠定了基础,其标志就是自然权利取代了自然法,自然权利成为政治秩序与公民义务的基础,这也意味着霍布斯与古典传统发生了断裂。奥克肖特承认霍布斯政治哲学与自然法传统发生了断裂,但原因并非霍布斯发现了一种新的道德态度,而是霍布斯继承了伊壁鸠鲁传统所致,因为在奥克肖特看来,"在16世纪和17世纪初,伊壁鸠鲁哲学在思想生活中扮演着非常重要的角色,霍布斯的著作在许多方面都属于伊壁鸠鲁哲学的复兴,而将两者联系起来的传记证据是确凿的。"②这就是说,施特劳斯所使用的传统资源是相对狭隘的,他只注意到了源自亚里士多德—经院哲学这一脉络的自然法传统,而没有考虑到伊壁鸠鲁传统在霍布斯政治哲学形成过程中所产生的影响。③

施特劳斯认为,霍布斯通过改造自然法与自然权利,用人的自然权利为共同体提供证成,于是个体具有了本源地位,权利成为能够自我证成的要求,所以霍布斯的政治哲学就可以被视为一套全新的、完备的现代政治哲学,后来的政治哲学本质上与此如出一辙。但在奥克肖特看来,对现代政治哲学而言,霍布斯政治哲学还缺乏一些至关重要的内容,因为现代政治哲学是一个不断完善的过程。在《〈利维坦〉导读》一文中,奥克肖特梳理了政治哲学主要遵循的三种传统模式:第一种传统模式与文明同时期,它以理性和自然这些主导概念为特征;第二种传统源自希腊文明和希伯来文明的融合,它以意志和人造物为主导性概念;第三种传统模式在18世纪出现,它的主导概念是理性意志。④ 据此,奥克肖特将霍布斯的政治哲学视为第二种传统模式的典范,如果只从强调个体意志的角度看,那么这一论断与施特劳斯的论断基本是一致的。但奥克肖特认为,霍

---

① 奥克肖特:《〈利维坦〉导读》,应星译,载渠敬东编:《现代政治与自然》,上海:上海人民出版社,2003年,第173页。

② Michael Oakeshott, *Hobbes on Civil Association*, Indianapolis: Liberty Fund Press, 2000, p. 154.

③ 施特劳斯在《自然权利与历史》一书中,将伊壁鸠鲁传统对霍布斯思想的影响纳入到了思考范围。

④ 参见奥克肖特:《〈利维坦〉导读》,第175—176页。

布斯政治哲学中那种单纯以个体意志作为论证起点的方案，并不能建构出一个完善的意志理论，这是因他沿袭的伊壁鸠鲁传统在理解共同体方面的缺陷所致，于是，"补救措施实际上是将重构的自然法理论与霍布斯的伊壁鸠鲁学说结合起来——这种结合见于卢梭的'公意'、黑格尔的'理性意志'和鲍桑葵的'真正的意志'。"① 可以看出，奥克肖特认为自然法传统在霍布斯之后不但没有消失，而且还在逐步完善，只是变换了形态而已。所以，现代政治哲学就是在重建理性和意志之间的关系，即如何将伊壁鸠鲁传统的理论嫁接到斯多葛传统的自然法理论之上，这也是现代政治哲学最深刻的特征。可以说，奥克肖特为现代政治哲学的任务指明了方向，即构建一个完善的意志理论。在这个意义上，霍布斯自然权利的立场只能被认为是他作为现代政治哲学奠基人的一个因素。

四、奥克肖特的政治哲学观

施特劳斯将哲学与历史对立了起来，奥克肖特则将哲学与道德态度相对立，两位思想家提供了两种诠释霍布斯政治哲学的方案。在奥克肖特看来，人的道德态度只是引导我们理解霍布斯的一个线索，它不能被视为政治哲学的基础。因此，奥克肖特视野里的霍布斯是一位哲学家，于是，霍布斯的政治哲学并不是在宣讲一种新的道德，而是一种真正的哲学。很显然，同施特劳斯一样，奥克肖特对霍布斯政治哲学的诠释以及规划现代政治哲学任务的观点也是建基于他对政治哲学本质的反思之上的。

（一）政治哲学的概念

在《政治哲学的概念》一文中，奥克肖特称，他在阅读《利维坦》的过程中发现了叫作"政治哲学"的东西，而我们对政治哲学的期待不同于对其他类型政治思想的期待。这篇论文旨在界定一个明确的政治哲学的概念，他从批评三种政治哲学概念开始。在第一种观点看来，"政治哲学被认为是某种事先深思熟虑的哲学理念或某种事先深思熟虑的一般哲学学说在政治生活和活动中的应用。"② 由此，所谓的政治哲学只是作为一种预设而优先和独立于现实的政治领

---

① Michael Oakeshott, *Hobbes on Civil Association*, Indianapolis: Liberty Fund Press, 2000, p. 157.

② 奥克肖特：《宗教、政治与道德生活》，张铭、姚仁权译，上海：上海译文出版社，2019年，第188页。

域,它成为哲学的一种特殊运用,如果要对政治概念进行分析,那只会是对这些预设的哲学学说的分析,而不能直面政治生活本身,因此,这种政治哲学中的政治和哲学只是一种外在关系。第二种观点认为政治哲学必须要遵循政治生活的事实,将政治生活和政治活动理性化。这其实是在要求政治哲学放弃哲学思考,因为哲学活动具有超越性,它会抑制日常的思维活动,也就是说,哲学反思不可避免地会超出政治生活的事实。在第三种观点中,"政治哲学被期待着为政治活动提供一种目标观。"①也就是说,政治哲学的任务就是要为人类政治秩序寻找一个正当的基础或者提供一种道德判断,然而政治哲学中的判断只是关乎何为真的逻辑判断,因此,这种政治哲学概念混淆了哲学和道德实践的关系。

在奥克肖特看来,上述三种关于政治哲学的看法其实已经包含了能够正确界定政治哲学的全部内容,只不过它们都没能很好地处理政治和哲学、政治哲学与哲学、政治哲学与道德实践之间的关系。由此,奥克肖特将政治哲学的概念界定为:"从经验总体的立场来看政治生活和政治活动的一种解释或一种观点。"②在这个概念里,三组关系得到了清晰连贯的处理:哲学与经验总体相关;政治和道德实践属于经验总体;政治哲学首先在经验总体中区别出政治,然后再确定政治在经验总体中的位置。能够看出,这个政治哲学的观念已然贯穿于奥克肖特对霍布斯的诠释以及对施特劳斯的批判的全过程。例如,他认为霍布斯的政治哲学提供了一个"对政治生活的整全性视野",这个观点涉及到对政治和哲学的看法;将霍布斯的科学认定为哲学,就表明了奥克肖特对政治哲学的哲学特性的理解;还有,奥克肖特不同意施特劳斯将霍布斯政治哲学的基础定位在新的道德态度这个观点,也可视为他对哲学和道德实践之关系所进行的区分。可见,奥克肖特一直在强调政治哲学的哲学特性,为使政治哲学的概念得到进一步的澄清,就必须详细界定哲学的概念。

(二)哲学与经验

在奥克肖特看来,哲学"开始于普通的、日常知识的概念,由对这些概念的广泛的详尽的和完整的说明构成,而这种说明自身就是定义"③。这就是说,哲

---

① 奥克肖特:《宗教、政治与道德生活》,第193页。

② 奥克肖特:《宗教、政治与道德生活》,第196页。

③ 奥克肖特:《宗教、政治与道德生活》,张铭、姚仁权译,上海:上海译文出版社,2019年,第198页。

学活动是对某种已经知道的东西进行进一步理解的过程，在这个过程的结束处可收获一个新的充分的和完整的综合性概念。从起点看，哲学活动是分析性质的，它只是对已知概念的进一步澄清；而从结果看，哲学活动又是综合性质的，因为由活动取得的结果是一个不同于那个最初已知概念的新的概念。由此，哲学应该具备四个属性：首先，哲学本质上是在经验总体的层面对已知概念的重新界定；其次，哲学的主题是完整的经验总体，一个哲学概念只能以绝对判断的形式去表达；再次，一个哲学概念必须是肯定性质的；最后，一个哲学概念必须由陈述式来表述。简而言之，奥克肖特主张哲学活动中"分析"与"综合"是连续的，而两者都在同一个经验总体中活动，在哲学活动的起点处，作为主题的经验总体就已经隐匿出场，哲学家的使命就是将这个隐匿不明的东西变得明确。其实，早在《经验及其模式》一书中，奥克肖特就已经详细地阐明了哲学与经验总体的关系问题。

在这部著作中，奥克肖特跟随观念论传统，反对将主体与客体相对立、经验与现实相对立的二元论立场。他认为，经验由经验活动与被经验的东西组成，两者彼此依赖，不可分离，共同构成了一个整体，换言之，经验就是一个具体的整体。在思维、感觉、知觉、意志、感情等规定之间并不存在终极的区分，每一种规定只不过是这个具体的整体的抽象呈现形式，于是，就可以从不同的视角去认识这一具体的整体，从而形成不同的经验模式。这样的模式主要有三种，即历史、科学和实践，而且三种模式之间不可相互通约。实践模式预设了两个差异的世界，一个是应然的世界，另一个是实然的世界，实践活动的目的就是致力于这两个世界的同一，政治和道德都属于实践模式。另外，还存在着一种无限视角的认识活动，它旨在把握这个经验总体，在奥克肖特看来，这就是哲学，它"是一种没有预设、没有限制、没有限定、没有变更的经验。哲学知识本身就证明了自己的完整性"①。而它的存在"并不是要说服人，而是使我们的观念清晰化"②。因此，哲学经验也不能代替上述的三种经验模式。这样一来，哲学与政治的关联似乎就中断了，但是在《经验及其模式》的结语部分，奥克肖特讨论了伦理学的本质问题，他认为伦理学不应该是实践性的，而应该是定义道德概念

---

① 奥克肖特：《经验及其模式》，吴玉军译，北京：文津出版社，2004年，第2—3页。

② 奥克肖特：《经验及其模式》，第4页。

的一种尝试,这其实就暗示了界定政治哲学概念的努力方向,可以说,《政治哲学的概念》一文就是在这个方向上结出的果实。《论人类的行为》作为奥克肖特政治哲学的完整表达,依然在贯彻着这种政治哲学概念,只不过哲学活动以一种新的表述呈现,它"被视为冒险获得理解的过程,在某种情况下已获得的理解披露了探索而非取代各种理解条件"①。这种"理解从来都是以被理解的方式开始"②。换言之,哲学理解从已经被理解的熟悉的事情开始,它是一个持续不断地探寻构成理解对象前提条件的过程,所以哲学既具有分析性也具有超越性。可见,哲学活动的本质规定在奥克肖特那里始终保持着一致。

总而言之,对奥克肖特而言,政治哲学只是一种从经验整体立场出发,得出的关于政治生活本质的理论体系,因此,"一种政治哲学无法给活动以指导,人们也不能因为它无法给活动以指导就认为它是哲学的失败。"③

五、结语

综上所述,由于两位思想家持有不同的政治哲学观,所以便形成了两套不同的关于霍布斯政治哲学的诠释体系。简言之,施特劳斯视野中的霍布斯是一位新道德的宣讲人,而奥克肖特视野中的霍布斯是一位真正的政治哲学家。

施特劳斯认为,现代自然权利概念曲解了古典自然正当概念的本来含义,从霍布斯开始,这种奠基在个人欲求之上的现代权利就背离了古典精神,而现代自然权利并不具有绝对性和自足性。他断定,主张自然权利的必然结局就是陷入虚无主义,所以旨在超克虚无主义的政治哲学家,应该重启古典政治哲学来影响未来的立法者以改善政治。而奥克肖特则认为,自霍布斯以来的政治哲学的任务是要处理意志和理性的关系问题,从而形成更为完善的意志理论,在卢梭和黑格尔那里,这一进路得到了贯彻。施特劳斯认为,霍布斯未能把哲学-政治之间的紧张表达出来,其最大的问题是把哲学政治化处理了,从而消解了两者应该具有的紧张。而在奥克肖特看来,只要是在整全视野里面对待政治或者理解政治,就是哲学的活动,霍布斯恰好是以哲学的方式看待政治的,所以霍

---

① Michael Oakeshott, *On Human Conduct*, New York: Oxford University Press, 1975, p. Vii.

② Michael Oakeshott, *On Human Conduct*, p. 2.

③ 奥克肖特:《宗教、政治与道德生活》,第210页。

布斯的著述是政治哲学,而不只是政治态度或政治意见。所以,施特劳斯的霍布斯是一位新道德的创立者,他通过降低道德标准解决了如何落实哲学的问题,对奥克肖特而言,施特劳斯的这种理解只是一种以实践为导向的政治意见。

施特劳斯明白哲学的政治效应,而且认定哲学-政治之间的紧张是一个基本事实,哲学正是由于这种紧张而应该成为政治哲学。奥克肖特认为,政治和哲学分属于两个领域,彼此之间不能通约,如果让哲学代替政治作出判断,那就要犯错误。简而言之,面对哲学政治化所导致的问题,施特劳斯的解决之道是,唤醒哲学-政治之间的紧张,恢复所谓的古典政治哲学,即双重教诲论。但在奥克肖特那里,政治哲学只是哲学,所以政治哲学不能干涉实践领域,也就是说,政治哲学不能为现实政治提供任何指导。

在施特劳斯看来,创立现代政治哲学的关键就在于将历史引入哲学,因为如果将人视为历史的产物,那么人的一切就会被历史所限制,所以对于历史中的人而言,追求那种永恒的、普遍的东西是无关紧要的,或者说,正是历史主义导致了人对古典政治哲学教诲的遗忘,从而在道德领域内发生了价值的颠覆。在奥克肖特的思想中,找不到关于这种价值的颠覆的论述,因为在他那里,哲学的归哲学,价值的归价值,两者互不相干,他认为,无论在任何时代,政治哲学只是对政治的哲学理解,而哲学活动始终都会存在,只是不同的哲学家使用的概念体系不同而已。或许,施特劳斯会认为奥克肖特是一位历史主义者,估计奥克肖特不会承认这一称谓,因为在他看来,至少哲学是永恒的。

Hobbes in Strauss and Oakeshott's Vision:

An investigation based on the view of political philosophy

Chen Zhizhuang

Abstract: Strauss and Oakeshott are both important political thinkers in the 20th century. Although the two thinkers believed that the history of political philosophy should be treated in the way of philosophical inquiry, they had different views on how to understand Hobbes' political philosophy, so they formed two different interpretation system of Hobbes' political philosophy. For Strauss, Hobbes was a preacher of the new morality. In Oakeshott's view, Hobbes was a true political philosopher. This paper attempts to reveal the difference between the two thinkers by comparing their positions on Hobbes' political philosophy and ascribes the origin of the difference to the two thinkers' different views on political philosophy.

Keywords: Strauss, Oakeshott, Hobbes, view of political philosophy

观念史与汉语之思

青年学者论坛

朱熹知行观重审:"真知必能行"的知识论意涵及其论证[*]

刘付华东[**]

[摘　要]　重审朱熹知行观,将之概括为"两层四点",并于工夫论结构中予以圆融的解释。朱熹驳斥知而不行而主张真知必能行。其策略有二:否认此"知"是真知;细分"不行",并逐一予以批驳。"必能行"是真知规定意义中的应有之义。"知而不行"可转述为另一个知-行序列的"知而行"。将"能行"界定为一个具有现实性的、体现智力的倾向性概念,强调心是道德动力之源与真知贯穿诚意,阐明真知能够克服"知而不行"。真知必能行的证立,反过来确立了道德真知结构的一个维度。

[关键词]　朱熹知行观;知而不行;真知必能行;知-行序列;动力之源

* 基金项目:本文系国家社会科学基金年度项目"哲学直觉作为证据的合理性研究"(项目编号:20BZX102)阶段性成果。

* * 刘付华东(1989—　),男,广东化州人,厦门大学哲学系博士生,主要研究领域为知识论、宋明理学。

中国哲学史上关于知行关系问题的争论激烈而久远,并基于不同的考量而产生了各异的知行观①。就儒家而言,其所探讨的知与行并不能直接等同于马克思辩证唯物主义哲学语境下的认识与实践,因为儒家知行关系的探讨多是在道德哲学或道德工夫论语境下展开,其知犹指道德之知(道德知识),其行则指对既有道德知识的实行(道德践履)。从某种意义而言(未能科学地解决知行关系问题②),这确是传统儒家知行关系探讨的不足或局限所在,但反过来我们也可以认为,这或许正是传统儒家的特色与优势之所在。之所以如此认为,主要基于以下考虑:

(1) 我们承认道德知识区别于自然知识;

(2) 目前,道德知识的结构未明(相比于自然知识的传统 JTB 模型或 JTB＋X 模型,道德知识尚未形成一个相对统一、稳定的模型);

(3) 传统儒家思想有着相对成熟的一套道德工夫论,其中有着较为丰富的关于道德知识的相关论述;

(4) 因此我们可以尝试从中勾勒或建构出道德知识的结构。

此文正欲结合儒家代表人物朱熹的相关哲学思想,从知行的角度,探究道德知识结构的某一维度(或条件)。其主要工作与目的是通过对朱熹知行观的重审与对"真知必能行"的论证说明,最后得出"能行是道德真知的必要条件"的结论。

一、朱熹知行观重审

在探讨朱熹知行关系之前,需要明晰的是:在朱熹知行语境下,其"知"有两重含义,一是指格物致知动态认知过程,二是作为主体固有的或经"格物致知"获得后的既有之知。相应地,朱熹之"行"也有着两重含义:对应动态认知过程的"行",更多是指涵养与主敬,并贯穿人的一切活动实践(包括认知活动本身);对应既有之知的"行"则不是泛指一切行为或实践,而是如他所言的"行者不是

---

① 就先后而言有知先行后、行先知后;就难易轻重而言有知难行易、知易行难,知轻行重、知重行轻;就二者关系而言,有知行相须、知行相分、知行合一、知行本一。

② 方克立、姜柱国俱持此论,详见方克立:《中国哲学史上的知行观》,北京:人民出版社,1982 年,第 377 页;姜柱国:《中国认识论史》,武汉:武汉大学出版社,2013 年,第 481 页。

泛然而行,乃行其所知之行也"(《朱文公文集》卷三十二,以下简称《文集》,《答张敬夫四十二》),也即对既有知识的实行。具体来说,作为主体既有的知识,则指认知主体明理于心而知事物之所当然与所以然。知所当然,顾名思义,便如朱熹所说的"此事知其当如此行"(同上);知所以然,则是知道"如此行"的根本依据,能助益于认知主体行其所知,也即力行所知。在道德领域中,由于侧重于践履,所以无论是所当然之知还是所以然之知,最终都强调落实到面对某一具体的道德情景,主体知道应该如何行事。

朱熹关于知行关系的论述颇多,并且似乎从字面上体现出某种冲突与矛盾,我们且先把他的相关论述列之于下:

> a. 知行常相须,如目无足不行,足无目不见。论先后,知为先;论轻重,行为重。(《朱子语类》卷九,以下简称《语类》)
>
> b. 致知力行,用功不可偏,偏过一边,则一边受病。如程子云:涵养须用敬,进学在致知。分明作两脚说,但只要分先后轻重。论先后,当以致知为先;论轻重,当以力行为重。(同上)
>
> c. 知与行工夫,须着并到。知之愈明,则行之愈笃;行之愈笃,则知之益明。二者皆不可偏废。如人两足相先后行,便会渐渐行得到。若一边软了,便一步也进不得。然又须先知得,方行得。(《语类》卷十四)
>
> d. 主敬、穷理虽二端,其实一体。(《语类》卷九)
>
> e. 学者功夫,唯在居敬、穷理二事,此二事互相发。能穷理则居敬功夫日益进,能居敬则穷理功夫日益密。譬如人之两足,左足行而右足止,右足行而左足止;又如一物悬空中,右抑则左昂,左抑则右昂,其实只是一事。(同上)
>
> f. 夫泛论知行之知,而就一事之中以观之,则知之为先,行之为后,无可疑者。(《文集》卷九《答吴晦叔》)
>
> g. 既知则自然行得,不待勉强。(《语类》卷九)
>
> h. 真知则未有不能行者。(《文集》卷七十二《张无垢中庸解》)

总的来说,朱熹知行观并不复杂。陈来先生曾将朱熹在知行形式下所探讨的主要问题概括为三个:致知与力行、致知与涵养、致知与主敬,并进一步将宋儒(自然包括朱熹)的知行关系归结为"致知与力行"的关系。① 在此基础上,我将其概括为"两层四点"。第一层是探讨知行先后、轻重问题,其观点可概括为以下三点:知行相须(并进互发)、知先行后、知轻行重(a、b、c条所示)。第二层是探讨"知是否驱动行"的问题,可归之为一点:真知必能行(g、h)。我们可以看到,在表述上,朱熹第一层的知行观似乎显得有些吊诡:既并进互发又分先后轻重,既言"二端"/"二事",又讲其实是"一体"/"一事"(d、e)。这种冲突感其实源自我们在理解进路上的偏颇。

学界对朱熹知行关系的理解通常有两种进路,一是从认识论意义上理解为认知与实践的关系,二是从工夫论的视域将知行问题纳入到工夫论结构来讨论、理解。前者主要是在认识论意义上探讨知识来源问题,如是会把"知轻行重"理解为知识源自于实践,故而和"知先行后"相抵触。后者则认为朱熹知行观主要是在表述工夫论的问题,而并非是在回答、解决知识的来源问题。② 譬如朱汉民认为"朱熹所反复讨论的知行问题,其实并不是知识论问题,即不是讨论知识的来源、构成、真实等问题;而是一个工夫论问题,即是探讨个人在成德成圣的过程中人格观念与日用实践的关系及其如何统一的问题"③。而朱熹所说的工夫,则"不是那种纯粹知识形态的研究、学习('讲学'、'课程'),而是一种身心一体的实践性活动"④。如此,知先行后是讲工夫程序的先后问题,而不是整个讨论人的认识秩序,其所谓先后是在一个具体某个事件或行为当中来加以区别的(f);知轻行重则是强调道德之践履的重要性(知落实于行,行是知的完成形态);知行相须则是指成圣成贤的工夫结构中知(精神或观念)与行(实践)因素的互动关系;"一体"/"一事"说则更多是指知与行俱在同一个工夫结构或

① 陈来:《朱子哲学研究》,北京:生活・读书・新知三联书店,2010年,第366页。
② 朱汉民、陈来等学者皆持此论。此外,朱汉民认为完全从认识论的角度分析、理解朱熹知行思想不一定能得其要领,并且产生诸多歧义,而工夫论角度会使知行观更合乎其历史本义,并能厘清一些认识论角度不能够讲清的问题。详参朱汉民:《朱熹工夫论的知行关系》,《湖南大学学报(社会科学版)》,2005年第4期,第29—32页;陈来则指出理学语境下的"行"并非泛指人的一切行为或社会实践,而程朱理学知先行后说亦并非要回答知识的来源问题,因此不能不加分析便用《实践论》规定的知行意义及问题去生套古代知行观。详参陈来:《朱子哲学研究》,第370—371页。
③ 朱汉民:《朱熹工夫论的知行关系》,第31页。
④ 朱汉民:《朱熹工夫论的知行关系》,第30页。

观念史与汉语之思

过程中,强调知行实为一种身心一体的实践性活动,简言之即知行一体。而知行一体这种理解,则为第二层的"真知必能行"观点提供了理论基础,即知行可互为定义,"知"的规定意义中已包含"行"之意。如此,在工夫论结构下,朱熹的知行观能得到较为圆融的解释。但与此同时,我们也注意到,尽管朱熹知行观并非如传统认识论那般探讨知识来源问题,他对"真知必能行"的相关论述却和当代知识论关于"知识之条件"和"知识与行动"等问题的探讨有着某种异曲同工之处:首先,"真知必能行"探讨的也是知识与行动的关系,有知识是行动的规范之义;其次,"真知必能行"这个论断一旦证立,则"能行是道德真知的必要条件"也得以成立——这也正是本文着力所在。而要论证"真知必能行",我们可先从其源头论起。

二、"知而不行"以及朱熹的回应

朱熹对"真知必能行"的阐发主要是为了回应"知而不行"的问题。逻辑上,知与行的关系存在如下四种基本组合情况:知而行;知而不行;不知而行;不知而不行。如果置于道德领域,加入"善恶"考量因素,则产生更多的组合。为避免"不善不恶"的复杂情况,我们姑且将善恶问题简单化,把善与恶置换为"当行"与"不当行",则有如下组合:(1)知当行而行;(2)知当行而不行;(3)知不当行而行;(4)知不当行而不行;(5)不知当行而行;(6)不知当行而不行;(7)不知不当行而行;(8)不知不当行而不行。其中(1)、(4)可归为"知而行",符合我们一般对知行关系的期望,即道德知识驱动、引导道德践履,或者"知识是行动的规范"。(5)、(6)、(7)、(8)可归为一种"无知"状态之下的行为选择,但也有细微的分别。如(5)和(8),虽然主体处于"无知"的状态,但其"行"无违道德或者说符合别人对他的道德期盼,(6)和(7)则没有满足别人对他的道德期盼。(2)、(3)则可以归为"知而不行"。

朱熹对知行组合的可能情况皆有自己的解释。对于(5)、(6)、(7)、(8),朱熹认为"无知"状态下的行只是"冥行"或"硬行"。如他讲:

> i. 徒行不明,则行无所向,冥行而已。(《语类》卷七十三)
>
> j. 不明道理,只是硬行。(《语类》卷九)

k. 则凡所作为，皆出于私意之凿，冥行而已，虽使或中，君子不贵也。（《文集》卷四十一《答程允夫》）

"无知"有两种情况：有常知而无真知和完全无知。完全无知状态下的行就是"冥行"，也即瞎行。瞎行可能会造成两种结果：一种是侥幸做对了（"或中"），如(5)、(8)；一种是做错了（不中），如(6)、(7)。瞎行的后果当然大概率会行事不当，而即便侥幸做对了事，朱熹也认为不是君子所贵的。朱熹不否认常知状态下的"知而行"，但有常知而无真知状态下的行，很可能只是一种盲目的习惯之行，或人云亦云之行，乃至一种"硬行"。因此总的来说，朱熹对"无知"与"不知而行"都持一种否定的批判态度。反过来，朱熹认可伊川"无有知之而不能行者"的说法，认为"知而行"（如知水火而不蹈，知乌喙毒而不食）是理所当然的，不存在"知而不行"。对于人们可能质疑的"知而不行"现象，朱熹主要有两个驳斥策略，其一是强调此知非彼知，也即知而不行的"知"并非"真知"。如《语类》曾有如下论述：

l. 徐子融问："水火，明知其可畏，自然畏之，不待勉强。若是人欲，只缘有爱之之意，虽知之而不能不好之，奈何？"曰："此亦未能真知而已。"（《语类》卷十三）

n. 盖人心本善，方其见善欲为之时，此是真心发见之端。然才发，便被气禀物欲随即蔽锢之，不教它发。（同上）

o1. 知之而不肯为，亦只是未尝知。（《语类》卷二十三）

o2. 若曰知不善之不可为而犹或为之，则亦未尝真知而已矣。（《大学或问下》）

所谓此知非彼知，一来是说此知"未能真知"，只是常知或略知，而不是"真知必能行"语境下的真知。这种常知，按朱熹的话语，就是"知不切"、"知尚浅"、"知未至"、"未见得"、"未得于己"、"略晓其名义"等；二来是指此知可能掺杂了人欲私意，而这些人欲私意可以阻碍"知而行"的呈现（如 n 条所说的"被气禀物欲随即蔽锢之，不教它发"）。对朱熹而言，凡是不能呈现"知而行"的知都可归结为非真知，而真知则必能行。在此我们注意到朱熹讲到"能行"（h 条）以及

"不肯为"（o1条）这两个词。这便牵涉到朱熹第二个策略,即对"知而不行"的"不行"二字做分疏文章:把"不行"细分为逻辑上的"不可行"、客观现实的"不能行"、主观意愿的"不肯行"三种可能情况①。对于第一种情况,很明显的,"知而不行"并非指知而不可行,因为"知"在逻辑上不存在导向"不行"的必然性,反而它至少存在引导或驱动"行"的可能性。对于后两种可能情况,我们可参考朱熹在注解《孟子·梁惠王上》时的相关论述。如他在其中讲"今王此心能及物矣,则其保民而王,非不能也,但自不肯为耳"(《孟子集注》),认为梁惠王的仁心能及于物,推扩开去便能施仁政于民。王之不行仁政,不是不能行,而是不肯行。此外他引"挟太山以超北海"与"为长者折枝"之例,说明做不到"挟太山以超北海",是客观现实所导致的"不能",而做不到"为长者折枝"则不是不能做到,而是主观意愿上不肯去做(根本没有这个意愿,或者意愿不足)。正如他分析道:"为长者折枝,以长者之命,折草木之枝,言不难也。是心固有,不待外求,扩而充之,在我而已,何难之有?"(《孟子集注》),对朱熹而言,为长者折枝(行孝)不是什么难不可及的事,甚至是心(道德本心)所固有、应有之事。推展开去,可推论正常情况下,道德领域本就不存在难不可及的事情,也即不存在"不能"做的道德之事。

综上所述,所谓"知而不行",要么是此知非真知,要么是此"不行"只是"不肯行"而非"不能行"。甚至,在朱熹看来,之所以"不肯行",也可归因于"未尝知"（o1、o2条）,也即归因于主体没有拥有真知。如此,朱熹对"知而不行"的回应最终可以归之为一句:真知必能行。然而真知何以必能行呢? 在朱熹的语境下,"真知"概念本身似乎就含有"必能行"的规定(下文会有进一步的揭示),其逻辑可归结为:拥有真知的主体必定会循知而行,如果存在知而不行的情况,则此知不是真知。然而这似乎有循环论证或丐题之嫌,我们需要进一步解释、论证"真知何以必能行"。

---

① 对于"可"与"能"、"不可"与"不肯"之间的分疏,中国哲学史上有着较为丰富的论述,如《孟子·梁惠王上》区分"不能"与"不为"、《荀子·性恶》区分"可以为"与"不肯为"("小人可以为君子而不肯为君子,君子可以为小人而不肯为小人")。此外,围绕孔子"唯上智与下愚不移"与孟子"自暴"、"自弃",程颐和朱熹都作了相类似的分疏。对此,方旭东有较为具体的辨析,但他着眼点在于探讨程朱在处理"知而不行"问题时所关涉到的影响道德实践的多重因素(即认知以外还有意愿、性格因素)。详参方旭东:《道德实践中的认知、意愿与性格——论程朱对"知而不行"的解释》,《哲学研究》,2011年第11期,第44—54页。

三、真知何以必能行

要论证真知必能行,我们可以有三种策略:一是从"真知必能行"的概念分析入手,根据"真知"的"规定意义"来肯定"真知必能行";二是从整体上对"知而不行"进行驳斥,在宽泛的层面论证"知而行"的普遍性;三是将"知而不行"的情况细分为"知而不能行"与"知而不肯行"两种情况,并逐一予以驳倒,从而为"真知必能行"辩护。

(一)真知的规定意义

我们说朱熹的"道德"概念比传统伦理意义之狭义"道德"更为宽泛,泛指一切人伦日用之事,就其形上意蕴而言,甚至可以指向道德共同体(或者说泛道德化)的整个宇宙。与其相应的道德知识也并非狭义之道德知识,其内容更丰富也更复杂。本节主要是在朱熹道德知识语境下,从真知的"规定意义"来论证真知何以必能行。

朱熹自身对"知"有着较为庞杂的论述,但从其道德知识图谱中我们大概可以看到朱熹从不同的角度出发对"知"有着各种"二分"[1]:譬如就性质-形态而言,它有生知/学知、见闻之知/德性之知之分;就性质-程度而言,它又有真知/略知(常知)、深知/浅知之分。出于论述需要,我们将其分为真知与非真知两种。对朱熹而言,生知、德性之知、深知都在真知的范畴,而一般的学知、见闻之知、浅知在未"深化"之前都属于非真知。那么朱熹所谓的真知都有什么特征,或者说,其规定意义是什么? 我们可以从上述朱熹在解释"知而不行"时所提到"知不切"、"知尚浅"、"知未至"、"未见得"、"未得于己"、"略晓其名义"的反面,以及以下朱熹关于"真知"的论述中得到几重明确的规定:

> p1. 知有至未至,意有诚未诚。知至矣,虽驱使为不善,亦不为。知未至,虽轧勒使不为,此意终迸出来。故贵于见得透,则心意勉勉循循,自不能已矣。(《语类》卷三十一)

---

[1] 朱熹在哲学思想上有个"一而二,二而一"的思维倾向或者思维结构,体现在其"知"论上,即道德知识是一,下可二分。如本文语境下,就将朱熹道德知识二分为"真知"与"非真知"以方便论述。

p2. 致知者,须是知得尽,尤要亲切。寻常只将"知至"之"至"作"尽"字说,近来看得合作"切至"之"至"。知之者切,然后贯通得诚意底意思,如程先生所谓真知者是也。(《语类》卷十五)

p3. 又论亦有真知而自欺者,此亦未然。只此自欺,便是知得不曾透彻。……然又不是随众略知之外别有真知,更须别作道理寻求,但只就此略知得处着实体验。须有自然信得及处,便是真知也。(《文集》卷五十九《答赵恭父》)

p4. 知只是一个知,只是有深浅,须是知之深,方信得及。(《语类》卷二十八)

q. 这道理须是见得是如此了,验之于物又如此,验之吾身又如此,以至见天下道理皆端的如此了,方得。如某所见所言,又非自会说出来,亦是当初于圣贤与二程所说推之,而又验之于己,见得真实如此。(《文集》卷四十《自论为学功夫》)

r1. 今日见得义当为,决为之;利不可做,决定是不做,心下自肯自信得及,这便是格物,便是知得至了。(《语类》卷十五)

r2. 知至则道理坦然明白,安而行之。今人知至者,也知道善之当好,恶之当恶。然临事不如此者,只是实未曾见得。若实见得,自然行处无差。欲知知之真不真,意之诚不诚,只看做不做,如何真个如此做底,便是知至意诚。(同上)

r3. 学者之初,须是知得方能行得,末后须是行得到方是究竟。(《文集》卷五十五《答苏晋叟四》)

s1. 知事物之当然者,只是某事知得是如此;某事知得是如此,到知其所以然,则又上面见得一截。(《语类》卷二十三)

s2. 如事亲当孝,事兄当弟之类,便是当然之则。然事亲如何却须要孝,从兄如何却须要弟,此即所以然之故。(《语类》卷十八)

s3. 见得不容已处,则自可默会矣。(《文集》卷五十三《答汪长孺四》)

其一,就知识的形态而言,"真知"处于一种"知至"的状态,而"知至",也即朱熹所谓"知得尽"、"知得切"、"知得深"、"实见得"、"见得透"。此外,在朱熹道德知识语境下,"知至"即"明心之全体大用",也即心具众理而应万事。它有两层含义,一是就整全认知而言的一个终极境界(心具众理),二是就单个认知链条而言,"知"因最终落实于"行"(应事)而表现为一种"knowing how",也即一种能力之知①。

其二,就同在一个认知序列上而言,"真知"与"非真知"只是一个"知",后者可经由主体个人的深刻体认并最终于行动中实现向前者的转化(p3、p4)。二者的不同只是认知过程中"程度-形态-性质"的不同(不同程度的知有不同形态并最终产生质的区别),并非截然割裂对立。

其三,"真知"强调"知之在我",强调主体的切身深刻体验,即将所知"验之于己"、"验之吾身",也即朱熹所谓之"体认"②。由此而看,"真知"之"真",体现为主体切实体验的一种"真实感"与"深刻感",主观意味甚浓。但同时"真知"并没有放弃自身对客观性的要求。一来它同样要求将所知"验之于物"(q),二来知的对象不停留在事物之所当然者,而是经由事物之所当然者朝向更深(高)层次的事物之所以然者(s1)。甚至对朱熹而言,"知所以然者"才是"卓然真见道体之全"(《文集》卷四十《答何叔京》)。它要求追问事物背后的深层依据,也即"为什么如此"(s2),从而在某种程度上保障了自身的客观性,并且反过来也有助于加深主体的"体认"程度。

其四,能行与否(做与不做)是检验"真知"的标准之一(r1、r2),"知"在"行"中得以究竟(r3)。经切身深刻体验、体认后所获得的"真知",能"贯通诚意",并使得主体"心下自肯自信得及"(p3、p4),进而"心意勉勉循循,自不能已"地"真个如此做"、"安而行之"(p1、r2)。这也即如 s3 条所提到的,朱熹讲"见得不容

---

① 郁振华先生曾把赖尔(Gilbert Ryle)的"knowing how"理解为一种用行动来表达的、体现智力的能力之知。详参郁振华:《论能力之知:为赖尔一辩》,《哲学研究》,2010 年第 10 期,第 71 页。笔者秉持郁振华先生的洞见,并另有专文《下学上达:朱熹道德-形上学的能力之知探究》(《中共宁波市委党校学报》,2022 年第 2 期,第 20 - 27 页)对"朱熹道德知识"进行辨析论述,其结论之一就是朱熹道德知识的最终形态("知至")表现为一种道德-形上学的能力之知(因其关切的核心是道德人伦而称为道德之知,因其表现为"应万事"之大用的能力而称为一种能力之知,因其最终指向"所以然之则"并涉及"心具众理"之全体而突显形上学意蕴)。

② 朱熹在为学功夫上,强调"讲论"(求知活动)与"体认"并重,认为"讲论固不可无,须是自去体认",而"体认是把那听得底自去心里重复思量过"。他举了自己从师的例子,说:"某向来从师,一日间所闻说话,夜间如温书一般,字字仔细思量过,才有疑明日又问。"(《文集》卷四十《自论为学功夫》)对朱熹而言,从"日间所闻说话"所获得的"知",如果没有经过自己仔细思量、消化,就只能算是一种"非真知"。

己处,便是所以然",此话反过来可变成:见得所以然,知道了为什么(应当)如此,便不容己而要去付诸行动。这意味着朱熹的"真知"概念含有一种动能,这种动能产生于主体对"知"的深刻体认,内心对所知产生高度肯定与深度信仰,进而引发知之主体相应的行动意欲乃至行动意志,并最终驱动主体循知而行(身体缺陷等不可抗力的情况除外)。

为加深对朱熹"真知"概念的理解,我们可参考当代知识论对道德知识的区分,将朱熹对道德知识二分为"真知"与"非真知"和赖尔对于道德的命题之知与能力之知的区分关联起来考察。赖尔曾在《良心与道德信念》①一文中将道德知识区分为学术性知识和实施性知识(此区分被视为命题之知和能力之知经典区分的前身②)。虽然赖尔主要是为了强调实施性知识的独立性与重要性,但他的区分说明人类的道德生活确实涉及到这两种不同形态的知识。所谓学术性知识,是指一种纯粹理智上的或知性的对某个道德信念的认可或接受,与意志、情感、行为无涉,可用命题的形式来表达,如知道如何做事的规则、指令、方法等;而实施性知识则不然,它是对道德信念的真正的接受。此接受更多体现在主体的意志、情感、行为之上,常以行动来表达(主体据此来行事),表现为一种能力之知。对赖尔而言,一个人拥有道德的实施性知识或道德的能力之知才算得上是真正拥有道德知识。就此来说,我们认为赖尔的能力之知(或实施性知识)与朱熹的"真知"有着较高的契合度。需要注意的是,虽然朱熹之"真知"体现为一种能力之知,但并不是所有的能力之知都可称为"真知"。正如纯粹对象化的命题之知属于"非真知",但并非所有的"非真知"都是命题之知。譬如对朱熹而言,硬行冥行之知不一定表现为命题之知,而诸如小学功夫日常洒扫应对中的一些身体习惯性行为体现某种能力之知,却不属于朱熹的"真知"范畴。然而就知之主体缺乏高度自觉化的道德意愿、缺乏非此不可的"不容己"的道德驱动力,因而不能保证知行一致而言,朱熹的"非真知"与命题之知是一致的。此外,对朱熹道德知识来说,命题之知与能力之知主要是一种形态的区分,但也可以用真/略、深/浅这种关于"知"的程度来加以区别。二者并非截然两端。我们知道在命题之知和能力之知关系的论争中,主要有三种立场:理智主义,主张

---

① Gilbert Ryle, "Conscience and Moral Convictions," *Analysis*, Vol. 7 No. 2(1940):31-39.

② 郁振华:《论道德-形上学的能力之知——基于赖尔与王阳明的探讨》,《中国社会科学》,2014 年第 12 期,第 27 页。

能力之知可以还原为命题之知;反理智主义,主张能力之知独立存在,不能还原为命题之知;极端反理智主义(实践主义),主张所有命题之知实际上都是能力之知。新近,倪培民提到第四种立场:"技能之知和命题之知各自既无法归约为另一方,也无法完全分离。"[1]对朱熹而言,二者似乎并不存在一方归约另一方的问题。与其说二者是对峙并列关系或隶属关系,不若说是一种导向的关系:命题之知经体认而达至以行动来表达的能力之知才是朱熹之"知"的最终形态。朱熹强调通过格物致知并最终达至修身齐家治国平天下之境,他最终所要抵达的"真知"就指向一种"物来顺应"的应事处事的能力之知。

综上所述可得,朱熹道德领域中的"真知"概念与西方知识论语境下的"真知"相去甚远[2],后者只是强调主体的认知符合对象化的外在事物本身,常用命题形式表达,其认知并不必然关联相应的行动;前者则强调经由主体切身体验,内心产生一种深度肯定的信念,从而引发主体循知而行,与赖尔道德的实施性知识或能力之知有着某种相似性。而且前者概念本身就蕴涵"必能行"的规定意义,所以从其规定意义去讲,"真知必能行"的谓述类似于一个分析命题,具有必然性。然而,这只能说明这个命题在朱熹道德知识语境下成立。如果要从更广泛意义上去证成它,我们还需要从其规定意义跳出来考察其合理性,进一步追问朱熹的真知概念何以必能行。如此,便涉及到其他两个论证策略。

(二) 对"知而不行"的整体驳斥

当我们试图从整体上反驳"知而不行"时,我们可以通过诉诸大众直觉来为

---

[1] 倪培民:《知"道"——中国哲学中的功夫认识论》,钱爽译,《文史哲》,2019 年第 4 期,第 97 页。

[2] 二者之间的差异主要源于"真"在各自语境下的不同涵义与理解。如在李晨阳看来,西方之"真"一般是关于是否可以证明语句是真的,即语句是否跟事实相符,也即语义真。而中国之"真"则更多是一种存在论之真,一种实用之真,它与人的人格与道德行为相关(李晨阳:《道与西方的相遇:中西比较哲学重要问题研究》,北京:中国人民大学出版社,2005 年,第 33—40 页)。而这样的"真",于儒家而言,主要表现为"诚"。如《中庸》以"成"释"诚",认为至诚无息、能尽性、能化、能前知如神,故能成己成物。也就是说,"诚"就是要成己成物。而成己成物,可以理解为成为真实的存在,即真在。有真在,方能有真知。在朱熹看来,至诚能尽性,而尽其性者,则德无不实。德实而无人欲之私,无人欲之私则天命之在我者,察之由之,则巨细精粗,无毫发之不尽。而"能尽之者,谓知之无不明而处之无不当"(《中庸章句》)。由此看来,儒者(包括朱熹)所论之"诚",不仅有存在论的意味,也可以有知识论的意味。至于朱熹所谓"真知"之"真",则如上文所揭示,更多是强调一种"切己体认",以及一种高度自觉化的道德自觉,不能与西方知识论之真等同视之。

"知而行"辩护。在实验哲学中,当涉及到道德,大众知识归赋有如下呈现:当认知主体 S 没有付诸行动时,我们通常倾向于认为主体 S 不拥有相应的道德知识。[①] 然而考虑到诉诸直觉的方法之局限性(无法保证普遍性与必然性),我们更倾向于采用直觉与思辨结合的方法,对"知而不行"进行辨析与消解。

在只考虑"知"是否驱动"行"的情况下[②],我们较容易理解或解释"知而行"、"不知而不行"、"不知而行"这三种组合可能。譬如我知道北京在我的正北边,如果我要去北京,那我自然应当朝北边走(知而行);如果我不知道,那么我就不会"瞎走"而耽误我去北京的目的(不知而不行);如果我在不知道的情况下,却依然选择了某个不确定的方向出发,那可能是我愿意并且能够承受无法抵达北京的结果,相比原地踏步,我倾向于碰运气。如果我恰巧走在了正确的方向上,那也只是盲鸡啄着米,运气使然(不知而行)。然而当我们考察"知而不行"这个可能时,我们会发现,我们很难解释"知而不行"这种情况。当然我们可能会找到某个"解释/理由"可以说明"我知道北京在正北边,但我却没有往正北方向去",譬如我突然收到通知要到重庆(在我西南方向)参加会议,故而先往西南方向绕道重庆然后再朝东北方向去北京。问题在于,我们从这个"解释"中可以得到另一个"知而行":我知道重庆在我西南方向、北京在重庆的东北方向,因此我最终的行动依然是一种循知而行。

───────────

① 此论点受启于实验哲学中的诺布效应(Knobe effect),也受到毕比(James R. Beebe)和巴克沃尔特(Wesley Buckwalter)等人关于认知副作用效应和评价效应影响知识归赋等相关研究结论的支持,其中认知副作用效应研究表明:如果主体 S 的行动副作用是好的(道德的),我们会倾向于认为他不知道其行动会带来好的副作用;如果其行动副作用是坏的(不道德的),我们则倾向于认为他知道其行动会带来坏的副作用。评价效应研究则表明:知识可能关联着行动,一个主体的信念能否算作知识,可能取决于主体根据该信念所采取的行动的非认知评价因素。换而言之,即道德因素会影响人们的知识归赋,当主体始终没有表现出相应的道德行动时,我们倾向于认为该主体不具备相应的道德知识。详可参阅:James R. Beebe & Wesley Buckwalter, "The Epistemic Side-Effect Effect," *Mind & Language*, Vol. 25 No. 4 (2010):474 - 498; James R. Beebe, "Evaluative Effects On Knowledge Attributions," *A Companion To Experimental Philosophy*, Justin Sytsma and Wesley Buckwalter (eds.), Wiley Blackwell, 2016, pp. 359 - 367.

② 不排除其他非知因素(如情感、意志)对"行"直接驱动的可能性。然而这些因素驱动之下的"行",是否能完全脱离"知"是一个值得探讨的问题。我们要考虑的一个情况是驱动"行"的情感、意志等非知因素对我们的"认知"而言是否处于透明状态。如果处于透明状态,它们对"行"的驱动,是否可以还原或者替换为"知"对"行"的驱动?或者说,"知"作为最本源、最基础的因素贯穿其他动力因素?下文分析朱熹道德动力结构时会涉及到这方面的探讨。

同样的,于道德领域中,通常我们的直觉是如果我知道我应当如此做,那么我会按我的认知而行动。对于似乎存在于现实生活中"知而不行"的现象,我们可能会以"利益考量"来进行解释。譬如我们知道杀人不当行,但出于保家卫国考量,士兵会在战场上果断枪杀入侵者;小明知道偷窃不当行,但为了不至于饿死,他最终还是偷了果腹的面包。这些情况都存在利益考量,并且都因为利益考量而选择与自己"初始认知"不符的行动。然而这种解释同样会遭受反驳:其行动只是基于另一个(或许是更高一阶的)认知结果,譬如小明知道偷窃不当行,同时小明也知道如果他不偷面包果腹他会饿死,那么基于后一个认知,小明最终偷了面包。这里面包含两个不在同一个知-行序列上的"知",两个不同序列的"知而行"发生了冲突,而后序的"知而行"覆盖了前序的"知而行",从而产生的"知而不行"只是后序的"行"没有遵循前序的"知"。因此我们可以说,在单个的知-行序列中,知行关系是"知而行"而非"知而不行"。我们可以进一步推论:在"行"呈现之前,"知"不是单一的,不同的认知有相应的可能行动,而这些行动之间可能存在利益冲突。行动主体在利益考量之下最终选择并呈现出唯一一个"行"。

尽管"利益考量"可以在某种程度上解释"知而不行",但它并不能有效地为"知而不行"本身进行辩护。我们可以注意到,"利益考量"的解释预设了一个前提:不存在一个非此不可的"知-行序列",并且不同的知-行序列中,其利益是有差别并可衡量的。在这个前提下,我们可以根据"两利相权取其大、两害相权取其小"的原则,进而选择一个最优的知-行序列并最终循知而行。这种可选择性就如朱熹所描述的"如人要做好事,到得见不好事,也似乎可做"(《语类》卷九)或"虽看义当为然,而却又说未做也无害,见得利不可做,却又说做也无害"(《语类》卷十五),似乎可归之为"道德意志软弱①"。但在朱熹看来,这种可选择性或意志软弱的发生只是因为道德主体没有拥有相关真知("物未格,知未至"),而一旦物格知至,则"见得义当为,决为之,利不可做,决定是不做,心下自肯自信得及"(同上),不存在模糊空间下的可选择性。也即当道德主体拥有相关真知的情况下,会产生一个非此不可的知-行序列。如士兵杀人,也可解释为士兵认

观念史与汉语之思

① 意志软弱是个大概念,常用以解释"知而不行"问题。然而其中存在不少问题与争论,如"意志软弱是否/如何可能"、意志软弱者是否拥有知识/拥有何种知识等。姜妮伶曾以意志软弱为线索来探讨朱(转下页)

为(知道)保家卫国的大义重于"不杀人"的私德,故而非杀敌不可;小明没有"饿死事小,失节事大"的深刻认知,故其道德意志最终让步于生存意志。

综上,我们可以得出这么一个结论:知行关系的常态是"知而行",所谓的"知而不行",可转述为另一个知-行序列的"知而行"。在没有相关道德真知的情况下,道德意志可能会让步于其他意志,而在拥有真知的情况下,则不存在让步。此也契合朱熹"真知必能行"之谓,以下将进一步为之辨析。

(三)真知对"知而不行"的克服

上文我们曾将"知而不行"中的"不行"细分为不可行、不能行、不肯行三种可能情况,并且从直观上否定了"知而不可行"。朱熹也从"挟太山以超北海"与"为长者折枝"之例的分疏中初步否定了"知而不能行",并认为"知而不肯行"只是因为"未真知"。现在我们可进一步论证"真知"对"知而不能行"与"知而不肯行"这两种情况的驳倒或克服。

要驳倒"知而不能行",我们可以诉诸儒家传统,直接否定存在不能行的道德之事,或者通过对"能行"作限定说明而消解"不能行"的情况。儒家自孔子起便有"我欲仁,斯仁至矣"的传统,由朱熹援引伊川"为仁由己,欲之则至,未有力不可足者也"(《论语精义》卷四上),我们可知,对朱熹而言,道德之事本身不存在客观上人力所不能及或不能去做的。换言之,在正常情况下,人不存在"不能行"的道德之事。或许有人质疑说一个失去双手的人,即便他再孝顺(并拥有相应的真知),他也无法亲手为长者折枝。如此一来,似乎在某项具体的道德事件中存在客观上"不能行"的情况。然而我们也可以如此回应:单一具体道德事项的失败(如为长者折枝)并不意味着高一阶的道德失败(如行孝),如一个失去双手的人虽未能亲自为长者折枝,但这并不意味着他不能"行孝",他或许可以通

(接上页)熹的真知概念与知行关系,她认为朱熹语境下的意志软弱是常人未能将所知落实为道德实践而造成的知行不一现象,它直接且根本地源于"未能真知"。而常人未能真知的原因则在于先天气禀的不足、私欲的泛滥和天理的遮蔽,其解决的方法则是"格致诚正"(详参姜妮伶:《意志软弱问题域下的知行关系——基于朱子哲学中"真知"概念的讨论》,《道德与文明》,2018年第4期,第65—70页)。笔者基本上同意姜将朱熹之意志软弱归结为"未能真知",但在笔者看来,我们似乎需要对意志作更为具体的细分或限定,如区分道德意志、生命/生存意志。其原因有二:一是某些"知行不一"现象有可能是不同意志之间的冲突所造成,不能笼统归结为意志软弱;二是作出细分或限定后,可以直接消解掉所谓的"知行不一"(如在小明偷面包的案例中将小明偷面包的行为解读为道德意志让步于生存意志,而非知行不一)。

过其他行动(如喊旁人帮忙)来完成为长者折枝一事。况且,我们并不能因为一个失去双手的人未能亲自为长者折枝就判定他是一个不孝顺的人。倘若将情况极端化:假想有一个因突然中风失去行动能力的人。从身体客观能力而言,他不具备任何行动的能力,但根据他以往的表现,他确实是一个孝顺的人,也拥有相应的真知。那么失去行动能力之后,他似乎确实处于一种"知而不能行"的境况。因此,这个极端化案例的存在似乎对"真知必能行"构成了威胁。然而,情况并非如此。一来,我们可以强调"真知必能行"只是就正常情况而言,正常情况就排除了身体缺陷等不可抗力的可能。二来,我们只需参考赖尔对"能力"的界定①,对"能行"的定义作进一步说明:能行作为行动的能力,是一个体现智力的行动倾向性概念,并具有现实性。所谓体现智力,是强调"行"有智力因素参与其中,如此便排除了无知冥行与纯粹身体上机械式的硬行。所谓倾向性,是指"能行"超越特殊而指向普遍,不为特定情形所限,具有恒常/稳定性,如此便消除了行动的偶然性与单一特殊事件的"不能行"所带来的威胁。所谓现实性,即指"能行"不仅是纯粹的可能,更是现实世界的能行。换言之,在满足特定条件的情况下(临事),它会呈现为现实行动。而未临事时,"能行"本身处于一种"未发状态",只表现为一种倾向性。如此界定"能行",则消解了"知而不能行"情况对"真知必能行"所构成的威胁。

至此我们可以判定:就道德领域而言,知而不行最终只能落在知而不肯行之上。而要驳倒"知而不肯行",我们可继续沿用朱熹的策略,直接否认"不肯行之知"是"真知",并强调真知必肯行。然而真知为什么必肯行,要回答这个问题,则涉及道德行动背后的动力结构以及"真知"在这个动力结构中所处的位置与所起的作用。

通常对道德动机的理解分两种传统:一是休谟主义传统,主张道德动机来自被恰当定义的欲望;二是康德主义传统,认为行动的动机来自不依赖欲望的理由②。

① 参见郁振华:《论能力之知:为赖尔一辩》,《哲学研究》,2010年第10期,第73—76页。

② 在当代行动哲学中,可区分为两层不同意义上的理由:动机性理由与规范性理由(或解释性理由与辩护性理由、一般理由与好的理由)。动机性理由是从"客观意义"(不含价值判断)上能够解释行动的原因,也即动力因,规范性理由是能够为行动本身进行辩护的(含价值判断)的理由。参见徐竹:《行动理由中的知识与理解》,《山东大学学报(哲学社会科学版)》,2016年第1期,第146—153页。然而当它涉及到道德行动时,我们会发现其动机性理由与规范性理由有着某种独特的重合性,也即真知驱动道德行动的理由既是动机性理由,同时也是规范性理由。

对这两种传统理解以及后续相关的发展理论,张晓渝①曾有过大致的梳理,并提到一种可能的调和:对欲望的认知主义理解。笔者在此无意牵扯太深,只根据朱熹"理性主义"立场对道德的动力结构作一番探索。根据两种传统的相关论争,我们至少可以认为道德行动的驱动因素并不单一,如理性认知、情感欲望、意志等因素都可以激发某个具体的道德行动。不同传统之间更多是在争论何种因素更为基础、根本,通常并不否定其他因素的动力作用。譬如康德主义并不拒斥情感的作用,而是主张以理性作为道德动机的基础,可以单独作为行动的动机;而休谟主义主张情感或欲望在道德行动者的行动激发中发挥着基础、根本的作用,但也不反对理性在限制性的意义上使用。对朱熹而言,其动力结构似乎也体现出某种综合,即"心"作为道德动力之源,并涵盖一般意义下的"知""情""意""志"。我们且将其相关论述列之如下:

> t1. 心者,一身之主宰;意者,心之所发,情者,心之所动;志者,心之所之,比于情、意尤重。(《语类》卷五)

> t2. 人之一身,知觉运用莫非心之所为,则心者,固所以主于身而无动静语默之间者也。(《文集》卷三十二《答张敬夫四十九》)

> t3. 所谓心者,固主乎内,而凡视听言动出处语默之见于外者,亦即此心之用,未尝离也。(《文集》卷四十五《答杨子直一》)

> t4. 盖凡事莫非心之所为。(《语类》卷九十五)

> t5. 那有一事不是心里做出来底? 如口说话便是心里要说,如紾兄之臂,你心里若思量道不是时,定是不肯为。(《语类》卷七十八)

> u1. 心者人之知觉,主于身而应事物者也。指其生于形气之私者而言,则谓之人心,指其发于义理之公者而言,则谓之道心。(《文集》卷六十五《大禹谟解》)

> u2. 此心之灵,其觉于理者,道心也;其觉于欲者,人心也。(《文集》卷五十六《答郑子上十》)

> u3. 必使道心常为一身之主,而人心每听命焉,则危者安,微者著,

---

① 张晓渝:《当代西方道德动机理论研究阐微》,《河南科技大学学报(社会科学版)》,2018 年第 1 期,第 45—49 页。

而动静云为自无过不及之差矣。(《中庸章句序》)

  v1. 心者人之神明,所以具众理而应万事者也。(《孟子集注》)

  v2. 心之全体,湛然虚明,万理具足。(《语类》卷五)

  v3. 心是神明之舍,为一身之主宰,性便是许多道理,得之于天而
具于心者。(《语类》卷九十八)

从以上论述,我们可以明显看出朱熹"心为主宰"的思想:心主宰并支配全
身的一切行为活动,既包括内在的感觉、思维活动(意念、情感、意志)(t1、t2),
也包括"视听言动出处语默"等形于外的现实行为活动(t2、t3)。在朱子看来,
人的一切行为活动都是心的作用或运用,凡事①(实践活动)都是"心"之所发、
所为,并且人之所为不悖于心(t4、t5)。那么此主宰之心究竟是什么呢? 虽然
朱熹对此有众多解释,但最为主要的则是指人的灵明"知觉"。此"知觉"包含
"知"与"觉"(觉有"体认"义)两层,不是我们通常认知意义上的知觉。其主于身
而应于事(u1),既指人的知觉能力(能知能觉),也指知觉能力的具体运用,也即
人的具体知觉。此外,朱熹认为此心觉于道理(道德之所以然者或道德规范理
由)或发于义理之公的是为道心,觉于欲或生于形气之私的是为人心(u1、u2),
换言之,也即"道德意识的知觉是道心,各种情欲的知觉是人心"②。正因为心有
道心、人心之别,所以朱熹强调须以道心来统率人心(u3),即强调于伦理生活中,
须以道德意识(道德真知)支配主体的一切行为活动,并对个人情欲予以指导、制
约。就此而言,道心才是道德活动最根本的主宰者,而人的一切道德活动俱是道
心所发,道心所范导。最后我们还可以从 v1、v2、v3 看到,朱熹所讲的"心",是人
之神明,是人之所以具众理(道德之理先天地内在于心)而应接万事(行道德之事)
的根源和凭据。其所具之理得之于天而具备某种形而上的力量③,使得主体一旦

---

① 朱熹虽有"物即事"的说法,但其"事"单独拎出来则强调人的实践因素。按陈来的见解,理学语境下的"事"是
  一个实践的范畴,指主体的一切实践活动,特别是社会实践活动,是主体对客体的作用过程;而"物"则可指离
  开人主观意识的客观存在。详参陈来:《朱子哲学研究》,第 252 页。

② 陈来:《朱子哲学研究》,第 249 页。

③ 按东方朔看来,朱熹即知即行的理论背后,包含一个有关人的概念的("所以为人之理")形上学的预设。
  其道德真知要求行动主体对自家身心上先天具有的道德之理经由切己的反思体贴、自我认同,获得第一
  人称意义上"自肯自信",从而获得充足的道德动机效力。详参东方朔:《"真知必能行"何以可能? ——朱
  子论"真知"的理论特征及其动机效力》,《哲学研究》,2017 年第 3 期,第 73 页。

"知觉"此理,便受到道德命令一般的祈使,进而"不容己"地循理而行。因"心"之全体是一种湛然虚明万理具足的状态,故而由其所发的意念、情感、意志对它(知觉义)而言,处于一种透明状态。考虑到朱熹所谓"觉于理者"便是他所讲的"真知",觉于理的道心便是拥有真知或真知形态下的心,因此意念、情感、意志对"真知"而言也是处于透明的状态,此也即"真知贯穿诚意"之义。综上,主宰道德活动的心是知觉之心,是道心之心,是见体明心,也是"真知"之心。因此在某种意义上,我们也可以认为道德活动的充足动力之源便是道心之知觉,也即真知。

对于欲望、情感与意志,由于三者都由心发出,因而具有一定的动能,能够但不必然激发道德行为。主体出于满足欲望、情感、意志而表现出"肯行"的意愿,但这意愿并不必然充足到"必肯行"的程度。如他讲"欲为这事,是意;能为这事,是情"(《语类》卷十六),表明"意欲"具有某种动能,而"情感"则比一般的"意欲"更具能动力。然而"能为"只表明一种能力与可能性,不等于"必为"。意志则"是公然主张要做底事"(《语类》卷五),所以比意欲、情感更具动能(t1)。然而意志有道德的意志,也有非道德的意志,前者具有道德命令之动能,而后者则未必如此,非道德意志存在干扰或阻碍道德意志实现的可能。一言以概之,即欲望、情感、意志这三者的动能或能动力都并不足以使主体时时按照"所当然"那般去行。因此需要贯穿诚意的真知来支配、调制,使主体的行为符合道德原则、道德规范。如他讲"情根乎性而宰乎心,心为之宰,则其动也无不中节矣"(《文集》卷三十二《答张敬夫》)、"知其所以然故志不惑,知其所当然故行不谬"(《文集》卷六十四《答或人七》),这里所说的宰制欲望情感的"心"以及"知其所以然"便意指"真知"。也就是说,在"真知"的贯穿宰制之下,意志才坚定不惑,其行动才符合道德规范(中节),不会出错(不谬)。换言之,意欲、情感、意志,在"真知"贯穿(主体拥有"真知")之下才能发挥出充足的动力驱动主体,使得主体必然肯行。

结 语

当我们谈论知行关系时,我们似乎习惯性地将其视为知识与实践的关系,并且预设了它们是二分对立的"二者"。然而,在中国儒家传统思想尤其是工夫论语境下,知行本是一事、一体的。朱熹知行观中也蕴涵此种思想。王阳明"知行合一"、"知行本一"观点更是表明知与行本就是互相联系、互相包含,而不可分裂的。这种知行一体的思想对当下知识论和行动哲学领域的某些问题探究应该能起到一种启发的作用。本文通过对朱熹知行观的重审,将其知行观概括为"两层四点",并纳入到儒家传统的工夫结构中来理解,通过对"真知必能行"的论证说明,在某种程度上也是对知行本来意义的一种探讨。通过一系列说明论证,既揭示真知规定意义中本就含有的"必能行"之义,也解释了真知何以必能行。从"真知必能行"的证立,反过来确定了道德真知结构的一个维度:能行是真知的必要条件。如果我们对道德知识持一种强的标准,即道德真知才称得上是道德知识,那么我们就确定了道德知识构成的一个维度:能行是道德真知的必要条件。即便我们把标准降低,承认真知之外,还存在诸如"常知"或"命题之知"形态的道德知识,也不妨碍"能行是道德真知的必要条件"这个论断。我们所需要做的,只是对道德知识这个"大概念"做好具体分疏,如区别命题之知与能力之知或朱熹语境下的"真知"与"非真知"两种形态的道德知识,再行探究不同形态之下的知识结构。

Review of Zhu Xi's Idea of Knowing and Practicing: The Epistemological Implication and Argumentation of "True Knowing will Definitely Lead to Practicing"

Liufu Huadong

Abstract: Review Zhu Xi's idea of knowing and practicing, summarize it as "two levels and four points" with a harmonious explanation in the structure of *Gong fu* theory. Zhu Xi refuted "knowing without practicing" and advocated "true knowing will definitely lead to practicing" by two strategies: denying that the knowledge without practicing is "true knowledge"; subdividing the situations of "no practicing" and refuting them individually. Through the analysis of concept, point out that "must be able to practice" is the inherent meaning of "true knowledge". Refute "knowing without practicing" as a whole by claiming that "knowing without practicing" can be paraphrased as the "knowing with practicing" in another sequence of knowing-practicing. Define "Being able to practice" as a concept of realistic and intelligent disposition, emphasize that "*Xin*" with true knowing is the source of moral motivation and the true knowing permeates "*Xin*", then true knowing can overcome "knowing without practicing". The success of justification above, in turn, confirms a dimension of the structure of true moral knowledge.

Keywords：Zhu Xi's idea of Knowing and Practicing, knowing without practicing, true knowing will definitely lead to practicing, sequence of knowing-practicing, the source of motivation

【导师推荐意义】

《朱熹知行观重审："真知必能行"的知识论意涵及其论证》通过辩护朱熹"真知必能行"，来探索道德知识的结构，认为"必能行"是道德真知的必要条件。论文首先对朱熹知行观作了简要概述，并别出心裁地在陈来先生的基础上将朱熹知行观概括为"两层四点"。在此基础上，将朱熹"真知必能行"的相关论述界定在"知是否驱动行"这一层面来探讨，指出朱熹的"真知必能行"是对"知而不行"问题的回应。随后提出了三个具体的论证策略：一是从"真知必能行"的概念分析入手，根据"真知"的"规定意义"来肯定"真知必能行"；二是从整体上对"知而不行"进行驳斥，在宽泛的层面论证"知而行"的普遍性；三是将"知而不行"的情况细分为"知而不能行"与"知而不肯行"两种情况，并逐一予以驳倒，从而为"真知必能行"辩护。总之，论文对朱熹的"真知"概念的刻画与理解大体准确，论证策略较为新颖(借鉴了知识论和实验哲学的方法和成果)，行文较规范。选题较有价值，且较有新意。建议刊发。

（曹剑波，厦门大学哲学系教授）

伦理世界中致知与力行的合一
——道德的能力之知或动力之知争论的王船山方案

杨超逸*

杨超逸 *

[摘 要] 关于王阳明的良知是道德的能力之知还是动力之知的争论,实质是知行合一说与知行本一说的差异。差异的核心在于,是否承认至少存在一种道德规范可以直接转化为道德行动。承认与否取决于如何解释人们的道德经验。王船山对王阳明的批判表明,解释道德经验需要以能够通达伦理世界为前提,以阳明学为基础的两种知行观都因为忽视了伦理世界而局限在个体范围内。只有通过力行,人们才能够参与到伦理世界的具体事务中,所以船山的伦理世界实在论方案主张行先知后。个体的德性扎根于伦理世界,并为具体行动提供动力。在此基础上可以重置两种知识:道德的能力之知强调德性涵养的过程,动力之知保证自觉涵养德性的意愿。两种知识都在个体与伦理世界的互动中完成。

[关键词] 王船山;实在论;道德的能力之知;动力之知

* 杨超逸(1999—),男,华东师范大学哲学系中国哲学博士生,研究方向为宋明理学。

以当代分析哲学理智主义与反理智主义、休谟主义与反休谟主义两条论争脉络为背景，近年来黄勇教授围绕着王阳明良知概念做了一系列阐发。^① 前一论争基于赖尔(Gilbert Ryle)对命题性知识(knowing-that)与能力之知(knowing-how)的区分，聚焦于两种知识类型能否还原、如何还原。后一论争针对休谟(David Hume)对被动认知面向的信念(belief)与主动驱动面向的欲望(desire)的区分，聚焦于信念-欲望(Besire)是否可能、何以可能。^② 在两条问题意识交汇下，黄勇主张良知是动力之知(knowing-to)：就前一个论争而言，由于良知可以直接引发行动，故不同于命题性知识或能力之知^③；就后一个论争而言，由于良知既是规范性道德知识，同时又可以促使行动，所以在知行合一的意义上信念-欲望是可能的。

无独有偶，郁振华教授也主张通过创造性转化王阳明对知行关系的讨论，更积极地介入上述论争；但相较于解决既有问题，他更希望"在赖尔和王阳明的哲学之间建构一种实质性的对话关系"^④。郁振华认为，良知是能力之知的一种，即道德-形上学的能力之知。郁文不仅紧扣能力之知所涉及的活动/行动、智力、能力的三方面内涵，将良知刻画为关于道德规范的实施性知识与稳定而灵动的实践智慧^⑤，而且进一步抉发其形上意蕴，良知作为形上智慧可以涵盖

---

① 本文所涉及的主要文献有：黄勇：《在事实知识(Knowing-that)与技艺知识(Knowing-how)之外：信念—欲望(Besire)何以不是怪物？》，《哲学与文化》，2012年第2期；黄勇：《朱熹的形上学：解释性的而非基础主义的》，《社会科学》，2015年第1期；黄勇，崔雅琴：《论王阳明的良知概念：命题性知识，能力之知，抑或动力之知？》，《学术月刊》，2016年第1期；黄勇：《附：再论动力之知：回应郁振华教授》，《学术月刊》，2016年第12期；黄勇，黄家光：《作为动力之知的儒家"体知"论——杜维明对当代道德认识论的贡献》，《哲学分析》，2020年，第3期；黄勇，段素革：《信念、欲望与信欲：斯洛特与王阳明道德动机论之比较》，《伦理学研究》，2020年第3期；黄勇：《道德铜律与仁的可能性》，上海：上海交通大学出版社，2018年，第七、八章；黄勇：《当代美德伦理——古代儒家的贡献》，上海：东方出版中心，2019年，第六、八章。

② 对这两条论争脉络的概述，参见郁振华：《再论道德的能力之知——评黄勇教授的良知诠释》，《学术月刊》，2016年第12期。

③ 关于动力之知是否包含能力之知与命题性知识，黄勇的观点有过转变。本文仅以转变后的观点为讨论对象，即动力之知不兼摄命题性知识或能力之知，它更接近命题性知识而非能力之知。参见黄勇，崔雅琴：《论王阳明的良知概念：命题性知识，能力之知，抑或动力之知？》，《学术月刊》，2016年第12期。

④ 郁振华：《论道德—形上学的能力之知——基于赖尔与王阳明的探讨》，《中国社会科学》，2014年第12期。

⑤ 郁振华：《论道德—形上学的能力之知——基于赖尔与王阳明的探讨》，《中国社会科学》，2014年第12期。

"作为道德共同体的整个宇宙"①,最终实现成己、成人、成物。②

郁振华与黄勇在良知是能力抑或动力之知的论证中,最直接的交锋之处在于,独立于能力之知的动力之知对良知来说是否是必要的。这一交锋所运用的思想资源,落着在不同进路下的阳明文本诠释。③ 诠释差异的关键是,知行合一究竟意味着知和行本来就是一体,或是知行二者需要通过艰苦的工夫才能够实现统一。倘若知行本一是成立的,或是找不到足够强的反驳理由,则不仅理智主义与休谟主义不攻自破,而且鉴于知行本体相对于其现实发用的独立地位,独立的动力之知也势在必得。但是本文认为,两种不同的诠释都是以阳明学为出发点讨论知行关系,其中预设了以个体为基础的立场。如果我们重审王船山对阳明学的批判与反思,即知行关系需要以实在的伦理世界为前提,那么动力之知与道德的能力之知在被重新限定后,有着协调的可能。

本文将分四部分展开。在第一部分中,郁、黄的立场将被分别刻画为厚薄良知概念,其差异的原因在于知行本一说与合一说的诠释分歧。第二部分中将梳理船山在《尚书引义·说命中二》里对阳明学的批判,并讨论厚薄良知概念所给出的相应辩护不成功的原因。在第三部分中,道德的能力之知与动力之知将在船山的道德实在论中得到重新安置:道德的能力之知强调了涵养德性在致知-力行合一中的重要性,动力之知指向了人们参与伦理世界并主动承担责任的意识。最后是简短的结论,总结本文的贡献与局限。

一、知行本一或合一:厚薄良知概念及其形上条件

虽然道德的能力之知与动力之知在概念上鲜明对立,但二者都是经由诠释王阳明的良知概念而提出的,而且郁、黄都分别明确地将良知界定为二者之一。有鉴于此,本节将原本宏阔的论证收缩到对良知的不同诠释上,以此探寻二者

① 郁振华:《论道德—形上学的能力之知——基于赖尔与王阳明的探讨》,《中国社会科学》,2014 年第 12 期。
② 关于郁黄之争的背景与整个进展更为详细的概览,可参见黄家光:《良知:能力之知还是动力之知? ——对郁振华与黄勇之争的一个评论》,《华东师范大学学报(哲学社会科学版)》,2018 年第 5 期。
③ 特别是黄勇明确表示,他对郁振华关于赖尔两种知识的内涵与外延的讲法并无异议。那么从思想资源的角度考虑,对阳明诠释的差异无疑是这场交锋的决定性因素。见黄勇:《附:再论动力之知:回应郁振华教授》,《学术月刊》,2016 年第 12 期。

的分歧点,以及使分歧得以可能的根本理论差异。

郁振华认为,良知概念涵盖"丰厚"意蕴,其丰厚按照论证的次序可以体现为以下七个层次:①"知是行的主意……知是行之始。"道德行动需要以对道德规范的理性认识为前提,这一认识为行动提供了方向,这种认识属于命题性知识。②"行是知的功夫……行是知之成。"单讲对道德规范的认识并非良知,只有按照它做出身心一体的道德行动,并将其转化为道德的能力之知,才是整个知行活动的完成。③"真知即所以为行,不行不可谓之知。"知行合一展现为动态的过程,即不断地将道德的命题性知识转化为道德的能力之知。在此,知行合一是有待实现的目标,它需要诉诸致良知的工夫,这一工夫同时也在塑造着良知本身。④"此已被私欲隔断,不是知行的本体了……圣贤教人知行,正是要复那知行本体。"道德的能力之知的转化过程蕴含着内在的动力结构,即克服私欲对知行活动的阻隔。这一克服私欲的动力保证人们能够畅通地按照道德规范展开行动,从而消除知行不一。⑤"只是这个灵能不为私欲遮隔,冲拓得尽,便完完是他本体。"致良知的工夫带来良知由潜在转化为现实,进而形成智力的能力。就主体具有智力的能力的状态而言,良知是主体稳定而一贯地依照道德规范发用能力的倾向。⑥"能致良知则心得其宜矣,故集义亦只是致良知。"稳定而一贯地发用能力,需要落实到具体情景中,能够做到各得其宜无所不中,则体现出良知的灵动的面向。⑦"世之君子,惟务致其良知……而以天下万物为一体,求天下无治,不可得也。"道德的能力之知可以拓展为道德-形上学的能力之知,进而涵盖作为道德共同体的整个宇宙。①

综上,良知作为道德的能力之知的丰厚意蕴,主要体现在它需要有一系列工夫过程,包含着涵养德性与运用德性的旨趣,还内在蕴藏着动力结构的多层显现,并最终指向了形而上学的拓展。但这是何以可能的呢? 在上述诸层次中,①与②的区分有着决定意义。道德规范仅仅是道德行动的前提与方向,而不直接是道德行动本身;若要真正具备道德的动力之知,则必须要通过身心一体的道德行动来将其实现。③中知行合一的动态过程也因此得以可能,即使在最根本的意义上,要实现知行合一也需要致良知的工夫。致良知过程中所付出的艰苦努力,则形成了主体的德性,后者又是道德动力的根源与保障。后继的

---

① 郁振华:《论道德—形上学的能力之知——基于赖尔与王阳明的探讨》,《中国社会科学》,2014 年第 12 期。

层次可视为致良知工夫的递进展开,也在不同的层次上体现出了行动的动力。④中对私欲阻隔的克服,体现自主纠正行动意愿并提升意志力的动力。⑤中由道德修养形成的德性,体现自愿一贯遵循道德规范行动的动力。⑥中因事制宜发用的实践智慧,体现在应对具体处境中随机应变的动力。⑦中的万物一体是整个致良知活动纯熟至臻后达到的智慧境界,也是我们践履道德的最高目标,它同样奠基在知行合一的动态过程之中。

郁振华对黄勇良知概念解读的核心批评在于其"抽象而贫乏"。虽然黄勇反驳了"贫乏"的指控,但他坚持作为动力之知的良知既非命题性知识也非能力之知识,就其概念本身相较于郁振华的而言,无疑是薄概念。其论证可分为六个层次:a. "知是行的主意,行是知的工夫,知是行之始,行是知之成。"对于同一事的知与行而言,二者是同时发生的。其中知既体现为欲行之念,又是对于道德规范的知识,包含"应当"的结构。b. "此已被私欲隔断,不是知行的本体了……圣贤教人知行,正是要复那知行本体。"同一事中知与行二者并非仅是恰好同时发生,而是在本然状态上合一的。对道德规范的认识自然会导向实现规范的行动,不需要外在的律令约束。现实中二者的分离,是由于私欲的遮蔽将其阻隔。c. 良知并非命题性知识,因为后者并不会驱使道德行动。d. 良知也非能力之知,因为在良知促使做道德之事时,并不蕴含会做此事。e. 虽然良知不蕴含能力之知,但仍不妨碍去做道德之事。而且是否具有良知决定了是否愿意去做道德之事。f. 只要具备良知,那么人们会主动探寻怎么做,能力之知会自然地从中生发出来。

良知作为薄概念,它的优势体现在两个方面。首先,从逻辑的层面来说,这一解释方案通过对良知内涵的收紧,实现了对其外延的扩展。就算主体不具备能力,但只要有着对道德规范的认识,便已然拥有了良知。这与阳明对良知遍在的要求无疑是相契的。其次,从论证义务来说,良知紧扣住道德意愿的问题,即它本身只保证我们自愿去依道德规范而行。至于道德能力的问题,无论是如何克服私欲来呈现良知本体,还是在具体处境中如何习得怎么做,乃至于整个社会的道德教化,都需要这种道德意愿为基础。在上节中,我们可以清晰地看到,c、d 两层是从两个方面进行否定性区分,e、f 两层则是在 a、b 基础上的推论;薄良知概念的证成,全部关节在于 a、b 两层,亦即同一事中的知与行本来就是同一的。

观念史与汉语之思

经过对郁黄二人诠释的分析,我们看到二者根本分歧之处在于对知行合一或是本一的解读上。郁振华通过①、②两层将知行关系先区分开,在通过③将由①向②的转化刻画为二者合一的过程,这一转化过程是致良知工夫的实质,良知则需要致良知工夫才能从潜在转化为现实。黄勇则针锋相对,认为以良知本体为前提,知行二者无法做出实质的区分,良知本体也不存在能否改变的问题。① 所谓的转化与工夫,则体现在良知与私欲、良知与事事物物的关系上,而不在知行本体之中。于是我们可以更进一步聚焦郁黄论争的交锋,即知行关系究竟是合一还是本一。

黄勇支持的知行本一说与良知天赋说紧密结合,实则是一种形上前提。在对动力之知的阐释中,黄勇通过对阳明的诠释,将这一独特的形上前提作为立论的出发点。就辩护策略而言,黄勇除了直接诉诸阳明文本诠释外,还通过如下义理论证来使之立于不败之地:从正面着想,接受了知行本一说,可以有效地在认识论层面解决行动意愿或动力的问题,从而一以贯之地解决关于理智主义的与关于休谟主义的两种论争,乃至为道德教化何以可能提供解释。从反面着想,无论是在王学解释内部,还是在当代认识论语境中,似乎都找不到好的理由来削弱或反驳知行本一这一前提。既然承认它是必要且基础的,而拒绝它又是没有理由的,所以知行本一作为形上前提是立得住脚的。就具体内涵而言,首先,伴随着道德规范认识的道德情感好恶是自然倾向,以情感好恶做出道德行动也是自然倾向,这是良知的自然性规定;其次,良知是每个人天生就具有的,不需要后天的养成,这是良知的天赋性规定;再次,良知并非事实,而是规范性的要求,在其驱动下我们将自己真正塑造为道德的人。

区别于黄勇的解释策略,郁振华力主知行合一是工夫所致的结果,那么他势必需要否弃知行本一这一形上前提。对于"知行一本",他的核心反驳有二:一是这种预设忽视了自然的歧义性。自然既可以指原始状态的"自发",也可以指"不思不勉从容中道"的"自觉",从"自发"向"自觉"的转化需要艰苦卓绝的工夫。二是天赋论中事实性面向与规范性面向是矛盾的。既然知行本一说坚持人们具有良知这一实际所是的事实,那么就它不能同时要求这一事实直接成为

---

① 参见黄勇:《王阳明在休谟主义与反休谟主义之间:良知(体知)=(信念+欲望)≠怪物》,脚注 12。载于黄勇:《道德铜律与仁的可能性》,上海:上海交通大学出版社,2018 年,第 251 页。

理想所是的规范;只有后天工夫的介入才能够化解实然与当然的矛盾。但是这两点足以削弱黄勇的立场吗? 正如黄勇所论,阳明的形上学是解释性的,人们的道德行为是道德本性的直接发用,对道德本性的理解则是从对道德经验的解释中生发出来的。[1] 第一个反驳对应的是我们对经验世界进行何种解释,即使我们承认自然中有凡圣之别,有自发与自觉的差异,但这并不等于否认了我们也有着如同"好好色恶恶臭"的道德经验,也不能阻止我们对它做自然倾向的解释。[2] 第二个反驳对应的是这种解释何以能够作为道德规范,同样我们即便承认规范性的前提与实现规范之间有着跨度,也并不意味着否认有一种"具有规范意义"的事实,例如既是人性事实又是道德规范的"德性"。[3] 更进一步,执着于事实与规范的对立,实则是以休谟主义二分为前提的,而黄勇矛头所向毋宁就是休谟主义。

综上,郁振华所提出的既有反驳无法彻底否弃知行本一这一形上预设。厚的良知概念强调所有道德规范转化为道德行动都需要努力,薄的良知概念则主张至少存在一种道德规范可以直接转化为道德行动。更进一步,薄良知概念将可以直接转化为道德行动的道德规范视为人性的解释性的形上规定。若要反驳知行本一,留给我们的道路,似乎仅仅在于如何解释我们的道德经验,比如我们可以承认至少有一种道德经验可以被解释为我们的自然倾向,我们也可以根本不承认。但这也终究只是一个如何解释的问题,纵使黄勇能够守住这种解释,它也不具备很强的说服力与论证效力来使持"厚良知概念"者接受。知行合一说与知行本一说从表面上的截然对立,似乎演化为了基于不同的人性解释取向下的两种平行理论。

二、伦理世界中的致知与力行:船山"销行归知"批判的辩正

关于何谓解释性的形而上学,黄勇认为,它"从一些道德的和政治的信念或本能出发……它们可以成为对话的基础,包括那些关系到对它们进行本体论的

---

[1] 参见黄勇:《附:再论动力之知:回应郁振华教授》,《学术月刊》,2016 年第 12 期;黄勇:《朱熹的形上学:解释性的而非基础主义的》,《社会科学》,2015 年第 1 期。

[2] 参见黄勇:《朱熹的形上学:解释性的而非基础主义的》,《社会科学》,2015 年第 1 期。

[3] 参见黄勇:《当代美德伦理——古代儒家的贡献》,上海:东方出版中心,2019 年,第 210—232 页。

说明、先验的论证或形而上学的解释的对话"①。但郁黄之争似乎正是这一理论的反题，两位同一文化背景下的教授对同一道德信念的解释竟是如此的针锋相对。尽管如此，这并不意味着这一理论就要被彻底放弃。相反，要走出相持不下的困境，需要重审我们对于道德经验的解释，此中或许还有独断的假定与尚未澄清的前提。在这一问题意识中，重新引回王船山对于阳明学的批判对我们是有帮助的。巧合的是，郁黄二人都或隐或现地通过回应船山"销行归知"批判来为阳明辩护。本节将首先通过梳理文本来澄清船山批判的本意所在，而后指出由于郁、黄都误解了船山批判的真正矛头，所以他们为阳明的辩护并不成功。如果船山的批判是有道理的，那么基于阳明立场的道德经验解释就有待我们反省。

（一）实在的伦理世界作为知行关系根据：重读《尚书引义·说命中二》

《尚书引义·说命中二》一文特别阐发了船山的知行观，并包含了他对心学一系的批判。② 与我们的问题特别相关的是，它开篇先从"知见"（即从个体见闻而来的道德经验）处入手，揭示出这种道德经验的二重性：

> 诡于君子之道以淫于异端之教者，其为言也，恒与其所挟之知见相左，而缪为浮游之说以疑天下。其所挟之知见，则已陷于诐邪而贼道。乃其所言者，虽不深切著明，显道之藏，立学之准，而固未尝尽非也。③

一方面，这里道德经验可以存在于我们的理论解释之前，并作为理论解释是否合理的标准，即君子之道与异端之教的判分；纵使坏的理论解释不合乎基本的道德经验，但是道德经验并不会完全被其抹杀，仍然表现为与之"相左"。另一方面，道德经验也会被坏的理论解释所塑造，如果对其不加反省，那么被坏理论

---

① 参见黄勇：《朱熹的形上学：解释性的而非基础主义的》，《社会科学》，2015 年第 1 期。

② 杨国荣指出，王船山将陆九渊、杨简与王阳明等量齐观，并用"以知为行"概括王阳明整个知行学说，都是值得商榷的。参见杨国荣：《心学之思》，上海：华东师范大学出版社，2009 年，第 216—217 页。本文试图暂且悬置这些有争议之处，仅就船山批判中较为明确的部分加以重新诠释，考察这些批判能否切中郁、黄版本的王阳明知行学说。

③ 王船山：《尚书引义》，《船山全书（第二册）》，长沙：岳麓书社，2011 年，第 311 页。

扭曲的道德经验会进一步损害我们的伦理生活及其秩序，即"贼道"。可是，纵使坏理论违背乃至歪曲了道德经验，但是我们可以借助它来省思我们的道德经验所蕴含的规范，由此重建为学的标准，所以从坏理论与道德经验的关联以及这种坏理论能够促使我们重审道德经验而言，它也"未尝尽非"。那么理论的交锋要关联到道德经验本身，并以之为根据。

　　由于"知见"有着被理论歪曲的危险，所以如果将道德经验限制在个体的耳目见闻中，反而无法得到真正的道德经验。在船山看来，南宋的朱、陆两派关于知行先后的论争，恰好是陷溺于此："立一划然之次序，以困学者于知见之中，且将荡然以失据，则已异于圣人之道矣。"①这里潜藏的一个论证是，道德经验是决定知行关系的根据，但是如何通达道德经验又反过来依靠我们的知与行；解释性形而上学强调道德经验中的信念与本能时，没有对我们如何通达道德经验的方式加以考察。这层义理转进在对"知之非艰，行之惟艰"的诠释中表达出来："知非先，行非后，行有余力而求知，圣言决矣。"②船山认为在通达道德经验的过程中，行比知更具有优先性。但是，阳明学为了超克知行脱节而力主的知行合一，它的立场与船山这里表达的行动优先性并无实质差异。那么，船山如何对阳明学进行批评呢？且看下文：

> 　　彼非谓知可后也，其所谓知者非知，而行者非行也。知者非知，然而犹有其知也，亦惝然若有所见也。行者非行，则确乎其非行，而以其所知为行也。以知为行，则以不行为行，而人之伦、物之理，若或见之，不以身心尝试焉。③

郁、黄二者对船山批判的辩护，主要针对的即是这段文字。黄勇将其概括为："阳明以行为知，所以他所讲的知并非真知；阳明以知为行，所以他讲的行并非真正的行。"④在这一概括中，船山批判的矛头是阳明混淆了知与行二者的概念

---

① 王船山：《尚书引义》，《船山全书（第二册）》，长沙：岳麓书社，2011年，第311页。

② 王船山：《尚书引义》，《船山全书（第二册）》，长沙：岳麓书社，2011年，第312页。

③ 王船山：《尚书引义》，《船山全书（第二册）》，长沙：岳麓书社，2011年，第312页。

④ 黄勇，崔雅琴：《论王阳明的良知概念：命题性知识，能力之知，抑或动力之知?》，《学术月刊》，2016年第1期。

界分,将内在的心智状态扩展为外部身体活动,又将外部身体活动内化为内在知识。① 郁振华的表达为:"以典范意义上的行的概念为标准,我们都会同意王船山对王阳明的批判,即他未免是以'不行为行'了。"②所谓典范意义的行,即"身心一体的躬行实践"③,可以对应黄勇所说的"真正的行"。回到船山原文,我们可以清晰看到这一解读的不完备之处。首先,船山认为阳明学所说的知识不是真正的知识,所以他们的行动也不是真正的行动。问题并不在于阳明是否真的将知行两者混淆了,而是在于我们需要重新确立决定知行关系的判准,即能否通达真正的道德经验。没有对伦理世界的身心参与,依然会有从个体经验而来的道德知识,这种知识囿于个体的道德知识相较于对伦理世界的真知而言,是空洞、随意且偶然的。道德经验固然不会被全然遮蔽,但是问题在于如何走出个体封限内的道德经验,而不是直接依从着它来主导我们的行动。所以,当行动无法走出个体封限时,它也就失去了行动的核心品质,根本算不上是行动。由此观之,"以知为行"并不是泛泛而论,而是确有所指:如果行动的范围无法突破由个体耳目见闻而来的道德经验,那么人们局限在这种经验内行动,意味着将他们所知道的经验作为行动范围的全部。可是什么才叫真正的道德行动呢?船山明确指出,是对人伦与物理的身心尝试,亦即在实在的伦理世界中去展开行动。囿于个体的道德经验,它固然也是从实在伦理世界中得来的,但以个体为限斩断了人们投身于伦理世界行动的可能,也就磨灭了借助行动突破个体藩篱的可能。真正的道德经验指向了实在的伦理世界,只有投身其中的行动才能够让我们的身心向伦理世界敞开,只有在这一敞开中对伦理世界的认识才得以可能,是谓以能否通达道德经验为根据来决定知行关系为行先而知后。④ 在这

---

① 原文中直接对应的是陈立胜的解释,但黄勇认为这种解读是可以追溯到船山此处的批评的。所以本文认为这种解读以及对它的辩护,在这个语境下对船山而言同样是适用的。

② 郁振华:《论道德—形上学的能力之知——基于赖尔与王阳明的探讨》,《中国社会科学》,2014 年第 12 期。

③ 郁振华:《论道德—形上学的能力之知——基于赖尔与王阳明的探讨》,《中国社会科学》,2014 年第 12 期。

④ 这里所讨论的先后,并不蕴含时间的维度。船山明确指出:"经言先后,不言前后。前后者,昨今之谓也。先后者,缓急之谓也。"在本文中,"缓急"有着两层意义,一是行动是获得真知的前提条件,二是行动比认识更具有重要性。第一层意思在此处阐明,第二层意思则见于本节第三部分,即从功效而言力行之事涵盖了致知之事。参见王船山:《读四书大全说》,《船山全书(第六册)》,长沙:岳麓书社,2011 年,第 412 页。关于船山化先后为缓急的方案与朱子、阳明对知行说论争的关系,参见朱汉民,杨超:《船山于朱子、阳明"知行之辩"互斥模式之解构》,《湖南大学学报(社会科学版)》,2018 年第 6 期。

里,真知与真行交汇在一起,真知首先需要对于实在的伦理世界的信念,如果没有这信念,那么在实在伦理世界中的身心躬行也无法展开,而随着伦理行动的展开,这一信念将会转变为具体对伦理世界的知识。在这个意义上,知识被置于行动的视域下来理解,并通过行动呈现出与伦理世界的互动与发展过程。在行动视域优先的意义上,认知过程本身也有着知先行后。

至此我们梳理出,船山认为真正的道德经验,即对实在的伦理世界的经验,决定了道德活动中行先知后的关系。在本节中,虽然郁、黄二者在对船山的解读上都不全然完备,但是对部分批判给出了很强的辩护,我们将先试图对这些辩护分别予以回应。

(二)如何走向伦理世界？——回应黄勇的辩护

黄勇认为,船山所代表的思路没有注意到内在心智状态既包含了认知性信念,也包含了驱动性欲望。阳明所要主张的是欲望已然是行动。所以知行本一要处理的并非内在心理与外在身体的同一,而是就心理-身体状态而言的信念与欲望的同一。欲望在什么意义上可以视为行动呢？黄勇的策略类似于将有罪推定转化为无罪推定:心理欲望在什么时候才不会转化为身体行动呢？在正常情况下,欲望总是会自然地转化为身体行动,只有在受到阻隔时,这种转化才会中断——那么我们应该问责的是阻隔之物,而非欲望本身。如果结合到解释性形上学的立场,这里论证细分为两层:至少有一种对道德规范的认识直接是道德欲望(如好好色),不受阻隔的道德欲望必然发为道德行动。

我们看回船山的论证,先就后一个层次而言,船山强调的"行"的核心在于投身到整个伦理世界之中;套用到内外之分上,这里"内外"之分不在于心智活动与身体活动的二分,而是在于个体与伦理世界的二分。就算我们接受了欲望可以直接转化为行动,但是这种欲望并不必然带领我们走向伦理世界——反而有可能让我们愈发沉溺于个体的主观经验。再就前一个层次而言,就算我们承认道德规范的认识就是道德欲望也就是道德行动,但是单就欲望-行动我们无法达到伦理世界的规范,那么我们的认识又何以能通达伦理世界的规范呢？在船山看来,这种认识或者将"悄然偶得"的道德经验加以普遍绝对化,或者是对所谓天理的神秘体验或抽象思辨,但都无法通达伦理世界的规范。[①] 聚焦到知行本一的问题上,若要通达伦理世界的规范,它的前提在于对伦理世界的身心参与;只有通过身心参与的行动,主体才能形成对伦理世界的规范的认识。倘若忽视了参与的决定性作用,便是先行与伦理世界切断关系,在船山看来,就算言辞上称自己为"知行合一",实际上也是被主观之知封限的,不过是"知先行后"的翻版而已。[②] 需要注意的是,阳明本人并没有忽视伦理世界,相反他的一生都是在积极地参与伦理世界,由此看来阳明与船山在实质上并不相龃龉;但是在黄勇的知行本一说中,全部理论的起点被收缩到了主体内部,伦理世界的奠基意义隐而不显,故而这应对船山批判的辩护并不有效。

(三)从知-行的概念区分到致知-力行的实质区分——回应郁振华的辩护

郁振华的辩护版本更为复杂。他认为,在行动作为身心一体的躬行实践的意义上,船山的批判的确是有效的,但可以借此分梳出阳明学中蕴含的两种不同的行动,即典范的行动与扩展的行动。意欲作为扩展的行动,既是行动的动力因,也决定了行动的善恶性质。具体到学问思辨与典范行动的关系,从拓展的行动与躬行践履的连续性方面看,学问思辨中也包含着心智活动与言语活动的成分;同时,需要将学问思辨落实到躬行实践之中,把拓展行动视为典范行动的内在环节。然而从二者的差异性方面看,阳明注重拓展行动与典范行动的连续性时,未免对此有所忽视;只有在躬行实践的主导下,特定的心灵活动才能被视为行动。[③]

但是,郁振华区分典范与扩展的标准,在于身体活动是否参与其间。这一区分又扣回了郁振华论证出发的前提:知行合一是在区分知与行的基础上将二者合一。那么知行合一的充分条件,在于是否有身体的参与。船山"身心参与"的表达,无疑也强调了身体面向,但这并非区分知与行的条件,而是证成行先知

---

① 陈赟特别指出:"良知与顿悟的形而上学体验,不能摆脱高谈性命而无实的危险,因为道德生活一旦从政治历史中分离出来,就成为抽象的空洞的道德……在王阳明的良知概念中,王船山看到的是那种一再把我们引向世界(现实的政治历史过程等)之外的形而上学思维。"陈赟:《回归真实的存在——王船山哲学的阐释》,桂林:广西师范大学出版社,2015年,第400页。

② 王船山:《尚书引义》,《船山全书(第二册)》,长沙:岳麓书社,2011年,第312页。

③ 参见郁振华:《论道德—形上学的能力之知——基于赖尔与王阳明的探讨》,《中国社会科学》,2014年,第12期。

后的结果。单就概念界分来看,将语言、心智活动与身体活动相区分,潜藏着的导向是,可以离开身体而讨论语言、心智活动,离开身心一体的典范行动也可以讨论拓展的行动(至少是特定的心灵活动)。但船山却对此坚决反对:

> 知行之分,有从大段分界限者,则如讲求义理为知,应事接物为行是也。乃讲求之中,力其讲求之事,则亦有行矣;应接之际,不废审虑之功,则亦有知矣。是则知行终始不相离,存心亦有知行,致知亦有知行,而更不可分一事以为知而非行,行而非知。①

"讲求义理"对应于语言、心智活动,"应事接物"对应于身体活动。船山认为,一般来说可以如此划分,但是如果我们将前后两者都视为"事"的话,那么在具体事上,语言、心智与身体活动是无法做出实质分离的。② 实际上,郁振华也特别强调了,"着实去做学问思辨的工夫,学问思辨便都是行",这正是拓展行动与典范行动的连续性。在注重连续性同时强调二者差异,其深层理论用意在于严格区分知行合一与知行脱节。可是落在具体事上讲,我们很难找到不见诸身体的心智、语言活动。如果将概念上的划分拓展到现实中,这反而为冥心沉思、对物静观的存在提供了理论根据——而这正是船山力图反驳的。可是,既然无法在具体之事上对知行做出实质分割,是否就意味着知行脱节不可能呢? 对此,船山做出了另一个富有启发的概念辨析:

> 盖云知行者,致知、力行之谓也。唯其为致知、力行,故功可得而分。功可得而分,则可立先后之序。可立先后之序,而先后又互相为成,则籀知而知所行,籀行而行则知之,亦可云并进而有功。③

当我们在为知与行做出实质区分时,对应的概念是致知之事与力行之事。致知

---

① 王船山:《读四书大全说》,《船山全书(第六册)》,长沙:岳麓书社,2011 年,第 564—565 页。

② 杨国荣指出,从现实形态考察,知与行是无法分离的。知体现的是"事"的认知之维,行体现的是"事"的实践之维,二者在"事"中交融。正是由于对"事"的悬置,才会引来知行隔绝。参见杨国荣:《心物、知行之辨:以"事"为视域》,《哲学研究》,2018 年第 5 期。

③ 王船山:《读四书大全说》,《船山全书(第六册)》,长沙:岳麓书社,2011 年,第 599—600 页。

与力行之所以能够实质区分,是由于二者带来的实际功效的不同。广义致知之事的功效,又分为两个方面:格物与狭义致知,格物的工夫为学与问,狭义致知的工夫为思与辨:"大抵格物之功,心官与耳目均用,学问为主,而思辨辅之,所思所辨者皆其所学问之事。致知之功则唯在心官,思辨为主,而学问辅之,所学问者乃以决其思辨之疑。"①格物的功效在于侧重于通过耳目之官应付、收容世界,在对外界的学与问中运用思辨来探寻所以然之理;狭义致知的功效侧重于动用心官之思辨来定立并裁断所当然之则,当思辨遇到疑难时又需要诉诸所学所问来解惑。所以,狭义致知与格物之间,已然有着身体维度的参与,即耳目与心官的相互辅佐,在这"格致相因"的交替演进过程中,更体现出致知活动本身的实践维度。要判断致知之事与力行之事的根本差异,则在于"唯学问思辨之功,则未有此事而理自可以预择"②。该句中的"此事"当特指伦理世界中的具体事务,致知之事不必实际参与具体事务便可预先展开。力行之事关联到对具体事务的参与,如果没有力行的话,将致知之事的成果运用于伦理世界时必然会产生矛盾冲突,而不免滑转为向虚空中求索。③船山特举修身之例:

> 盖所谓修身者,则修之于言行动而已。縶言行动而内之,则心意知为功,乃所以修身之本,而非于身致修之实。知美知恶,自致知事。好恶,自正心事。而人终日所言、所行、所动,必因人因事而发,抑必及于物……君子而入大学,则固非忧患困穷,避世土室者之所可例,又岂至如浮屠之弃家离俗,杜足荒山,习四威仪于人所不接之地也与?④

修身之事落着在言语行动上,它既包含致知之事,也包含力行之事。致知之事对应着个体的工夫。但是个体的工夫是整个修身活动的基础,而非它的实质所在。修身的实质需要落实在具体的人与事上,这便要求人们必须积极投身于伦理世界之中,任何逃避的尝试都不可能实现修身,而这需要力行之事的介入:

---

① 王船山:《读四书大全说》,《船山全书(第六册)》,长沙:岳麓书社,2011年,第406页。

② 王船山:《读四书大全说》,《船山全书(第六册)》,长沙:岳麓书社,2011年,第528页。

③ 参见王船山:《尚书引义》,《船山全书(第二册)》,长沙:岳麓书社,2011年,第313页。

④ 王船山:《读四书大全说》,《船山全书(第六册)》,长沙:岳麓书社,2011年,第429页。

行于君民、亲友、喜怒、哀乐之间，得而信，失而疑，道乃益明，是行可有知之效也。其力行也，得不以为歆，失不以为恤，志壹动气，惟无审虑邻顾，而后德可据，是行不以知为功也。冥心而思，观物而辨，时未至，理未协，情未感，力未赡，俟之他日而行乃为功，是知不得有行之效也。行可兼知，而知不可兼行。①

船山这里讲的知与行，亦当作"致知"与"力行"。虽然致知与力行有着不同的功效而可划分出先后次序，但是单讲致知之事不能蕴含力行的功效，单讲力行之事却可以蕴含致知的功效。上文已言明，致知不能蕴含力行的功效，是由于致知总在具体伦理之事前豫立，它的结果总是需要运用到力行之中去。力行何以蕴含致知的功效，则要从两个方面来讨论。一方面，力行之中学问思辨也在发用，面对着诸多伦理关系以及个体在伦理生活中的情态，需要将学问思辨的能力运用到这些事上，才能够完成力行之事，这是力行之事蕴含着致知之效。另一方面，面对特定处境时如何处理自己的情绪状态，如何能够坚定持守志向而不加犹疑，这是致知之功无论如何都无法涉及的。② 这里还需要辨析的是，强调致知在具体之事发生前的筹划，似乎意味着力行也不能完全涵盖致知的功效。但是需要注意，某一特定致知可以先于某一特定力行，但是致知之事中行动的成分意味着它总是发生在伦理世界之中，这意味着人们必须从某种具体的参与开始，也就意味着所有致知之事都必须以某种力行为前提。

综上，典范行动-拓展行动(身体活动-心智、语言活动)之区分的洞见在于知行合一与知行脱节有着严格判分；危险在于容易将知行关系的概念区分误认为是实质的分离。船山以事为视角，认为在任何事上，心智、语言的认识活动与行动的身体活动不能够做出实质分离；但是，致知之事与力行之事因其功效不同，可以做出实质分离。力行特别关系到在伦理世界中应对具体之事，所以它在功效上真包含致知。回到知行脱节的问题，其所指应当是致知与力行的脱

---

① 王船山：《尚书引义》，《船山全书(第二册)》，长沙：岳麓书社，2011 年，第 314 页。

② 杨国荣在讨论如何克服意志软弱问题时，认为这需要"我思"、"我欲"、"我悦"的统一。在本文论域中，理性的判断既可以在致知之事中体现，也可以在力行之事中体现。但是特定的意志抉择与情感认同，则更多地体现在力行之事中。参见杨国荣：《人类行动与实践智慧》，北京：生活·读书·新知三联书店，2013 年，第 123—135 页。

节,而脱节的根本原因仍在于人们未能参与到伦理世界之中。更进一步,忽视了伦理世界的实在性,也就意味着忽视了知行活动都在具体之事中展开,所以才会离开事而谈论知行关系。实际上,离开了事也就意味着面临着沉溺于概念领域的危险,因此人们才会将概念领域中对知行的分析,视为实质上可以割裂的两部分。① 虽然郁振华的区分不必然导向这一极端的立场,但是船山的方案可以更好地避免滑转的危险。

三、伦理世界的"诚"与"诚之":重置道德能力之知与动力之知

在对黄勇辩护的回应中,我们暂且悬搁了究竟是否存在可以直接转化为行动的道德规范知识,而是率先考察了它隐含的个体性预设。在此,我们可以更完整地讨论这一预设的界限。知行本一说之所以能够成为性善论的根据,正是因为它承诺每个人对道德规范的知识都是与生俱来的,并且承诺我们具有好善恶恶的自然倾向。② 就前一个承诺而言,我们借助船山的批判阐明,从具体的事上说,心智、语言活动(知)与身体活动(行)无法分离。但这并非知行本一,因为它并不直接具备道德规范的意义。无论是对道德规范的知识,还是遵循道德规范的行动,其前提都是个体对伦理世界的身心参与。在此前提下,对于道德规范的知识,对应于求索道德规范的致知之事;遵循道德规范的行动,对应于践履道德规范的力行之事。致知是从伦理世界里求索,力行是向伦理世界中践履;除了我们已然身处在伦理世界之中外,并没有额外的、具有规范性的天赋。

进一步的问题在于,将致知与力行划分为二,更加凸显出"愿不愿"这一问题的重要。我们如何能够保证,个体有意愿去投身于力行,并将致知化为力行呢? 这是否需要某种自然倾向来为我们的意愿提供保障呢? 船山对"如好好色,如恶恶臭"的解释与此紧密相关:

> 恶恶臭,好好色,是诚之本体。诚其意而毋自欺,以至其用意如恶恶臭、好好色,乃是工夫至到,本体透露。将此以验吾之意果诚与否则

---

① 参见杨国荣:《心物、知行之辨:以"事"为视域》,《哲学研究》,2018 年第 5 期。
② 黄勇:《附:再论动力之知:回应郁振华教授》,《学术月刊》,2016 年第 12 期。

可,若立意要如此,而径以如恶恶臭、如好好色,则直是无下手处。

　　好好色、恶恶臭者,已然则不可按遏,未然则无假安排,是以得谓之诚。其不尔者,如阉宦之不好色,鼽窒人之不恶臭,岂有所得用其力哉?①

宦官不好色、鼻塞者不恶臭,固然说明好好色恶恶臭有着自然倾向的方面。但是这一自然倾向本身不具备道德意义;它仅只在类比的意义上表明,当我们真正能够做到"诚"时,对于善恶的好恶也应当如此这般。对于善恶的好恶,如果能够像自然倾向一般,离不开"工夫至到"的境界,船山的洞见在于,如同自然倾向与否是检验我们工夫纯熟的标准,但我们不能刻意为之,这也不是我们所要用功努力的地方——企图刻意地达到无需刻意的状态显然是悖谬的。这与郁振华所认为的"良知工夫纯熟之际"②的状态无疑是一致的。我们工夫着力之处,既在于着力完成力行所应对的事物,又在于提升自身的德性达到纯熟境界。这两种情况都需要面对意愿的问题,一是未能达到纯熟时我们力行的意愿何以保证,二是驱动我们逐步达到纯熟德性的意愿又何以保证。

　　关于这两个问题,郁振华的方案非常富有启发性:在我们德性尚未纯熟之时,信念与欲望常常是分裂乃至矛盾的,这是我们行动缺乏动力的根本原因。只有通过艰苦的工夫来克服这一矛盾,才能提升我们的德性并获得行动的动力。其中,作为德性的能力之知与其相应的行动是没有间隙、不可分割的。③在此方案中,第一种意愿的问题被第二种意愿所蕴含:只要我们提升了德性,就能够使得信念与欲望协调,并自愿完成所当力行之事。黄勇对该方案提出的质疑在于,德性的概念要求道德动力总是蕴含在道德能力之中的,可是特定的道德能力不必然展现为相应的道德行动,而做出愿意做某一道德行动不必然要求相应的道德能力。在本文的论域中,还需要追加的问题是,第二种意愿(即提升德性的意愿)虽然对黄勇的自然倾向论中不构成困难,但在郁氏方案中并没有得到回答。

　　就第一个困难而言,黄勇并没有反对德性是蕴含动力的,他实质反对的是

---

① 王船山:《读四书大全说》,《船山全书(第六册)》,长沙:岳麓书社,2011年,第413—414页。
② 郁振华:《再论道德的能力之知——评黄勇教授的良知诠释》,《学术月刊》,2016年第12期。
③ 郁振华:《再论道德的能力之知——评黄勇教授的良知诠释》,《学术月刊》,2016年第12期。

具备道德能力与德性及其动力没有逻辑关联。但是,他选取的孟子"为长者折枝"(《孟子·梁惠王上》)的例子中,"折枝"这一行动的能力是否算是道德能力,依赖于折枝者是否具有道德德性。如果折枝者不具备道德德性,仅仅是做出了折枝的举动,那么他仅仅是"由仁义行",这一能力无法被看作道德能力。相反,只有在他真正具备德性、自愿且有目的地去折枝而"行仁义"时,这一行动才可被作为道德能力。① 那么具备德性是具备道德能力的必要条件。可是,德性又何以能够成为道德能力的充分条件呢? 道德行动必然要求道德能力吗? 黄家光对此提供了一个辩护:道德行动总是需要明辨是非的道德判断力,而判断力总是蕴含在道德能力之知中。可惜的是,明辨是非的判断力被他视为拓展行动,"不需要另外有一个具体的典范意义上的行与之统一。"②上节我们已论证,知行合一是致知与力行的合一。判断力需要对道德规范的把握,属于致知之知,又需要对具体情景的应用,属于力行之知,判断力由此可以将致知与力行结合起来,从而有可能证成德性是道德能力的充分条件。

但是判断力会引入一个新的问题:对应着一个复杂的道德困境时,我们可能需要通过判断抉择,将某些德性发而为行动,但又需要抑制某些德性的发用。是否意味着德性与行动之间产生了间隙了呢? 更进一步,郁振华认为,道德的能力之知作为实践智慧应当是既稳定又灵动的。在其论述中,灵动义是明确的,即应对具体事物时随机应对的能力;而稳定义较为难解,它既包括主体一以贯之的倾向,也包括具体事务的适宜,甚至包括随时变易的天理。③ 在此界定下,我们似乎难以找到真正稳定的规范来指导我们的行动。如果依照阳明的讲法,"心之所宜"的规范就是我们的良知,这又有着将伦理世界的实在性消解为主体内在性的危险。若要回应这一问题,需要明确德性的层级与判断力的范围。④ 对于船山而言,最为重要的德性是"诚",其他所有德性都要服从于作为

---

① "行仁义"与"由仁义行"的区分,见于《孟子·离娄下》:"人之所以异于禽于兽者几希,庶民去之,君子存之。舜明于庶物,察于人伦,由仁义行,非行仁义也。"

② 黄家光:《良知:能力之知还是动力之知? ——对郁振华与黄勇之争的一个评论》,《华东师范大学学报(哲学社会科学版)》,2018 年第 5 期。

③ 郁振华:《论道德—形上学的能力之知——基于赖尔与王阳明的探讨》,《中国社会科学》,2014 年第 12 期。

④ 郁振华:《论道德—形上学的能力之知——基于赖尔与王阳明的探讨》,《中国社会科学》,2014 年第 12 期。

规范的"诚",判断力则首先是将"诚"运用到事事物物之上:

> 要此诚意之功,则是将所知之理,遇著意发时撞将去,教他吃个满怀;及将吾固正之心,吃紧通透到吾所将应底事物上,符合穿彻,教吾意便从者上面发将出来,似竹笋般始终是者个则样。如此扑满条达,一直诚将去,更不教他中间招致自欺,便谓之毋自欺也。①

按照道德规范行动的意愿应该"如好好色",这才是德性达到真诚无妄的体现。解决动力的核心问题在于提升德性,提升德性的根本要求在于真诚无妄。人们应对的处境变化万千,但是依旧可以始终保持行动中的真诚无妄,并将这种真诚的品格贯彻到事事物物之中,构成所有行动的底色。然而,作为德性的"诚"并不仅仅局限在主体内部;相反,它以伦理世界的实在作为前提,并使得人们向整个伦理世界敞开:

> 人道之固然其诚者,身之理著于道;人道之能诚之者,德之几见于心也。固然与能然者,而一合乎诚,则亦同乎所性而不悖,故统之曰"人道敏政"。②

"诚"有着两个面向,既指向伦理世界固有的状态,也就是我们所面对的既成的世界;同时又指向伦理世界能够成为的状态,也就是通过我们的实践所变革的世界。所以船山的实在论方案中包含着三个层次,既有世界的实在、人的道德能力的实在与二者交互下塑造的新的实在。正如陈赟所指出的,船山对知行问题的讨论终将引向成就主体自身的德性,成就德性的活动便是《中庸》中自"明"而"诚"的过程:"在学则知行分,在德则诚明合。"③在本文中,"诚"作为德性的最高规范与所有其他德性的底色,首先要求我们对于既有伦理世界的承认,同时要求对主体的实践能力与实践规范的信任,最终要求主体将其能力运用到伦理世界之中来变革。这使得人的德性扎根于伦理世界之中,并能够真正地从伦理

---

① 王船山:《读四书大全说》,《船山全书(第六册)》,长沙:岳麓书社,2011 年,第 413 页。

② 王船山:《读四书大全说》,《船山全书(第六册)》,长沙:岳麓书社,2011 年,第 252 页。

③ 王船山:《读四书大全说》,《船山全书(第六册)》,长沙:岳麓书社,2011 年,第 601 页。

世界中生长出来。

最后还留有一个问题尚未得到回应:驱动我们逐步达到纯熟德性(诚)的意愿又何以保证? 这一问题刘梁剑已经给出过一种思路:整个世界通过"气"构成一个共同体,我们在此共同体中承担着我们的道德责任。[①] 本文没有在气论或本体论的层面讨论这一问题,但是对于伦理世界这种共同体的承认,以及在共同体中承担德性的责任,在义理上是一贯的。但是,就我们对自己无往而不在伦理世界之中的认识,或可被称为最弱意义上的动力之知:当我们认识到自己身处于伦理世界中时,便同时就使我们自觉地承担起责任,发展自己的德性,并投身到对伦理世界的参与与变革之中。但是,对自己无所不在伦理世界中的认识也并非倾向或是天赋,它以我们身处在历史文化世界之中为前提,并依赖着伦理世界对于我们的教化。[②] 同样,能够接受教化的能力也并不意味着性善论这一规范性的天赋,所谓性善的规范性并不直接作用在个体身上,而是着落在我们的伦理世界之中——正是由于我们的伦理世界中蕴含着道德规范,所以我们才能够接受这般道德规范的教化。

四、结论

综上,本文第一节将郁、黄的交锋之处聚焦到知行合一与知行本一之争,关键之处在于是否至少存在一种对道德规范的知识可以直接转化为道德行动,其存在或不存在依赖于我们对基本道德经验的解释。第二节先通过对船山的疏解,指出知行的关系由道德经验决定,而且特别取决于通达道德经验的方式——只有行动才能突破主体封限,参与到伦理世界之中。知行本一说忽视了行动与伦理世界的关联,知行合一说忽视了同一件事中知行不可分离的特性。在此基础上,我们可以从船山对阳明的批判中提出一套实在论的方案,来重置道德能力之知与动力之知的争论。道德的能力之知中将对具体事务意愿的问题转化为德性的问题,本文在此基础上明确德性以"诚"为最高标准,以此化解在具体事务中诸种德性发生矛盾的可能。对伦理世界的接受、对自身德性的涵

---

① 刘梁剑:《一种基于心气论的道德哲学:王夫之的孟子学及其当代意蕴》,《学术月刊》,2016 年第 7 期。

② 参见陈赟:《中庸的思想》,杭州:浙江大学出版社,2017 年,第 73—80 页。

养与对伦理世界的变革,体现为"诚"与"诚之"的同一;这使得道德的能力之知扎根在伦理世界之中。自觉提升德性的意愿,依赖于我们对自己身处于伦理世界中的认识,这种认识可以直接转化为我们承担责任的行动,这仍是最弱意义上的动力之知。但是这种动力之知本身不具有规范性,它以伦理世界对个体的教化为前提。

本文的局限在于,原本道德的能力之知与动力之知的争论,有着涵摄古今中西之争的宏阔视域。本文援引船山对阳明的批判的中国哲学内部争论进入这场当代争论,是以牺牲参与世界哲学的对话为前提的。这种牺牲使得原本在世界哲学对话语境下明晰的争论,反而变得浑漫不清了。如果要将本文的讨论带到郁黄之争本应具有的高度,至少还需要将当代哲学中实用主义与实在论的交汇纳入视野中,使船山的实在论方案能够与之进行实质性的对话。但这无疑是笔者目前学力所无法企及的。

观念史与汉语之思

The Unity of Perfected Knowledge and Devoted Practice in the Ethical World:
Wang Chuanshan's Solution of the Debate between Moral Knowing-how and Knowing-to

Yang Chaoyi

Abstract: The core of the debate on whether the concept of liangzhi (良知) is moral knowing-how or knowing-to lies in whether there is at least one moral principle that can be directly transformed into moral action. Wang Chuanshan's criticism of Yangming shows that the two views of knowledge and action based on liangzhi theory are limited within the bound of individuality. The premise of the interpretation of moral experience is the accessibility of the ethical world. Only through devoted practice can people participate in the ethical world and develop the virtue that provides motivation. On this basis, the two kinds of knowledge can be reset: moral knowing-how emphasizes the process of virtue cultivation, and knowing-to guarantees the willingness to participate in the ethical world consciously.

Keywords: Wang Chuanshan, Realism, Moral knowing-how, Knowing-to

【导师推荐意义】

　　文章从能力之知与动力之知的角度对王夫之知行学说作了考察,具有一定新意,也具有学术价值。尽管关于伦理行为如何可能的理解可以有不同看法,但从能力、动力的角度加以分析,则具有其意义,可成为一种研究进路。鉴此,可以刊用。

(杨国荣,华东师范大学哲学系教授)

伦理世界中致知与力行的合一